MANUAL DE PERÍCIA CONTÁBIL

EXEMPLOS, MODELOS E EXERCÍCIOS

SILVIO CREPALDI

MANUAL DE PERÍCIA CONTÁBIL

EXEMPLOS, MODELOS E EXERCÍCIOS

2ª edição

saraiva *uni*

Uma editora do GEN | Grupo Editorial Nacional

Travessa do Ouvidor, 11 – Térreo e 6º andar
Rio de Janeiro – RJ – 20040-040

Atendimento ao cliente:
https://www.editoradodireito.com.br/contato

Diretoria editorial	Ana Paula Santos Matos
Gerência de produção e projetos	Fernando Penteado
Gerenciamento de catálogo	Gabriela Ghetti de Freitas
Edição	Estela Janiski Zumbano
Produção editorial	Jeferson Costa da Silva (coord.) Rosana Peroni Fazolari Alanne Maria Lais Soriano Tiago Dela Rosa Verônica Pivisan Reis
Diagramação	Fabio Kato
Revisão	Queni Winters
Capa	Desenho Editorial
Adaptação de capa	Tiago Dela Rosa
Imagens	© Getty Images Plus/ iStock/ Aluxum; © Getty Images Plus/ iStock / Nodostudio; © Getty Images Plus/ iStock / Attackbunny; © Getty Images Plus/ iStock / GeorgiosArt; © Musée du Louvre, A liberdade guinado o povo, Eugène Delacroix, 1833.

DADOS INTERNACIONAIS DE CATALOGAÇÃO NA PUBLICAÇÃO (CIP)
ODILIO HILARIO MOREIRA JUNIOR – CRB-8/9949

C917m Crepaldi, Silvio Aparecido
         Manual de perícia contábil / Silvio Aparecido Crepaldi. –
       2. ed. – São Paulo: SaraivaUni, 2024.
         360 p. ; il.

         ISBN 978-85-7144-231-3

         1. Contabilidade. 2. Perícia Contábil. I. Título.

2024-1284   CDD 657
                                             CDU 657

Índice para catálogo sistemático:
1. Contabilidade   657
2. Contabilidade   657

Copyright © Silvio Aparecido Crepaldi
2024 Saraiva Educação
Todos os direitos reservados.

2ª edição

Nenhuma parte desta publicação poderá ser reproduzida por qualquer meio ou forma sem a prévia autorização da Saraiva Educação. A violação dos direitos autorais é crime estabelecido na Lei n. 9.610/98 e punido pelo art. 184 do Código Penal.

Feliz o homem que põe sua esperança no Senhor

(Jeremias, 17:7)

Não tenha medo de crescer lentamente.
Tenha medo apenas de ficar parado.

(provérbio chinês)

Dedico esta obra à minha esposa, Solange,
companheira inseparável que compartilha comigo
momentos de alegria e de sucesso,
e aos meus filhos, Cynthia, Guilherme e Silvia.
Também aos meus netos, Helena, Gustavo e Luísa.

Agradecimentos

Inicialmente, agradeço à minha família, que sempre com amor me estimulou, compreendendo longas horas em que estive ausente, mesmo quando estava no lar.

Sou grato também aos meus alunos dos cursos de graduação e pós-graduação que testaram o material, apontaram as falhas iniciais e deram sua colaboração, bem como aos profissionais da Contabilidade e de firmas de perícias pelas observações e comentários.

Enfim, agradeço a Deus constantemente, por me dar força suficiente para o desenvolvimento do trabalho, e a todos os que de uma forma ou de outra também ajudaram decisivamente.

Apresentação

O Cadastro Nacional de Peritos Contábeis (CNPC) do Conselho Federal de Contabilidade (CFC), criado pela Resolução CFC n. 1.502, de 19 de fevereiro de 2016, e alterado pela Resolução CFC n. 1.513, de 26 de outubro de 2016, tem o objetivo de oferecer ao Judiciário e à sociedade uma lista de profissionais qualificados que atuam como peritos contábeis, permitindo ao Sistema CFC/CRCs (Conselhos Regionais de Contabilidade) identificá-los com o intuito de dar maior celeridade à ação do Poder Judiciário, uma vez que se poderá conhecer geograficamente e também por especialidade a disponibilidade desses profissionais.

O CNPC se justifica tendo em vista o Código de Processo Civil Brasileiro (CPC), que entrou em vigor no dia 18 de março de 2016, determinando que os juízes sejam assistidos por peritos quando a prova do fato depender de conhecimento específico e que os tribunais consultem os conselhos de classe para formar um cadastro desses profissionais.

Para ingressar no cadastro, os contadores deviam apresentar comprovação de experiência em perícia contábil, conforme Resolução CFC n. 1.502/2016, até 31 de dezembro de 2017. No ato da inscrição era preciso, além da experiência, indicar a especificação da área de atuação e o estado e município em que se pretendia exercer as atividades.

Desde 2018, o interessado sem experiência pode ingressar no CNPC, mediante aprovação prévia em Exame de Qualificação Técnica (EQT) para perito contábil, regulamentado pela NBC PP 02 de 2016, que tem por objetivo aferir o nível de conhecimento e a competência técnico-profissional necessários ao contador que pretende atuar na atividade de perícia contábil.

Dessa forma, elaboramos este *Manual de perícia contábil* para ajudá-lo no seu exame.

Prefácio

A perícia é o meio de prova feito pela atuação de técnicos promovida pela autoridade policial ou judiciária, com a finalidade de esclarecer à Justiça sobre o fato de natureza duradoura ou permanente. É realizada para o processo, ou seja, para os sujeitos principais deste, que requerem, para melhor solução da questão, que o perito não apresente nem decida, mas simplesmente contribua para o julgamento. Assim, a perícia é uma possibilidade no processo, dependendo da iniciativa das partes ou do juiz.

A perícia contábil possui objeto, finalidade, alcance e procedimentos peculiares e é um ramo específico da Contabilidade. O que a caracteriza é a declaração de caráter técnico sobre um elemento da prova. Serve para provar fatos de percepção técnica, que dependem de conhecimento pericial. A percepção, observação e apreciação são momentos de verificação. Pode ser obrigatória ou facultativa. Em princípio é facultativa, mas, por exceção, há perícias indispensáveis. Em qualquer caso, versa sobre fatos, e fatos da causa, que escapam ao conhecimento ordinário, pois dependem de conhecimento especial.

É o mecanismo utilizado pelo julgador ou pelas partes para obtenção dos subsídios necessários para suportar a solução de um litígio, mediante nomeação ou contratação de um profissional com conhecimentos técnicos sobre a matéria litigiosa, por meio da aplicação de procedimentos técnicos e científicos com apresentação de laudo pericial contábil ou parecer técnico pericial contábil. Portanto, a perícia contábil tem sua amplitude relacionada à causa que lhe deu origem.

O perito judicial é a pessoa que declara ante um tribunal e que detém a característica particular de possuir conhecimentos técnicos em determinada ciência, arte ou ofício, os quais lhe permitem emitir opiniões sobre materiais relevantes para a resolução de um juízo.

Para trabalhar como perito judicial, além do conhecimento técnico da área na qual pretende atuar, é necessário ter curso superior e estar filiado ao conselho regional da categoria. Podem exercer essa atividade funcionários públicos aposentados, recém-formados, profissionais liberais e colaboradores de empresas normais (arquitetos, médicos, engenheiros ambientais, administradores etc.). O perito judicial atua nas varas da Justiça Federal, Estadual e na Justiça do Trabalho.

O perito judicial entra em ação toda vez que uma perícia judicial for solicitada por uma das partes interessadas ou no entendimento do juízo, caso o processo não apresente os elementos suficientes capazes de convencer e, em decorrência disso, levar a um julgamento justo. Objetiva levar até os autos as provas materiais ou científicas (para provar a veracidade de situações, coisas e fatos) conseguidas por meio de procedimentos como exame, vistoria, indagação, investigação, arbitramento, mensuração, avaliação e certificação.

Sumário

1

Perito contábil judicial, 1

1.1   Introdução, 1
1.2   O perito contábil, 2
1.3   Atuação do perito judicial nos tribunais, 10
1.4   Usuários da perícia, 14
1.5   Quando a perícia contábil pode ser requerida, 15
1.6   Habilitação do perito na Justiça Estadual, 15
1.7   Mercado de atuação profissional, 17
1.8   A perícia realizada por pessoa jurídica, 21
1.9   Acumulação de cargo público com perícia judicial, 23
1.10 Direitos e deveres dos peritos judiciais, 24
1.11 Considerações finais, 25
1.12 Questões de múltipla escolha, 29

2

Cadastro Nacional de Peritos Contábeis (CNPC), 39

2.1   Introdução, 39
2.2   Responsabilidades do perito contábil, 43
      2.2.1   Responsabilidade profissional, 48
      2.2.2   Responsabilidade por equipe técnica, 53
      2.2.3   Responsabilidade e ética, 54

2.2.4   Zelo profissional, **55**

2.2.5   Exame de Qualificação Técnica, **57**

2.3   Considerações finais, **58**

2.4   Questões de múltipla escolha, **60**

3

Conceito e objetivos da perícia contábil, 75

3.1   Introdução, **75**

3.2   Objetivos, **81**

3.3   Procedimentos técnico-científicos periciais, **84**

3.4   Considerações finais, **86**

3.5   Questões de múltipla escolha, **88**

3.6   Estudo de caso, **98**

4

Modalidades de perícia contábil, 101

4.1   Introdução, **101**

4.2   Modalidades de perícias, **102**

4.3   Diferença entre perícia contábil e auditoria contábil, **104**

4.4   Espécies de perícias, **107**

       4.4.1   Judiciais, **107**

       4.4.2   Extrajudiciais, **111**

4.5   Necessidades de se fazer perícia contábil, **111**

       4.5.1   Irregularidades contábeis, **111**

       4.5.2   Imperfeições técnicas, **111**

       4.5.3   Negligência profissional, **112**

       4.5.4   Erros técnicos e de escrituração, **112**

       4.5.5   Exemplos de perícias, **113**

4.6   Prova técnica simplificada, **113**

4.7   Considerações finais, **114**

4.8   Questões de múltipla escolha, **116**

4.9   Questões discursivas, **154**

4.10 Estudo de caso, **154**

5

Perito oficial, perito do juízo e perito assistente técnico, 159

5.1 Introdução, 159
5.2 Diferenciação dos peritos, 161
　　5.2.1 Perito assistente técnico, 164
　　5.2.2 Perito do juízo, 164
5.3 Substituição, 167
5.4 Nomeação múltipla, 167
5.5 Impedimento e suspeição, 168
　　5.5.1 Impedimentos profissionais – NBC PP 01 (R1), 168
　　5.5.2 Impedimento legal, 170
　　5.5.3 Impedimento técnico, 170
　　5.5.4 Suspeição, 171
5.6 Considerações finais, 174
5.7 Questões de múltipla escolha, 176
5.8 Questão discursiva, 196
5.9 Estudo de caso, 197

6

Laudo pericial contábil e parecer técnico contábil, 201

6.1 Laudo pericial, 201
6.2 Prova pericial, 203
6.3 Laudo pericial contábil (LPC), 205
　　6.3.1 Apresentação do laudo pericial contábil e oferta do parecer técnico contábil, 208
　　6.3.2 Perito assistente técnico, 209
　　6.3.3 Vedação e denúncia de profissional leigo, 211
　　6.3.4 Renúncia aos serviços periciais, 212
　　6.3.5 Registros profissionais, 212
　　6.3.6 Terminologias no laudo pericial contábil, 212
　　6.3.7 Dupla interpretação do laudo pericial contábil, 214
　　6.3.8 Estrutura do laudo pericial contábil, 214
6.4 Parecer técnico contábil, 215
6.5 Esclarecimentos adicionais, 218
6.6 Considerações finais, 220
6.7 Questões de múltipla escolha, 222
6.8 Estudos de casos, 247
6.9 Questões discursivas, 251

7

Planejamento da perícia contábil, 253

7.1 Introdução, 253

7.2 Conhecimento da empresa, 257

    7.2.1 Financeiro, 258

    7.2.2 Contábil, 258

    7.2.3 Vendas, 258

    7.2.4 Orçamentário, 258

    7.2.5 Pessoal, 258

    7.2.6 Fiscal e legal, 259

    7.2.7 Operações, 259

7.3 Objetivos, 259

7.4 Proposta de honorários, 260

7.5 Cronograma dos trabalhos, 262

7.6 Honorários periciais, 266

7.7 Elaboração de proposta de honorários, 267

7.8 Elaboração do planejamento da perícia contábil, 268

7.9 Levantamento dos honorários periciais, 272

7.10 Modelo de orçamento de honorários periciais, 274

    7.10.1 Modelo de petição de honorários periciais, 275

7.11 Responsabilidade de pagamento dos honorários periciais, 276

7.12 Honorários periciais pagos no final do processo, 279

7.13 Parcelamento de honorários periciais, 279

7.14 Honorários periciais provisórios, 280

7.15 A tributação dos honorários periciais do perito, 280

7.16 Execução da perícia judicial contábil, 281

    7.16.1 Prazos para a execução da perícia contábil, 285

    7.16.2 Execução conjunta da perícia contábil, 288

7.17 Termo de diligência e recusa de documentos, 288

7.18 Fluxograma da perícia contábil, 290

7.19 Conclusão dos trabalhos periciais, 291

7.20 Quesitos da perícia contábil, 292

    7.20.1 Quesitos impertinentes, 293

    7.20.2 Quesitos suplementares, 295

    7.20.3 Quesitos para esclarecimento, 296

7.21 Considerações finais, 297

7.22 Questões de múltipla escolha, 299

7.23 Estudo de caso, 329

Índice remissivo, 333

Referências, 337

CAPÍTULO 1

Perito contábil judicial

1.1 Introdução

O perito judicial é a pessoa que, perante um tribunal, declara possuir a característica particular de deter conhecimentos técnicos em determinada ciência, arte ou ofício, os quais lhe permitem emitir opiniões sobre materiais relevantes para a resolução de um juízo. É o contador regularmente registrado em Conselho Regional de Contabilidade (CRC), que exerce a atividade pericial de forma pessoal, devendo ser profundo conhecedor, por suas qualidades e experiências, da matéria periciada, segundo a NBC PP 01 (R1). Estabelecem conceitos doutrinários e procedimentos técnicos a serem observados quando da realização dos trabalhos de perito em Contabilidade, e estão regulamentadas, quanto à perícia, pela NBC TP 01 (R1).

> NBC PP 01 (R1) – 27 de março de 2020
> Perito é o contador detentor de conhecimento técnico e científico, regularmente registrado em Conselho Regional de Contabilidade e no Cadastro Nacional dos Peritos Contábeis, que exerce a atividade pericial de forma pessoal ou por meio de órgão técnico ou científico, com as seguintes denominações:
> * perito do juízo é o contador nomeado pelo Poder Judiciário para exercício da perícia contábil;
> * perito arbitral é o contador nomeado em arbitragem para exercício da perícia contábil;
> * perito oficial é o contador investido na função por lei e pertencente a órgão especial do Estado;

- assistente técnico é o contador ou órgão técnico ou científico indicado e contratado pela parte em perícias contábeis.

Para trabalhar como perito judicial, além do conhecimento técnico da área na qual pretende atuar, é necessário ser formado em um curso superior e estar filiado ao conselho regional da categoria. Podem exercer essa atividade funcionários públicos aposentados, recém-formados, profissionais liberais e colaboradores de empresas (arquitetos, médicos, engenheiros ambientais, administradores, contadores etc.). Sua atuação se dá nas varas da Justiça Federal, Estadual e na Justiça do Trabalho.

Esse profissional entra em ação toda vez que uma perícia judicial for solicitada por uma das partes interessadas ou no entendimento do juízo, caso o processo não apresente elementos suficientes capazes de convencer e, em decorrência disso, levar a um julgamento justo. Objetiva levar até os autos as provas materiais ou científicas, para provar a veracidade de situações, coisas e fatos, conseguidos por meio de procedimentos tais como exames, vistorias, indagações, investigações, arbitramentos, mensurações, avaliações e certificações.

A NBC PP 01 (R1) é a norma que estabelece os procedimentos inerentes à atuação do perito judicial. Essa norma foi alterada em 27 de fevereiro de 2015 e, junto à NBC TP 01 (R1), disciplina a perícia judicial, estabelece as regras de conduta profissional e está regulamentada, quanto ao perito contábil, pela Resolução n. 201 – NBC PP 01, em vigor desde 19 de março de 2015, que estabelece critérios inerentes à atuação do contador na condição de perito. Enquanto NBC PP 01 (R1) regulamenta a atuação inerente ao perito contador – as regras de conduta profissional, a NBC PP 01 (R1) estipula os procedimentos técnicos para a realização da perícia inclusive quanto à apresentação do laudo – diretrizes e procedimentos técnicos e científicos.

1.2 O perito contábil

O perito contábil é o contador registrado em Conselho Regional de Contabilidade (CRC), que exerce a atividade pericial de forma pessoal, devendo ser profundo conhecedor devido a suas qualidades e experiências da matéria periciada, segundo a NBC PP 01. O perito deve possuir conhecimentos técnicos, ter um aprimoramento cultural diversificado e ser realmente especializado e aperfeiçoado em sua área de atuação. Trata-se de um profissional com formação superior que detém conhecimentos técnicos e/ou científicos que o tornam apto a auxiliar a Justiça quando é necessária a aplicação de suas habilidades para provar algum fato ou ato, conforme o art. 149 do Código de Processo Civil (CPC).

A sua habilitação como perito em Contabilidade será provada por intermédio de uma Certidão de Regularidade Profissional emitida pelos CRCs. Essa certidão deverá ser anexada no primeiro ato de sua manifestação e na apresentação do laudo pericial contábil ou parecer técnico-contábil para atender às exigências legais.

O exercício da perícia contábil é privativo do Bacharel em Ciências Contábeis registrado no CRC. Assim, o perito contábil deve possuir um profundo conhecimento teórico e prático da Contabilidade (experiência), além de retidão de conduta (capacidades éticas), segundo a NBC PP 01.

> Perito é o contador regularmente **registrado em Conselho Regional de Contabilidade,** que exerce a atividade pericial de forma pessoal, devendo ser **profundo conhecedor,** por suas qualidades e experiências, da matéria periciada.
>
> **Art. 25. São considerados trabalhos técnicos de contabilidade:**
> a) organização e execução de serviços de contabilidade em geral;
> b) escrituração dos livros de contabilidade obrigatórios, bem como de todos os necessários no conjunto da organização contábil e no levantamento dos respectivos balanços e demonstrações;
> c) **perícias judiciais ou extrajudiciais,** revisão de balanços e de contas em geral, verificação de haveres, revisão permanente ou periódica de escritas, regulações judiciais ou extrajudiciais de avarias grossas ou comuns, assistência aos Conselhos Fiscais das sociedades anônimas e quaisquer outras atribuições de natureza técnica conferidas por lei aos profissionais de contabilidade.
>
> **Art. 26.** Salvo direitos adquiridos *ex-vi* do disposto no art. 2º do Decreto n. 21.033, de 8 de fevereiro de 1932, **as atribuições definidas na alínea c do artigo anterior são privativas dos contadores diplomados.**

O Código de Processo Civil também esclarece que o perito deve ser profissional de nível superior:

> **Art. 145.** Quando a prova do fato depender de conhecimento técnico ou científico, o juiz será assistido por **perito,** segundo o disposto no art. 421.
>
> § 1º Os peritos serão escolhidos entre profissionais de **nível universitário, devidamente inscritos no órgão de classe competente,** respeitado o disposto no Capítulo VI, seção VII, deste Código.

> NBC PP 01 (R1)
> Essa Norma aplica-se aos contadores que exercem a função pericial.
> Aplica-se ao perito a NBC PG 01 – Código de Ética Profissional do Contador, a NBC PG 100 – Cumprimento do Código, da Estrutura Conceitual, a NBC PG 300 – Contadores que Prestam Serviços (Contadores Externos) e a NBC PG 12 – Educação Profissional Continuada naqueles aspectos não abordados por esta Norma.

Fonte: elaborado pelo autor.

As NBCs estabelecem conceitos doutrinários e procedimentos técnicos a serem observados quando da realização dos trabalhos do perito contador, e estão regulamentadas, quanto à perícia, conforme a NBC TP 01 (R1).

O contador, na função de perito do juízo ou perito assistente técnico, deve:

- manter adequado nível de competência profissional, pelo conhecimento atualizado da Contabilidade, das Normas Brasileiras de Contabilidade, das técnicas contábeis, da legislação relativa à profissão contábil e das normas jurídicas, especialmente as aplicáveis à perícia, atualizando-se, permanentemente, mediante programas de capacitação, treinamento, educação continuada e especialização, e realizando seus trabalhos com a observância da equidade;
- realizar seus trabalhos com a observância da equidade, o que significa que o perito deve atuar com igualdade de direitos, adotando os preceitos legais e técnicos inerentes à profissão contábil;
- pautar sua linha de conduta no sentido estritamente profissional, aplicando toda a sua técnica sobre o assunto sob seu exame, agindo com isenção e imparcialidade;
- possuir caráter íntegro e sujeito a todas as provas, resistindo a toda espécie de pressões e a todas as situações.

Atributos de um perito	Dignidade
	Ética
	Independência

Fonte: NBC.

O perito contábil, para exercício na perícia judicial, deverá ter capacidade de:

a) **Adaptabilidade:** os peritos deverão ajustar sua estratégia de tomada de decisão a fim de se encaixarem na situação cotidiana. São responsáveis pela mudança de condições, conforme a situação do problema apresentado.

b) **Responsabilidade:** os peritos assumem uma responsabilidade, caso tenham ou não tenham realizado uma avaliação acertada.

c) **Criatividade:** não devem os peritos ter um único ponto de vista ou solução a respeito de um problema. Precisam ser capazes de criar novas ideias e soluções, tantas vezes quantas forem necessárias.

d) **Conhecimento da área:** é exigido dos peritos um conhecimento de sua área específica, devendo ele esforçar-se para aprimorá-lo, desenvolvê-lo e utilizá-lo.

e) **Capacidade de decisão:** um perito deve ser capaz de tomar decisões rápidas, claras e eficientes.

f) **Experiência:** o perito usa a sua experiência para tomar decisões mais rápidas ou mais lentas, dependendo de cada caso.

g) **Conhecimento do que seja relevante:** baseando-se em sua experiência, o perito poderá diferenciar o conhecimento relevante do irrelevante, usando somente o que é relevante e neutralizando o irrelevante.

h) **Metodologia:** a avaliação de um perito sobre um problema deve ser realizada dentro de critérios metodológicos rigorosos, para que possa ser traçada uma forma de trabalho sistemática, contribuindo para uma decisão mais acertada.

i) **Percepção:** um perito deve ser capaz de extrair de uma situação informações que não são perceptíveis aos outros. A sua forma de decidir deverá ser superior, devido à sua capacidade de reconhecimento e avaliação de situações difíceis e confusas.

j) **Aparência pessoal:** o perito deve cuidar de sua aparência física, de forma a transmitir, em sua apresentação pessoal, a imagem de que é zeloso.

k) **Autoconfiança:** o perito deve ter e fazer transparecer conhecimentos sólidos de sua área de atuação, transmitindo confiança em suas decisões.

l) **Bom humor:** o perito, em algumas atividades, lidará muito com o público, necessitando assim relacionar-se bem com as pessoas e transmitir uma boa imagem de sua atividade.

Os requisitos profissionais e legais exigidos do contador na função de perito judicial são listados em:

- Constituição Federal – art. 5°, incisos IX, XIII e XIV;
- Código Civil – arts. 231 e 232;
- Código de Processo Civil – arts. 95, 98, 149, 156 a 158, 369, 464 a 480;
- Decreto-Lei n. 9.295/1946 – arts. 12, 21, 25, alínea "c" e art. 26 (atividade privativa do contador);
- Resolução CFC n. 1.372/2011 – art. 1° (registro profissional);
- Resolução CFC n. 803/1996 (Código de Ética do Contador);
- Resolução CFC n. 560/1983 (prerrogativas profissionais).

Aplica-se ao perito contábil o Código de Ética Profissional do Contador, a NBC PG 100 – Aplicação Geral aos Profissionais da Contabilidade, e a NBC PG 200 (R1) – Contadores que Prestam Serviços (contadores internos).

Assim, fica estabelecido que o contador deve usar julgamento profissional ao aplicar estrutura conceitual. São, portanto, suas funções:

- Identificar ameaças ao cumprimento dos princípios éticos.
- Avaliar a importância das ameaças identificadas.
- Aplicar salvaguardas, quando necessário, para eliminar as ameaças ou reduzi-las a um nível aceitável. As salvaguardas são necessárias quando o profissional da contabilidade avalia que as ameaças não estão em um nível que permitiria a um terceiro com experiência, conhecimento e bom senso concluir, ponderando todos os fatos e as circunstâncias específicas disponíveis para o profissional da contabilidade naquele momento, visando não comprometer os princípios éticos.

O perito deve conhecer as responsabilidades sociais, éticas, profissionais e legais às quais está sujeito no momento em que aceita o encargo para a execução de perícias contábeis judiciais e extrajudiciais, inclusive arbitral, segundo a NBC TP 01 (R1).

A NBC PG 100 evidencia que é uma marca característica da profissão contábil a aceitação da responsabilidade de agir no interesse público. Portanto, a responsabilidade do profissional da contabilidade não é exclusivamente satisfazer as necessidades do contratante. Ao agir no interesse público, o referido profissional deve observar e cumprir essa norma. A não efetivação de parte dela, por determinação legal ou regulamentar, não desobriga o profissional do cumprimento daquilo que não for vedado. Tal norma não descreve todas as circunstâncias e os relacionamentos que podem ser encontrados nas atividades do contador externo, capazes de criar ameaças ao cumprimento dos princípios éticos. Portanto, ele é incentivado a permanecer alerta a essas circunstâncias e a esses relacionamentos.

A legislação civil determina responsabilidades e penalidades para o profissional que exerce a função de perito, as quais consistem em multa, indenização e inabilitação.

Responsabilidade civil

É a obrigação imposta pela lei às pessoas no sentido de responder pelos seus atos, isto é, suportar, em certas condições, as consequências prejudiciais destes; reparar; indenizar.[1]

Não há responsabilidade sem prejuízo.

São requisitos indispensáveis à configuração da responsabilidade civil do perito: ação ou omissão, o dano (prejuízo), o nexo de causalidade e a culpa.

- Imprudência: falta de cautela ou cuidado;
- Negligência: omissão, descaso, falta de cuidado ou de atenção, inobservância;
- Imperícia: falta de habilidade no exercício da atividade, insuficiência de conhecimento.

Dano, em sentido amplo, vem a ser a lesão de qualquer bem jurídico, e aí se inclui o dano moral.[2]

Figura 1.1 – Implicações da perícia extrajudicial

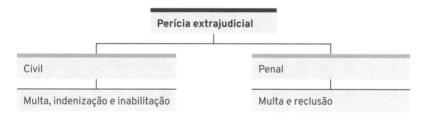

Fonte: elaborado pelo autor.

Responsabilidade penal

A legislação penal estabelece penas de multa e reclusão para os profissionais que exercem a atividade pericial e que descumprirem as normas legais. O contador deve conscientemente não se envolver em qualquer negócio, ocupação

---

[1] LOPES, M. M. *Curso de Direito Civil*: Introdução, Parte Geral e Teoria dos Negócios Jurídicos, v. 1. Freitas Bastos, [s/d].
[2] ARRUDA ALVIM, T. *Modulação*: na alteração de jurisprudência firme ou de precedentes vinculantes. 3. ed. São Paulo: Thomson Reuters Brasil, 2024.

ou atividade que prejudique ou possa prejudicar a integridade, a objetividade ou a boa reputação da profissão, sendo, consequentemente, incompatível com os princípios éticos.

Figura 1.2 – Aspectos relacionados à responsabilidade civil e penal

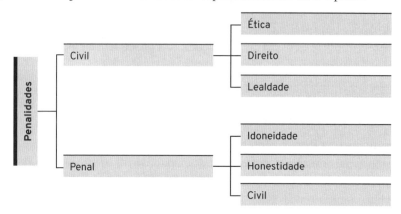

Fonte: CARDOZO, 2016.

Responsabilidade moral

É uma disposição subjetiva de determinação do que é correto e do que é incorreto, e sob tal pressuposto, estabelecer-se uma noção própria do bem e do mal. Uma autocensura.[3]

Deve ser pautada pelo dever de lealdade, de prestar todos os esclarecimentos tantas vezes quantas forem necessárias, abstendo-se de dar sua convicção pessoal, apreciando com imparcialidade os fatos, além de, se for o caso, recusar a nomeação quando não estiver devidamente capacitado para o bom desempenho do encargo.

Responsabilidade ética

A ética profissional contábil objetiva conduzir os trabalhos pelos parâmetros da moralidade e dignidade da pessoa humana, ou seja, a necessidade de os seres humanos agirem de acordo com uma consciência moldada em valores de justiça, moral e equidade. Uma consciência pura, livre de dogmas, preconceitos é a formação desejável.

---

[3] PASOLD, C. L. (Org.) *O Pensamento de Henrique Stodieck*. Joaçaba: UNOESC, 2016.
PASOLD, C. L. *Função Social do Estado Contemporâneo*. 4 ed. Itajaí: Univali, 2013.

O Código de Ética do Contador fixa a forma pela qual os contadores devem conduzir os seus trabalhos e o relacionamento – comportamento, deveres em relação aos colegas, classe, clientes e sociedade.

Responsabilidade profissional

Podem ser aplicadas:

- Penalidade ética: advertência reservada, censura reservada e pública.
- Penalidade disciplinar: multa, suspensão e cassação do exercício profissional.
- Processo administrativo disciplinar (PAD): apuração, processamento e apenamento perante o Conselho Regional.

As infrações são averiguadas pelas Câmaras de Fiscalização, Ética e Disciplina e julgadas pelo Tribunal Regional de Ética e Disciplina. Das decisões cabem recursos perante o CRC e CFC, conforme Código de Ética do Contador.

Figura 1.3 – Aspectos relacionados à responsabilidade profissional

Fonte: CARDOZO, 2016.

A Perícia Contábil possui objeto, finalidade, alcance e procedimentos peculiares e é um ramo específico da Contabilidade.

1.3 Atuação do perito judicial nos tribunais

A função do perito judicial é auxiliar o juiz com o seu conhecimento técnico para que sejam sanadas as dúvidas ou questionamentos acerca de acontecimentos que ocasionaram ou foram parte dos autos, segundo a NBC PP 01 (R1).

A perícia judicial é uma atividade com particularidades diferentes das demais profissões, porque é exercida por profissionais proativos e com expertise para determinados assuntos técnicos, nomeados pelo juiz ou indicados pelas partes para contribuir com seus conhecimentos no deslinde do processo judicial. Para exercer a atividade de perito oficial, perito assistente ou de calculista, é necessário o conhecimento prévio da atividade, da sua importância, de sua responsabilidade, além dos saberes práticos na condução dos seus trabalhos ou de sua equipe técnica.

O perito de uma vara judicial pode ser constantemente chamado para atuar, inclusive, em vários processos, bem como em várias outras varas. As perícias acontecem no campo cível, eleitoral, criminal e trabalhista. As áreas cível e criminal ocorrem em âmbito federal ou estadual; já a trabalhista, em âmbito federal.

As diferenças entre as justiças Federal, Estadual e do Trabalho são as seguintes:

- Na **Justiça do Trabalho,** as partes são empregados e empregadores (empresas), e os assuntos tratam exclusivamente de relação de trabalho ou assemelhados;
- Na **Justiça Federal,** pelo menos uma das partes é a União ou órgão originado dela, do tipo INSS, bancos do governo, DNER e demais órgãos;
- Na **Justiça Estadual,** julgam-se processos comuns em que as partes não estariam incluídas, como possíveis litigantes, nas outras duas modalidades de justiça. A Justiça Estadual também é chamada de Justiça Comum.

A atuação do perito nos tribunais poderá ser como:

- **Perito oficial:** é o investido na função por lei e pertencente a órgão especial do Estado, destinado, exclusivamente, a produzir perícias; exerce a atividade por profissão.
- **Perito do juízo:** é nomeado pelo juiz, árbitro, autoridade pública ou privada para exercício da perícia contábil.
- **Perito assistente técnico:** é o contratado e indicado pela parte em perícias contábeis.

Quadro 1.1 – Atuação do perito nos tribunais

Perito oficial	Perito do juízo	Perito assistente
Investido na função por lei e pertencente a órgão especial do Estado destinado, exclusivamente, a produzir perícias e que exerce a atividade por profissão.	Nomeado pelo juiz, árbitro, autoridade pública ou privada para exercício da perícia contábil.	Contratado e indicado pela parte em perícias contábeis.

Fonte: NBC TP 01 (R1).

A estrutura do Judiciário é composta por:

- 1ª Instância: nesta fase, o processo está com os juízes nas varas. Eles prolatam sentenças em tribunais estaduais de justiça.
- 2ª Instância: nesta fase, entram em cena os desembargadores, que atuam nas câmaras e proferem os acórdãos.
- Instância Especial: o processo está com os ministros nos tribunais superiores, como STJ, STE, TST, TRF e STF.

O perito contábil sempre será nomeado por um juiz de primeira instância e sempre na esfera judicial. Nas demais instâncias, não existe uma prova pericial, pois os ministros e desembargadores fazem as análises dos laudos periciais contábeis já juntados ao processo e dão seu parecer. A perícia é feita para suprir a insuficiência de conhecimentos específicos sobre o objeto da prova e para maior esclarecimento das partes, dos advogados e, principalmente, do julgador.

O perito de uma vara judicial pode ser constantemente chamado para atuar, inclusive em vários processos, bem como em várias outras varas. Ele será (ou poderá ser) nomeado sempre por um juiz de primeira instância, na esfera judicial; nas demais instâncias, não existe uma prova pericial.

A prova pericial é considerada a rainha das provas, já que, por meio dela, é possível avaliar documentos, verificar os registros das operações, identificar os responsáveis pela realização de vários procedimentos e ações, podendo o profissional adicionar a ela documentos e informações obtidos durante as diligências.

De acordo com o art. 157 do Código de Processo Civil – Lei n. 13.105, de 16 de março de 2015 –, quando nomeado em Juízo e não capacitado a desenvolver o trabalho, o perito deverá dirigir petição ao Juízo, no prazo legal, justificando sua escusa.

Quadro 1.2 – Importância da perícia

Código de Processo Civil	**Art. 156** O juiz será assistido por perito quando a prova do fato depender de conhecimento técnico ou científico.
	Art. 465 O juiz nomeará perito especializado no objeto da perícia e fixará de imediato o prazo para a entrega do laudo.

Fonte: elaborado pelo Autor.

Função do perito judicial

A função do perito judicial é auxiliar o juiz com o seu conhecimento técnico para que sejam sanadas as dúvidas ou questionamentos acerca de acontecimentos que ocasionaram ou foram parte da lide.

Dessa forma, o perito judicial trabalha para que, através de seu conhecimento especializado, possa ser um instrumento esclarecedor para o juiz decidir sobre o processo. Desta forma, por meio do laudo pericial fornecido pelo perito judicial, o juiz terá plenas condições para tomar a decisão mais adequada dentro da ação processual. O perito é, portanto, um dos auxiliares da justiça e, como tal, sua função está prevista no Código de Processo Civil do referido rol.

Art. 157 O perito tem o dever de cumprir o ofício no prazo que lhe designar o juiz, empregando toda sua diligência, podendo escusar-se do encargo alegando motivo legítimo.

§ 1º A escusa será apresentada no prazo de 15 (quinze) dias, contado da intimação, da suspeição ou do impedimento supervenientes, sob pena de renúncia ao direito a alegá-la.

§ 2º Será organizada lista de peritos na vara ou na secretaria, com disponibilização dos documentos exigidos para habilitação à consulta de interessados, para que a nomeação seja distribuída de modo equitativo, observadas a capacidade técnica e a área de conhecimento.

Vale ressaltar ainda que, devido à natureza da ação pericial, o perito judicial deve se manter comprometido com seu trabalho de elaborar laudos técnicos sem levar em consideração opiniões, emoções ou vínculos pessoais para que assim haja a real comprovação da veracidade dos laudos técnicos apresentados em juízo.

O que faz o perito judicial?

O trabalho do perito é muito amplo, podendo ele trabalhar em mais de uma perícia, conforme nomeação do juiz, ou em caso de contratação particular de uma das partes interessadas no laudo pericial contábil, conforme a NBC TP 01 (R1).

O perito é chamado pela justiça por meio de nomeação judicial para realizar laudos técnicos em ações judiciais das mais diversas áreas, podendo ser tanto ações envolvendo pessoas físicas quanto pessoas jurídicas (empresas), ou ainda questões que versem sobre órgãos públicos (nas três esferas do poder).

O perito judicial deverá dar o seu parecer em laudo pericial contábil que deverá obrigatoriamente ser escrito e assinado. Concluído o laudo, ele será elencado junto com as demais provas do processo e terá papel de prova técnica com o objetivo de auxiliar o juiz na decisão final.

Os honorários serão determinados conforme as características do processo e as horas trabalhadas pelo perito judicial.

O serviço de perito judicial não é uma atividade que exija exclusividade do profissional; ao contrário, o profissional pode, sem impedimento algum, exercer demais funções além da realização das perícias judiciais, desde que estas demais atividades não atrapalhem ou firam a idoneidade do perito e nem mesmo comprometam a veracidade dos laudos das perícias por ele realizadas, segundo a NBC PP 01 (R1).

A perícia judicial é um excelente campo de atuação, uma vez que proporciona aos seus profissionais uma ampla gama de possibilidades. O profissional pode optar por seguir apenas na carreira de perito judicial ou exercer demais funções em suas horas vagas.

O que faz o assistente técnico?

O assistente técnico é o profissional que fica a cargo de representar a parte que o contrata. Na perícia não existe um critério legal para a escolha do assistente técnico, ficando a cargo da parte a decisão sobre o profissional. O assistente técnico é o responsável por redigir o relatório idêntico ao que irá a juízo no ato da ação processual. Dessa forma é facultado ao juiz dar o seu parecer tanto pelo laudo do perito como o parecer contábil feito pelo assistente técnico, consoante a NBC TP 01 (R1).

O assistente desempenha várias funções; dentre elas, as de maior relevância são:

- Redigir o seu parecer conforme as análises feitas;
- Auxiliar, comprovar ou contestar ao perito sobre suas teses sobre o caso;
- Analisar o laudo do perito pontuando os detalhes mais interessantes, conforme salientar em sua tese.

1.4 Usuários da perícia

No âmbito judicial ou extrajudicial, os usuários da perícia são (CRC RS, 2015):

- **O julgador:** magistrado que necessita de informações técnicas de determinada área do conhecimento humano para auxiliá-lo nas suas decisões.
- **Os advogados:** profissionais que usarão os resultados apresentados no laudo pericial para buscar a verdade de seus clientes e defender os interesses de seus contratantes.
- **As partes litigantes:** são os mais interessados no laudo pericial, pois este pode provar ou não a veracidade das alegações e comprovar ocorrências, bem como a reconstrução dos fatos em discussão na demanda.
- **O árbitro ou mediador:** aquele que demanda informações técnicas de determinada área para o encaminhamento da tomada de decisão em um litígio para o qual foi indicado.

Quadro 1.3 – Usuários da perícia

Usuários da perícia No âmbito judicial ou extrajudicial, os usuários da perícia são:	**O julgador** O magistrado que necessita de informações técnicas de determinada área do conhecimento humano para auxiliar nas suas decisões.
	Os advogados Usarão os resultados apresentados no Laudo Pericial Contábil para buscar a verdade de seus clientes e defenderão os interesses de seus contratantes.
	As partes litigantes São os mais interessados no Laudo Pericial Contábil, pois este pode mostrar ou não a veracidade das alegações e comprovar ocorrências, bem como a reconstrução dos fatos em discussão na demanda.
	O árbitro ou mediador É aquele que demanda informações técnicas de determinada área para o encaminhamento da tomada de decisão de um litígio para o qual foi indicado.

Fonte: elaborado pelo autor.

1.5 Quando a perícia contábil pode ser requerida

A perícia contábil pode ser requerida (pelas partes) quando houver a necessidade de conhecimento específico para verificações, análise e interpretação de registros, demonstrações e documentos contábeis, bem como para a elaboração de cálculos de liquidação. O julgador poderá determinar, de ofício, a realização da prova pericial.

1.6 Habilitação do perito na Justiça Estadual

O Código de Processo Civil (CPC) elenca:

> Código de Processo Civil
> **Art. 156.** O juiz será assistido por perito quando a prova do fato depender de conhecimento técnico ou científico.
> § 1º Os peritos serão nomeados entre os profissionais legalmente habilitados e os órgãos técnicos ou científicos devidamente inscritos em cadastro mantido pelo tribunal ao qual o juiz está vinculado.
> § 2º Para formação do cadastro, os tribunais devem realizar consulta pública, por meio de divulgação na rede mundial de computadores ou em jornais de grande circulação, além de consulta direta a universidades, a conselhos de classe, ao Ministério Público, à Defensoria Pública e à Ordem dos Advogados do Brasil, para a indicação de profissionais ou de órgãos técnicos interessados.
> § 3º Os tribunais realizarão avaliações e reavaliações periódicas para manutenção do cadastro, considerando a formação profissional, a atualização do conhecimento e a experiência dos peritos interessados.
> § 4º Para verificação de eventual impedimento ou motivo de suspeição, nos termos dos arts. 148 e 467, o órgão técnico ou científico nomeado para realização da perícia informará ao juiz os nomes e os dados de qualificação dos profissionais que participarão da atividade.
> § 5º Na localidade onde não houver inscrito no cadastro disponibilizado pelo tribunal, a nomeação do perito é de livre escolha pelo juiz e deverá recair sobre profissional ou órgão técnico ou científico comprovadamente detentor do conhecimento necessário à realização da perícia.

O perito é um auxiliar do juízo que deve ser convocado quando a prova do fato constitutivo do direito do autor ou do fato impeditivo, modificativo ou extintivo apresentado pelo réu depender de conhecimento técnico ou científico. Essa regra é fundamental para esclarecer que o objeto da perícia são apenas os fatos. Pode parecer óbvio, mas em determinadas situações pode haver confusão entre o que é fato e o que é direito – em especial quando a legislação é muito técnica e exige conhecimento jurídico específico (por exemplo, normas urbanísticas ou normas de regulação do setor de internet). Assim, caberá ao perito esclarecer apenas se a premissa fática prevista na norma foi ou não atendida no caso concreto e não se a norma foi violada, tarefa essa que incumbe única e exclusivamente ao juiz, conforme Figueiredo.[4]

Quadro 1.4 – Habilitação do perito na justiça estadual

Habilitação do perito na justiça estadual
"O Conselho Superior de Magistratura determinou pelo Provimento 797/2003 que a nomeação de Peritos pelos juízes estaduais está sujeita a procedimento prévio de habilitação." Art. 156, §2°, CPC

Fonte: CPC.

A indicação de perito que não esteja regularmente inscrito no cadastro do tribunal poderá ensejar a impugnação da nomeação, criando espaço para a sua destituição e nomeação de profissional que conste no rol. Assim, qualquer nomeação que excepcione o rol de profissionais deverá conter motivação pertinente, indicando os fundamentos que justificaram a opção judicante, tais como nomeação de profissional indicado por mútuo acordo entre as partes em decorrência de negócio jurídico processual ou ainda carência de nome no cadastro de profissional com conhecimento técnico especialíssimo, segundo Figueiredo.[5]

Quadro 1.5 – Modelo de nomeação de perito

Seção Judiciária de Minas Gerais **5ª Vara de Execução Fiscal – SJMG/SSJ de Uberlândia** No(s) processo(s) abaixo relacionado(s) Numeração única: 4920-64.2015.4.01.3803 4920-64.2015.4.01.3803 EMBARGOS À EXECUÇÃO FISCAL EMBTE.: NACIONAL EXPRESSO LTDA. ADVOGADO: MG00061344 – WALTER JONES RODRIGUES FERREIRA ADVOGADO: MG00080951 – ROGÉRIO RAVANINI MAGALHÃES EMBDO.: FAZENDA NACIONAL O Exmo. Sr. Juiz exarou: Defiro o pedido de produção de prova pericial contábil, formulado pela parte embargante. Para tanto, nomeio perito contábil o Sr. **SILVIO APARECIDO CREPALDI**. Faculto às partes, no prazo comum de 10 (dez) dias, a apresentação de quesitos e indicação de assistentes técnicos.

Fonte: 5ª Vara de Execução Fiscal – SJMG/SSJ de Uberlândia.

---

[4] PASOLD, 2013; 2016.
[5] PASOLD, 2013; 2016.

1.7 Mercado de atuação profissional

Uma das grandes dúvidas sobre a carreira dentro da perícia judicial é o valor do salário dos profissionais, porém devemos lembrar que não existe uma tabela com o valor fixo do salário ou um "piso", tanto para os peritos judiciais como para os assistentes técnicos. Isso graças à própria natureza da função, que muitas vezes recebe de acordo com o cliente, com a complexidade do caso, com a necessidade de exames adicionais etc.

Outra dúvida interessante é quanto ao momento do pagamento do salário. Como mencionamos anteriormente, os peritos judiciais não têm salários fixos, uma vez que recebem os honorários conforme cada laudo realizado. Em virtude desta natureza do trabalho, o perito tem direito a receber os seus honorários após um determinado tempo, uma vez que as nomeações podem demorar um pouco para serem efetivadas.

Contudo, vale lembrar que os honorários do perito judicial vão variar diretamente de acordo com as características do processo em que for periciar e o valor total de horas gastas pelo perito judicial em determinada ação pericial dentro do processo.

Após analisar esses fatores será estipulado um valor para o trabalho do perito judicial conforme as funções por ele desempenhadas.

O mercado profissional de perito judicial é maior para administradores, contadores, economistas, engenheiros civis, arquitetos, médicos e agrônomos. Apenas profissionais com curso superior podem ser peritos judiciais.

Quadro 1.6 – Área de atuação do contador

Área de atuação do contador	O Perito Contábil é apontado com uma das principais profissões em alta.
O contador administra todas as obrigações da empresa de cunho fiscal e tributário, analisando e elaborando os relatórios contábeis.	É acionado por um juiz ou pelas partes de um processo judicial para atuar em um ato específico, fazendo uso de suas qualidades e experiências como contador regularmente registrado no CRC.
Todo processo de legalização da atuação de uma empresa – seja com produtos ou serviços – tem de ser obrigatoriamente elaborado por um contador.	Atua muito em processos de revisão de encargos financeiros contra instituições, sistema financeiro habitacional e outros.

Fonte: elaborado pelo autor.

A necessidade de curso superior para o perito também é prevista no Código de Processo Civil.

> **Código de Processo Civil**
> **Art. 156.** O juiz será assistido por perito quando a prova do fato depender de conhecimento técnico ou científico.
> **§ 1º** Os peritos serão nomeados entre os profissionais legalmente habilitados e os órgãos técnicos ou científicos devidamente inscritos em cadastro mantido pelo tribunal ao qual o juiz está vinculado.

O número de perícias judiciais existentes para outros cursos superiores pode ser pequeno, dependendo do tamanho da cidade. O trabalho se resume em realizar um laudo pericial contábil que será utilizado como prova dentro do processo para o qual o profissional foi nomeado. Para cada processo que necessitar de esclarecimento técnico-científico, haverá um perito. Ele presta serviço para a Justiça e faz laudos periciais contábeis que integrarão processos judiciais.

As principais exigências são: honestidade e trabalho de qualidade. Conhecer a rotina forense é essencial para não atrapalhar o andamento do processo, o juiz e as partes. Para ser um perito judicial, não é necessário pertencer ao conselho de peritos judiciais, municipal, estadual ou nacional, a instituto de peritos judiciais ou a qualquer outra agremiação. Deve ficar claro que todos esses órgãos são associações de pessoas que se reúnem buscando interesses diversos, sem caráter oficial, embora possa parecer oficial devido ao nome da entidade. A nomeação de perito não segue nenhuma lista de profissionais que pertençam a um conselho, a um instituto ou a uma associação de peritos judiciais.

A questão "O que é preciso para atuar numa perícia contábil?" tem sido frequentemente debatida e dela muito se tem ouvido falar ultimamente. Alguns se arriscam a dizer que é necessário fazer um curso de especialização em perícia contábil. Outros defendem a tese de que, além do curso, precisariam apresentar para as autoridades constituídas provas cabais de relativa experiência no trabalho a ser executado.

Não resta dúvida de que o aprimoramento é de vital importância para quem quer continuar no concorrido mercado de trabalho. Porém, ainda que pese a necessidade da busca pelo conhecimento e da vivência profissional, as exigências não vão além do que já está previsto no art. 156 do CPC.

> **Código de Processo Civil**
> **Art. 156.** O juiz será assistido por perito quando a prova do fato depender de conhecimento técnico ou científico.

[...]

§ 3° Os tribunais realizarão avaliações e reavaliações periódicas para manutenção do cadastro, considerando a formação profissional, a atualização do conhecimento e a experiência dos peritos interessados.

[...]

§ 5° Na localidade onde não houver inscrito no cadastro disponibilizado pelo tribunal, a nomeação do perito é de livre escolha pelo juiz e deverá recair sobre profissional ou órgão técnico ou científico comprovadamente detentor do conhecimento necessário à realização da perícia.

O Decreto n. 9.295/46, que regulamentou a profissão contábil, não deixa margem para dúvida na definição dos trabalhos contábeis quando trata dessa questão nos enunciados da alínea "c" do art. 25:

Decreto n. 9.295/1946, alterado pela Lei n. 12.249/2010

c) perícias judiciais ou extrajudiciais, revisão de balanços e de contas em geral, verificação de haveres, revisão permanente ou periódica de escritas, regulações judiciais ou extrajudiciais de avarias grossas ou comuns, assistência aos Conselhos Fiscais das Sociedades Anônimas e quaisquer outras atribuições de natureza técnica conferidas por lei aos profissionais da Contabilidade.

Clareza e objetividade também estão presentes quando há menção, no art. 26, à legitimidade da atribuição exclusiva da função pericial:

Decreto n. 9.295/1946, alterado pela Lei n. 12.249/2010

Art. 26. Salvo direitos adquiridos *ex-vi* do disposto no art. 2° do Decreto 21.033, de 8 de fevereiro de 1932, as atribuições definidas na alínea "c" do artigo anterior são privativas dos contadores diplomados.

A capacidade profissional pode ser basicamente sintetizada no conhecimento técnico e científico e na experiência que o perito contábil deve possuir para desempenhar com acuidade as tarefas que lhe forem atribuídas. É de fundamental importância unir conhecimento e experiência, já que o mundo está totalmente dominado pelo conhecimento, que só é alcançado quando existe uma empreendedora busca pela informação. Contudo, não se pode pensar em analisar qualquer assunto sem procurar experimentar e entender detalhadamente cada um dos seus componentes constitutivos (técnicos ou jurídicos), de seus limites e de suas consequências. Daí a importância que, nos dias atuais, adquire o saber. E perícia quer dizer exatamente isto: conhecimento e vivência.

A **capacidade ética** está alicerçada nos parâmetros estabelecidos pelo Código de Ética do Contador, que orientam o perito desde o momento do ato da sua nomeação pelo juiz até a conclusão do laudo pericial contábil, bem como durante os eventuais esclarecimentos que venha a prestar durante os autos do processo. Não se pode pensar num profissional que não observe um trabalho digno e de respeito aos demais colegas de profissão.

A **capacidade moral** está definitivamente apoiada na virtude das atitudes pessoais do profissional. Essa qualidade pode ser considerada não como desejável, mas como indispensável, pois o que se pode esperar de um profissional de perícia contábil senão o exercício da cidadania?

Para tanto, é imprescindível que o profissional de perícia contábil tenha um perfil moldado em honestidade, bom senso e profissionalismo. Ele precisa saber definir os fins a serem atingidos, antes de começar a buscá-los. É fundamental estabelecer metas, limites e parâmetros no trabalho pericial.

A nomeação e a contratação do perito do juízo para o exercício da função pericial contábil, em processo judicial, extrajudicial e arbitral hão de ser consideradas como distinção e reconhecimento da capacidade e da honorabilidade do contador, devendo este escusar os serviços sempre que reconhecer não ter competência ou não dispor de estrutura profissional para desenvolvê-los, contemplada a utilização do serviço de especialistas de outras áreas, quando parte do objeto da perícia assim o requerer.

De forma similar, a indicação ou a contratação para o exercício da atribuição de perito contador assistente, em processo extrajudicial, deve ser considerada distinção e reconhecimento da capacidade e da honorabilidade do contador, devendo este recusar os serviços sempre que reconhecer não estar capacitado a desenvolvê-los, contemplada a utilização de serviços de especialistas de outras áreas, quando parte do objeto do seu trabalho assim o requerer.

Com efeito, os profissionais devem ser legalmente habilitados para o exercício da perícia. No âmbito contábil, o Decreto-Lei n. 9.295/46 determinou que essa função é privativa dos contadores diplomados.

> Decreto-lei n. 9.295/1946, alterado pela Lei n. 12.249/2010
>
> **Art. 25.** São considerados trabalhos técnicos de Contabilidade:
>
> a) organização e execução de serviços de contabilidade em geral;
>
> b) escrituração dos livros de contabilidade obrigatórios, bem como de todos os necessários no conjunto da organização contábil e levantamento dos respectivos balanços e demonstrações;
>
> c) **perícias judiciais ou extrajudiciais**, revisão de balanços e de contas em geral, verificação de haveres, revisão permanente ou periódica de escritas, regulações judiciais ou extrajudiciais de avarias grossas ou comuns, assistência aos Conselhos Fiscais das sociedades anônimas e quaisquer outras atribuições de natureza técnica conferidas por lei aos profissionais de contabilidade.

Art. 26. Salvo direitos adquiridos *ex-vi* do disposto no art. 2º do Decreto n. 21.033, de 8 de fevereiro de 1932, **as atribuições definidas na alínea "c" do artigo anterior são privativas dos contadores diplomados.**

Como bem se sabe, o exercício da Contabilidade no Brasil é desempenhado por contadores. Contadores são aqueles que possuem curso de nível superior.

1.8 A perícia realizada por pessoa jurídica

Antes de 2015, não havia previsão legal – o CPC e a NBC TP 01 eram omissos em relação à perícia judicial realizada por pessoa jurídica.

Com a revisão da NBC TP 01 em 2015 e com a entrada em vigor do CPC em 2016, a legislação já ampara essa possibilidade, a saber:

> Código de Processo Civil
>
> **Art. 156.** O juiz será assistido por perito quando a prova do fato depender de conhecimento técnico ou científico.
>
> § 1º Os peritos serão nomeados entre os profissionais legalmente habilitados e os órgãos técnicos ou científicos devidamente inscritos em cadastro mantido pelo tribunal ao qual o juiz está vinculado.

A NBC TP 01 (R1), por sua vez, trata de firmar a competência privativa do contador em realizar a perícia contábil e ainda a complementa com a necessidade de registro e habilitação no Conselho Regional de Contabilidade:

> 36. O laudo pericial contábil e o parecer pericial contábil devem ser elaborados somente por contador ou pessoa jurídica, se a lei assim permitir, que estejam devidamente registrados e habilitados. A habilitação é comprovada por intermédio da Certidão de Regularidade Profissional emitida por Conselho Regional de Contabilidade ou do Cadastro Nacional de Peritos Contábeis do Conselho Federal de Contabilidade.

O Decreto-Lei n. 9.295/46 e as Normas Brasileiras de Contabilidade consideram leigo ou profissional não habilitado para a elaboração de laudos periciais contábeis e pareceres periciais contábeis qualquer profissional que não seja contador habilitado perante o Conselho Regional de Contabilidade.

Logo, a perícia contábil, tanto a judicial como a extrajudicial e a arbitral, é de competência exclusiva de contador registrado em Conselho Regional de Contabilidade. Obviamente, isso não significa que somente o profissional de contabilidade irá participar de uma perícia em que várias áreas de conhecimento são necessárias.

Nesse viés, uma perícia que exija conhecimentos da área contábil e de matemática financeira, por exemplo, pode ser executada, concomitantemente, pelo contador e por um economista, cada um em sua área de especialização. A competência profissional pressupõe ao perito demonstrar capacidade para pesquisar, examinar, analisar, sintetizar e fundamentar a prova no laudo pericial e no parecer pericial contábil.

Cabe à fiscalização do CRC verificar se os contadores estão procedendo regularmente conforme os preceitos das Normas de Auditoria e Perícia (técnicas e profissionais) na elaboração de seus laudos e, ainda, coibir a atuação de leigos e técnicos em Contabilidade nesse segmento específico da profissão contábil.

Em legislação específica, também há casos de perícias contábeis realizadas por pessoa jurídica. Por exemplo, quando o conselho fiscal de uma sociedade anônima deseja apurar fatos cujo esclarecimento seja necessário ao desempenho de suas funções – é o que preceitua a Lei n. 6.404/76.[6]

> Lei n. 6.404/1976
> **Art. 163.** Compete ao conselho fiscal:
> [...]
> § 8º O conselho fiscal poderá, para apurar fato cujo esclarecimento seja necessário ao desempenho de suas funções, formular, com justificativa, questões a serem respondidas por perito e solicitar à diretoria que indique, para esse fim, no prazo máximo de trinta dias, três peritos, que podem ser pessoas físicas ou jurídicas, de notório conhecimento na área em questão, entre os quais o conselho fiscal escolherá um, cujos honorários serão pagos pela companhia.

No entanto, vale salientar que, mesmo sendo uma perícia realizada por pessoa jurídica, a responsabilidade do laudo pericial contábil sempre recairá sobre o perito contador que o assinou, mesmo que este represente ou não um escritório de contabilidade.

A indicação ou a contratação de assistente técnico ocorre quando a parte ou a contratante desejar ser assistida por contador, ou comprovar algo que dependa de conhecimento técnico-científico, razão pela qual o profissional só deve aceitar o encargo se reconhecer estar capacitado com conhecimento, discernimento e independência para a realização do trabalho.

Por fim, o contador, tão logo seja designado para a perícia contábil, deve estar regularmente registrado no Conselho Regional de Contabilidade de sua

---

[6] ALMEIDA, E. *Apostila de perícia contábil para o exame de suficiência do CFC*. São Paulo: Apostila Estratégia Concursos, 2016.

jurisdição. O perito também deve comprovar a sua habilitação profissional por meio da Certidão de Regularidade Profissional (CRP).

Essa Certidão está prevista na Resolução CFC n. 1.402/2012:

> **Art. 1º** Os Profissionais da Contabilidade poderão comprovar sua regularidade, inclusive, em seus trabalhos técnicos por meio da Certidão de Regularidade Profissional.

Ademais, um contador não pode exercer a perícia contábil em Estado diverso de sua jurisdição (Estado onde mantém o seu registro no CRC) antes de realizar a comunicação prévia eletrônica por intermédio do *site* de seu CRC de origem.

Exemplo: o contador "Fulano de tal" trabalha e possui registro no Estado de Minas Gerais. Em 15 de novembro de 2016, foi nomeado perito contador de uma causa judicial que tramita no Estado de São Paulo. Para que Fulano de tal possa exercer a perícia contábil, terá que comunicar previamente ao CRC de São Paulo, de forma eletrônica e por intermédio do CRC de Minas Gerais.

Tal previsão legal encontra guarida na Resolução CFC n. 1.494/2015:

> **Art. 10.** Para a execução de serviços em jurisdição diversa daquela onde o contador ou técnico em contabilidade possui seu registro profissional, é obrigatória a comunicação prévia ao CRC de destino, de forma eletrônica, por intermédio do *site* do CRC de origem.
>
> **Parágrafo único.** A comunicação terá validade condicionada à manutenção do registro profissional, ativo e regular, no CRC de origem.

1.9 Acumulação de cargo público com perícia judicial

Conforme a doutrina majoritária, funcionário público não pode acumular a função de perito judicial contábil (perito do juízo) com outro cargo público no judiciário.

Esse é o posicionamento do Conselho Nacional de Justiça (CNJ). O impedimento é baseado no inciso XVI do art. 37 da Constituição Federal, que determina ser vedada a acumulação remunerada de cargos públicos, exceto quando houver compatibilidade de horários, observadas as seguintes hipóteses:

a) a de dois cargos de professor;

b) a de um cargo de professor com outro técnico ou científico;

c) a de dois cargos ou empregos privativos de profissionais de saúde, com profissões regulamentadas.

O CNJ entende que a restrição constitucional também se estende à possibilidade de acumular empregos e funções, e abrange autarquias, fundações, empresas públicas, sociedades de economia mista, suas subsidiárias e sociedades controladas, direta ou indiretamente, pelo poder público, nos termos do inciso XVII do mesmo art. 37.

Assim, mesmo que um funcionário público tenha compatibilidade de horário para exercer a perícia judicial contábil, ele estará impedido devido ao acúmulo remunerado de um cargo e de uma função pública. Contudo, o art. 14 da Resolução n. 233/2016 do CNJ elenca que o funcionário público poderá atuar como perito, sendo vedada a atuação como perito apenas para os funcionários do âmbito do Poder Judiciário (Justiça Federal, Estadual ou do Trabalho), ou seja, o funcionário público da Justiça Federal não pode atuar em processos que correm na Justiça Federal, mas pode atuar na Justiça Estadual ou do Trabalho (justiças distintas); o mesmo se aplica para a Justiça Estadual e do Trabalho.

A exceção para o funcionário público do Poder Judiciário atuar no próprio local que trabalha é através da Assistência Judiciária Gratuita (AJG), ou seja, nesse caso o servidor da Justiça Federal pode atuar na Justiça Federal e o mesmo para as outras. A exceção está disposta no art. 95, § 3º, I, do CPC.

Quadro 1.7 – Acumulação de cargo público com perícia judicial

Acumulação de cargo público com perícia judicial	O impedimento é baseado no inciso XVI do artigo 37 da Constituição Federal, que determina que é vedada a acumulação remunerada de cargos públicos, exceto quando houver compatibilidade de horários, observadas as seguintes hipóteses:
Conforme a doutrina majoritária, funcionário público não pode acumular a função de perito judicial contábil (perito do juízo).	a) a de dois cargos de professor; b) a de um cargo de professor com outro técnico ou científico;
Este é o posicionamento do Conselho Nacional de Justiça (CNJ).	c) a de dois cargos ou empregos privativos de profissionais de saúde, com profissões regulamentadas.

Fonte: elaborado pelo autor.

1.10 Direitos e deveres dos peritos judiciais

Os deveres do perito judicial incluem aceitar o encargo de executar a perícia, exercer a função, respeitar os prazos, comparecer às audiências desde que intimado com antecedência, fornecer informações verídicas etc., conforme o CPC:

> Código de Processo Civil
> Art. 158. O perito que, por dolo ou culpa, prestar informações inverídicas responderá pelos prejuízos que causar à parte e ficará inabilitado para atuar em outras perícias no prazo de 2 (dois) a 5 (cinco) anos, independentemente das demais sanções previstas em lei, devendo o juiz comunicar o fato ao respectivo órgão de classe para adoção das medidas que entender cabíveis.

Os direitos são: escusar-se do encargo, pedir prorrogação de prazos, receber informações, ouvir testemunhas, verificar documentos de qualquer lugar, ser indenizado das despesas relativas ao serviço prestado, honorários etc., segundo o CPC:

> Código de Processo Civil
> Art. 157. O perito tem o dever de cumprir o ofício no prazo que lhe designar o juiz, empregando toda sua diligência, podendo escusar-se do encargo alegando motivo legítimo.
> § 1º A escusa será apresentada no prazo de 15 (quinze) dias, contado da intimação, da suspeição ou do impedimento supervenientes, sob pena de renúncia ao direito a alegá-la.

Quadro 1.8 – Deveres do contador dos peritos judiciais

DEVERES DO CONTADOR DOS PERITOS JUDICIAIS

Os deveres do perito judicial são os de aceitar o encargo de executar a perícia, exercer a função, respeitar os prazos, comparecer às audiências desde que intimado com atencedência, fornecer informações verídicas etc.

Fonte: elaborado pelo autor.

1.11 Considerações finais

A perícia contábil é de competência exclusiva do contador, profissional que detém o conhecimento e a prática relativos ao procedimento, à elaboração, ao controle e à execução de laudos periciais contábeis. Fornece o suporte necessário aos magistrados, nas diversas instâncias do Poder Judiciário, a fim de que eles sejam subsidiados de informações técnicas suficientes para formar o seu livre convencimento.

O perito deve evitar e denunciar qualquer interferência que possa constrangê-lo em seu trabalho, não admitindo, em nenhuma hipótese, subordinar sua apreciação a qualquer fato, pessoa, situação ou efeito que possam comprometer sua independência.

O perfil profissional, consoante as normas e vários autores, deve compreender:

- autoconhecimento e autoconfiança;
- equilíbrio emocional;
- disciplina intelectual, organização e esmero;
- obediência ao Código de Ética Profissional e aos preceitos morais;
- posse de instrumental técnico de trabalho adequado à atividade e apoio didático;
- integridade, diligência, lealdade, sinceridade, tolerância, imparcialidade, zelo;
- proatividade, liderança e persistência;
- habilidade para comunicação: escrita e falada (desenvolver competência de falar com o juiz, cartorários, assistentes técnicos, advogados e, eventualmente, com as partes);
- comedimento, discrição, prudência;
- bom senso, discernimento e comprometimento;
- estilo apropriado e técnico, desenvolvido com clareza e objetividade;
- disposição para a educação continuada.

Assim, as transações e operações envolvendo pessoas naturais ou jurídicas geram registros, que são formalmente cravados mediante técnicas e procedimentos, podendo ser analisados e estudados, com vistas à formação de provas para o deslinde de questões nos tribunais judiciais ou administrativos, conforme as NBC PP 01 (R1) e NBC TP 01 (R1).

No desempenho de suas funções, é vedado ao profissional da contabilidade exercer a profissão quando impedido, ou facilitar, por qualquer meio, o seu exercício aos não habilitados ou impedidos, e manter organização contábil sob forma não autorizada pela legislação pertinente. **É permitido aconselhar o cliente ou o empregador contra disposições expressas em lei ou contra os Princípios de Contabilidade e as Normas Brasileiras de Contabilidade – NBC editadas pelo Conselho Federal de Contabilidade – CFC.**

Como condição *sine qua non* para um perfeito exame pericial contábil, é imprescindível que o perito conheça com detalhamento a ITG 2000 (R1) – Escrituração Contábil, principalmente nos casos que envolvam análise de livros contábeis:

- No Livro Diário devem ser lançadas, em ordem cronológica, com individualização, clareza e referência ao documento probante, todas as operações ocorridas e quaisquer outros fatos que provoquem variações patrimoniais.
- Quando o Livro Diário e o Livro Razão forem gerados por processo que utilize fichas ou folhas soltas, deve ser adotado o registro "Balancetes Diários e Balanços".
- No caso de a entidade adotar processo eletrônico ou mecanizado para a sua escrituração contábil, os formulários de folhas soltas devem ser numerados mecânica ou tipograficamente e encadernados em forma de livro.
- Em caso de escrituração contábil em forma digital, não há necessidade de impressão e encadernação em forma de livro, porém o arquivo magnético autenticado pelo registro público competente deve ser mantido pela entidade.

Os livros e fichas dos empresários e sociedades provam contra as pessoas a que pertencem, e em seu favor quando, escriturados sem vício extrínseco ou intrínseco, forem confirmados por outros subsídios, consoante o art. 226 do Código Civil Brasileiro, Lei n. 10.406/2002.

A Lei n. 10.406/2002 (Código Civil), em seus artigos 1.179 e 1.180, quanto aos registros contábeis, estabelece que:

- Todas as sociedades empresariais, exclusive o pequeno empresário, estão obrigadas a cumprir as exigências do art. 1.179.
- O número e a espécie de livros, de acordo com os artigos 1.179 e 1.180, ficam a critério dos interessados, sendo indispensáveis o Diário e demais livros exigidos por Lei.
- No caso de escrituração mecanizada, de acordo com o art. 1.180, o livro Diário pode ser substituído por fichas, desde que adotado livro apropriado para o lançamento do balanço patrimonial e de resultado econômico.

Ainda, segundo o art. 1069 do Código Civil – Lei n. 10.406/2002, além de outras atribuições determinadas na lei ou no contrato social, aos membros do Conselho Fiscal incumbem, individual ou conjuntamente, alguns deveres, tais como os citados abaixo.

- Lavrar no livro de atas e pareceres de conselho fiscal o resultado dos exames realizados sobre livros e papéis da sociedade e o estado da caixa e da carteira.
- Exarar no mesmo livro e apresentar à assembleia anual dos sócios parecer sobre os negócios e as operações sociais do exercício em que servirem, tomando por base o balanço patrimonial e o de resultado econômico.

O conceito de base fiscal declarado pelo item 5 da NBC TG 32 – Tributos sobre o Lucro é o valor atribuído àquele ativo ou passivo para fins fiscais. São requisitos obrigatórios para o perito judicial:

- Ser bacharel em Ciências Contábeis, devidamente registrado e em situação regular perante o Conselho Regional de Contabilidade;
- Ter conhecimento e manter-se atualizado sobre as Normas Brasileiras de Contabilidade, especialmente: NBC TP 01 (R1) e NBC PP 01 (R1), as legislações pertinentes à atividade pericial abrangidas pelo Código do Processo Civil, Código Civil, Código Penal, bem como a legislação atinente à matéria periciada;
- Ter conhecimento específico sobre o objeto da perícia a ser realizada;
- Ser cadastrado no Cadastro dos Tribunais a que se vinculam os Juízes (no caso de perícia judicial);
- É **FACULTATIVO** ser cadastrado no CNPC (Cadastro Nacional de Peritos Contábeis) – Resolução CFC n. 1502/2016, vinculado ao CFC (Conselho Federal de Contabilidade);
- É **OBRIGATÓRIO** anexar aos trabalhos a **Certidão de Regularidade Profissional** ao assinar trabalhos de natureza pericial, seja perícia judicial, extrajudicial ou arbitral, de acordo com a NBC PP 01 (R1) e NBC TP 01 (R1).

A conduta do perito contábil com relação aos colegas deve ser pautada nos princípios de consideração, respeito, apreço, solidariedade e harmonia da classe. O espírito de solidariedade, mesmo na condição de perito contábil assistente, não induz nem justifica a participação, ou a conivência com erro ou com atos infringentes de normas técnicas, éticas ou legais que regem o exercício da profissão, segundo o CFC.

Com base no que dispõe o item 18 da NBC PG 01 – Código de Ética Profissional do Contador:

- O profissional deve se abster da aceitação de indicação como assistente técnico em substituição a colega que dele tenha desistido para preservar a dignidade ou os interesses da profissão ou da classe, desde que permaneçam as mesmas condições que ditaram o referido procedimento.
- O profissional jamais deve se apropriar de trabalhos, iniciativas ou de soluções encontradas por outros peritos, que deles não tenha participado, apresentando-os como próprios.
- O profissional deve evitar desentendimentos com peritos que substituir ou com o seu substituto no exercício da atividade pericial.

1.12 Questões de múltipla escolha

1) (Exame de Suficiência Contábil – CFC) De acordo com as Normas Brasileiras de Contabilidade, o perito do juízo estará impedido de executar perícia contábil, exceto:

A. se houver atuado como perito assistente técnico ou prestado depoimento como testemunha no processo;

B. se for parte do processo;

C. se exercer função ou cargo incompatíveis com a atividade de perito do juízo;

D. se a matéria em litígio for de sua especialidade.

2) (Exame de Suficiência Contábil – CFC) O perito contábil, segundo a NBC PP 01 (R1), é:

A. o profissional cuja habilitação como perito em Contabilidade será provada por intermédio de diploma de graduação em Curso de Ciências Contábeis;

B. o contador regularmente registrado em Conselho Regional de Contabilidade (CRC), que exerce a atividade pericial de forma pessoal, devendo ser profundo conhecedor, por suas qualidades e experiências, da matéria periciada;

C. aquele que exerce a perícia contábil com exclusividade e que é privativo do bacharel em Ciências Contábeis registrado no Conselho Regional de Contabilidade (CRC);

D. o profissional que possui um profundo conhecimento teórico e prático da Contabilidade (experiência), além de retidão de conduta (capacidades éticas).

3) (Exame de Suficiência Contábil – CFC) O perito contador de uma vara judicial pode ser constantemente chamado para atuar, inclusive em vários processos, bem como em várias outras varas. Ele será (ou poderá ser) nomeado:

A. sempre por um juiz de primeira instância, na esfera judicial; nas demais instâncias, não existe uma prova pericial;

B. sempre por um desembargador na esfera judicial;

C. por um ministro do STJ;

D. pelo Conselho de Contribuintes (CARF).

4) (Exame de Suficiência Contábil – CFC) De acordo com o art. 157 do Código de Processo Civil – Lei n. 13.105, de 16 de março de 2015 –, quando nomeado em Juízo e não capacitado a desenvolver o trabalho, o perito contador deverá:

A. aceitar o trabalho devido a sua responsabilidade profissional;

B. comunicar às partes, por escrito, a razão de seu impedimento;

C. dirigir petição ao Juízo, no prazo legal, justificando sua escusa;

D. declarar sua impossibilidade na primeira audiência do processo.

5) (Exame de Suficiência Contábil – CFC) Considerando-se o Código de Ética Profissional do Contador, julgue os itens abaixo e, em seguida, assinale a opção CORRETA.

I. No desempenho de suas funções, é vedado ao profissional da contabilidade exercer a profissão quando impedido, ou facilitar, por qualquer meio, o seu exercício aos não habilitados ou impedidos.

II. No desempenho de suas funções, é permitido aconselhar o cliente ou o empregador contra disposições expressas em lei ou contra as características qualitativas da contabilidade e as Normas Brasileiras de Contabilidade editadas pelo Conselho Federal de Contabilidade.

III. No desempenho de suas funções, é vedado ao profissional da contabilidade manter organização contábil sob forma não autorizada pela legislação pertinente.

Estão **CERTOS** os itens:

A. I e II.
B. I e III.
C. I, II e III.
D. II e III.

6) (EQT Perito 2018) Como condição *sine qua non* para um perfeito exame pericial contábil, é imprescindível que o perito conheça com detalhamento a ITG 2000 (R1) – Escrituração Contábil, principalmente nos casos que envolvam análise de livros contábeis.

Assim, ciente desta necessidade e na condição de aspirante a perito, marque os itens a seguir como Verdadeiro (V) ou Falso (F) e, em seguida, assinale a opção CORRETA.

I. No Livro Diário devem ser lançadas, em ordem cronológica, com individualização, clareza e referência ao documento probante, todas as operações ocorridas, e quaisquer outros fatos que provoquem variações patrimoniais.

II. Quando o Livro Diário e o Livro Razão forem gerados por processo que utilize fichas ou folhas soltas, deve ser adotado o registro "Balancetes Diários e Balanços".

III. No caso de a entidade adotar processo eletrônico ou mecanizado para a sua escrituração contábil, os formulários de folhas soltas devem ser numerados mecânica ou tipograficamente e encadernados em forma de livro.

IV. Em caso de escrituração contábil em forma digital, não há necessidade de impressão e encadernação em forma de livro, porém o arquivo magnético deve ser mantido pela entidade.

A sequência CORRETA é:

A. V, V, V, V.
B. V, F, F, V.
C. V, V, V, F.
D. F, F, F, F.

7) (EQT Perito 2018) Um empresário A está pensando em impetrar um pedido de recuperação judicial, mas está preocupado com a situação da escrituração contábil da sua empresa. Para dirimir suas dúvidas, contratou um perito contador para emitir um parecer prévio com o intuito de juntar com a petição inicial.

Sobre este ponto, é necessário que o profissional contratado conheça as disposições do art. 226 da Lei n. 10.406/2002 – Código Civil Brasileiro.

Sobre este assunto, assinale a opção CORRETA.

A. Os livros e fichas dos empresários e sociedades provam contra as pessoas a que pertencem e, em seu favor, quando escriturados, independente de terem sido escriturados com vício extrínseco ou intrínseco.

B. Os livros contábeis não servem para provar nada, nem em seu favor, nem contra o empresário.

C. Os livros e fichas dos empresários e sociedades provam contra as pessoas a que pertencem, e em seu favor quando, escriturados sem vício extrínseco ou intrínseco, forem confirmados por outros subsídios.

D. Os livros e fichas dos empresários e sociedades não provam em seu favor quando os atos e fatos forem devidamente documentados e escriturados.

8) (EQT Perito 2018) A empresa A pretende capacitar seu contador para exercer a atividade de perito assistente técnico. Para iniciar esse trabalho, a empresa A propôs um teste teórico para avaliar o nível de conhecimento do profissional a respeito de termos técnicos.

Neste contexto, considere-se como sendo o contador da empresa A, agindo à luz do item 5 da NBC TG 32, e, em seguida, assinale a opção CORRETA.

A. **Tributo corrente** é o valor do tributo sobre o lucro devido em período futuro relacionado às diferenças temporárias tributáveis.

B. **Tributo corrente** é o valor do tributo devido (recuperável) sobre o lucro tributável (prejuízo fiscal) do período.

C. **Passivo fiscal diferido** é o valor do tributo sobre o lucro devido em período futuro relacionado às adições permanentes.

D. **Passivo fiscal diferido** é o valor do tributo sobre o lucro devido em período futuro relacionado às exclusões permanentes.

9) (EQT Perito 2018) O diretor financeiro da empresa A examinou os cálculos do imposto de renda da pessoa jurídica (empresa B) referente ao exercício de 2017. No exame não se sentiu confortável para avaliar a base fiscal do ativo e do passivo. Em função de sua insegurança, sugeriu que a empresa contratasse um perito contábil para elucidar o conceito de base fiscal declarado pelo item 5 da NBC TG 32.

Com base no que apresenta o conteúdo do referido item 5 da NBC TG 32, assinale a opção CORRETA.

A. A base fiscal é a diferença temporária que resulta em valores que são dedutíveis para determinar o lucro tributável.

B. A base fiscal é a diferença temporária que resulta em valores que são tributáveis para determinar o lucro tributável.

C. A base fiscal de ativo ou passivo é o valor atribuído àquele ativo ou passivo para fins fiscais.

D. A base fiscal é a compensação futura de prejuízos fiscais não utilizados.

10) (EQT Perito 2018) Na preparação da base de cálculo do imposto de renda da empresa K, o contador Y apurou o valor do lucro tributável e o valor das diferenças temporais ativas e passivas utilizando os dados demonstrados a seguir:

- Lucro antes do imposto de renda e da contribuição social sobre o lucro líquido R$ 5.000,00.
- Receita de dividendos de participação avaliada pelo método da equivalência patrimonial (MEP) R$ 2.000,00.
- Estimativa de desembolso para pagamento de reclamação trabalhista R$ 1.000,00.
- Lucro com tributação diferida pelo regime de caixa por seis meses R$ 3.000,00.

O advogado tributarista da empresa K discorda dos valores apresentados pelo contador Y.

Para dirimir as dúvidas, um perito contador foi contratado para apresentar os valores correspondentes às diferenças temporais.

De acordo com o item 5 da NBC TG 32 (Tributos sobre o Lucro), julgue os itens abaixo e, em seguida, assinale a opção CORRETA.

   I. O valor da diferença temporal tributável é R$ 5.000,00.
  II. O valor da diferença temporal dedutível é R$ 1.000,00.
 III. A diferença entre os valores das diferenças temporais tributável e dedutível é R$ 2.000,00.
 IV. O valor da diferença temporal tributável é R$ 2.000,00.
  V. O valor da diferença temporal dedutível é R$ 3.000,00.

Os itens marcados como CORRETOS são:

A. Apenas II.
B. II e V.
C. II e III.
D. Apenas V.

11) (EQT Perito 2018) A empresa G, da qual o contador Y é o responsável técnico pela contabilidade, apresentou lucro tributável, na modalidade de lucro real, no exercício de 20X1 valor de R$ 100.000,00. Procedendo de acordo com o item 13 da NBC TG 32 – Tributos sobre o lucro, o contador Y reconheceu o tributo direto com alíquota de 35% (IRPJ+CSLL), mas o diretor financeiro não concordou com o impacto desse tributo no balanço patrimonial da empresa G. Por conta dessa discordância, o perito contábil Z foi contratado para apresentar um relatório orientando qual deve ser o impacto no balanço patrimonial da empresa G em decorrência do referido reconhecimento.

Com base no enunciado assinale a opção que apresenta CORRETAMENTE a orientação do perito contábil Z consignada no relatório.

A. O lucro tributável é negativo, portanto não há nenhum tributo sobre o lucro a ser reconhecido.
B. O reconhecimento do tributo sobre o lucro tributável deve aumentar somente o passivo no valor de R$ 35.000,00.

C. O reconhecimento do tributo sobre o lucro tributável deve impactar somente o ativo no valor de R$ 35.000,00.

D. O reconhecimento do tributo sobre o lucro tributável deve aumentar simultaneamente o ativo e patrimônio líquido no valor de R$ 35.000,00.

12) (EQT Perito 2018) No exercício findo em 31 de dezembro de 20X1, a empresa H, tributada pelo lucro real, apresentou lucro tributável positivo no valor de R$ 100.000,00 e provisão constituída no mesmo exercício, para assistência técnica, no valor de R$ 50.000,00. O tributo incidente sobre as transações é de 35%. O contador da empresa efetuou o cálculo do tributo e o reconheceu adequadamente na contabilidade, considerando elevada a probabilidade de manutenção de lucros positivos. Mas um dos sócios, que também é tributarista, discorda da forma do reconhecimento feito pelo contador. Diante da divergência, o presidente da empresa contratou o perito contábil K para produzir um parecer pericial contábil indicando o impacto correto do reconhecimento do tributo.

Com base no enunciado e em atendimento aos itens 12 e 24 da NBC TG 32 – Tributos sobre o lucro, assinale a opção que apresenta CORRETAMENTE a orientação do perito contábil.

A. O ativo é aumentado de R$ 17.500,00 e o passivo é aumentado de R$ 35.000,00.

B. Somente o passivo é aumentado de R$ 35.000,00.

C. Não há registro a ser feito no ativo porque o imposto de renda é obrigação e, não, direito.

D. O ativo e o passivo, ambos, são aumentados somente em R$ 17.500,00.

13) (EQT Perito 2018) A empresa A tem por política reconhecer, em suas posições contábeis, o valor das obrigações a serem pagas em meses subsequentes. Uma discussão semântica entre o contador e o diretor financeiro sobre algumas terminologias resultou na contratação de um perito contador para dirimir as dúvidas dos dois. Os fatos a serem reconhecidos são os valores da folha de pagamento e dos encargos sociais para pagamento no mês seguinte. O contador declarou nas notas explicativas que referidos fatos se referem à provisão. O diretor financeiro discordou e declarou que os fatos são *accruals*.

Com base no enunciado, assinale a opção que deve corresponder à afirmação do perito contador.

A. A terminologia a ser utilizada é *accruals* para os valores da folha de pagamento e *provisão* para os valores dos encargos sociais.

B. A terminologia a ser utilizada é *provisão* para os valores da folha de pagamento e *accruals* para os valores dos encargos sociais.

C. Para todos os valores a terminologia utilizada é *provisão*.

D. Para todos os valores a terminologia utilizada é *accruals*.

14) (EQT Perito 2018) Conforme o art. 1069 do Código Civil – Lei n. 10.406/2002, além de outras atribuições determinadas na lei ou no contrato social, aos membros do Conselho Fiscal, incumbem, individual ou conjuntamente, alguns deveres.

Dentre essas obrigações, julgue os itens abaixo e, em seguida, assinale a opção CORRETA.

I. Examinar, pelo menos semestralmente, os livros e papéis da sociedade e o estado da caixa e da carteira, devendo os administradores ou liquidantes prestar-lhes as informações solicitadas.

II. Lavrar no livro de atas e pareceres de conselho fiscal o resultado dos exames realizados sobre livros e papéis da sociedade e o estado da caixa e da carteira.

III. Exarar no mesmo livro e apresentar à assembleia anual dos sócios parecer sobre os negócios e as operações sociais do exercício em que servirem, tomando por base o balanço patrimonial e o de resultado econômico.

IV. Convocar a assembleia dos sócios se a diretoria retardar por mais de quarenta e cinco dias a sua convocação anual, ou sempre que ocorram motivos graves e urgentes.

Está(ão) CORRETO(S) apenas o(s) item(ns):

A. II e III.
B. IV.
C. I e IV.
D. I, II e III.

15) (EQT Perito 2017) Durante a realização do trabalho pericial, o perito contábil identificou a necessidade de análise de registros contábeis da empresa para confirmação do valor de seu estoque. Para tanto, encaminhou o termo de diligência à parte (empresa). No entanto, obteve a resposta da inexistência de contabilidade.

De acordo com a Lei nº 10.406/2002 (Código Civil Brasileiro), em seus artigos 1.179 e 1.180, quanto aos registros contábeis, julgue os itens abaixo e, em seguida, assinale a opção CORRETA.

1. Todas as sociedades empresárias, inclusive o pequeno empresário, estão obrigadas a cumprir as exigências do Art. 1.179.

2. Todas as sociedades empresárias, exclusive o pequeno empresário, estão obrigadas a cumprir as exigências do Art.1.179.

3. O número e a espécie de livros, de acordo com os artigos 1.179 e 1.180, ficam a critério dos interessados, sendo indispensáveis o Diário, o Razão e demais livros exigidos por Lei.

4. O número e a espécie de livros, de acordo com os artigos 1.179 e 1.180, ficam a critério dos interessados, sendo indispensáveis o Diário e demais livros exigidos por Lei.

5. No caso de escrituração mecanizada, de acordo com o Art.1.180, o livro Diário pode ser substituído por fichas, desde que adotado livro apropriado para o lançamento do balanço patrimonial e do de resultado econômico.

6. No caso de escrituração mecanizada, de acordo com o Art.1.180, o livro Diário não pode ser substituído por fichas, se for adotado livro apropriado para o lançamento do balanço patrimonial e do resultado econômico.

Estão CERTOS apenas os itens:

A. 1, 3 e 5.
B. 2, 4 e 6.
C. 2, 4 e 5.
D. 1, 4 e 6.

16) (EQT Perito 2019 CFC) A conduta do perito contábil com relação aos colegas deve ser pautada nos princípios de consideração, respeito, apreço, solidariedade e harmonia da classe. O espírito de solidariedade, mesmo na condição de perito contábil assistente, não induz nem justifica a participação, ou a conivência com erro ou com atos infringentes de normas técnicas, éticas ou legais que regem o exercício da profissão.

Com base no que dispõe o item 18 da NBC PG 01 – Código de Ética Profissional do Contador, julgue os itens a seguir como Verdadeiros (V) ou Falsos (F) e, em seguida, marque a opção CORRETA.

I. O profissional deve se abster de fazer referências salutares ou de qualquer modo abonadoras em seu parecer pericial contábil.
II. O profissional deve se abster da aceitação de indicação como assistente técnico em substituição a colega que dele tenha desistido para preservar a dignidade ou os interesses da profissão ou da classe, desde que permaneçam as mesmas condições que ditaram o referido procedimento.
III. O profissional jamais deve se apropriar de trabalhos, iniciativas ou de soluções encontradas por outros peritos, que deles não tenha participado, apresentando-os como próprios.
IV. O profissional deve evitar desentendimentos com peritos que substituir ou com o seu substituto no exercício da atividade pericial.

A sequência CORRETA é:

A. V, V, V, V.
B. V, V, F, V.
C. F, V, V, V.
D. F, V, V, F.

17) (EQT Perito) O contador de uma firma de tecnologia está com dúvidas na elaboração da Demonstração do Valor Adicionado (DVA). A dúvida orbita em torno do valor da receita. O valor da receita bruta do exercício, inclusos os tributos indiretos, é da ordem de R$ 105.000.000,00. O valor do tributo indireto é de R$ 21.000.000,00 e o valor da receita líquida é R$ 84.000.000,00. O Contador preparou cenários para uma reunião com os diretores da firma exibindo o valor da receita que deve constar na DVA.

Com base no enunciado, considerando as Normas Brasileiras de Contabilidade aplicáveis, analise e assinale a alternativa CORRETA para a orientação aos diretores.

A. O valor da receita que deve constar na DVA inclui o tributo indireto, totalizando R$ 105.000.000,00 e é diferente do valor da receita que consta da Demonstração do Resultado.

B. O valor da receita que deve constar na DVA é o mesmo que consta na Demonstração do Resultado, ou seja, R$ 84.000.000,00, que é receita líquida porque não faz sentido a Demonstração do Resultado ser apresentada com o valor da receita menos o tributo indireto e a DVA ser apresentada pelo valor com o tributo indireto incluso.

C. Quaisquer dos valores da receita, bruta ou líquida, podem constar da DVA porque o que importa para a DVA é mostrar qual é a contribuição da firma para o PIB.

D. O valor da receita que deve constar na DVA é o mesmo que consta na formação do Produto Nacional Líquido (PNL).

18) (EQT Perito) Os executivos de uma firma do setor de mineração observaram a necessidade de promover uma reestruturação no processo de gestão. Dessa reestruturação resultaram diferenças temporárias que geraram crédito tributário diferido, reconhecido na contabilidade e que serão compensáveis nos próximos exercícios, com taxa de desconto de 5% ao ano, pelo método de valor presente. A firma foi autuada pela Receita Federal do Brasil – RFB pela forma de contabilização adotada.

Para subsidiar a sua defesa, foi contratado um perito para apresentar parecer observando o que disciplina a NBC TG 32 (R4) – Tributos sobre o Lucro. Com base no enunciado, analise e assinale a alternativa CORRETA que apresenta o parecer elaborado pelo Perito Contábil.

A. Considerando a taxa de 5% ao ano, para os três exercícios, o valor descontado do crédito tributário diferido é de R$ 4.250.000,00.

B. Utilizando a taxa de 5% ao ano, para os três exercícios, o valor do ajuste a valor presente é de R$ 750.000,00.

C. A norma de contabilidade não permite que crédito tributário diferido seja descontado.

D. O crédito tributário apurado deve ser reconhecido pelo valor proporcional à quantidade de exercícios.

19) (EQT Perito) Uma firma do setor de Petroquímica tem um estoque de prejuízo fiscal com crédito tributário diferido, fora do balanço, porque não preenchia os requisitos da norma de contabilidade NBC TG 32 (R4) – Tributos sobre o Lucro para reconhecimento contábil do referido crédito. O planejamento tributário da firma prevê a possibilidade de utilização de parte desse crédito nos próximos três anos, inclusive no exercício corrente.

Antes de escriturar o crédito tributário, a firma contratou um Perito Contábil para emitir um parecer sobre o reconhecimento nas suas demonstrações financeiras dos efeitos da compensação do débito tributário corrente com o crédito tributário diferido recuperado.

Com base no enunciado, análise e assinale a alternativa CORRETA que apresenta o parecer elaborado pelo Perito Contábil.

A. Como o crédito tributário do prejuízo fiscal está fora do balanço, o valor do tributo corrente devido deve ser reconhecido pelo valor líquido já descontado do valor do crédito tributário recuperado do prejuízo fiscal.

B. O crédito tributário do prejuízo fiscal não poderá ser utilizado para compensar tributo corrente devido porque não foi reconhecido na contabilidade na competência requerida pelas normas de contabilidade.

C. O crédito tributário, fora do balanço, apurado sobre o prejuízo fiscal, deve ser reconhecido como ativo para ser utilizado na compensação do tributo corrente devido.

D. O crédito tributário, fora do balanço, apurado sobre o prejuízo fiscal, não pode ser reconhecido como ativo para ser utilizado na compensação do tributo corrente devido.

20) (EQT Perito) Os membros do Conselho Fiscal estavam analisando as demonstrações contábeis da firma, do ramo do agronegócio, e questionaram a classificação do edifício que abriga a sua sede administrativa para efeitos de aplicação do valor recuperável disciplinado pela NBC TG 01 (R4) – Redução ao Valor Recuperável de Ativos. Um membro entendia que o edifício deveria ser classificado como ativo corporativo e os demais entendiam que o edifício não atende às características de um ativo corporativo.

Um perito contábil foi contratado pela firma para prestar esclarecimentos ao Conselho Fiscal sobre as características de um edifício como ativo corporativo.

Com base no enunciado, assinale a opção CORRETA:

A. O edifício deve ser caracterizado como um ativo corporativo porque ele não gera entrada de caixa de forma independente de outros ativos.

B. O edifício deve ser caracterizado como um ativo corporativo porque ele gera entrada de caixa para todos os outros ativos.

C. O edifício é a principal unidade geradora de caixa da firma e, por isso, ele deve ser caracterizado como ativo corporativo.

D. A norma de contabilidade não prevê tratamento diferenciado para caracterização de um edifício como ativo corporativo.

21) (EQT Perito 2023) Um arquiteto, pelo seu sucesso profissional, é instado a participar de pessoa jurídica que passa a administrar sua carreira, permitindo que ele se dedique, quase exclusivamente, à elaboração e supervisão de projetos. Diante da complexidade das relações negociais, contrata os serviços de contador indicado por amigos próximos. Após longo período de convivência profissional, sente necessidade

de ordenar serviço interno para organizar suas contas. O contador original não aceita tal encargo e repassa os documentos existentes para a pessoa jurídica, sem qualquer especificação quanto a despesas e valores recebidos.

Nos termos do Código de Ética Profissional do Contador, deve o profissional

A. repassar documentação sem prestar contas.
B. apropriar-se de valores para pagamento de honorários.
C. recusar-se a prestar contas, por quebra de confiança.
D. indicar perito para resolver a pendência.
E. prestar contas dos valores recebidos.

22) (EQT Perito 2023) K foi contratado para assessorar pessoa jurídica de Direito privado na parte contábil e para auxiliar na gerência dela, organizando as assembleias exigidas pelo estatuto e pela lei.

Nos termos da Lei n. 10.406/2002, se a pessoa jurídica tiver administração coletiva, as decisões se tomarão pela maioria

A. absoluta
B. de votos dos presentes
C. de um terço
D. de dois terços
E. de votos por correspondência

23) (EQT Perito 2023) As Normas Brasileiras de Contabilidade editadas pelo Conselho Federal de Contabilidade (CFC) devem seguir os mesmos padrões de elaboração e estilo utilizados nas normas internacionais. Elas compreendem as Normas propriamente ditas, as Interpretações Técnicas e os Comunicados Técnicos.

Quanto aos Comunicados Técnicos, sabe-se que têm por objetivo

A. esclarecer a aplicação das Normas Brasileiras de Contabilidade, definindo parâmetros de atuação do contador, sem alterar a substância dessas normas.
B. esclarecer assuntos de natureza contábil, com a definição de procedimentos a serem observados, considerando os interesses da profissão e as demandas da sociedade.
C. a convergência com as Normas Internacionais de Asseguração emitidas pela IFAC.
D. esclarecer a aplicação das Normas Brasileiras de Contabilidade, definindo regras e procedimentos a serem aplicados em situações, transações ou atividades específicas, sem alterar a substância dessas normas.
E. estabelecer padrões contábeis convergentes com os organismos internacionais que desenvolvem preceitos de conduta profissional e padrões e procedimentos técnicos necessários para o adequado exercício profissional.

CAPÍTULO 2

Cadastro Nacional de Peritos Contábeis (CNPC)

2.1 Introdução

O Cadastro Nacional de Peritos Contábeis (CNPC) foi instituído por meio da Resolução do Conselho Federal de Contabilidade (CFC) – CFC n. 1.502/2016 (alterada pela Resolução CFC n. 1.513/2016).

Figura 2.1 – Cadastro Nacional de Peritos Contábeis

Fonte: CFC, [s.d.] e NBC TP 01 (R1).

Para que o contador tenha seu nome registrado nesse cadastro, ele deverá ser aprovado no Exame de Qualificação Técnica para Perito Contábil (EQT), o qual tem por objetivo aferir o nível de conhecimento e a competência técnico-profissional necessários aos profissionais que pretendem atuar na atividade de perícia contábil.

Habilitação profissional – NBC PP 01 (R1)

O perito deve comprovar sua habilitação por intermédio de Certidão de Regularidade Profissional emitida pelos Conselhos Regionais de Contabilidade ou do Cadastro Nacional de Peritos Contábeis do CFC. O perito pode anexá-las no primeiro ato de sua manifestação e na apresentação do laudo ou parecer.

A indicação ou a contratação de assistente técnico ocorre quando a parte ou a contratante desejar ser assistida por contador, ou comprovar algo que dependa de conhecimento técnico-científico, razão pela qual o profissional só deve aceitar o encargo se reconhecer estar capacitado com conhecimento, discernimento e independência para a realização do trabalho.

Figura 2.2 – Aspectos relacionados à atuação do perito

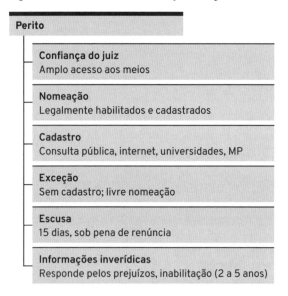

Fonte: NBC.

O exame abrange conhecimento das seguintes normas:

- NBC PP 01 (R1) – Perito Contábil – aspectos pessoais;
- NBC PP 02 – Exame de Qualificação Técnica do Perito Contábil;
- NBC TP 01 (R1) – Perícia Contábil – aspectos técnicos.

Para ingressar no Cadastro Nacional de Peritos Contábeis, é necessário fazer um Exame de Qualificação Técnica específico (NBC PP 02), objetivando aferir o nível de conhecimento e a competência (capacidade) técnico-profissional necessários para o contador que pretende atuar na atividade de perícia contábil. A aprovação assegura ao contador(a) a inscrição automática no Cadastro Nacional de Peritos Contábeis (CNPC) do Conselho Federal de Contabilidade (Resolução CFC n. 1519/2017).

Quadro 2.1 – Habilitação profissional do perito

CPTEC Resolução do CNJ n. 233 de 2016 **CNPC** Cadastro Nacional dos Peritos Contábeis Resolução do CFC n. 1.502 de 2016	**Aspectos quantitativo e qualitativo** Considerando a formação profissional, a atualização do conhecimento e a experiência dos peritos
	Exercer as competências legais Registro, fiscalização e promoção da educação profissional continuada
	Cooperação mútua para a formação, avaliações e reavaliações periódicas para manutenção do cadastro e situação de impedimento ou motivo de suspeição (art. 156, 2º e 3º, CPC).
	Um desafio para entidades e judiciário

Fonte: CNJ e CFC.

O art. 156 do Código de Processo Civil – Lei n. 13.105, de 16 de março de 2015 – indica a necessidade de formação de cadastro de peritos mantido pelo tribunal ao qual o juiz está vinculado, como condição para a escolha do perito nomeado em um processo judicial.

Prevê ainda o referido dispositivo legal outras condições:

I. Para formação do cadastro, os tribunais devem realizar consulta pública, por meio de divulgação na rede mundial de computadores ou em jornais de grande circulação, além de consulta direta a universidades, a conselhos de classe, ao Ministério Público, à Defensoria Pública e à Ordem dos Advogados do Brasil, para a indicação de profissionais ou de órgãos técnicos interessados.

II. Os tribunais realizarão avaliações e reavaliações periódicas para manutenção do cadastro, considerando a formação profissional, a atualização do conhecimento e a experiência dos peritos interessados.

III. Na localidade onde não houver inscrito no cadastro disponibilizado pelo tribunal, a nomeação do perito é de livre escolha pelo juiz e deverá recair sobre profissional ou órgão técnico ou científico comprovadamente detentor do conhecimento necessário à realização da perícia.

O objetivo é oferecer ao judiciário brasileiro uma lista de profissionais qualificados para atuar como peritos contábeis. A participação do contador no CNPC é voluntária. Não substitui a inscrição nos cadastros eletrônicos que estão sendo disponibilizados nos Tribunais de Justiça (Resolução CNJ n. 233/2016).

A permanência do profissional no CNPC estará condicionada à obrigatoriedade do cumprimento do Programa de Educação Profissional Continuada, conforme dita a Resolução CFC n. 1.502/2016.

A NBC PG 12 (R3) – Educação Profissional Continuada preconiza que o Conselho Federal de Contabilidade (CFC) dispõe, desde 2003, do Programa de Educação Profissional Continuada (PEPC) para que os profissionais da contabilidade ampliem os conhecimentos e as competências técnicas. Em 2010, a Lei n. 12.249, que procedeu às alterações da legislação de regência dos conselhos de contabilidade (CRCs), adicionou a educação profissional continuada como prerrogativa dessas autarquias. Objetiva qualificar os profissionais habilitados ao exercício da profissão para que possam prestar serviços de qualidade à sociedade, a quem os conselhos devem proteção.

Quadro 2.2 – Educação profissional continuada

| **Valorização profissional** | Desenvolvimento contínuo |
| | Qualidade que o mercado exige |

Fonte: Elaborado pelo autor.

Compete, exclusivamente, ao CFC a manutenção, a avaliação periódica e a regulamentação do CNPC. O perito deve comprovar sua habilitação como "perito em contabilidade" por intermédio da Certidão de Regularidade Profissional, emitida pelos Conselhos Regionais de Contabilidade (CRCs), e anexá-la ao primeiro ato de sua manifestação e na apresentação do laudo ou parecer, em cumprimento ao disposto no Código de Processo Civil. É permitida a utilização da certificação digital em consonância com a legislação vigente e com as normas estabelecidas pela Infraestrutura de Chaves Públicas – Brasileira (ICP-Brasil). Os inscritos no CNPC terão de cumprir 40 pontos em cursos e aperfeiçoamentos previstos no Programa de Educação Profissional Continuada. A prestação de contas deve ser feita até 31 de janeiro do ano subsequente. Aplica-se ao perito o Código de Ética Profissional do Contador (Resolução CFC n. 1560/2019 – entrou em vigor no dia 1 de junho de 2019), a NBC PG 100 – Aplicação Geral aos Profissionais da Contabilidade e a NBC PG 200 – Contadores que prestam Serviços (contadores externos) naqueles aspectos não abordados por esta Norma.

Figura 2.3 – Programa de Educação Profissional Continuada NBC PG 12 (R3)

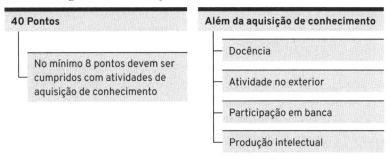

Fonte: NBC PG 12 (R3).

A não comprovação da pontuação mínima exigida anualmente constitui infração às normas profissionais de Contabilidade e ao Código de Ética Profissional do Contador, a ser apurada em regular processo administrativo no âmbito do respectivo CRC. Pode acarretar a baixa do CNPC. O perito que não estiver inscrito no Cadastro Nacional de Peritos Contábeis pode cumprir o Programa de Educação Profissional Continuada de forma voluntária.

A indicação ou a contratação de perito assistente técnico ocorre quando a parte ou a contratante desejar ser assistida por contador ou comprovar algo que dependa de conhecimento técnico-científico, razão pela qual o profissional só deve aceitar o encargo se reconhecer estar capacitado com conhecimento suficiente, discernimento, irrestrita independência e liberdade científica para a realização do trabalho.

2.2 Responsabilidades do perito contábil

Os peritos contábeis devem obedecer a todas as normas éticas previstas para os contadores, em especial o Decreto-Lei n. 9.295/46 e a Resolução CFC n. 803/96. Isso ainda não é tudo. Além do campo profissional, o perito pode ser responsabilizado cível e criminalmente por seus atos.

Quadro 2.3 – Responsabilidade do perito contábil

Responsabilidade do perito contábil
A NBC TP 01 (R1) aduz que o perito deve conhecer as responsabilidades sociais, éticas, profissionais e legais às quais estará sujeito no momento em que aceita o encargo para a execução da perícia contábil, seja ela judicial ou extrajudicial.

Fonte: NBC TP 01 (R1).

43

A NBC TP 01 (R1) aduz que o perito deve conhecer as responsabilidades sociais, éticas, profissionais e legais às quais está sujeito no momento em que aceita o encargo para a execução de perícias contábeis judiciais e extrajudiciais, inclusive arbitral.

O termo "responsabilidade" refere-se à obrigação do perito de respeitar os princípios da ética e do direito, atuando com lealdade, idoneidade e honestidade no desempenho de suas atividades, sob pena de responder civil, criminal, ética e profissionalmente por seus atos. Decorre da relevância do que o resultado de sua atuação pode produzir para a solução da lide.

Ciente do livre exercício profissional, deve o perito do juízo, sempre que possível e sempre que não houver prejuízo aos seus compromissos profissionais e às suas finanças pessoais, e ainda em colaboração com o Poder Judiciário, aceitar o encargo confiado ou escusar-se do encargo, no prazo legal, apresentando suas razões. A realização de diligências para busca de provas, quando necessária, é de responsabilidade exclusiva do perito do juízo ou do perito assistente.

A legislação civil determina responsabilidades e penalidades – multa, indenização e inabilitação – para o profissional que exerce a função de perito. A legislação penal estabelece penas de multa e reclusão para os profissionais da atividade pericial que descumprirem as normas legais.

Deverão manter registros dos locais e datas das diligências, nomes das pessoas que os atenderem, livros e documentos examinados ou arrecadados, dados e particularidades de interesse da perícia, rubricando a documentação examinada quando julgarem necessário.

O diligenciado é qualquer pessoa ou entidade que possua os elementos e informações necessários para subsidiar o laudo e o parecer pericial contábil.

O perito do juízo, no desempenho de suas funções, deve propugnar pela imparcialidade, dispensando igualdade de tratamento às partes e, especialmente, aos peritos assistentes técnicos.

Não se considera parcialidade, entre outras, as seguintes ações:

- Atender às partes ou assistentes técnicos, desde que se assegure igualdade de oportunidades.
- Fazer uso de trabalho técnico-científico anteriormente publicado pelo perito do juízo.

A responsabilidade cível do perito consta no art. 158 do CPC. Caso ele preste informações inverídicas, sofrerá as sanções já previstas, quais sejam: substituição do perito, inabilitação do perito por dois anos, multa pecuniária e indenização. Importante salientar que as cominações dessas sanções ocorrem independentemente da seara profissional. Desse modo, mesmo que o Conselho Regional de Contabilidade julgue que o contador agiu conforme o Código de Ética Profissional, ele ainda pode ser sancionado na esfera cível.

Código de Processo Civil

Art. 158. O perito que, por dolo ou culpa, prestar informações inverídicas responderá pelos prejuízos que causar à parte e ficará inabilitado para atuar em outras perícias no prazo de 2 (dois) a 5 (cinco) anos, independentemente das demais sanções previstas em lei, devendo o juiz comunicar o fato ao respectivo órgão de classe para adoção das medidas que entender cabíveis.

Quadro 2.4 – Responsabilidade cível do perito

Responsabilidade cível do perito contábil

Art. 158, CPC

As **sanções** previstas para o perito que prestar informações inverídicas são:

• substituição;

• inabilitação por dois anos;

• multa **pecuniária** e indenização.

Fonte: Art. 158, CPC.

O perito poderá ser responsabilizado sempre que prestar informações inverídicas por dolo ou culpa e que causar danos à parte. Note-se que tal responsabilidade é de natureza civil, submetendo-se aos pressupostos gerais de caracterização do dever de indenizar. Não há no dispositivo a indicação do grau de culpa do perito, que deverá ser avaliado no caso concreto. Além disso, nesta mesma hipótese estará o perito sujeito também à sanção de natureza administrativa consistente na inabilitação para atuar em outras perícias no prazo de dois a cinco anos, ampliando-se, assim, sensivelmente o prazo de apenamento, já que na legislação revogada o lapso não poderia ser superior a dois anos. A punição estende-se a todas as perícias judiciais, em esfera estadual ou federal e terá publicidade a partir da comunicação do fato ao respectivo órgão de classe, por meio de ofício do juízo, conforme Figueiredo.[1]

No dolo, o agente tem a intenção de praticar o fato e produzir determinado resultado: existe a má-fé. No caso, o perito propositadamente prestou informações inverídicas. Na culpa, por outro lado, o agente não possui a intenção de prejudicar o outro ou produzir o resultado. Nesse caso, o perito confeccionou um laudo com erro ou falha, mas não agiu com a finalidade de fornecer a informação inverídica.

---

[1] PASOLD, C. L. (Org.) *O Pensamento de Henrique Stodieck*. Joaçaba: UNOESC, 2016.
PASOLD, C. L. *Função Social do Estado Contemporâneo*. 4 ed. Itajaí: Univali, 2013.

Além da indenização prevista no art. 158 do CPC caso o perito preste informações inverídicas, o Código de Processo Civil também prevê a possibilidade de multa se ele não cumprir a perícia no prazo estabelecido. Essa multa é facultativa e é calculada conforme o valor da causa.

> Código de Processo Civil
>
> **Art. 468.** O perito pode ser substituído quando:
>
> I – faltar-lhe conhecimento técnico ou científico;
>
> II – sem motivo legítimo, deixar de cumprir o encargo no prazo que lhe foi assinado.
>
> § 1º No caso previsto no inciso II, o juiz comunicará a ocorrência à corporação profissional respectiva, podendo, ainda, impor multa ao perito, fixada tendo em vista o valor da causa e o possível prejuízo decorrente do atraso no processo.
>
> § 2º O perito substituído restituirá, no prazo de 15 (quinze) dias, os valores recebidos pelo trabalho não realizado, sob pena de ficar impedido de atuar como perito judicial pelo prazo de 5 (cinco) anos.
>
> § 3º Não ocorrendo a restituição voluntária de que trata o § 2º, a parte que tiver realizado o adiantamento dos honorários poderá promover execução contra o perito, na forma dos arts. 513 e seguintes deste Código, com fundamento na decisão que determinar a devolução do numerário.

A substituição do perito deve ocorrer, segundo Elpídio Donizetti:[2]

* lhe faltar conhecimento técnico ou científico (art. 468, I);
* quando, sem justo motivo, deixar de apresentar o laudo no prazo fixado pelo juiz (art. 468, II); e,
* quando a escusa ou arguição de impedimento ou a de suspeição forem aceitas.

A primeira hipótese é de difícil ocorrência na prática, já que com o prévio cadastro é possível presumir que o perito possui habilitação técnica na área indicada. É preciso salientar que a eventual deficiência do laudo pericial não indica, necessariamente, ausência de conhecimento por parte do perito. Não são raras as hipóteses nas quais não é possível cientificar, com precisão cirúrgica, a ocorrência de determinado ato ou fato. Sendo assim, é preciso que o juiz, antes de substituir o perito, avalie o caso concreto e verifique se outras provas ou mesmo os pareceres apresentados pelos assistentes não são suficientes para sanar eventuais divergências. De todo modo, havendo necessidade, será possível a realização de uma segunda perícia (art. 480), consoante Donizetti.[3]

---

[2] DONIZETTI, E. *Novo código de processo civil comentado.* 3. ed. São Paulo: Atlas, 2018.
[3] DONIZETTI, E. *Curso de Direito Processual Civil.* 23 ed. São Paulo: Altas, 2020.

Na segunda hipótese (art. 468, II), o juiz deverá avaliar as razões elencadas pelo perito e, entendendo-as adequadas, poderá prorrogar o prazo para apresentação do laudo. Caso contrário, o juiz comunicará a ocorrência à corporação profissional respectiva, podendo, ainda, impor multa que será fixada tendo em vista o valor da causa e o possível prejuízo decorrente do atraso do processo (art. 468, § 1º). Deve-se também admitir a substituição do perito quando houver quebra de confiança. Trata-se de hipótese não prevista expressamente em lei, mas que guarda coerência com a função exercida por esse profissional, conforme Donizetti (2020).

O perito que vier a ser substituído restituirá, no prazo de 15 (quinze) dias, os valores recebidos pelo trabalho não realizado, sob pena de ficar impedido de atuar como perito judicial pelo prazo de 5 (cinco) anos (art. 468, § 2º). Frise-se que esse prazo não se confunde com aquele previsto no art. 158. É que enquanto a inabilitação do art. 468 leva em consideração a não devolução dos honorários, a do art. 158 é decorrente de punição destinada ao perito que agir dolosa ou culposamente no cumprimento do ofício. Além da inabilitação, o perito que não devolver espontaneamente o valor cabível poderá ser cobrado pela via do cumprimento de sentença. O título executivo judicial será a decisão do juiz que condenar o perito a restituir os honorários à parte que os antecipou (art. 468, § 3º), como afirma Donizetti (2020).

Caso o perito descumpra o prazo estabelecido para a realização de uma perícia, sem justificativa, poderá ser penalizado por sua atitude desidiosa. De acordo com o que consta no § 1º do art. 468 do Código de Processo Civil – Lei n. 13.105, de 16 de março de 2015, estão previstas condições para sanções em casos de descumprimento do encargo pelo perito no prazo determinado. O juiz comunicará a ocorrência à corporação profissional respectiva, podendo, ainda, impor multa ao perito, fixada conforme o valor da causa e o possível prejuízo decorrente do atraso no processo.

A responsabilidade penal do perito deriva da tipificação prevista no art. 342 do Código Penal. Se o perito faz afirmação falsa em laudo pericial, responderá criminalmente com o agravante do § 1º do aludido artigo. Porém, se o perito declarar a verdade ou retratar-se antes da sentença do processo (em que a perícia foi executada), a transgressão deixa de ser punível.

Código Penal

Art. 342. Fazer afirmação falsa, ou negar ou calar a verdade como testemunha, perito, contador, tradutor ou intérprete em processo judicial, ou administrativo, inquérito policial, ou em juízo arbitral:

Pena – reclusão, de 2 (dois) a 4 (quatro) anos, e multa.

§ 1° As penas aumentam-se de um sexto a um terço, se o crime é praticado mediante suborno ou se cometido com o fim de obter prova destinada a produzir efeito em processo penal, ou em processo civil em que for parte entidade da administração pública direta ou indireta.

§ 2° O fato deixa de ser punível se, antes da sentença no processo em que ocorreu o ilícito, o agente se retrata ou declara a verdade.

Quadro 2.5 – Responsabilidade civil e penal

Legislação civil	Legislação penal
Responsabilidades e penalidades	Descumprimento das normas legais
Multa, indenização e inabilitação	Penas de multa e reclusão

Fonte: Código Civil e Código Penal.

Não há punibilidade (responsabilidade penal) ao perito que fizer afirmação falsa em seu laudo se, antes da sentença no processo em que ocorreu o ilícito, ele declarar a verdade ao juízo competente.

O perito do juízo que prestar informações inverídicas responderá pelos prejuízos que causar à parte, ficando inabilitado a atuar em outras perícias pelo prazo de dois anos, segundo o art. 147 e 158, CPC.

2.2.1 Responsabilidade profissional

A responsabilidade profissional do perito contábil advém das normas éticas a que os contadores se submetem. A Resolução CFC n. 803/96 fixa a forma pela qual se devem conduzir os profissionais da Contabilidade quando no exercício de qualquer atividade profissional. O Decreto-Lei n. 9.295/46 estabelece claramente as penalidades no caso de infração cometida no exercício legal da perícia.

> Decreto-Lei n. 9.295/1946
> Art. 25. São considerados trabalhos técnicos de contabilidade:
> [...]
> c) perícias judiciais ou extrajudiciais, revisão de balanços e de contas em geral, verificação de haveres, revisão permanente ou periódica de escritas, regulações judiciais ou extrajudiciais de avarias grossas ou comuns, assistência aos Conselhos Fiscais das sociedades anônimas e quaisquer outras atribuições de natureza técnica conferidas por lei aos profissionais de contabilidade.

Art. 26. Salvo direitos adquiridos *ex-vi* do disposto no art. 2º do Decreto n. 21.033, de 8 de fevereiro de 1932, as atribuições definidas na alínea "c" do artigo anterior são privativas dos contadores diplomados.

Art. 27. As penalidades ético-disciplinares aplicáveis por infração ao exercício legal da profissão são as seguintes:

a) multa de 1 (uma) a 10 (dez) vezes o valor da anuidade do exercício em curso aos infratores dos arts. 12 e 26 deste Decreto-Lei;

b) multa de 1 (uma) a 10 (dez) vezes aos profissionais e de 2 (duas) a 20 (vinte) vezes o valor da anuidade do exercício em curso às empresas ou a quaisquer organizações contábeis, quando se tratar de infração dos arts. 15 e 20 e seus respectivos parágrafos;

c) multa de 1 (uma) a 5 (cinco) vezes o valor da anuidade do exercício em curso aos infratores de dispositivos não mencionados nas alíneas "a" e "b" ou para os quais não haja indicação de penalidade especial;

d) suspensão do exercício da profissão, pelo período de até 2 (dois) anos, aos profissionais que, dentro do âmbito de sua atuação e no que se referir à parte técnica, forem responsáveis por qualquer falsidade de documentos que assinarem e pelas irregularidades de escrituração praticadas no sentido de fraudar as rendas públicas;

e) suspensão do exercício da profissão, pelo prazo de 6 (seis) meses a 1 (um) ano, ao profissional com comprovada incapacidade técnica no desempenho de suas funções, a critério do Conselho Regional de Contabilidade a que estiver sujeito, facultada, porém, ao interessado a mais ampla defesa;

f) cassação do exercício profissional quando comprovada incapacidade técnica de natureza grave, crime contra a ordem econômica e tributária, produção de falsa prova de qualquer dos requisitos para registro profissional e apropriação indevida de valores de clientes confiados a sua guarda, desde que homologada por 2/3 (dois terços) do Plenário do Tribunal Superior de Ética e Disciplina;

g) advertência reservada, censura reservada e censura pública nos casos previstos no Código de Ética Profissional dos Contabilistas elaborado e aprovado pelos Conselhos Federal e Regionais de Contabilidade, conforme previsão do art. 10 do Decreto-Lei n. 1.040, de 21 de outubro de 1969.

Art. 28. São considerados como exercendo ilegalmente a profissão e sujeitos à pena estabelecida na alínea "a" do artigo anterior:

a) os profissionais que desempenharem quaisquer das funções especificadas na alínea "c" do art. 25 sem possuírem, devidamente legalizado, o título a que se refere o art. 26 deste Decreto-lei.

Quadro 2.6 – Responsabilidade profissional

CFC n. 803/96	Decreto-Lei n. 9.295/46	NBC PP 01
Fixa a forma pela qual se devem conduzir os profissionais da contabilidade, quando no exercício de qualquer atividade profissional.	Estabelecer claramente as penalidades no caso de infração cometida no exercício legal da perícia. Art. 27	As responsabilidades profissionais do Perito envolvem as responsabilidades sociais, éticas e profissionais. Itens 18 a 22

Fonte: Conselho Federal de Contabilidade – CFC e NBC PP 01 (R1).

Conforme visto, as penalidades previstas para o profissional que exercer ilegalmente a perícia contábil podem variar de multa pecuniária (1 a 10 vezes o valor da anuidade) à cassação do exercício profissional (alínea "f" do art. 26).

Quando houver incapacidade técnica de natureza grave, o contador terá o seu direito de exercício profissional cassado. Embora possa parecer uma punição pesada, uma falha no laudo pericial pode acarretar, injustamente, uma pena duríssima à parte envolvida, como a privação de liberdade (prisão).

Conforme já explicitado, as responsabilidades profissionais do perito envolvem as responsabilidades sociais, éticas e profissionais elencadas na NBC PP 01 (R1).

O perito deve conhecer as responsabilidades sociais, éticas, profissionais e legais às quais está sujeito no momento em que aceita o encargo para a execução de perícias contábeis judiciais e extrajudiciais, inclusive arbitral.

O termo "responsabilidade" refere-se à obrigação do perito em respeitar os princípios da ética e do direito, atuando com lealdade, idoneidade e honestidade no desempenho de suas atividades, sob pena de responder civil, criminal, ética e profissionalmente por seus atos.

Ciente do livre exercício profissional, deve o perito nomeado, sempre que possível e não houver prejuízo aos seus compromissos profissionais e às suas finanças pessoais, em colaboração com o Poder Judiciário, aceitar o encargo confiado ou escusar-se do encargo, no prazo legal, apresentando suas razões.

O perito nomeado, no desempenho de suas funções, deve propugnar pela imparcialidade, dispensando igualdade de tratamento às partes e, especialmente, aos assistentes técnicos. Não se considera parcialidade, entre outros, os seguintes:
- atender às partes ou a assistentes técnicos, desde que se assegure igualdade de oportunidades; ou
- fazer uso de trabalho técnico-científico anteriormente publicado pelo perito nomeado que verse sobre matéria em discussão.

TRF3 MANTÉM CONDENAÇÃO DE PERITO JUDICIAL POR CORRUPÇÃO PASSIVA EM CATANDUVA/SP

Réu solicitou dinheiro para elaborar laudo em ação trabalhista. Colegiado desconsiderou, também, pedido de Acordo de Não Persecução Penal.

A Décima Primeira Turma do Tribunal Regional Federal da 3ª Região (TRF3) manteve a condenação de um perito judicial por ter solicitado R$ 1 mil para elaborar laudo favorável a uma usina de cana-de-açúcar em processo trabalhista em Catanduva/SP.

Para o colegiado, a autoria e a materialidade do crime de corrupção passiva ficaram comprovadas nos autos, principalmente, pela gravação de conversa mantida entre o réu e a testemunha, na qualidade de assistente técnico da empresa, segundo a qual o perito solicitava a vantagem indevida.

Em 2015, conforme os autos, o perito elaborou uma primeira perícia a favor de ex-funcionária que havia acionado a empresa por questões insalubres junto à 1ª Vara do Trabalho de Catanduva. Em conversa com o assistente técnico, o réu solicitou diretamente o valor de R$ 1 mil para emitir novo laudo, dessa vez favorável à usina de cana-de-açúcar. O dinheiro só seria depositado na conta do infrator depois de protocolado o documento no processo. A empresa comunicou o ilícito ao Fórum Trabalhista da cidade paulista, que acionou o Ministério Público Federal (MPF).

Após denúncia do MPF, a Justiça Federal em Catanduva condenou o perito por corrupção passiva. O réu recorreu ao TRF3 e solicitou, inicialmente, a devolução do feito ao juízo de origem para que o MPF avaliasse a possibilidade de celebração de Acordo de Não Persecução Penal (ANPP), por preencher os requisitos previstos no artigo 28-A, do Código de Processo Penal (CPP).

No mérito, a defesa alegou que a conversa mantida com o representante da empresa foi em tom de ironia e que tudo aquilo não passava de brincadeira. Sustentou, ainda, a fragilidade das provas. Por fim, subsidiariamente, requereu a redução da penalidade.

Acordo de Não Persecução Penal

O relator do processo no TRF3, desembargador federal José Lunardelli, desconsiderou o pedido de ANPP. O CPP prevê que o Ministério Público poderá propor o benefício judicial quando não for caso de arquivamento e o investigado ter confessado formal e circunstancialmente a prática de infração penal sem violência ou grave ameaça e com pena mínima inferior a quatro anos, desde que necessário e suficiente para reprovação e prevenção do crime.

Segundo o magistrado, o oferecimento de ANPP não é direito público subjetivo do investigado. O instituto é poder-dever do Ministério Público (titular da ação penal), a quem cabe analisar a possibilidade de sua aplicação. No caso, isso não ocorreu.

"Não tendo o Ministério Público Federal ou a defesa do acusado comparecido aos autos para informar o interesse quanto ao ANPP, que se diga poderia ter sido revelado desde a audiência de instrução (04/03/2020), não cabe qualquer manifestação desta Corte quanto ao tema, dado esse caráter negocial do ANPP, que pressupõe a atuação da defesa e da acusação. Ao Poder Judiciário, cabe a verificação das condições e sua viabilidade e, se o caso, a homologação judicial", ressaltou.

Para o relator, admitir que o acusado aguarde o julgamento e pleiteie o ANPP, apenas na hipótese de um resultado que não lhes seja favorável, significa distorcer completamente o objetivo da legislação. "A norma tem como meta evitar a persecução penal, até porque, dado o seu caráter negocial, o ANPP deve observar os princípios da autonomia, da lealdade, da eficiência, do consenso, da boa-fé e da paridade de armas", salientou.

Condenação

Ao analisar o mérito, o desembargador federal afirmou que não há nada de jocoso no áudio da conversa entre o perito e o assistente técnico da empresa. "Pode-se concluir que a dinâmica da narrativa se desenvolveu a todo o tempo de forma a retratar a realidade que rodeava as partes, denotando uma real negociação", disse.

O relator destacou que não havia fragilidade nas provas. A conduta criminosa gerou descrédito ao Judiciário Trabalhista, necessidade de substituição do perito em todas as demandas e prejuízos financeiros derivados dos atrasos processuais.

"A corrupção passiva é um crime formal que, portanto, se consuma pela simples solicitação de vantagem indevida pelo agente público, independentemente de o agente praticar ou retardar a prática de ato de ofício, sendo até mesmo indiferente que o ato venha, ou não, a ser praticado", acrescentou.

Por fim, a Décima Primeira Turma manteve a condenação do perito, fixando a pena em dois anos e quatro meses de reclusão, em regime inicial aberto, e 11 dias multa. A penalidade privativa de liberdade foi substituída por prestação de serviços à comunidade, ou a entidades públicas, e interdição temporária de direitos, consistente na proibição do exercício de cargo, função ou atividade pública.

Apelação Criminal 0000046-25.2019.4.03.6136

Assessoria de Comunicação Social do TRF3

2.2.2 Responsabilidade por equipe técnica

O perito é responsável pelo trabalho de sua equipe técnica, a qual compreende os auxiliares para execução do trabalho complementar do laudo pericial contábil e/ou parecer pericial contábil. De acordo com a NBC TP 01 (R1) – Perícia Contábil, a execução da perícia, quando incluir a utilização de equipe técnica, deve ser realizada sob orientação e supervisão do perito, que assume a responsabilidade pelos trabalhos, devendo se assegurar de que as pessoas contratadas estejam profissionalmente capacitadas à execução.

Pode valer-se de especialistas de outras áreas para a realização do trabalho, quando parte da matéria, objeto da perícia, assim o requeira. Se utilizar informações de especialista, inclusive se anexar documento emitido por especialista, o perito é responsável por todas as informações contidas em seu laudo pericial contábil ou parecer pericial contábil. A utilização de serviços de especialistas de outras áreas, quando parte do objeto da perícia assim o requerer, não implica presunção de incapacidade do perito, devendo tal fato ser, formalmente, relatado no laudo pericial contábil ou no parecer pericial contábil para conhecimento do julgador, das partes ou dos contratantes.

A indicação ou a contratação de perito assistente técnico ocorre quando as partes ou contratantes necessitarem comprovar algo que depende de conhecimento técnico específico, razão pela qual o contador só deverá aceitar o encargo se reconhecer estar capacitado com conhecimento técnico suficiente, discernimento e irrestrita independência para a realização do trabalho.

São exemplos de trabalho de especialista: programador de computador para desenvolvimento de programas para perícias, inclusive para liquidação de sentenças em ações trabalhistas, apuração de haveres, aferição de diferenças do Sistema Financeiro de Habitação, atuários, especialista contábil em partes específicas da perícia. Outrossim, são exemplos de laudos interprofissionais para subsidiar a perícia contábil:

- de engenharia para avaliação de bens do ativo imobilizado;
- de medicina para subsidiar a perícia contábil em cálculo de indenização de perdas e danos causados por acidente do trabalho ou para apuração de danos emergentes ou lucros cessantes;
- de perito criminal em documentos ou cópia para reconhecer a autenticidade ou a falsidade de documentos;
- de gemologia para avaliação de joias, pedras preciosas ou semipreciosas, com o fim de apurar valores para avaliação patrimonial;
- de especialista em obra de arte com o fim de apurar valores para avaliação patrimonial.

A realização de diligências, durante a elaboração do laudo pericial, para busca de provas, quando necessárias, deve ser comunicada às partes para ciência de seus assistentes. Compreende-se como diligência todos os procedimentos e atos adotados pelo perito na busca de documentos, coisas, informações ou quaisquer outros elementos de prova, bem como todos os subsídios necessários à elaboração do laudo pericial contábil e do parecer pericial contábil, mediante termo de diligência, quando possível, desde que tais provas não estejam inseridas nos autos. A norma enfatiza que a diligência, durante a elaboração do laudo pericial para a busca de provas, deve ser comunicada às partes para ciência de seus assistentes. Portanto, essa comunicação é uma obrigação do perito, conforme a NBC PP 01 (R1).

Na perícia extrajudicial, o perito deve estipular os prazos necessários para a execução dos trabalhos junto à proposta de honorários e à descrição dos serviços a executar.

2.2.3 Responsabilidade e ética

A responsabilidade do perito decorre da relevância que o resultado de sua atuação pode produzir para solução da lide, em função da necessidade do cumprimento dos princípios éticos, em especial os estabelecidos no Código de Ética Profissional do Contador e na NBC PP 01 (R1).

Ciente do livre exercício profissional, deve o perito do juízo, sempre que possível e não houver prejuízo aos seus compromissos profissionais e às suas finanças pessoais, em colaboração com o Poder Judiciário, aceitar o encargo confiado, na condição de perito contador do juízo, ou escusar-se do múnus, no prazo legal, apresentando suas razões.

Cumpre ao perito contador, no exercício de seu ofício, atuar com independência.

O perito do juízo, no desempenho de suas funções, deve propugnar pela imparcialidade, dispensando igualdade de tratamento às partes e especialmente aos peritos-assistentes técnicos. Não se considera parcialidade, dentre outros, os seguintes:

- atender a uma das partes ou perito assistente técnico, desde que se assegure igualdade de oportunidade à outra parte, quando solicitado;
- trabalho técnico-científico anteriormente publicado pelo perito do juízo que verse sobre o tema objeto da perícia.

2.2.4 Zelo profissional

A NBC PP 01 (R1) estabelece que o termo "zelo", para o perito, refere-se ao cuidado que ele deve dispensar na execução de suas tarefas, em relação à sua conduta, aos documentos, aos prazos, ao tratamento dispensado às autoridades, aos integrantes da lide e aos demais profissionais, de forma que sua pessoa seja respeitada, seu trabalho levado a bom termo e, consequentemente, o laudo pericial contábil e o parecer pericial contábil, dignos de fé pública.

Figura 2.4 – Aspectos do zelo profissional

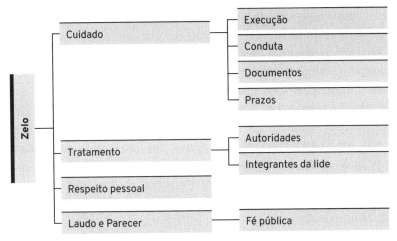

Fonte: Julio Cardozo, Estratégia e NBC PP 01 (R1).

O zelo profissional do perito, na realização dos trabalhos periciais, compreende:

- cumprir os prazos fixados pelo juiz em perícia judicial e nos termos contratados em perícia extrajudicial, inclusive arbitral;
- comunicar ao juízo, antes do início da perícia, caso o prazo estipulado no despacho judicial para entrega do laudo pericial seja incompatível com a extensão do trabalho, sugerindo o prazo que entenda adequado;
- assumir a responsabilidade pessoal por todas as informações prestadas em matéria objeto da perícia, os quesitos respondidos, os procedimentos adotados, as diligências realizadas, os valores apurados e as conclusões apresentadas no laudo pericial contábil e no parecer pericial contábil;
- prestar os esclarecimentos determinados pela autoridade competente, respeitados os prazos legais ou contratuais;

- propugnar pela celeridade processual, valendo-se dos meios que garantam eficiência, segurança, publicidade dos atos periciais, economicidade, o contraditório e a ampla defesa;
- ser prudente, no limite dos aspectos técnico-científicos, e atento às consequências advindas dos seus atos;
- ser receptivo aos argumentos e críticas, podendo ratificar ou retificar o posicionamento anterior.

A transparência e o respeito recíprocos entre o perito nomeado e os assistentes técnicos pressupõem tratamento impessoal, restringindo os trabalhos, exclusivamente, ao conteúdo técnico-científico.

O perito é responsável pela atuação de sua equipe técnica, a qual compreende os auxiliares para execução do trabalho complementar do laudo pericial contábil e/ou parecer pericial contábil, tais como: digitação, pesquisas e análises contábeis, cálculos e pesquisas pertinentes.

Quando não for possível concluir o laudo pericial contábil no prazo fixado pela autoridade competente, deve o perito nomeado requerer a sua dilação antes de vencido aquele, apresentando os motivos que ensejaram a solicitação.

Na perícia extrajudicial, o perito deve estipular os prazos necessários para a execução dos trabalhos e a descrição dos serviços a executar na proposta de trabalho e honorários, e posteriormente, no contrato de prestação de serviços firmado com o contratante.

A realização de diligências, para a busca de elementos de provas, quando necessária, deve ser comunicada aos assistentes técnicos com antecedência legal.

Sendo a perícia de grande complexidade nos assuntos extra contábeis, o perito do juízo deve solicitar uma perícia interdisciplinar – nomeação de outro perito da área específica pelo juiz. Deve ser solicitada quando a formação de equipe técnica pelo perito do juízo não for viável e suficiente para responder aos quesitos. Por isso, quando o objeto da perícia for complexo e o contador tiver a necessidade de laudos de peritos de outras áreas, aquele deve solicitar ao juiz que nomeie outros peritos.

O perito pode valer-se de trabalhos realizados por especialista contratado para a realização de parte da perícia que exija conhecimento específico em outras áreas do conhecimento humano. Tal obrigação assumida pelo perito perante o julgador ou contratante não exime o especialista contratado da responsabilidade pelo trabalho executado. São exemplos de trabalho de especialista: analista de sistema, atuário, tecnólogo, geólogo, especialista em obras de arte e outros avaliadores. Ao contratar os serviços de profissionais de outras profissões regulamentadas, deve certificar-se de que eles se encontram em situação regular perante o seu conselho profissional. Conforme já exposto, são exemplos de laudos interprofissionais para subsidiar a perícia contábil:

- de avaliação de engenharia;
- de medicina para subsidiar a perícia contábil em cálculo de indenização de perdas e danos, para apuração de danos emergentes ou lucros cessantes;
- de perito criminal em documentos, cópia e grafotécnica para reconhecer a autenticidade ou a falsidade de documentos.

A perícia interdisciplinar está prevista no Código de Processo Civil:

> **Código de Processo Civil**
> **Art. 475.** Tratando-se de perícia complexa que abranja mais de uma área de conhecimento especializado, o juiz poderá nomear mais de um perito, e a parte, indicar mais de um assistente técnico.

É possível que exista uma perícia bem simples, que possa ser substituída pela "prova técnica simplificada" (art. 464, § 2º). Mas é possível também que exista uma perícia bem complexa, com necessidade de conhecimentos em mais de uma área do conhecimento humano (como por exemplo, conhecimento médico e odontológico). Nesse caso, cabe mais de um perito e mais de um assistente técnico, segundo Figueiredo.[4]

O termo "zelo", para o perito, refere-se ao cuidado que ele deve dispensar na execução de suas tarefas, em relação a sua conduta, a documentos, a prazos, a tratamento dispensado às autoridades, a integrantes da lide e a demais profissionais, de forma que sua pessoa seja respeitada, seu trabalho seja levado a bom termo e, consequentemente, o laudo pericial contábil e o parecer técnico-contábil sejam dignos de fé pública.

2.2.5 Exame de Qualificação Técnica

A NBC PP 02 dispõe sobre o exame de qualificação técnica para perito contábil. O Exame de Qualificação Técnica (EQT) para perito contábil tem por objetivo aferir o nível de conhecimento e a competência técnico-profissional necessários ao contador que pretende atuar na atividade de perícia contábil. Será implementado pela aplicação de prova escrita. A aprovação na prova de Qualificação Técnica para perito contábil assegura ao contador o registro no Cadastro Nacional de Peritos Contábeis (CNPC) do Conselho Federal de Contabilidade (CFC).

---

[4] PASOLD, 2013; 2016.

Como ser perito judicial? Devo fazer um curso de perito judicial?

Uma das questões que geram maior dúvida entre os interessados em entrar para a carreira de perito judicial é descobrir como ser perito judicial. Para exercer regularmente a carreira dentro da perícia judicial não é necessário que tenha feito um concurso, uma vez que a profissão é muito similar à de um profissional liberal ou autônomo.

Contudo, embora o concurso não seja uma exigência, vale lembrar que, para ser um perito judicial, o futuro profissional deve obedecer a algumas exigências que são essenciais para garantir a segurança da perícia judicial, além da real qualidade e veracidade dos laudos periciais.

Dentre as principais exigências para se tornar um perito judicial estão:

- Honestidade: a honestidade é uma das principais características dos profissionais que desejam seguir como peritos judiciais, justamente porque a ação do perito deve sempre se ater aos fatos encontrados e à total veracidade na elaboração do laudo pericial, sendo este autônomo e livre de opiniões particulares em favor de alguma das partes dentro do processo.
- Qualidade do trabalho: a perícia judicial é uma das partes fundamentais dentro da ação processual. É através dela que o juiz consegue ter acesso a uma análise profissional acerca dos fatos ou atos ocorridos dentro do caso a ser periciado; portanto, o trabalho deve ser feito sempre com a máxima qualidade e dedicação, garantindo a competência do laudo pericial.
- Conhecimento na área forense: antes de se tornar perito judicial, o profissional interessado em seguir pela área deve ter conhecimento sobre a rotina e burocracias por ela requisitadas. Caso contrário, pode ocorrer um atraso no andamento do processo, atrapalhando assim tanto o juiz como as partes envolvidas na ação processual. O perito que não conhece a burocracia dentro da ciência forense tem grandes chances de não permanecer no cargo, uma vez que não conseguirá exercer com eficiência o seu trabalho e atrapalhará o andamento do processo.

2.3 Considerações finais

A jurisprudência do Superior Tribunal de Justiça é no sentido de que a destituição do perito do juízo pode se dar por falta de conhecimento, técnico ou científico, ou de desídia, além da quebra de confiança entre o auxiliar e o magistrado. Com isso, é possível a alteração de perito do juízo no curso de uma perícia, se isso for necessário para a lisura da prova e do processo, mesmo que apenas para esclarecimentos suplementares, cabendo ressaltar que os trabalhos inicialmente elaborados podem ser considerados válidos, apesar de incompletos, ensejando a nomeação de novo profissional tão só para complementá-los.

No caso de perícia judicial, o prazo estabelecido para a conclusão dos trabalhos, fixado pelo juiz, deve ser cumprido pelo perito do juízo como forma de não obstar a celeridade processual. O perito assistente técnico deve cumprir o prazo fixado em lei, para suas manifestações sobre o laudo pericial, de forma a não prejudicar a parte que o indicou.

Sempre que não for possível concluir o laudo pericial contábil no prazo fixado pelo juiz, deve o perito do juízo requerer a sua dilação antes de vencido aquele, apresentando os motivos que ensejaram a solicitação.

Na perícia extrajudicial, o perito deve estipular, de comum acordo com a parte contratante, os prazos necessários para a execução dos trabalhos, junto à proposta de honorários e à descrição dos serviços a executar. A realização de diligências para busca de provas, quando necessária, é de responsabilidade exclusiva do perito, podendo, mediante delegação expressa, autorizar terceiros, na arrecadação de provas, **fazendo acompanhar a proposta de honorários e a descrição dos serviços a executar.**

Os conceitos de unidade geradora de caixa e ativos corporativos constantes do item 6 da NBC TG 01 são:

- Ativos corporativos são ativos, exceto ágio por expectativa de rentabilidade futura (*goodwill*), que contribuem, mesmo que indiretamente, para os fluxos de caixa futuros tanto da unidade geradora de caixa sob revisão quanto de outras unidades geradoras de caixa.
- Unidade geradora de caixa é o menor grupo identificável de ativos que gera entradas de caixa, entradas essas que são, em grande parte, independentes das entradas de caixa de outros ativos ou outros grupos de ativos.

Enquanto que os conceitos de **Valor justo líquido de despesa de venda** e **Valor recuperável demonstrados** no item 6 da NBC TG 01 são:

- Valor recuperável de um ativo ou de unidade geradora de caixa é o maior montante entre o seu valor justo líquido de despesa de venda e o seu valor em uso.
- Valor justo líquido de despesa de venda é o montante a ser obtido pela venda de um ativo ou de unidade geradora de caixa em transações em bases comutativas, entre partes conhecedoras e interessadas, menos as despesas estimadas de venda.

A melhor evidência do valor justo líquido de despesas de venda de um ativo é o preço de contrato de venda firme em transação em bases comutativas, entre partes conhecedoras e interessadas, ajustado por despesas adicionais que seriam diretamente atribuíveis à venda do ativo, conforme item 25 da NBC TG 01.

O Programa de Educação Profissional Continuada (PEPC) foi instituído pela Lei n. 12.249/2010, que alterou o Decreto-Lei n. 9.295/1946 para os profissionais da contabilidade, e ficou definido que é atribuição do Conselho Federal de Contabilidade (CFC) e dos Conselhos Regionais de Contabilidade (CRCs) desenvolverem ações para viabilizar, controlar e fiscalizar o cumprimento da NBC PG 12 (R3) – EDUCAÇÃO PROFISSIONAL CONTINUADA (EPC). De acordo com a NBC PG 12 (R3), a EPC é obrigatória para algumas áreas de atuação dos profissionais da contabilidade, sendo:

I. Profissionais que estejam inscritos no Cadastro Nacional de Auditores Independentes (CNAI) do CFC, exercendo, ou não, a atividade de auditoria independente.
II. Peritos contábeis que estejam inscritos no Cadastro Nacional de Peritos Contábeis (CNPC) do CFC.
III. Responsáveis técnicos pelas demonstrações contábeis das sociedades e das entidades de direito privado com ou sem finalidade de lucros que tiverem, no exercício social anterior, receita total, igual ou superior a R$ 78 milhões.

2.4 Questões de múltipla escolha

1) (Exame de Suficiência do CFC) O perito do juízo que prestar informações inverídicas responderá pelos prejuízos que causar à parte, ficando inabilitado a atuar em outras perícias pelo prazo de:

A. Um ano.
B. Dois anos.
C. Três anos.
D. Seis anos.

2) (Exame de Suficiência do CFC) Marque a opção correta.

A. Quando comprovada a incapacidade técnica de natureza grave do perito contábil, homologada por 2/3 (dois terços) do Plenário do Tribunal Superior de Ética e Disciplina, ele poderá ter seu registro profissional suspenso.
B. Não há punibilidade (responsabilidade penal) ao perito que fizer afirmação falsa em seu laudo se, antes da sentença no processo em que ocorreu o ilícito, ele declarar a verdade ao juízo competente.

C. O perito que prestar informações inverídicas responderá pelos prejuízos que causar à parte apenas quando agir com dolo.

D. Caso um perito contábil seja absolvido pelo Tribunal Superior de Ética e Disciplina profissional, ele não responderá pelos danos cíveis causados à parte.

3) (Exame de Suficiência do CFC) De acordo com a NBC TP 01 (R1) – Perícia Contábil, a execução da perícia, quando incluir a utilização de equipe técnica, deve ser realizada sob orientação e supervisão do:

A. Advogado, que indica o assistente técnico e assume a responsabilidade pelos trabalhos, devendo assegurar-se de que as pessoas contratadas estejam profissionalmente capacitadas à execução.

B. Juiz, que nomeia o perito e assume a responsabilidade pelos trabalhos, devendo se assegurar de que as pessoas contratadas estejam profissionalmente capacitadas à execução.

C. Ministério Público, que assume a responsabilidade pelos trabalhos, devendo se assegurar de que as pessoas contratadas estejam profissionalmente capacitadas à execução.

D. Perito contador, que assume a responsabilidade pelos trabalhos, devendo se assegurar de que as pessoas contratadas estejam profissionalmente capacitadas à execução.

4) (Exame de Suficiência do CFC) O art. 156 do Código de Processo Civil – Lei n. 13.105, de 16 de março de 2015, indica a necessidade de formação de cadastro de peritos, mantido pelo tribunal ao qual o juiz está vinculado, como condição para a escolha do perito nomeado em um processo judicial.

Prevê ainda o referido dispositivo legal outras condições. Acerca desse assunto, julgue os itens abaixo e, em seguida, assinale a opção CORRETA.

I. Para formação do cadastro, os tribunais devem realizar consulta pública, por meio de divulgação na rede mundial de computadores ou em jornais de grande circulação, além de consulta direta a universidades, a conselhos de classe, ao Ministério Público, à Defensoria Pública e à Ordem dos Advogados do Brasil, para a indicação de profissionais ou de órgãos técnicos interessados.

II. Os tribunais realizarão avaliações e reavaliações periódicas para manutenção do cadastro, considerando a formação profissional, a atualização do conhecimento e a experiência dos peritos interessados.

III. Na localidade onde não houver inscrito no cadastro disponibilizado pelo tribunal, a nomeação do perito é de livre escolha do juiz e deverá recair sobre profissional ou órgão técnico ou científico comprovadamente detentor do conhecimento necessário à realização da perícia.

Estão CERTOS os itens:

A. I e II, apenas.

B. I e III, apenas.

C. I, II e III.

D. II e III, apenas.

5) (Exame de Suficiência do CFC) Caso o perito descumpra o prazo estabelecido para a realização de uma perícia, sem justificativa, poderá ser penalizado por sua atitude desidiosa. De acordo com o que consta no § 1º do art. 468 do Código de Processo Civil – Lei n. 13.105, de 16 de março de 2015 –, estão previstas condições para sanções em casos de descumprimento do encargo pelo perito no prazo determinado.

Com relação às punições, assinale a opção CORRETA.

A. O juiz comunicará a ocorrência à corporação profissional respectiva, podendo, ainda, impor multa ao perito, fixada conforme o valor da causa e o possível prejuízo decorrente do atraso no processo.

B. O juiz comunicará a ocorrência à corporação profissional respectiva, que é a única responsável pela imposição de sanções disciplinares e éticas ao perito.

C. O juiz comunicará a ocorrência à corporação profissional respectiva, podendo, ainda, impor multa ao perito, fixada por fator de multiplicação baseado no valor dos honorários periciais arbitrados ao perito.

D. O juiz comunicará a ocorrência à corporação profissional respectiva e determinará, de imediato, a inabilitação do perito para atuar em outros processos judiciais e sua exclusão do cadastro de peritos mantido pelo tribunal ao qual o juiz está vinculado, pelo prazo de pelo menos 2 (dois) anos.

6) (Exame de Suficiência do CFC) De acordo com a NBC PP 01 (R1) – Perito Contábil, o perito assistente técnico pode contratar serviço de profissional de outra área:

A. somente quando necessitar de auxílio para cumprimento de prazo de entrega do laudo.

B. nos casos em que parte da matéria, objeto da perícia, assim o requeira.

C. sempre, pois reforçará seu parecer pericial.

D. somente quando em trabalho conjunto com o perito contador.

7) (Exame de Suficiência do CFC) O empresário A, administrador da empresa Z, contratou o contador B para realizar uma perícia na contabilidade de sua empresa, buscando certificar a existência de comprovação fidedigna para os registros contábeis de determinado período.

O perito apontou, em seu laudo, 2 (dois) lançamentos desprovidos de origem, que produziram significativa redução no resultado da empresa com impacto no caixa. O contador X, empregado e responsável técnico pela escrituração da empresa, explicou que tais registros foram efetuados por determinação expressa, recebida do empresário A.

Analise a situação hipotética acima à luz da Lei n. 10.406/2002 (Código Civil Brasileiro) e, em seguida, assinale a opção CORRETA.

A. Constatada a irregularidade, o contador X está isento de qualquer responsabilidade porque, na qualidade de empregado, apenas cumpriu determinação expressa de seu empregador.

B. Constatada a irregularidade, o empresário A está isento de responsabilidade perante terceiros porque esperava que qualquer determinação equivocada deveria ser rejeitada pelo contador.

C. O empresário A e o contador X são responsáveis perante terceiros.

D. O empresário A é o único responsável pelos atos e pelos registros da empresa perante terceiros, pois partiu dele a determinação.

8) (EQT Perito 2019 CFC) O Programa de Educação Profissional Continuada (PEPC) foi instituído pela Lei n. 12.249/2010, que alterou o Decreto-Lei n. 9.295/1946 para os profissionais da contabilidade, e ficou definido que é atribuição do Conselho Federal de Contabilidade (CFC) e dos Conselhos Regionais de Contabilidade (CRCs) desenvolverem ações para viabilizar, controlar e fiscalizar o cumprimento da NBC PG 12 (R3) – EDUCAÇÃO PROFISSIONAL CONTINUADA (EPC).

De acordo com a NBC PG 12 (R3), a EPC é obrigatória para algumas áreas de atuação dos profissionais da contabilidade.

Acerca deste ponto, analise os itens e em seguida, assinale a opção CORRETA.

I. Profissionais que estejam inscritos no Cadastro Nacional de Auditores Independente (CNAI) do CFC, exercendo, ou não, a atividade de auditoria independente.

II. Peritos contábeis que estejam inscritos no Cadastro Nacional de Peritos Contábeis (CNPC) do CFC.

III. Responsáveis técnicos pelas demonstrações contábeis das sociedades e das entidades de direito privado com ou sem finalidade de lucros que tiverem, no exercício social anterior, receita total, igual ou superior a R$ 78 milhões.

IV. Peritos contábeis que estejam inscritos no Cadastro do Tribunal de Justiça dos Estados.

Estão CORRETOS os itens:

A. I, II e III, apenas.

B. I, II, III e IV.

C. I, II e IV, apenas.

D. II e IV, apenas.

9) (FCC/CREMESP/ADVOGADO/2016) Considere a seguinte situação hipotética:

No processo "X", o perito judicial prestou informações inverídicas que acabaram comprometendo a instrução processual e o deslinde da controvérsia. Considerando que o perito agiu com culpa, não possuindo a intenção deliberada de prestar as informações inverídicas, de acordo com o Código de Processo Civil, o perito responderá pelos prejuízos que causar à parte:

A. mas não ficará inabilitado para atuar em outras perícias uma vez que não agiu com dolo.

B. e ficará inabilitado para atuar em outras perícias pelo prazo de até três anos, independentemente das demais sanções previstas em lei.

C. e ficará inabilitado para atuar em outras perícias no prazo de dois a cinco anos, independentemente das demais sanções previstas em lei.

D. e somente não ficará inabilitado para atuar em outras perícias se comprovar que a conduta culposa praticada decorreu de ato omissivo.

E. e somente não ficará inabilitado para atuar em outras perícias se comprovar que a conduta culposa praticada decorreu de ato comissivo.

10) (FCC/TJ-PE/ANALISTA JUDICIÁRIO/2007) Dentre outras sanções, em regra, o perito que, por:

A. dolo ou culpa, prestar informações inverídicas, responderá pelos prejuízos que causar à parte e ficará inabilitado, por 3 a 5 anos, a funcionar em outras perícias.

B. culpa, prestar informações inverídicas, não responderá pelos prejuízos que causar à parte, mas ficará inabilitado, por 1 ano, a funcionar em outras perícias.

C. culpa, prestar informações inverídicas, responderá pelos prejuízos que causar à parte, mas não ficará inabilitado a funcionar em outras perícias.

D. dolo ou culpa, prestar informações inverídicas, responderá pelos prejuízos que causar à parte e ficará inabilitado, por 2 a 5 anos, a funcionar em outras perícias.

E. dolo, prestar informações inverídicas, responderá pelos prejuízos que causar à parte, e ficará inabilitado, por 5 anos, a funcionar em outras perícias.

11) (EQT Perito 2019) O Contador Y está inscrito no Cadastro Nacional de Peritos Contábeis (CNPC), mas não cumpriu a pontuação mínima de 40 pontos exigida anualmente na NBC PG 12 (R3) – Educação Profissional Continuada.

Sobre esse assunto, julgue os itens a seguir, em seguida, assinale a opção CORRETA.

I. A não comprovação da pontuação mínima exigida anualmente constitui infração às normas profissionais de Contabilidade e ao Código de Ética Profissional do Contador, a ser apurada em regular processo administrativo no âmbito do respectivo CRC.

II. O perito que não estiver inscrito no Cadastro Nacional de Peritos Contábeis é obrigado a cumprir o Programa de Educação Profissional Continuada.

III. A não comprovação da pontuação mínima exigida, anualmente, nos termos desta norma pelos Peritos Contábeis inscritos no CNPC, acarreta a baixa do CNPC.

IV. O perito que não estiver inscrito no Cadastro Nacional de Peritos Contábeis pode cumprir o Programa de Educação Profissional Continuada de forma voluntária.

Estão CORRETOS os itens:

A. I, II, III e IV.

B. I, II e IV, apenas.

C. I, III e IV, apenas.

D. II e IV, apenas.

12) (FCC/MPE-PE/ANALISTA MINISTERIAL – ÁREA AUDITORIA/2018) De acordo com a definição dada pelas normas técnicas vigentes, o zelo profissional do perito contábil:

A. recomenda que o perito não deve restringir seus trabalhos ao conteúdo técnico-científico.

B. não significa que o perito deva avocar para si a responsabilidade pessoal por todas as informações prestadas no laudo pericial contábil.

C. não compreende necessariamente o cumprimento dos prazos nos termos contratados em perícia extrajudicial.

D. é o cuidado que ele deve dispensar na execução de suas tarefas, em relação à sua conduta, documentos, prazos e tratamento dispensado às autoridades, a fim de que seja respeitado.

E. importa não modificar seu posicionamento após críticas ou argumentos contrários.

13) (EQT Perito 2018-2) Em relação ao Código de Ética Profissional do Contador, julgue os itens abaixo e, em seguida, assinale a opção CORRETA.

I. A transgressão aos preceitos do Código de Ética Profissional do Contador será julgada, originariamente, pelo Conselho Federal de Contabilidade.

II. O perito deve mencionar, obrigatoriamente, fatos que conheça e que não repute em condições de exercer efeito sobre os documentos justificativos objeto de seu laudo, ressalvada a exigência de competência profissional.

III. Na aplicação dos diversos tipos de sanções éticas, a ação desenvolvida em defesa de prerrogativa profissional poderá ser considerada como um agravante.

IV. Cumprir os Programas Obrigatórios de Educação Continuada estabelecidos pelo CFC.

Está(ão) CORRETOS(S) apenas o(s) item(ns):

A. I.

B. IV.

C. III.

D. III e IV.

14) (EQT Perito 2018-2) O art. 156 do Código de Processo Civil – Lei n. 13.105/2015 determina que o juiz será assistido por perito quando a prova do fato depender de conhecimento técnico ou científico.

Julgue os itens abaixo e, em seguida, assinale a opção CORRETA.

I. Os peritos serão nomeados entre os profissionais legalmente habilitados e os órgãos técnicos ou científicos devidamente inscritos em cadastro mantido pelo tribunal ao qual o juiz está vinculado.

II. Para a formação do cadastro, os tribunais devem realizar consulta pública, por meio de divulgação na rede mundial de computadores ou em jornais de grande circulação, além de consulta direta a universidades, a conselhos de classe, ao Ministério Público, à Defensoria Pública e à Ordem dos Advogados do Brasil, para indicação de profissionais ou de órgãos técnicos interessados.

III. Fica facultada aos tribunais a realização de avaliações e reavaliações periódicas para manutenção do cadastro, considerando a formação profissional, a atualização do conhecimento e a experiência dos peritos interessados.

IV. Para verificação de eventual impedimento ou motivo de suspeição, nos termos da lei, o órgão técnico ou científico nomeado para realização da perícia informará ao juiz os nomes e os dados de qualificação dos profissionais que participarão da atividade.

Estão CORRETOS os itens:

A. I e II, apenas.

B. I, II e III, apenas.

C. I, II e IV, apenas.

D. I, II, III e IV.

15) (Exame de Suficiência Contábil – CFC) Ao prestar informações inverídicas, por dolo ou culpa, nos termos do artigo 158 do Código de Processo Civil – Lei nº 13.105, de 16 de março de 2015 –, o Perito será responsabilizado pela conduta praticada.

É CORRETO afirmar que ele responderá:

A. pelos prejuízos que causar à parte, podendo o Juiz comunicar o fato ao respectivo órgão de classe para adoção das medidas que entender cabíveis.

B. pelos prejuízos que causar à parte e ficará inabilitado para atuar em outras perícias, podendo o Juiz comunicar o fato ao respectivo órgão de classe para adoção das medidas que entender cabíveis.

C. pelos prejuízos que causar à parte e ficará inabilitado para atuar em outras perícias no prazo de 2 (dois) anos.

D. pelos prejuízos que causar à parte e ficará inabilitado para atuar em outras perícias no prazo de 2 (dois) a 5 (cinco) anos, independentemente das demais sanções penais em lei, devendo o Juiz comunicar o fato ao respectivo órgão de classe para adoção das medidas que entender cabíveis.

16) A perícia deve ser planejada cuidadosamente, com vistas ao cumprimento do prazo.

Na impossibilidade do cumprimento deste, deve o profissional, antes do vencimento:

A. comunicar, de qualquer forma, a necessidade de suplementação de prazo.

B. entregar o trabalho no ponto em que estiver, pois não se pode requerer prazo suplementar.

C. na entrega dos trabalhos, na data-limite, requerer pessoalmente o prazo suplementar.

D. requerer prazo suplementar, sempre por escrito.

17) Não concluindo a perícia no prazo determinado, o perito do juízo deverá:

A. desistir da perícia, comunicando tal desistência em audiência.

B. solicitar às partes, por escrito, nova data após vencido o prazo.

C. solicitar ao juiz, antes do prazo estabelecido para conclusão, prorrogação da sua vigência.

D. entregar o laudo da perícia, ainda que não concluída.

18) (EQT Perito 2018) O contador A, que se prepara para prestar o Exame de Qualificação Técnica – EQT para o cadastro de perito contábil, participou de uma discussão no curso preparatório que fez com essa finalidade. A discussão se referia aos conceitos de unidade geradora de caixa e ativos corporativos constantes do item 6 da NBC TG 01 (R1).

Com base no enunciado, julgue os itens abaixo e, em seguida, assinale a opção CORRETA.

 I. Unidade geradora de caixa é qualquer ativo identificável que gera entradas de caixa, entradas essas que são, em grande parte, independentes das entradas de caixa de outros ativos ou outros grupos de ativos.

 II. Ativos corporativos são ativos, exceto ágio por expectativa de rentabilidade futura (*goodwill*), que contribuem, mesmo que indiretamente, para os fluxos de caixa futuros tanto da unidade geradora de caixa sob revisão quanto de outras unidades geradoras de caixa.

 III. Unidade geradora de caixa é o menor grupo identificável de ativos que gera entradas de caixa, entradas essas que são, em grande parte, independentes das entradas de caixa de outros ativos ou outros grupos de ativos.

 IV. Ativos corporativos são ativos, inclusive ágio por expectativa de rentabilidade futura (*goodwill*), que contribuem, mesmo que indiretamente, para os fluxos de caixa futuros tanto da unidade geradora de caixa sob revisão quanto de outras unidades geradoras de caixa.

Está(ão) CORRETO(S) apenas o(s) item(ns):

A. I e II.

B. II e III.

C. III e IV.

D. II.

19) (EQT – CFC) O Código de Processo Civil autoriza a substituição do perito nomeado, quando, entre outros casos, ele omitir informação relevante; não observar o prazo de entrega do laudo pericial ou que deixar de prestar os esclarecimentos ao juízo; reter indevidamente o processo físico.

Com relação à responsabilidade civil e ética do perito contábil, julgue os itens a seguir como verdadeiros (V) ou Falsos (F) e, em seguida, marque a opção CORRETA.

 I. A omissão de informação relevante ao juízo e a retenção indevida de processo (físico) pelo perito contador nomeado, sem apresentar justificativa plausível, consubstanciam-se em condutas graves e que podem levar: a sua destituição, comunicação ao Conselho de Classe para a apuração e punição por infração ao Código de Ética Profissional do Contador; inabilitação para exercer o cargo de perito pelo prazo de até 5 (cinco) anos; multa sobre o valor da causa; restituição do valor recebido dos honorários adiantados, sem prejuízo de outras indenizações, cíveis e penais, conforme o caso.

II. não ocorrendo a restituição voluntária pelo perito substituído dos valores por ele recebidos pelo trabalho não realizado, no prazo de 15 (quinze) dias, caberá à parte que tiver realizado o adiantamento dos honorários promover a sua execução, com fundamento na decisão que determinar a devolução do numerário.

III. O perito não tem legitimidade para recorrer nos autos contra a decisão que o destituiu do encargo judicial e o condenou as sanções previstas em lei.

IV. A falta de zelo e diligência no desempenho das atividades pelo perito contábil é infração ética sancionada, segundo a gravidade, com a aplicação de uma das seguintes penalidades: advertência, censura reservada ou censura pública.

A sequência CORRETA é:

A. V, V, V, V.

B. V, V, F, V.

C. F, V, V, V.

D. V, F, F, V.

20) (EQT – CFC) A jurisprudência do Superior Tribunal de Justiça é no sentido de que a destituição do perito do juízo pode se dar por falta de conhecimento, técnico ou científico, ou de desídia, além da quebra de confiança entre o auxiliar e o magistrado. Com isso, é possível a alteração de perito do juízo no curso de uma perícia, se isso for necessário para a lisura da prova e do processo, mesmo que apenas para esclarecimentos suplementares, cabendo ressaltar que os trabalhos inicialmente elaborados podem ser considerados válidos, apesar de incompletos, ensejando a nomeação de novo profissional tão só para complementá-los.

Considerando o quadro fático de destituição de um perito contábil e seu consequente apenamento em processo ético-disciplinar no Conselho Regional de Contabilidade de sua jurisdição, à luz das Normas Brasileiras de Contabilidade, assinale a opção INCORRETA.

A. Caso ocorra a negativa da entrega dos elementos de prova formalmente solicitados ao perito do juízo, é facultado ao assistente técnico se reportar diretamente ao Magistrado, narrando os fatos e solicitando as providências cabíveis.

B. O contador que tiver suspenso o exercício profissional, em decisão transitada em julgado, terá o seu registro baixado no Cadastro Nacional dos Peritos Contábeis (CNPC/CFC).

C. O termo "responsabilidade" refere-se à obrigação do perito em respeitar os princípios da ética e do direito, atuando com lealdade, idoneidade e honestidade no desempenho de suas atividades, sob pena de responder civil, criminal, ética e profissionalmente por seus atos.

D. O termo "zelo", para o perito, refere-se ao cuidado que ele deve dispensar na execução de suas tarefas, em relação a sua conduta, a documentos, a prazos, a tratamento dispensado às autoridades, a integrantes da lide e ademais profissionais, de forma que sua pessoa seja respeitada, seu trabalho seja levado a bom termo e, consequentemente, o laudo pericial contábil e o parecer técnico-contábil sejam dignos de fé pública.

21) (EQT – CFC) Os contadores A e X são irmãos, sendo que um atua como perito e outro como auditor; os dois possuem registro no CNPC e CNAI respectivamente. Para ampliar a sua atuação no mercado, resolvem constituir uma sociedade uniprofissional. Contudo, para mitigação dos riscos e ameaças, estão analisando minunciosamente todas as variáveis possíveis e inclusive aspectos jurídicos para a dissolução societária.

No contexto de uma dissolução da sociedade, a requerimento de qualquer um dos sócios, com base no Código Civil, julgue os itens abaixo e, em seguida, assinale a opção CORRETA.

I. Deve ser anulada a sua constituição.

II. Deve haver o consenso parcial dos sócios.

III. Deve ser exaurido o fim social, ou verificada a sua inexequibilidade.

IV. Deve haver a deliberação dos sócios, por maioria absoluta na sociedade de prazo indeterminado.

Estão CORRETOS os itens:

A. I, III e IV, apenas.

B. I, II, e III, apenas.

C. I, II, III e IV.

D. II, III e IV, apenas.

22) (EQT – CFC) A competitividade no ambiente de negócios passa pelo respeito às pessoas (ética) e às normas vigentes (integridade), para o reconhecimento do valor (confiança) e continuidade operacional das atividades.

Necessitando de uma assistência técnica, um advogado buscou duas propostas de honorários para assistência técnica, com o objetivo de impugnar laudo pericial desfavorável a seu cliente.

O assistente técnico "N" com vasta experiência, especialista na matéria e com conhecimento contínuo renovado, apresentou sua proposta, considerando a "a) relevância, o vulto, a complexidade, os custos e a dificuldade do serviço a executar; b) o tempo para a realização do trabalho; c) a possibilidade de ficar impedido da realização de outros serviços; d) o resultado lícito; e) a peculiaridade de se tratar de cliente eventual", apresentando sua proposta equivalente ao valor de 10 h de trabalho técnico-científico.

Já o assistente técnico "C", objetivando a conquista do seu primeiro cliente na matéria pericial, apresentou sua proposta de honorários correspondente ao valor de 2 h de trabalho técnico-científico.

De acordo com o Código de Ética Profissional do Contador, assinale a alternativa INCORRETA.

A. A conduta do assistente técnico "C" está correta, pois está pensando em conquistar a contratação para a formação da sua carteira de cliente e futuramente ajustar os honorários ao valor de mercado.

B. A conduta do assistente técnico "C" deveria ser pautada nos princípios de consideração, respeito, apreço, solidariedade e harmonia da classe.

C. A prática de preço vil prejudica o ambiente concorrencial e induz os potenciais clientes à errônea ideia de que a atividade de assistência pericial é de baixa complexidade ou simplista, sem muita exigência e rigor técnico.

D. A conduta do assistente técnico "C" constitui infração ética e, segundo a gravidade, pode ser penalizada com a) advertência reservada, b) censura reservada ou c) censura pública.

23) (EQT – CFC) O Contador A, desempenhando a função de perito do juízo em uma Ação Monitória, inclui em seu laudo interpretações tendenciosas sobre a matéria que constituía o objeto da perícia, não mantendo a sua independência profissional, transgredindo a ética da profissão contábil. Contudo, teve sua penalidade atenuada em decorrência de atitudes tomadas durante sua vida profissional.

Considerando a situação exposta, à luz do Código de Ética Profissional do Contador (CEPC), identifique nas opções abaixo aquela que não é considerada como atenuante.

A. Pagamento pontual da anuidade.

B. Prestação de serviços relevantes à Contabilidade.

C. Ação desenvolvida em defesa de prerrogativa profissional.

D. Ausência de punição ética anterior.

24) (EQT Perito 2017) Ao prestar informações inverídicas, por dolo ou culpa, nos termos do Art. 158 do Código de Processo Civil – Lei nº 13.105, de 16 de março de 2015 -, o perito será responsabilizado pela conduta praticada.

É CORRETO afirmar que o perito responderá:

A. pelos prejuízos que causar à parte, podendo o juiz comunicar o fato ao respectivo órgão de classe para adoção das medidas que entender cabíveis.

B. pelos prejuízos que causar à parte e ficará inabilitado para atuar em outras perícias, podendo o juiz comunicar o fato ao respectivo órgão de classe para adoção das medidas que entender cabíveis.

C. pelos prejuízos que causar à parte e ficará inabilitado para atuar em outras perícias no prazo de 2 (dois) anos.

D. pelos prejuízos que causar à parte e ficará inabilitado para atuar em outras perícias no prazo de 2 (dois) a 5 (cinco) anos, independente das demais sanções penais em lei, devendo o juiz comunicar o fato ao respectivo órgão de classe para adoção das medidas que entender cabíveis.

25) (EQT Perito – 2018) Em 21 de março de 2021, o contador Z foi contratado pela indústria X para analisar sua escrituração contábil-fiscal e emitir parecer pericial acerca da existência de créditos decorrentes da incidência do PIS/COFINS sobre energia elétrica do seu parque fabril, a fim de subsidiar a tomada de decisão dos acionistas e avaliação jurídica quanto às medidas administrativas ou judiciais cabíveis. A comprovação de sua habilitação, neste caso, de acordo com a NBC TP 01 (R1) – Perícia Contábil, desde 27 de fevereiro de 2019, é por meio da apresentação de documento específico.

Acerca desse assunto assinale a opção CORRETA.

A. O contador Z anexou ao seu parecer pericial contábil a Certidão de Regularidade Profissional emitida pelos Conselhos Regionais de Contabilidade.

B. O contador Z apresentou mini currículo inserto no seu parecer pericial, contendo o número de seu registro profissional e de inscrição no Cadastro Nacional de Peritos Contábeis (CNPC), provando sua habilitação legal, dispensando a apresentação de documento específico.

C. A indústria X deve exigir a apresentação da Declaração de Habilitação Profissional (DHP) emitida pelo Conselho Regional de Contabilidade da jurisdição do contratado.

D. O contador Z anexou ao seu parecer pericial um atestado de capacidade técnica emitido pelo Tribunal de Justiça do seu Estado.

26) (EQT Perito 2018-2) O contador A foi nomeado para o encargo de perito do juízo no processo de apuração de haveres do grupo econômico X, que emprega 500 funcionários no pequeno município Z. O grupo econômico X é responsável por 80% da arrecadação tributária do município. Toda a população do município Z está preocupada com o desdobramento do processo judicial, já que existe uma possibilidade grande de cisão de uma das empresas cujo parque fabril pode ser transferido para a cidade Y. Existe uma grande expectativa sobre a decisão judicial, que será fundamentada nas conclusões do laudo pericial contábil a ser elaborado pelo contador A.

Acerca dos deveres do perito contador estabelecidos no Código de Ética Profissional do Contador, julgue os itens abaixo e, em seguida, assinale a opção CORRETA.

I. O perito contábil deve manifestar, a qualquer tempo, a existência de impedimento para o exercício da profissão.

II. O perito contábil deve exercer a profissão com zelo, diligência, honestidade e capacidade técnica, observada toda a legislação vigente, em especial aos Princípios de Contabilidade e as Normas Brasileiras de Contabilidade, e resguardados os interesses de seus clientes e/ou empregadores, com prejuízo da dignidade e independência profissionais.

III. O perito contábil deve zelar pela sua competência exclusiva na orientação técnica dos serviços a seu cargo.

IV. O perito contábil deve guardar sigilo sobre o que souber em razão do exercício profissional lícito, inclusive no âmbito do serviço público, ressalvados os casos previstos em lei ou quando solicitado por autoridades competentes, entre estas os Conselhos Regionais de Contabilidade.

V. O perito contábil deve inteirar-se de todas as circunstâncias, antes de emitir opinião sobre qualquer caso.

Estão CORRETOS apenas os itens:

A. II, III, IV e V.
B. I, III e V.
C. I, III, IV e V.
D. I, II e III.

27) (Exame de Suficiência 2021-1 – CFC) Em um litígio entre sócios por suspeita de irregularidades foi nomeado um perito contábil para subsidiar a constatação de uma possível fraude contábil relacionada a funcionários fantasmas na folha de pagamento dentro de um prazo estabelecido. Porém, foi recusado porque a empresa investigada pertencia a um inimigo ideológico. Tendo sido aceita a impugnação, o perito contábil foi afastado sem que terminasse o seu trabalho e, para o seu lugar, foi nomeado outro.

Sabe-se que o perito contábil já havia recebido os valores pelo trabalho não realizado e, passados quinze dias, constatou-se a não devolução dos referidos valores.

Neste caso, é correto afirmar que o perito contábil pode incorrer na seguinte pena:

A. Os valores serão ressarcidos pelo novo perito.
B. Ficará isento do pagamento dos valores recebidos.
C. Ser impedido de atuar como perito por cinco anos.
D. Terá mais quinze dias para ressarcir os valores recebidos.

28) (EQT Perito) Com base no que dispõe a NBC PG 01 – Código de Ética Profissional do Contador e o Código de Processo Civil, julgue os itens a seguir como Verdadeiros (V) ou Falsos (F) e, em seguida, marque a opção CORRETA.

I. A injustificada acídia, aliada à falta de zelo (retenção do processo por mais de um ano, sem apresentar justificativa plausível) e de diligência são motivos para destituir um perito.

II. Os peritos envolvidos na realização da perícia complexa devem atender aos mesmos deveres e se sujeitar às mesmas responsabilidades, observados os limites de incompetência técnica, pois todos gozam do mesmo status de confiança do juízo.

III. A conduta desidiosa de um perito ensejará na abertura de um processo administrativo na Corregedoria do tribunal onde tramita os autos da sua nomeação. Em respeito ao contraditório e à ampla defesa, assegurados pela Constituição Federal, durante a apuração dos fatos, os autos ficarão suspensos até a conclusão do processo administrativo.

IV. É defeso ao assistente técnico renunciar à contratação confiada logo que se positive falta de confiança por parte do contratante, a quem deve notificar por escrito, respeitando os prazos estabelecidos no contrato.

A sequência CORRETA é:

A. V, F, V, V.
B. V, V, F, F.
C. V, F, F, F.
D. F, V, F, V.

29) (EQT Perito) Uma contadora está se preparando para prestar o Exame de Qualificação Técnica para Perito e aproveitou para se reunir com alguns colegas, tendo como discussão central o alcance da ITG 16 (R2) – Extinção de Passivos Financeiros com Instrumentos Patrimoniais.

Com base nas diretrizes definidas na norma contábil em apreço, assinale a opção INCORRETA:

A. Esta Interpretação trata da contabilização por uma entidade quando as condições de um passivo financeiro são renegociadas e resultam na emissão de instrumentos patrimoniais da entidade ao seu credor para a extinção total ou parcial do passivo financeiro.

B. Esta Interpretação também abrange a contabilização por parte do credor.

C. Um devedor e um credor podem renegociar os termos de um passivo financeiro mediante a emissão de instrumentos patrimoniais próprios do devedor para o credor, tendo como resultado a extinção parcial ou total desse passivo.

D. A entidade não deve aplicar esta Interpretação às operações em situações em que o credor e a entidade são controlados pela mesma parte ou partes, antes e depois da operação e a essência da transação inclui a distribuição de capital pela entidade, ou contribuição para a entidade.

30) (CFC) O Art. 156 do Código de Processo Civil – Lei nº 13.105, de 16 de março de 2015 – indica a necessidade de formação de cadastro de peritos mantido pelo tribunal ao qual o juiz está vinculado, como condição para a escolha do perito nomeado em um processo judicial. Prevê ainda o referido dispositivo legal outras condições. Acerca desse assunto julgue os itens abaixo e, em seguida, assinale a opção CORRETA.

I. Para formação do cadastro, os tribunais devem realizar consulta pública, por meio de divulgação na rede mundial de computadores ou em jornais de grande circulação, além de consulta direta a universidades, a conselhos de classe, ao Ministério Público, à Defensoria Pública e à Ordem dos Advogados do Brasil, para a indicação de profissionais ou de órgãos técnicos interessados.

II. Os tribunais realizarão avaliações e reavaliações periódicas para manutenção do cadastro, considerando a formação profissional, a atualização do conhecimento e a experiência dos peritos interessados.

III. Na localidade onde não houver inscrito no cadastro disponibilizado pelo tribunal, a nomeação do perito é de livre escolha pelo juiz e deverá recair sobre profissional ou órgão técnico ou científico comprovadamente detentor do conhecimento necessário à realização da perícia.

Estão CERTOS os itens:

A. I e II, apenas.
B. I e III, apenas.
C. I, II e III.
D. II e III, apenas.

31) (Exame de Suficiência 2022.1 – CFC) Quando foi contratado pela pequena empresa de tecidos em 1989, o jovem André dizia aos amigos que sua meta era "ganhar muito dinheiro e comprar um posto de gasolina".

Aos poucos, no entanto, enquanto ascendia rapidamente na organização, seus sonhos passaram por grandes revisões. Antes dos 30 anos de idade, no final dos anos 1990, André já era um dos principais sócios da empresa e almejava conquistar o controle.

Para tanto, precisaria entender e praticar algumas informações contábeis como a afirmação que todas as atividades de uma empresa podem – e serão – contabilizadas independentemente dos seus donos, sob a premissa de responsabilidade limitada ou, em termos mais simples, a separação entre controle e propriedade.

Isso está relacionado com:

A. As Convenções.
B. O Postulado da Entidade Contábil.
C. O Princípio da Realização da Receita.
D. O Princípio do Custo como Base de Valor.

CAPÍTULO **3**

Conceito e objetivos da perícia contábil

3.1 Introdução

A palavra "perícia" advém do latim *peritia*, que, em seu sentido próprio, significa "conhecimento adquirido pela experiência, pela habilidade, pelo talento". Constitui-se em espécie de prova consistente no parecer pericial de pessoa habilitada a formulá-lo. A perícia contábil é uma modalidade superior da profissão contábil.

A perícia contábil possui objeto, finalidade, alcance e procedimentos peculiares e é um ramo específico da Contabilidade. É uma modalidade superior da profissão contábil. É a especialidade profissional da Contabilidade que funciona com o objetivo de resolver questões contábeis, ordinariamente originárias de controvérsias, dúvidas e de casos específicos determinados em lei, segundo o CFC e NBC PP 01 (R1). Constitui o conjunto de procedimentos técnicos e científicos destinado a levar à instância decisória elementos de prova necessários a subsidiar a justa solução do litígio, mediante laudo pericial contábil, e ou parecer pericial contábil, em conformidade com as normas jurídicas e profissionais, e a legislação específica no que for pertinente.

75

Figura 3.1 – Perícia contábil

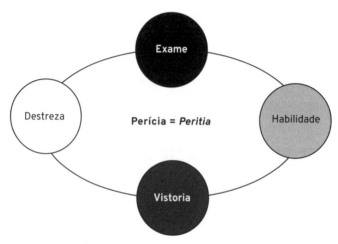

Fonte: CARDOZO, 2016.

Conforme D'Áurea *et al.* (1953), a perícia é o testemunho de uma ou mais pessoas técnicas, no sentido de fazer conhecer um fato cuja existência não pode ser acertada ou juridicamente apresentada, senão apoiada em especiais conhecimentos científicos ou técnicos. Possui grande importância por examinar e trazer clareza, revelando a verdade de fatos obscuros sobre determinado assunto. Aquele que exerce a execução da perícia é chamado de perito, devendo possuir conhecimento e experiência no assunto determinado para poder emitir uma opinião sobre a matéria examinada (SANTOS, 2012).

A perícia contábil possui objeto, finalidade, alcance e procedimentos peculiares e é um ramo específico da Contabilidade, segundo Almeida (2016). O que a caracteriza é a declaração de caráter técnico sobre um elemento da prova. Serve para provar fatos de percepção técnica, que dependem de conhecimento pericial. A percepção, a observação e a apreciação são momentos de verificação, e ela pode ser obrigatória ou facultativa. Em princípio, é facultativa, mas muitas vezes a perícia se faz indispensável. Em qualquer caso, versa sobre fatos, e fatos da causa, que escapam ao conhecimento ordinário porque dependem de conhecimento especial. É o mecanismo utilizado pelo julgador – ou pelas partes – para obtenção dos subsídios necessários a suportar a solução de um litígio, mediante nomeação ou contratação de um profissional com conhecimentos técnicos sobre a matéria litigiosa, por meio de aplicação de procedimentos técnicos e científicos com apresentação de laudo pericial contábil ou parecer pericial pericial contábil. Portanto, a perícia contábil tem sua amplitude relacionada à causa que lhe deu origem.

Segundo o CFC e a NBC TP 01 (R1):

Quadro 3.1 – Aspectos envolvidos na perícia contábil

Perícia contábil
Conjunto de procedimentos técnico-científicos
Instância decisória
Elementos de prova
Solução do litígio / constatação de fato
Laudo pericial / Parecer técnico contábil
Conformidade com as normas e com a legislação vigente

Fonte: elaborado pelo autor.

É o meio de prova feita pela atuação de técnicos, promovida pela autoridade policial ou judiciária, com a finalidade de esclarecer à Justiça sobre fato de natureza duradoura ou permanente. É realizada para o processo, ou seja, para os sujeitos principais deste, que requerem, para melhor solução da questão, que o perito não apresente nem decida, mas simplesmente contribua para o julgamento. Assim, a perícia é uma possibilidade no processo, dependendo da iniciativa das partes ou do juiz.

Quadro 3.2 – Aspectos históricos

Fonte: elaborada pelo autor.

O conceito e o objetivo da perícia contábil estão previstos na NBC TP 01, norma que estabelece as regras e os procedimentos a serem observados pelo perito judicial.

A **perícia contábil** constitui o conjunto de procedimentos técnico-científicos realizados por contador, destinados a levar à instância decisória elementos de prova necessários a subsidiar a justa solução do litígio ou constatação de um fato, mediante laudo pericial contábil e/ou parecer pericial técnico-contábil, em conformidade com as normas jurídicas e profissionais e com a legislação específica no que for pertinente, segundo a NBC TP 01 (R1).

Figura 3.2 – Normas aplicáveis à perícia contábil

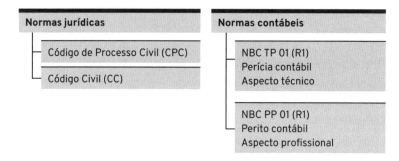

Fonte: elaborada pelo autor.

Os procedimentos de perícia contábil visam fundamentar as conclusões que serão levadas ao laudo pericial contábil ou parecer pericial contábil e abrangem, total ou parcialmente, segundo a natureza e a complexidade da matéria, exame, vistoria, indagação, investigação, arbitramento, mensuração, avaliação e certificação, consoante a NBC TP 01 (R1).

Detalhando:
1 – *A perícia contábil constitui o conjunto de procedimentos técnico-científicos*
A norma especificou que a perícia contábil, como técnica especial, possui procedimentos técnico-científicos peculiares. Sendo assim, ela difere dos conhecidos ramos da contabilidade: escrituração, demonstrações contábeis, auditoria e análise das demonstrações contábeis. Dentre os procedimentos típicos da perícia, temos: exame, vistoria, indagação, investigação, arbitramento, mensuração, avaliação e certificação.

2 – *Destinados a levar à instância decisória elementos de prova*

O perito sempre irá produzir um conhecimento amparado em provas. Estas serão apresentadas junto ao laudo e levadas a uma instância decisória. Toda perícia tem por finalidade subsidiar um pedido, uma requisição a ser esclarecida para uma tomada de decisão.

Exemplo: O juiz solicita perícia contábil sobre apuração de haveres de determinada pessoa em uma ação de alimentos. O perito contábil irá identificar o poder econômico (rendimentos) da pessoa determinada e levar ao juiz (instância decisória) o seu laudo pericial. O juiz, por sua vez, sentenciará o valor da pensão.

3 – *Necessários a subsidiar a justa solução do litígio ou constatação de um fato*

A opinião do perito irá subsidiar a solução de um litígio ou a constatação de um fato isolado.

Exemplo 1: O litígio do item anterior será resolvido após a sentença do juiz, que estará amparada pelo laudo do perito. Com a opinião do perito, o juiz terá subsídios para determinar um valor justo à pensão alimentícia.

Exemplo 2: A constatação de um fato pode ser ilustrada da seguinte forma: o administrador de determinada empresa contrata um perito contábil com a finalidade de averiguar uma possível fraude relacionada à contabilização do almoxarifado que a integra.

4 – *Em conformidade com as normas jurídicas e profissionais*

As normas jurídicas e profissionais são, principalmente, o Código de Processo Civil, a NBC PP 01 e a NBC TP 01 e o Código de Ética (Resolução CFC n. 803/96).

5 – *E a legislação específica no que for pertinente*

Trata-se da legislação específica do objeto da perícia.

Exemplo: Ao efetuar uma perícia acerca de uma questão contábil, envolvendo uma empresa optante pelo Regime Simples Nacional, o contador deverá observar a Lei Complementar n. 123/2006 e as Resoluções do Comitê Gestor do Simples Nacional – normas específicas para as empresas optantes por esse regime.

Conforme definições encontradas em dicionários, a perícia está relacionada a habilidade e destreza, especificamente definida como um exame feito por pessoa com essas características. A perícia tem grande importância por examinar e trazer clareza, revelando a verdade de fatos obscuros sobre determinado assunto. Necessita, assim, de profissionais habilitados, com capacidade técnica e científica, aliada à consciência ética.

A perícia contábil é realizada quando há a necessidade da opinião de um especialista (contador) sobre a realidade patrimonial em um caso determinado. Esse caso pode ser proveniente de um processo judicial ou extrajudicial. O perito contábil, por sua vez, utilizando técnicas e procedimentos específicos, emitirá uma opinião acerca dos pontos que lhe foram requisitados. Pode ser requerida para fins diversos: judiciais, fiscais, administrativos, regimentais, decisões de âmbitos sociais e outros.

A perícia poderá ser anulada se forem provados vícios formais. A segunda perícia rege-se pelas disposições estabelecidas para a primeira. Se forem provados comprometimentos éticos, ocorre a elaboração de nova perícia.

A função da perícia contábil é fornecer elementos/subsídios técnicos embasados em documentação fidedigna, para a convicção do Juiz sobre a veracidade, ou não, dos fatos alegados pelas partes, segundo o CPC e a NBC PP 01 (R1).

São destinatários da prova pericial: o Juiz (destinatário direto) e as partes (indiretos).

Conclui-se que a perícia contábil é uma modalidade superior da profissão contábil. É a especialidade profissional da contabilidade que funciona com o objetivo de resolver questões contábeis, ordinariamente oriundas de controvérsias, dúvidas e de casos específicos determinados em lei, conforme o CFC. É a tecnologia destinada à pesquisa de fatos patrimoniais, para a orientação do julgamento de questões, geralmente judiciais, ou seja, para esclarecer dúvidas ou ensejar argumentos.

Os serviços profissionais de contabilidade são, por sua natureza, técnicos e singulares, quando comprovada sua notória especialização do profissional ou a sociedade de profissionais de contabilidade cujo conceito no campo de sua especialidade, decorrente do desempenho anterior, estudos e experiências, publicações, organização, aparelhamento, equipe técnica ou de outros requisitos relacionados com suas atividades, permita inferir que o seu trabalho é essencial e indiscutivelmente o mais adequado à plena satisfação do objeto do contrato, segundo alteração do art. 25 do Decreto-Lei n. 9.295, de 27 de maio de 1946.

Salvo o negócio a que se impõe forma especial, o fato jurídico pode ser provado mediante, segundo o art. 212, CC:

* Confissão – arts. 213 e 214;
* Documento – arts. 215 a 227;
* Testemunha – arts. 228 e 229;
* Presunção – art. 230;
* Perícia – arts. 231 e 232.

Os fundamentos legais da perícia contábil são elencados no quadro.

Quadro 3.3 – Fundamentos legais da perícia contábil e do perito contábil nas áreas judiciais e extrajudiciais

Código de Processo Civil
Lei n. 13.105 – 16 de março de 2015
Legislação Contábil – CFC
Resoluções: Resolução CFC n. 1.502 – 19 de fevereiro de 2016 (Criação do Cadastro Nacional de Peritos, CNPC)   **Normas:** NBC TP 01 (R1) – 27 de março de 2020 (Técnica de perícia)   NBC PP 01 (R1) – 27 de março de 2020 (Aspectos pessoais)   CPF – IFRS
Código de Civil Brasileiro
Lei n. 10.406/2002
CNJ – Conselho Nacional de Justiça
Resolução 233 de 13 de julho de 2016 (Craição de Cadastros – CPTEC)   Resolução 232 de 13 de julho de 2016 (Honorários Justiça Gratuita)

Fonte: elaborado pelo autor.

3.2 Objetivos

A perícia tem como objetivo primordial fundamentar as informações demandadas, mostrando a veracidade dos fatos de forma imparcial e merecedora de fé, tornando-os instrumentos de prova para o juiz de direito resolver as questões propostas. Além disso:

- conhecer o objeto e a finalidade da perícia, a fim de permitir a adoção de procedimentos que conduzam à revelação da verdade, a qual subsidiará o juízo, o árbitro ou o interessado a tomar a decisão a respeito da lide;
- definir a natureza, a oportunidade e a extensão dos procedimentos a serem aplicados, em consonância com o objeto da perícia;
- estabelecer condições para que o trabalho seja cumprido no prazo estabelecido;
- identificar potenciais problemas e riscos que possam vir a ocorrer no andamento da perícia;
- identificar fatos importantes para a solução da demanda, de forma que não passem despercebidos ou não recebam a atenção necessária;

- identificar a legislação aplicável ao objeto da perícia;
- estabelecer como ocorrerá a divisão das tarefas entre os membros da equipe de trabalho, sempre que o perito necessitar de auxiliares;
- facilitar a execução e a revisão dos trabalhos.

Cabe, portanto, ao perito, fornecer elementos de prova ou uma opinião especializada sobre o estado verdadeiro do objeto ou matéria examinada, visando subsidiar uma decisão. "Objeto ou matéria examinada" diz respeito a situações, coisas ou fatos oriundos das relações, efeitos e haveres que fluem do patrimônio de quaisquer entidades, consoante o CFC. Constitui objetivo da perícia contábil definir a natureza, a oportunidade e a extensão dos exames a serem realizados, em consonância com o objeto da perícia, com os termos constantes da nomeação, dos quesitos ou da proposta de honorários oferecida pelo perito.

Quadro 3.4 – Objetivos específicos da perícia contábil

Objetividade	Concisão
Não se desviar da matéria que motivou a questão	Compreende evitar o prolixo e emitir uma opinião que possa de maneira fácil facilitar as decisões
Precisão	**Confiabilidade**
Usar em sua opinião de uma linguagem acessível a quem vai utilizar-se de seu trabalho, embora possa conservar a terminologia tecnológica e científica em seus relatos	Consiste em estar a perícia apoiada em elementos inequívocos e válidos legal e tecnologicamente
Clareza	**Plena satisfação da finalidade**
Usar em sua opinião de uma linguagem acessível a quem vai utilizar-se de seu trabalho, embora possa conservar a terminologia tecnológica e científica em seus relatos	É exatamente o resultado de o trabalho estar coerente com os motivos que o ensejaram

Fidelidade
Caracteriza-se por não se deixar influenciar por terceiros, nem por informes que não tenham materialidade e consistência competentes

Fonte: NBC TP 01 (R1).

O fato jurídico pode ser provado mediante perícia, conforme o inciso V do art. 212 do Código Civil Brasileiro (CCB). Logo, pode-se afirmar que a perícia contábil apresenta dois objetivos primordiais:

1. Identificar elementos de prova.
2. Subsidiar a emissão de laudo pericial contábil ou parecer pericial contábil.

Exemplo: Numa demanda societária, o perito é chamado para realizar a apuração de haveres de cada sócio. Ele elencará elementos fáticos na Contabilidade (quantificação dos valores registrados na escrituração contábil) e, com base em tais fatos, emitirá laudo pericial contábil ou parecer pericial contábil com a demonstração dos haveres dos sócios.

Portanto, em seus objetivos específicos, a perícia contábil deve apresentar os seguintes fatores:

- **Objetividade:** caracteriza-se pela ação do perito em não se desviar da matéria que motivou a questão.
- **Precisão:** respalda-se em oferecer respostas pertinentes e adequadas às questões formuladas ou finalidades propostas.
- **Clareza:** fundamenta-se em utilizar, ao emitir sua opinião, uma linguagem acessível com quem fará uso de seu trabalho, embora possa conservar a terminologia tecnológica e científica em seus relatos.
- **Fidelidade:** caracteriza-se por não se deixar influenciar por terceiros, nem por informes que não tenham materialidade e consistência competentes.
- **Concisão:** compreende evitar a prolixidade e emitir uma opinião que possa facilitar as decisões.
- **Confiabilidade:** consiste em estar a perícia apoiada em elementos inequívocos e válidos legal e tecnologicamente.
- **Plena satisfação da finalidade:** é, exatamente, o resultado de o trabalho estar coerente com os motivos que o ensejaram.

Nesse viés, faz-se importante registrar que, segundo o Código de Processo Civil:

> **Art. 369.** As partes têm o direito de empregar todos os meios legais, bem como os moralmente legítimos, ainda que não especificados neste Código, para provar a verdade dos fatos em que se funda o pedido ou a defesa e influir eficazmente na convicção do juiz.
>
> **Art. 370.** Caberá ao juiz, de ofício ou a requerimento da parte, determinar as provas necessárias ao julgamento do mérito.

Parágrafo único. O juiz indeferirá, em decisão fundamentada, as diligências inúteis ou meramente protelatórias.

As partes têm o direito de demonstrar a veracidade dos fatos alegados, bem como o direito de ver analisadas, pelo magistrado, as provas produzidas no processo. Assim, não basta prever a possibilidade de produção probatória; é preciso também garantir que essa demonstração dos fatos será motivadamente considerada pelo juiz.[1]

O art. 370 do CPC estabelece, assim, a competência do juiz para decidir quais são as provas necessárias para a averiguação do caso, medida que pretende evitar a utilização de demonstrações dispensáveis.

Sendo o juiz o destinatário da prova, cabe-lhe também exigir determinadas dilações probatórias que possam ser de interesse para o julgamento do mérito. Todavia, poderá também indeferir pedido de provas que entenda meramente protelatórias, desde que por decisão fundamentada. Esse dever de fundamentação, ainda que já presente na ordem constitucional (art. 93, IX), consiste em conveniente inclusão, uma vez que a prática quase sempre nos mostra decisões de indeferimento sem motivação, que dificultam a sua revisão. Isso quando não vemos decisões de indeferimento seguidas de sentenças de improcedência fundadas na falta de provas.[2]

3.3 Procedimentos técnico-científicos periciais

Os procedimentos técnico-científicos aplicados na atividade de perícia contábil visam fundamentar as conclusões que serão abordadas no laudo pericial contábil ou no parecer pericial contábil e abrangem, total ou parcialmente, segundo a natureza e a complexidade da matéria, a determinação de valores ou a solução de controvérsia. Com base na NBC TP 01 (R1) – Perícia Contábil, os procedimentos técnico-científicos periciais são, especificamente:

- **Exame:** é a análise de livros, registros das transações e documentos. **Exemplo:** o perito realiza exame ao analisar a conciliação bancária com o livro Diário.
- **Vistoria:** é a diligência que objetiva a verificação e a constatação de situação, coisa ou fato, de forma circunstancial. Trata-se de um procedimento

---

[1] DONIZETTI, E. *Novo código de processo civil comentado*. 3. ed. São Paulo: Atlas, 2018.
[2] DONIZETTI, 2018.

de inspeção. **Exemplo:** o perito faz uma vistoria *in loco* dos meios de controle utilizados pela empresa para a guarda do estoque.

- **Indagação:** é a busca de informações mediante entrevista com conhecedores do objeto ou de fato relacionado à perícia. **Exemplo:** a realização de entrevista com os funcionários da controladoria da empresa municada, a fim de apurar evidências para o laudo pericial.

- **Investigação:** é a pesquisa que busca trazer ao laudo pericial contábil ou parecer técnico-contábil o que está oculto por quaisquer circunstâncias. **Exemplo:** o perito realiza investigação da vida particular dos envolvidos no objeto da perícia, descobrindo, por exemplo, que o fornecedor de material de uso e consumo para a empresa tem um forte vínculo de amizade com o responsável pelo setor de aquisição.

- **Arbitramento:** é a determinação de valores ou a solução de controvérsia por critério técnico-científico. **Exemplo:** há o arbitramento de valores ao se estimar a quantidade de combustível utilizada pelos veículos de determinada empresa.

- **Mensuração:** é o ato de qualificação e quantificação física de coisas, bens, direitos e obrigações. **Exemplo:** contagem física do estoque, medidas de áreas, avaliação de componentes patrimoniais etc.

- **Avaliação:** é o ato de estabelecer o valor de coisas, bens, direitos, obrigações, despesas e receitas. **Exemplo:** avaliação do imobilizado da empresa.

- **Certificação:** é o ato de atestar a informação trazida ao laudo pericial contábil pelo perito contador, conferindo-lhe caráter de autenticidade pela fé pública atribuída a esse profissional. **Exemplo:** o contador apresenta uma importação não contabilizada que foi certificada pelo despachante aduaneiro.

Pode-se observar que o procedimento de avaliação é semelhante ao arbitramento. Contudo, diferencia-se uma vez que o arbitramento utiliza critérios técnico-científicos, enquanto a avaliação somente estabelece o valor das coisas. **Exemplo:** imagine-se a situação em que há consumo de água para a fabricação de determinado produto. Suponha, também, que o medidor de água esteja quebrado e que o perito necessite saber o volume consumido desse líquido na fabricação de determinada quantidade de produtos. Ele poderá arbitrar a quantidade de água consumida, multiplicando a vazão do cano pelo tempo em que o registro permaneceu aberto. Nesse caso, o perito utilizou um critério técnico para empreender sua obrigação.

Considere outra circunstância: em um inventário, o perito tem a necessidade de verificar o valor de determinada fazenda que estava contabilizada no ativo da empresa. No caso, ele pode contratar um corretor com notório conhecimento do mercado imobiliário rural para realizar a avaliação do imóvel.[3]

3.4 Considerações finais

A perícia contábil é o meio de prova realizado por profissional com formação e registro específico quando é necessária a aplicação de conhecimento em Contabilidade. Os procedimentos de trabalho em perícia contábil são o exame, a vistoria, a indagação, a investigação, o arbitramento, a mensuração, a avaliação e a certificação.

Na esfera judicial, a perícia pode ser elemento suficientemente determinante para o convencimento do magistrado, desde que haja componentes satisfatórios para elaborar um laudo que apresente conclusão totalmente incontroversa, ou seja, aquela em que os elementos, objetos da perícia contábil, apresentem um laudo conclusivo incontestável.

O critério de avaliação desses bens destinados à exploração da atividade, previsto no Código Civil, em seu art. 1.187, serão avaliados pelo custo de aquisição, criando-se fundos de amortização para os que se desgastam ou depreciam.

De acordo com o Código de Ética Profissional do Contador,

- O perito contábil deve manifestar, a qualquer tempo, a existência de impedimento para o exercício da profissão;
- O perito contábil deve zelar pela sua competência exclusiva na orientação técnica dos serviços a seu cargo;
- O perito contábil deve guardar sigilo sobre o que souber em razão do exercício profissional lícito, inclusive no âmbito do serviço público, ressalvados os casos previstos em lei ou quando solicitado por autoridades competentes, entre estas os Conselhos Regionais de Contabilidade;
- O perito contábil deve inteirar-se de todas as circunstâncias, antes de emitir opinião sobre qualquer caso;
- Cumprir os Programas Obrigatórios de Educação Continuada estabelecidos pelo Conselho Federal de Contabilidade (CFC).

Um contador, atuando na função de perito do juízo, ao iniciar os seus trabalhos e identificar a ausência de documentos imprescindíveis para o

---

[3] ALMEIDA, E. *Perícia contábil para exame de suficiência.* Cuiabá: Estratégia Cursos, 2017.

desenvolvimento da prova pericial deverá abster-se de dar parecer ou emitir opinião sem estar suficientemente informado e munido de documentos.

O objeto da prova pericial é o conjunto de fatos que deram causa às divergências guerreadas nos autos ou, no caso de perícia extrajudicial, são os fatos materiais que provocaram a desavença objeto de exames e investigação. Nos casos judiciais, geralmente, o objeto da perícia consta em despacho (ou despachos) do juiz, segundo Zanna (2016).

Os procedimentos de perícia contábil visam fundamentar as conclusões que serão levadas ao laudo pericial contábil, segundo a NBC TP 01 (R1).

Perícia judicial é uma das formas de se produzir uma prova de evidência que é feita por um profissional da perícia, que no caso deve ser indicado pelo juiz. Esse profissional é chamado de perito judicial e deve possuir o diploma de nível superior na área ou conhecimento técnico sobre a perícia em questão. Em ambos os casos o perito deve ser devidamente nomeado em Juízo para atuar em processos judiciais que podem ser transitados em varas tanto regionais, estaduais ou federais.

A principal finalidade da perícia judicial é informar a veracidade sobre as questões próprias em que se tenha a dubiedade (dúvida) quanto aos atos e fatos praticados, que futuramente deverão ser comprovados pelo perito em laudo técnico.

A perícia judicial é uma das modalidades de que a Justiça e o Poder Judiciário lançam mão para a produção de provas técnicas que versam sobre fatos ou atos ocorridos em momento anterior ao processo, por exemplo, a recriação de cenas de crime, exames de balística, análise de cena de crime, estudos sobre percursos, entre várias outras funções.

No caso, podemos diferir a perícia em dois ramos distintos: a perícia judicial e a perícia criminal. Ambas as áreas se referem basicamente ao mesmo trabalho; a grande diferença entre as duas formas de perícia diz respeito ao momento e à forma em que será realizada a perícia. Por exemplo, a perícia judicial só ocorre quando deferida pelo juiz; dessa maneira, o perito precisa ser nomeado pelo juiz por meio de indicação para que este possa atuar como perito em determinado caso.

Conforme o § 1º do art. 156 do novo CPC, "os peritos serão nomeados entre os profissionais legalmente habilitados e os órgãos técnicos ou científicos devidamente inscritos em cadastro mantido pelo tribunal ao qual o juiz está vinculado".

A perícia judicial irá atuar dentre das três esferas de poder, municipal, estadual e federal e comporá dentro dela parte das provas analisadas em processo. Os relatórios e laudos periciais têm o mesmo valor de qualquer outra prova elencada aos altos processuais, servindo inclusive como forma de condenação ou liberdade para o réu, conforme for a natureza do processo em que for realizada a perícia judicial.

3.5 Questões de múltipla escolha

1) (Exame de Suficiência do CFC) Com base na NBC TP 01 (R1) – Perícia Contábil, associe os procedimentos periciais elencados na primeira coluna com a respectiva descrição, apresentada na segunda coluna, e, em seguida, assinale a opção CORRETA.

(1) Exame   ( ) Diligência que objetiva a verificação e a constatação de situação, coisa ou fato de forma circunstancial.

(2) Vistoria   ( ) Análise de livros, registros de transações e documentos.

(3) Indagação   ( ) Qualificação e quantificação física de coisas, bens, direitos e obrigações.

(4) Mensuração   ( ) Busca de informações mediante entrevista com conhecedores do objeto ou de fato relacionado à perícia.

A sequência CORRETA é:

A. 1, 2, 3, 4.
B. 2, 1, 3, 4.
C. 1, 2, 4, 3.
D. 2, 1, 4, 3.

2) (Exame de Suficiência do CFC) Os procedimentos de perícia contábil visam fundamentar as conclusões que serão levadas ao laudo pericial contábil ou parecer pericial contábil e abrangem, total ou parcialmente, segundo a natureza e a complexidade da matéria, exame, vistoria, indagação, investigação, arbitramento, mensuração, avaliação e certificação.

Marque a opção que corresponde ao procedimento denominado arbitramento.

A. Ato de atestar a informação trazida ao laudo pericial contábil pelo perito contador, conferindo-lhe caráter de autenticidade pela fé pública atribuída a esse profissional.
B. Determinação de valores ou solução de controvérsia por critério técnico-científico.
C. Análise de livros, registros das transações e documentos.
D. Diligência que objetiva a verificação e a constatação de situação, coisa ou fato, de forma circunstancial.

3) (Exame de Suficiência do CFC) Os procedimentos de perícia contábil visam:

A. Relacionar os livros, os documentos e os dados necessários à análise.
B. Aos fatores relevantes na execução dos trabalhos.

C. Ao conjunto de procedimentos técnicos e científicos.

D. Fundamentar as conclusões que serão levadas ao laudo pericial contábil.

4) (Exame de Suficiência do CFC) O arbitramento, como procedimento de perícia contábil, é:

A. A determinação de valores ou a solução de controvérsia por critérios aleatórios.

B. A determinação de valores ou a solução de controvérsia por critério técnico.

C. Diligência que objetiva a quantificação do valor.

D. Ato de estabelecer a quantificação de direitos.

5) (Exame de Suficiência do CFC) Assinale a alternativa INCORRETA.

A. A perícia poderá ser anulada se forem provados vícios formais.

B. A segunda perícia rege-se pelas disposições estabelecidas para a primeira.

C. A parte que se sentir prejudicada poderá determinar a realização de nova perícia.

D. Se forem provados comprometimentos éticos, ocorre a elaboração de nova perícia.

6) (Exame de Suficiência do CFC) Visando fundamentar as conclusões que serão levadas ao laudo pericial contábil, além de exame e vistoria, os procedimentos de perícia contábil são, em ordem de procedência:

A. execução, indagação, arbitramento, mensuração, avaliação e certificação.

B. indagação, investigação, arbitramento, execução, avaliação e certificação.

C. indagação, investigação, arbitramento, mensuração, avaliação e certificação.

D. indagação, investigação, execução, mensuração, avaliação e certificação.

7) (Exame de Suficiência do CFC) De acordo com a NBC TP 01 (R1) – Perícia Contábil, os procedimentos de perícia contábil visam fundamentar as conclusões que serão levadas ao laudo pericial contábil ou parecer pericial contábil e abrangem, total ou parcialmente, segundo a natureza e a complexidade da matéria, exame, vistoria, indagação, investigação, arbitramento, mensuração, avaliação e certificação.

Relacione os procedimentos de perícia contábil na primeira coluna com a respectiva descrição na segunda coluna e, em seguida, assinale a opção CORRETA.

(1) Exame

( ) Ato de atestar a informação trazida ao laudo pericial contábil pelo perito do juízo, conferindo-lhe caráter de autenticidade pela fé pública atribuída a esse profissional.

(2) Vistoria

( ) Determinação de valores ou solução de controvérsia por critério técnico-científico.

(3) Arbitramento

( ) Análise de livros, registros das transações e documentos.

(4) Certificação

( ) Diligência que objetiva a verificação e a constatação de situação, coisa ou fato, de forma circunstancial.

A sequência CORRETA é:

A. 3, 4, 2, 1.
B. 4, 3, 2, 1.
C. 4, 3, 1, 2.
D. 3, 4, 1, 2.

8) (Exame de Suficiência do CFC) Das alternativas a seguir, são procedimentos de perícia contábil, exceto:

A. juramento;
B. vistoria;
C. indagação;
D. mensuração.

9) (Exame de Suficiência do CFC) Com base na NBC TP 01 (R1) – Perícia Contábil, especificamente em relação aos procedimentos técnico-científicos aplicados na atividade de perícia contábil, julgue os itens a seguir como verdadeiros ou falsos e, em seguida, assinale a opção CORRETA.

I. O exame é a análise de livros, registros das transações e documentos.
II. A vistoria é a diligência que objetiva a verificação e a constatação de situação, coisa ou fato, de forma circunstancial.
III. O arbitramento é a determinação de valores ou a solução de controvérsia por critério técnico-científico.
IV. A avaliação é o ato de estabelecer o valor de coisas, bens, direitos, obrigações, despesas e receitas.

Estão CORRETOS os itens:

A. III e IV, apenas.
B. II e III, apenas.
C. I, II e IV, apenas.
D. I, II, III e IV.

10) (Exame de Suficiência do CFC) Relacione os procedimentos de perícia contábil apresentados na primeira coluna com a definição constante da segunda coluna e, em seguida, assinale a opção CORRETA.

(1) Arbitramento   ( ) É a determinação de valores ou a solução de controvérsia por critério técnico-científico.

(2) Mensuração   ( ) É o ato de atestar informação trazida ao laudo pericial contábil pelo perito do juízo, conferindo-lhe caráter de autenticidade pela fé pública atribuída a este profissional.

(3) Avaliação   ( ) É o ato de estabelecer o valor de coisas, bens, direitos, obrigações, despesas e receitas.

(4) Certificação   ( ) É o ato de qualificação e quantificação física de coisas, bens, direitos e obrigações.

A sequência CORRETA é:

A. 4, 3, 2, 1.
B. 1, 4, 3, 2.
C. 3, 1, 4, 2.
D. 2, 3, 1, 4.

11) (Exame de Suficiência do CFC) Dada a complexidade e a diversidade dos itens que compõem o inventário de uma empresa, o empresário contratou um perito contador para realizar o trabalho de validação do valor dos bens inventariados destinados à exploração da atividade.

Com base na situação acima e no critério de avaliação desses bens, previsto no Código Civil, em seu art. 1.187, assinale a opção CORRETA.

A. Os bens destinados à exploração da atividade serão avaliados pelo custo de aquisição, criando-se fundos de amortização para os que se desgastam ou depreciam.
B. Os bens destinados à exploração da atividade serão avaliados pelo valor de mercado, criando-se fundos de amortização para os que se desgastam ou depreciam.
C. Os bens destinados à exploração da atividade serão avaliados pelo valor de mercado, dispensada a criação de fundos de amortização para os que se desgastam ou depreciam.
D. Os bens destinados à exploração da atividade serão avaliados pelo custo de aquisição, dispensada a criação de fundos de amortização para os que se desgastam ou depreciam.

12) (Exame de Suficiência do CFC) Assinale a opção INCORRETA.

A. O perito deve utilizar os meios que lhe são facultados pela legislação e pelas normas concernentes ao exercício de sua função, com vistas a instruir o laudo pericial contábil ou parecer pericial contábil com as peças que julgar necessárias.
B. A avaliação é a determinação de valores ou a solução de controvérsia por critério técnico-científico.
C. Enquanto o planejamento da perícia é um procedimento prévio abrangente que se propõe a estabelecer todas as etapas desta, o programa de trabalho é a especificação de cada etapa a ser realizada, devendo ser elaborado com base nos quesitos e/ou no objeto da perícia.
D. Os documentos dos autos servem como suporte para obtenção das informações necessárias à elaboração do planejamento da perícia.
E. Quando a perícia exigir a utilização de perícias interdisciplinares ou trabalho de especialistas, estes devem estar devidamente registrados em seus conselhos profissionais, quando aplicáveis, devendo o planejamento contemplar tal necessidade.

13) (Exame de Suficiência do CFC) Constitui objetivo da perícia contábil:

A. Definir a natureza, a oportunidade e a extensão dos exames a serem realizados, em consonância com o objeto da perícia, com os termos constantes da nomeação, dos quesitos ou da proposta de honorários oferecida pelo perito do juízo.

B. Estabelecer o prazo suficiente para solicitar e receber os documentos, bem como para a execução e a entrega do trabalho.

C. Conhecer a relação dos documentos, coisas ou dados que o perito tenha mencionado em petição, judicial ou em contrato, de honorários.

D. Identificar e deferir os quesitos que deverão ser respondidos durante a confecção do laudo pericial, bem como indeferir os meramente protelatórios.

E. Estabelecer, juntamente com o perito auxiliar, o teor dos termos de diligências que devem ser apresentados diretamente à parte ou a seu procurador.

14) (FCC – Analista (CNMP)/Apoio Técnico Especializado/Contabilidade/2015) As conclusões dos trabalhos da perícia contábil que serão levadas ao laudo pericial contábil ou parecer pericial contábil, são fundamentadas, entre outros, pelos seguintes procedimentos especificados na NBC TP 01 (R1):

I. A circularização é a técnica utilizada na obtenção de declaração formal e independente, de pessoas não ligadas a entidade, seja por interesses comerciais, afetivos etc.

II. O exame é a análise de livros, registros das transações e documentos.

III. A observação é o acompanhamento de processo ou procedimento, quando de sua execução.

IV. O arbitramento é a determinação de valores ou a solução de controvérsia por critério técnico-científico.

V. A avaliação é o ato de estabelecer o valor de coisas, bens, direitos, obrigações, despesas e receitas.

Está correto o que se afirma APENAS em:

A. I, II e V.

B. II, III e IV.

C. I, II, IV e V.

D. II, IV e V.

Fundamento: Item 32, NBC TP 01 (R1)

15) (IBFC – Perito Criminal (PC RJ)/Contabilidade/2013) Os procedimentos de perícia contábil visam fundamentar as conclusões que serão levadas ao laudo pericial contábil. Nesse sentido, preencha a lacuna abaixo, com o nome do procedimento pericial apropriado, de acordo com a NBC TP 01 (R1) – PERÍCIA CONTÁBIL.

O ato de estabelecer o valor de coisas, bens, direitos, obrigações, despesas e receitas é reconhecido como _____.

A. Vistoria.
B. Investigação.
C. Avaliação.
D. Arbitramento.

16) (Instituto AOCP – Perito (ITEP RN)/Criminal/Ciências Contábeis e Ciências Econômicas/2018) Para fundamentar as conclusões que serão levadas ao laudo pericial contábil ou parecer pericial contábil, serão considerados alguns procedimentos, conforme a NBC TP 01 (R1) – Perícia Contábil.

Assinale a alternativa que se refere corretamente aos procedimentos da perícia contábil.

A. Vistoria, observação, certificação, exame, investigação, estimação e previsão.
B. Indagação, fiscalização, exame, vistoria, arbitramento, previsão, pesquisa, aferição e avaliação.
C. Investigação, estimação, indagação, mensuração, avaliação e certificação.
D. Exame, vistoria, indagação, investigação, arbitramento, mensuração, avaliação e certificação.
E. Arbitramento, pesquisa, apreciação, previsão, arbitramento, mensuração, avaliação e estimação.

17) (Unicesumar) O perito contábil precisa conhecer, além das legislações gerais da contabilidade, as que são aplicadas especificamente à atividade pericial e ao próprio perito. Entre essas normas, podemos citar a NBC TP 01 (R1).

Com base nas especificações da NBC TP 01 (R1), analise as afirmativas:

I. O objetivo da perícia é o levantamento de um relatório pericial.
II. Estabelece regras e procedimentos aplicados exclusivamente à perícia judicial.
III. É vedado ao perito assistente técnico ter contato com o advogado da parte que o contratou.
IV. Caso a perícia demande contração de equipe técnica, esta deverá sujeitar-se à orientação do perito.

É correto o que se afirma em:

A. I, apenas.
B. IV, apenas.
C. I e III, apenas.
D. I e IV, apenas.
E. II e IV, apenas.

18) (INSTITUTO AOCP/PC-ES/PERITO OFICIAL CRIMINAL/2019) Acerca dos procedimentos periciais, informe se é verdadeiro (V) ou falso (F) o que se afirma a seguir e assinale a alternativa com a sequência correta.

( ) O exame é a análise de livros, registros de transações e documentos.

( ) A certificação é o ato de atestar a informação trazida ao laudo pericial ou ao parecer pericial pelo perito.

( ) A avaliação é o ato de estabelecer o valor de coisas, bens, direitos, obrigações, despesas e receitas.

A. V – V – F.

B. V – V – V.

C. F – V – F.

D. F – F – V.

E. F – F – F.

19) (FUNCAB/PREFEITURA DE VASSOURAS – RJ/AUDITOR DE TRIBUTOS FISCAIS/ 2013) Conforme o Código do Processo Civil, a prova pericial consiste em:

A. elementos documentais formais.

B. registros de acordo com as normas vigentes.

C. conhecimento técnico especializado.

D. exame de corpo delito e laudo técnico.

E. exame, vistoria ou avaliação.

20) A perícia contábil constitui o conjunto de procedimentos técnico-científicos destinados a levar à instância decisória elementos de prova necessários a subsidiar a justa solução do litígio ou constatação de fato, mediante laudo pericial contábil e/ou parecer pericial contábil.

Sobre as características da perícia, marque a assertiva INCORRETA.

A. Limitação de matéria destina-se a produzir prova técnica e uma opinião relacionada somente aos questionamentos.

B. É um exame meticuloso de informações com data prevista para iniciar e terminar.

C. Sua análise é irrestrita e abrangente, trabalhando por amostragem, estatística ou não estatística.

D. A perícia se prende ao caráter técnico-científico de uma prova com o objetivo de esclarecer controvérsias.

21) (Exame Suficiência CFC 2020.1) Em uma ação cível de apuração de haveres, o perito contábil apresentou em seu Laudo Pericial Contábil a metodologia de trabalho da seguinte forma:

"Desenvolveu-se o trabalho mediante a análise dos livros diário e razão e demais documentos solicitados conforme Termo Inicial de Diligência Pericial".

Tal metodologia apresentada refere-se à utilização pelo perito do procedimento de:

A. Indagação.

B. Mensuração.

C. Exame.

D. Avaliação.

22) A NBC TP 01 (R1) – Perícia Contábil apresenta vários procedimentos periciais contábeis e seus respectivos significados.

Diante do exposto, analise as afirmativas, marque V para as verdadeiras e F para as falsas.

( ) avaliação é o ato de qualificação e quantificação física de coisas, bens, direitos e obrigações.
( ) arbitramento é a determinação de valores, quantidades ou a solução de controvérsia por critério técnico-científico.
( ) testabilidade é o ato de atestar a informação obtida na formação da prova pericial.
( ) exame é a análise de livros, registros de transações e documentos.

A sequência CORRETA é:

A. F, F, V, V.
B. V, V, F, F.
C. F, V, F, F.
D. F, V, F, V.

23) (Exame de Suficiência Contábil – CFC) A perícia contábil constitui o conjunto de procedimentos técnico-científicos destinados a levar à instância decisória elementos de prova necessários a subsidiar a justa solução do litígio ou constatação de um fato, mediante laudo pericial contábil e/ou parecer pericial contábil.

Referem-se a provas periciais produzidas pelo perito:

A. Exame, vistoria e avaliação.
B. Inspeção, avaliação e circularização.
C. Arbitramento, exame e inspeção.
D. Avaliação, testemunha e conferência de cálculos.
E. Entrevista, arbitramento e inspeção.

24) (Exame de Suficiência CFC 2019.1) De acordo com a NBC TP 01 (R1) – Perícia Contábil "os procedimentos periciais contábeis visam fundamentar o laudo pericial contábil e o parecer pericial contábil e abrangem, total ou parcialmente, segundo a natureza e a complexidade da matéria, exame, vistoria, indagação, investigação, arbitramento, mensuração, avaliação e certificação".

De acordo com a referida norma, marque a alternativa que apresenta um significado correto.

A. Arbitramento: é a especulação de valores, quantidades ou a solução de controvérsia por critério técnico-científico.
B. Vistoria: é a diligência que objetiva a verificação e a constatação de situação, coisa ou fato, de forma circunstancial.
C. Investigação: é a busca de informações mediante entrevista com conhecedores do objeto ou de fato relacionado à perícia.
D. Indagação: é a pesquisa que busca trazer ao laudo pericial contábil ou parecer pericial contábil o que está oculto por quaisquer circunstâncias.

25) (EQT Perito) Uma empresa vinha apurando e pagando os tributos à ordem de 0,65% para o PIS e 3% para a COFINS sobre o seu faturamento no valor total de R$ 120.000,00 sendo que, deste valor, R$ 20.000,00 está isento de PIS, COFINS e ICMS. Todas as mercadorias da empresa são vendidas dentro do estado cuja alíquota de ICMS é de 18%. O Supremo Tribunal Federal (STF) em sede de repercussão geral reconheceu que para a apuração do PIS e da COFINS deve ser abatido o ICMS da base de cálculo.

Com o objetivo de propor uma ação de restituição dos valores de PIS e Cofins pagos a maior, de forma prudente e conservadora, contratou um perito contábil para apurar e certificar os novos valores devidos de acordo com o entendimento do STF.

Diante do caso hipotético, analise as alternativas abaixo e assinale a CORRETA:

A. O novo valor do PIS é R$ 780,00 e da COFINS é R$ 3.600,00.
B. O novo valor do PIS é R$ 650,00 e da COFINS é R$ 3.000,00.
C. O novo valor do PIS é R$ 533,00 e da COFINS é R$ 2.460,00.
D. O novo valor do PIS é R$ 639,60 e da COFINS é R$ 2.952,00.

26) (FCC/PREFEITURA DE SÃO LUÍS-MA/AUDITOR-FISCAL DE TRIBUTOS I/GERAL/ 2018) Acerca dos procedimentos em perícia contábil e suas definições, no que se refere às normas vigentes de auditoria,

A. indagação é a busca de informações mediante entrevista com conhecedores do objeto ou fato relacionado à perícia.
B. arbitramento é o ato de atestar a informação trazida ao laudo pericial contábil pelo perito contador, conferindo-lhe caráter de autenticidade pela fé pública atribuída a este profissional.
C. mensuração é a determinação de valores ou a solução de controvérsia por critério técnico.
D. certificação é a pesquisa que busca trazer ao laudo pericial contábil ou parecer pericial contábil o que está oculto por quaisquer circunstâncias.
E. investigação é o ato de qualificação e quantificação física de coisas, bens, direitos e obrigações.

27) (EQT Perito 2019) A Contadora A foi nomeada para mensurar os valores das quotas sociais de uma empresa do ramo de exportação nos autos de uma ação de apuração de haveres, motivada pelo falecimento de um dos seus sócios. Porém, a perita contábil foi informada que a empresa não dispunha de escrituração contábil. Em uma das suas diligências, a perita contábil indagou o sócio remanescente acerca da razão da ausência da contabilidade.

Em relação aos procedimentos contábeis atinentes ao caso em exame, estabelecidos na NBC TP 01 – Perícia Contábil, julgue os itens abaixo como Verdadeiros (V) ou Falsos (F) e, em seguida, assinale a opção CORRETA.

I.   A avaliação é o ato de estabelecer o valor de coisas, bens, direitos e obrigações.

II. A mensuração é a determinação de valores, quantidade ou a solução de controvérsia por critério técnico-científico.

III. A certificação é o ato de denegar a informação trazida ao laudo ou ao parecer pelo perito.

IV. Arbitramento é o ato de qualificação e quantificação física de coisas, bens, direitos e obrigações.

A sequência CORRETA é:

A. V, F, V, F.

B. F, V, F, F.

C. V, F, F, F.

D. F, V, F, V.

28) (Exame de Suficiência 2022 – CFC) Os contadores João e Gabriel foram indicados para participar como peritos em um processo judicial, no qual é requerido conhecimento contábil para apurar o custo de produção e a margem de lucro de determinados produtos. João foi nomeado perito do juízo e Gabriel foi indicado por uma das partes para atuar como assistente técnico.

Das quatro afirmativas a seguir que apresentam informações relacionadas à nomeação e atuação de João e de Gabriel, a afirmativa que NÃO contraria as diretrizes estabelecidas na NBC PP 01 (R1) – Perito Contábil é:

A. Para comprovar sua habilitação profissional, o perito João anexou a Certidão de Regularidade Profissional emitida pelo Conselho Regional de Contabilidade no primeiro ato de sua manifestação ao juízo.

B. Gabriel foi indicado por uma das partes, pois já conhece os aspectos contábeis relacionados ao litígio, tendo atuado como consultor do contratante acerca do objeto da discussão, o que lhe concede todos os atributos técnicos e legais exigíveis para atuar como assistente técnico e torna dispensável a celebração de contrato de prestação de serviços com o seu cliente.

C. João, perito do juízo, elaborou sua proposta de honorários, incluindo o plano de trabalho. O atendimento a quesitos suplementares/ complementares é algo corriqueiro em perícias contábeis, tendo em vista que alguns assuntos são inerentemente complexos e podem ser de difícil compreensão. Assim, João julgou não ser necessário tratar desse assunto em sua proposta de honorários.

D. Durante a realização dos trabalhos periciais, João identificou a necessidade de realização de diligências, para obtenção de elementos de prova e elucidação de dúvidas. Tendo em vista que todos os detalhes da diligência e que os elementos de prova serão devidamente consignados e descritos no laudo pericial, João julgou não ser necessário comunicar previamente ao assistente técnico Gabriel sobre a realização da diligência.

29) (Exame de Suficiência 2023-2) Considerando as disposições do Código de Processo Civil aplicáveis à perícia contábil, assinale a afirmativa correta.

A. A prova pericial é resultado de trabalhos de alta complexidade e não deve ser, jamais, confundida ou relacionada a trabalhos de vistoria e avaliação.
B. Se o ponto controverso de determinado fato a ser apurado for de extrema complexidade, o juiz deverá, de ofício ou a requerimento das partes, apenas inquirir especialistas.
C. Quando a prova de determinado fato não depender de conhecimento especial de técnico, as provas produzidas forem suficientes para convicção do juiz ou a verificação dos fatos a serem apurados for impraticável, o juiz indeferirá a realização de perícia.
D. Quando a prova do fato a ser apurado depender de conhecimento técnico e científico, mesmo que de menor complexidade, o juiz estará obrigado a determinar a elaboração de prova pericial, não podendo dispensar a assistência de perito ou determinar a adoção de trabalho técnico simplificado.

3.6 Estudo de caso

1) A Cia. Delta é uma empresa de capital aberto que opera no mercado brasileiro. A Cia. Delta é proprietária de um edifício de 10 andares, do qual seis andares são ocupados pela companhia para fins comerciais e administrativos (sede), e os outros quatro andares são alugados a terceiros e geram renda para a companhia. No último trimestre de 20X0, por questões estratégicas, a companhia decidiu transferir a sua sede para outro local e disponibilizar para aluguel todos os espaços do edifício. Em 02/01/20X1, após oito anos de ocupação, o valor contábil líquido do edifício era de R$ 12.000.000,00. Para essa transferência, a Cia. Delta apurou que o valor justo do edifício nessa mesma data era de R$ 10.000.000,00, e o valor em uso foi estimado em R$ 11.200.000,00.

Considerando-se as informações apresentadas acima, as disposições da NBC TG 28 (R4) e que a Cia. Delta concretizou seus planos de desocupar o imóvel e disponibilizá-lo para locação em 03/01/20X1, produza um texto de 15 a 30 linhas descrevendo:

• os métodos para mensuração após reconhecimento inicial de uma propriedade para investimento;
• os ajustes a serem feitos nos registros contábeis antes da transferência do edifício de ativo imobilizado para propriedade para investimento;
• os procedimentos contábeis de transferência do edifício de ativo imobilizado para propriedade para investimento avaliada ao valor justo;
• os procedimentos contábeis de transferência do edifício de ativo imobilizado para propriedade para investimento avaliada ao custo.

Solução:

Introdução: A questão trata da aplicação do objetivo NBC TG 28 (R4) – Propriedade para investimento, que é estabelecer o tratamento contábil de propriedades para investimento e respectivos requisitos de divulgação. Esta norma deve ser aplicada no reconhecimento, mensuração e divulgação de propriedades para investimento.

Desenvolvimento: De acordo com a norma, a propriedade para investimento deverá ser reconhecida quando e apenas quando: for provável que os benefícios econômicos futuros associados à propriedade para investimento fluirão para a entidade; e o custo da propriedade para investimento possa ser mensurado confiavelmente. A propriedade para investimento deve ser inicialmente mensurada pelo seu custo. Os custos de transação devem ser incluídos na mensuração inicial. O custo de uma propriedade para investimento comprada compreende o seu preço de compra e qualquer dispêndio diretamente atribuível.

Resposta ao 1º quesito: Após o reconhecimento inicial, a entidade deve escolher como sua política contábil o método do valor justo, ou o método do custo, e deve aplicar essa política a todas as suas propriedades para investimento, ou seja, no caso em questão a Cia. Delta deverá reconhecer o imóvel em questão pelo método do valor justo.

Resposta ao 2º quesito: Se o imóvel ocupado pelo proprietário se tornar propriedade para investimento que seja contabilizada pelo valor justo, como é o caso da Cia. Delta, deve-se aplicar a NBC TG 27 para propriedade própria, realizando o teste de Impairment, que é uma avaliação para verificar se os ativos da empresa estão desvalorizados, ou seja, se o seu valor contábil excede seu valor recuperável. Por valor recuperável entende-se o maior valor entre o Valor Justo líquido de despesas de venda e o Valor em Uso.

Nos casos, como é o caso da Cia. Delta, em que o valor recuperável for inferior ao valor contabilizado, o resultado do teste deve ser contabilizado. Ou seja, a empresa deve registrar a baixa contábil da diferença nas Demonstrações de Resultado. Debita-se a conta de "despesa de perda por desvalorização de ativos" e credita-se uma conta redutora do ativo.

Resposta ao 3º quesito: Havendo diminuição resultante no valor contábil da propriedade da Cia. Delta, esta será reconhecida no resultado. Porém, até o ponto em que a quantia esteja incluída em reavaliação anteriormente procedida nesta propriedade, a diminuição é debitada contra esse excedente de reavaliação.

Havendo qualquer aumento resultante no valor contábil é tratado como se segue: até o ponto em que o aumento reverte perda anterior por impairment dessa propriedade, o aumento é reconhecido no resultado. A quantia reconhecida no resultado não pode exceder a quantia necessária para repor o valor contábil para o valor contábil que teria sido determinado (líquido de depreciação) caso nenhuma perda por impairment tivesse sido reconhecida.

Qualquer parte remanescente do aumento é creditada diretamente no patrimônio líquido, em ajustes de avaliação patrimonial, como parte dos outros resultados abrangentes. Na alienação subsequente da propriedade para investimento, eventual excedente de reavaliação incluído no patrimônio líquido deve ser transferido para lucros ou prejuízos acumulados, e a transferência do saldo remanescente excedente de avaliação também se faz diretamente para lucros ou prejuízos acumulados, e não por via da demonstração do resultado.

Resposta ao 4º quesito: Optando a Cia. Delta por usar o método do custo, as transferências entre propriedades para investimento, propriedades ocupadas pelo proprietário e estoque não alteram o valor contábil da propriedade transferida e não alteram o custo dessa propriedade para finalidades de mensuração ou divulgação.

Conclusão: Ficam aqui expostas as aplicações dos objetivos NBC TG 28 (R4) – Propriedade para investimento aplicados à Cia. Delta.

CAPÍTULO **4**

Modalidades de perícia contábil

4.1 Introdução

A perícia contábil, tanto a judicial como a extrajudicial, é de competência exclusiva do contador. Perícia é a verificação de fatos ligados ao patrimônio individualizado visando oferecer opinião mediante a questão proposta. Para tal opinião, realizam-se exames, vistorias, indagações, investigações, avaliações e arbitramentos. Em suma, todo e qualquer procedimento necessário para formar-se uma opinião.

Em perícia contábil de natureza tributária é importantíssimo o exame da escrituração contábil, em especial os documentos de suporte. Para tanto, é imprescindível o conhecimento do que dispõe a ITG 2000 (R1) – Escrituração Contábil: os documentos em papel podem ser digitalizados e armazenados em meio magnético, desde que assinados pelo responsável pela entidade e pelo profissional da contabilidade regularmente habilitado, devendo ser submetidos ao registro público competente.

A característica predominante na perícia é sua requisição formal, que decorre de um conflito de interesses com relação a um direito pleiteado, e pode ser realizada por meio de um ato oficial (quando é determinada e requisitada por autoridades, como juízes, promotores e delegados). São as chamadas perícias judiciais.

4.2 Modalidades de perícias

A perícia contábil, conforme a NBC TP 01 (R1), item 4, é dividida em dois grandes grupos: perícia judicial e perícia extrajudicial.

Quadro 4.1 – Modalidades de perícias

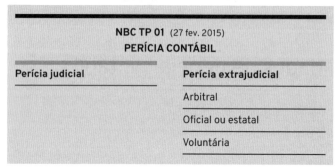

Fonte: NBC TP 01 (R1).

A **perícia judicial** é a requerida pelo juiz de direito e exercida sob a tutela do sistema judiciário brasileiro. É feita a comando do juiz, visando esclarecer fatos ou produzir provas sobre a questão.

Exemplo: O juiz solicita ao perito contábil o cálculo da apuração de haveres de sócio excluído em sociedade limitada, em demanda pleiteada pelos demais sócios.

A **perícia extrajudicial** é a que não está sob a tutela da Justiça. É dividida em três subgrupos: arbitral, oficial/estatal e voluntária. É realizada a comando de uma ou mais partes interessadas, visando produzir as constatações necessárias.

Exemplo de perícia administrativa: um sócio solicita ao perito que calcule o fundo de comércio da empresa, para embasar uma proposta de aquisição de quotas de capital de outro sócio. É livremente contratada entre as partes em pré-litígio.

- **Perícia arbitral:** é aquela exercida sob o controle da Lei de Arbitragem (Lei n. 9.307/96). A arbitragem é uma forma alternativa ao Poder Judiciário para a resolução de conflitos. As partes litigantes estabelecem, em contrato ou simples acordo, que farão uso do juízo arbitral para solucionar controvérsia existente em vez de acionar o Poder Judiciário. O juízo arbitral escolhido profere a sentença arbitral, que tem o mesmo efeito de uma sentença de um Juiz de Direito, sendo obrigatória entre as partes. Por se tratar de uma justiça privada, costuma ser mais célere e menos burocrática.
- **Perícia oficial ou estatal:** é a executada sob o controle de órgão do Estado, tais como perícia administrativa das Comissões Parlamentares de Inquérito, perícia criminal e do Ministério Público.

- **Perícia voluntária:** é aquela contratada espontaneamente pelo interessado ou de comum acordo entre as partes.
- **Perícia consensual:** "As partes podem, de comum acordo, escolher o perito, indicando-o mediante requerimento [...]"
  Art. 471, CPC: A Perícia pode ser realizada através da inquirição do perito em audiência e da prova técnica simplificada.
- **Prova técnica simplificada:** representa uma renovação de condição que constava da antiga legislação, ampliando os detalhes sobre sua forma de realização. A prova técnica simplificada está definida pelo art. 464 do Código de Processo Civil – Lei n. 13.105, de 16 de março de 2015 –, e pode substituir a perícia tradicional. Consiste apenas na inquirição do especialista, pelo juiz, sobre ponto controvertido da causa que demandar especial conhecimento científico ou técnico e ocorre quando o ponto controvertido for de menor complexidade.

4.2.1 Perícia judicial vs. perícia criminal

Dentro da perícia encontramos dois ramos distintos de peritos. Apesar de ambos serem peritos em sua atuação, diferem quanto à perícia judicial e a perícia criminal.

O perito criminal pertence ao quadro dos Institutos de Criminalística e de Perícias dentro dos órgãos de Polícia Científica e suas respectivas áreas correspondentes. O perito criminal é investido por meio de concurso público e não por delegação em juízo. Em geral, presta serviços à polícia, ficando a cargo da perícia criminal proporcionar as provas técnicas disponíveis em laudo como forma de prova do ato ou fato ocorrido.

Em contrapartida, a perícia judicial ou oficial é aquela denominada pelo juiz. O papel do perito judicial é refazer todo o mecanismo da prática do crime. Examinará o local onde ocorreu o delito e poderá, para esse fim, realizar exames laboratoriais (se necessário), a fim de obter a comprovação biológica do crime.

Vale lembrar que não existe subordinação entre as duas formas de perícia; ambas possuem a mesma hierarquia. Suas diferenças são meramente quanto às especificidades e, portanto, não existe razão para que uma se subordine em detrimento doutra.

Já a perícia criminal não precisa de indicação do juiz, e como o próprio nome já indica, o perito criminal fica à disposição da polícia para realizar a perícia no momento do fato ocorrido. Vale ressaltar ainda que, apesar de desempenharem papéis um pouco diferentes, as modalidades de perícia não se subordinam uma à outra, uma vez que não existe uma relação de hierarquia entre elas.

4.3 Diferença entre perícia contábil e auditoria contábil

A perícia contábil é o conjunto de procedimentos técnico-científicos destinados a levar à instância decisória elementos de prova necessários a subsidiar a justa solução do litígio ou constatação de fato, mediante laudo pericial contábil e/ou parecer pericial contábil, em conformidade com as normas jurídicas e profissionais e com a legislação específica no que for pertinente, segundo a NBC TP 01 (R1).

Figura 4.1 – Tipos de perícia

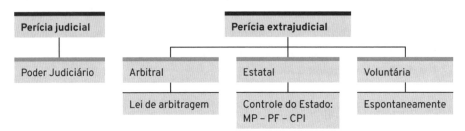

Fonte: CARDOZO, 2016.

A perícia contábil não se confunde com a auditoria contábil. A perícia serve a um questionamento, a uma necessidade; é uma tarefa requerida, que se destina a produzir uma prova técnica a fim de suprir uma eventualidade, com objetivo determinado. A auditoria tem objetivos mais amplos, de forma a evidenciar (ou não) a adequação de procedimentos técnicos e operacionais de determinada entidade.

As principais diferenças são:[1]

1. **Abrangência:** a perícia contábil surge para identificar um fato específico, determinado. A auditoria contábil é mais abrangente. **Exemplo:** uma perícia contábil pode ser contratada para verificar a existência de fraude no pagamento de duplicatas. A auditoria contábil é contratada para emitir uma opinião sobre as demonstrações contábeis.
2. **Frequência:** a perícia contábil ocorre isoladamente, tem caráter eventual. A auditoria contábil está mais ligada à continuidade, e é realizada periodicamente.

---

[1] ZANLUCA, J. C. *Manual de perícia contábil*. Curitiba: Portal Tributário, 2016.

3. **Opinião:** a opinião, na perícia contábil, é absoluta, necessária, detalhista, precisa, direta. Na auditoria contábil, ela é relativa, colocando em observação os aspectos mais relevantes.
4. **Escopo do trabalho:** a perícia contábil examina a totalidade da documentação e as informações envolvidas com o caso. A auditoria utiliza-se de técnicas de amostragem, observando os aspectos relevantes das demonstrações contábeis.
5. **Objetivo:** a opinião do perito do juízo ou do perito assistente é expressa por meio do laudo pericial contábil; a opinião do auditor, pela opinião de auditoria.
6. **Finalidade:** a finalidade da auditoria contábil é emitir um parecer sobre as demonstrações contábeis em seus aspectos mais relevantes. Já a finalidade da perícia contábil é obter uma prova competente sobre o assunto que lhe foi confiado.
7. **Usuários da informação:** na perícia contábil, eles são as partes diretamente envolvidas no litígio ou no conhecimento do fato e da Justiça (no caso de perícia judicial). Na auditoria contábil, são todos os envolvidos direta ou indiretamente: administradores, órgãos de fiscalização (por exemplo, comissão de Valores Mobiliários, no caso das sociedades anônimas de capital aberto), acionistas etc.

A principal diferença entre auditoria contábil e perícia contábil é que a auditoria opera por meio de um processo de amostragem, e a perícia, sobre determinado ato, ligado ao patrimônio das entidades físicas ou jurídicas, buscando a apresentação de uma opinião através do laudo pericial.

Pode-se resumir algumas diferenças entre perícia e auditoria.[2]

Quadro 4.2 – Diferenças entre perícia e auditoria

Diferença quanto a(ao):	Perícia	Auditoria
Propósito	Específico: prova técnica	Genérico: adequação de procedimentos
Exame	Literal, concreto, sem amostragem	Com amostragem
Documento final	Laudo	Relatório ou opinião
Duração	Determinada (temporária)	Determinada ou indeterminada
Público	Específico e restrito às partes	Específico ou amplo

Fonte: CREPALDI; CREPALDI, 2016.

---

2   CREPALDI, S. A.; CREPALDI, G. S. *Auditoria contábil*: teoria e prática. 10. ed. São Paulo: Atlas, 2016.

Quanto à definição:

- **Perícia:** é a prova elucidativa dos fatos. Até mesmo por ser um meio de prova, repudia a amostragem como critério, tem caráter de eventualidade e só trabalha com o universo completo, em que a opinião é expressa com rigores de 100% de análise.
- **Auditoria:** abrange revisão e verificação e tende a ser necessidade constante, repetindo-se de tempo em tempo, com rigores metodológicos próprios e diferentes, pois utiliza a amostragem nos seus levantamentos.

Quanto à execução:

- **Perícia:** executada somente por pessoa física, profissional de nível universitário (CPC, art. 156).
- **Auditoria:** pode ser executada tanto por pessoa física quanto por pessoa jurídica.

Quanto ao tempo de análise:

- **Perícia:** a perícia serve a uma época, a um questionamento específico. **Exemplo:** apuração de haveres na dissolução de sociedade.
- **Auditoria:** tende à necessidade constante. **Exemplo:** auditoria de balanço, que se repete anualmente.

Quadro 4.3 – Características da perícia e da auditoria

Perícia	Auditoria
Executada somente por pessoa física, profissional de nível universitário (CPC, art. 145)	Pode ser executada tanto por pessoa física quanto por pessoa jurídica
A perícia se prende ao caráter científico de uma prova com o objetivo de esclarecer controvérsias	Tende à necessidade constante. Exemplo: auditoria de balanço, repetindo-se anualmente
É específica, restrita aos quesitos e pontos controvertidos, especificados pelo condutor judicial	Pode ser específica ou não. Exemplo: auditoria de recursos humanos, ou em toda empresa
Sua análise é irrestrita e abrangente	Feita por amostragem
Usuários do serviço: as partes e principalmente a Justiça	Usuários do serviço: sócios, investidores, administradores

Fonte: ALMEIDA, 2016.

4.4 Espécies de perícias

4.4.1 Judiciais

4.4.1.1 Nas Varas Cíveis

- Prestação de contas: quando alguém tem o direito assegurado de exigir que outrem lhe preste contas, e tal prestação não ocorre com defeitos e simulações, pode o interessado, como autor, propor a ação de prestação de contas.

Em perícia de prestação de contas, o perito pode se deparar com situações que envolvam retificações de lançamentos contábeis. Assim, com base no que dispõe a ITG 2000 (R1) – Escrituração Contábil sobre a retificação de lançamento contábil:

- Em qualquer das formas, o histórico do lançamento deve precisar o motivo da retificação, a data e a localização do lançamento de origem.
- Os lançamentos realizados fora da época devida devem consignar, nos seus históricos, as datas efetivas das ocorrências e a razão do registro extemporâneo.

Anualmente, as Sociedades por Ações e as Sociedades Limitadas estão obrigadas a realizar Assembleia Geral ou Reunião de Sócios para a prestação de Contas dos Administradores, em até 4 (quatro) meses após o término do exercício social.

Anteriormente à Assembleia Geral que deliberar sobre a Prestação de Contas, as Sociedades por Ações estão obrigadas a publicar suas Demonstrações Financeiras. A mesma regra se aplica às Sociedades Limitadas de Grande Porte. Considera-se Sociedade Limitada de Grande Porte a sociedade ou conjunto de sociedades sob controle comum que tiver no exercício social anterior ativo total superior a R$ 240.000.000,00 ou receita bruta anual superior a R$ 300.000.000,00.

A aprovação de contas é uma obrigatoriedade, assim como uma prática efetiva de compliance para aumentar a credibilidade dos negócios, além de outros benefícios.

Prazo para prestação de contas: até 30 de abril.

- Avaliações patrimoniais: nas ações que visam discutir o prejuízo da minoria sobre uma incorporação, cujos valores são contestáveis ou discutíveis. A perícia se dá sobre o laudo, sem abandonar a hipótese de verificar a escrita contábil.
- Cobranças: nas ações de cobrança de prestações vencidas em contrato de financiamento imobiliário, houve a necessidade de nomeação de perito para

apuração do efetivo saldo devedor. O contador, nomeado para o encargo de perito nos citados autos de cobrança, deve realizar seus trabalhos em conformidade com a NBC PP 01 (R1) – Perito Contábil – deve assumir a responsabilidade pessoal por todas as informações prestadas, quesitos respondidos, procedimentos adotados, diligências realizadas, valores apurados e conclusões apresentadas no laudo pericial contábil e no parecer pericial contábil.

- Litígios entre sócios: violação de estatuto, suspeita de irregularidade, liberalidade excessiva.
- Dissoluções de sociedades: é comum a produção de prova pericial contábil. Desta forma, é necessário que o perito contador conheça o que preceitua o art. 1.033 do Código Civil – Lei n. 10.406/2002.
- Avaliação de fundos de comércio: sobrevalor que se paga para adquirir um negócio. Para determinação do fundo de comércio, devem ser considerados componentes os fatores indutivos de garantia de lucros futuros. Com base na definição do art. 606 do Código do Processo Civil – Lei n. 13.105/2015, em caso de omissão no contrato social do critério de apuração de haveres, o juiz determinará que o valor patrimonial apurado em balanço de determinação, tomando-se por referência a data da resolução e avaliando-se bens e direitos do ativo, tangíveis e intangíveis, a preço de saída, além do passivo, também a ser apurado de igual forma.
- Ação revisional e cálculos financeiros: cheque especial ou cartões de crédito; financiamentos habitacionais, estudantis e de veículos; crédito rotativo; empréstimos consignados; arrendamentos mercantis, consórcios.

4.4.1.2 Nas Varas Criminais

- Fraudes e vícios contábeis: exames já direcionados para detectar fraudes. Fraudes contra sócios, contra herdeiros, contra o fisco, contra credores, justiça etc.
- Adulterações de lançamentos e registros.
- Desfalques.
- Apropriações indébitas.

4.4.1.3 Nas Varas de Família

- Avaliação de pensões alimentícias: necessidade de apuração de haveres de cônjuge ou responsável pela manutenção de dependentes.
- Avaliação patrimonial: apuração de haveres dos cônjuges.
- Ação de alimentos.

4.4.1.4 Nas Varas de Sucessões

- Apuração de haveres: as causas de apuração de haveres nas Varas de Órfãos e Sucessões podem dar-se em razão de morte de sócio ou morte de mulher de sócio.
- Prestação de contas de inventariantes.
- Ação de inventário – art. 610, CPC.

4.4.1.5 Na Justiça do Trabalho

- Indenizações de diversas modalidades.
- Litígios entre empregadores e empregados de diversas espécies.
- Reclamatórias e cálculos trabalhistas.

Acerca da definição de benefícios a empregados na NBC TG 33 (R2) – Benefícios a empregados, contempla:

- Benefícios a empregados são todas as formas de compensação proporcionadas pela entidade em troca de serviços prestados pelos seus empregados ou pela rescisão do contrato de trabalho.
- Benefícios pós-emprego são os benefícios a empregados (exceto benefícios rescisórios e benefícios de curto prazo a empregados), que serão pagos após o período de emprego.
- Benefícios rescisórios são benefícios aos empregados fornecidos pela rescisão do contrato de trabalho de empregado como resultado de: (a) decisão de a entidade terminar o vínculo empregatício do empregado antes da data normal de aposentadoria; ou (b) decisão do empregado de aceitar uma oferta de benefícios em troca da rescisão do contrato de trabalho.

4.4.1.6 Nas Varas de Falências e Recuperações

- Perícias falimentares em geral.
- Apuração de haveres: segundo Soares,[3] existem as situações em que o sócio se retira da sociedade ou dela é expulso, ou tem outros direitos decorrentes de amortização de suas quotas de capital ou ações. O que se buscará, nesses casos, é:
  - os créditos do sócio, em conta, devidamente atualizados;
  - os débitos do sócio, em conta, devidamente atualizados;
  - o valor do patrimônio líquido real;

---

[3] SOARES, L. A. A. Dissolução parcial de sociedades médicas: o problema da valoração das quotas [online]. Disponível em: https://www.migalhas.com.br/arquivos/2023/3/F41144A4D2ADBB_ARTIGO-DISSOLUCAOPARCIALDESOCI.pdf. Acesso em: 22 jun 2024.

- as expectativas de lucros da sociedade quando ela vai continuar em funcionamento;
- as expectativas de realização do ativo, quando a sociedade vai liquidar-se.

O valor patrimonial será apurado em balanço de determinação, tomando-se por referência a data da resolução e avaliando-se bens e direitos do ativo, tangíveis e intangíveis, a preço de saída, além do passivo, também a ser apurado de igual forma, conforme art. 606, CPC.

O art. 1.071 do Código Civil – Lei n. 10.406/2002 dispõe no tocante às matérias que podem ser deliberadas pelos sócios, sendo:
- o modo de sua remuneração, quando não estabelecido no contrato;
- a aprovação das contas da administração;
- a destituição dos administradores;
- a incorporação, a fusão e a dissolução da sociedade, ou a cessação do estado de liquidação.

Nas ações judiciais de dissolução de sociedades, alguns aspectos relacionados a direitos e obrigações perante a empresa. Na ação judicial, o magistrado determina a realização de prova pericial, sendo que as partes optaram pela perícia consensual.

O perito escolhido pelas partes foi instado a se manifestar sobre alguns aspectos fáticos com repercussão nos arts. 1.001 a 1.009 da Lei n. 10.406/2002, que tratam dos direitos e obrigações dos sócios perante a sociedade.

Quadro 4.4 – Balanço Patrimonial Especial, Balanço de Determinação e Balanço Patrimonial Ajustado

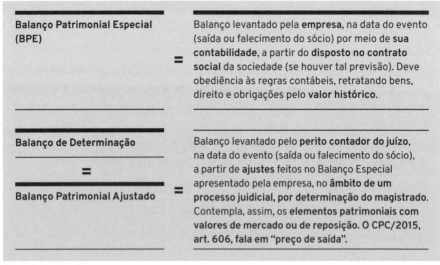

Fonte: elaborada pelo autor.

4.4.2 Extrajudiciais

- Transformações de sociedades de um tipo em outro.
- Fusões, incorporações e cisões.
- Arbitramento, avaliações e outras espécies.

4.4.2.1 Nas Varas Federais

- Ações fiscais tributárias: o perito contador é acionado geralmente para discutir aspectos relativos à contabilidade que sejam determinantes para definir a certeza ou não do direito de o Estado, enquanto sujeito, cobrar do contribuinte (sujeito passivo) o cumprimento de suas obrigações tributárias principais e acessórias, conforme Soares (2019).
- Ações anulatórias de auto de infração.
- Ações para repetição do indébito.
- Ações para discutir a incidência tributária.
- Execução fiscal.
- Crimes contra a ordem tributária.

4.4.2.2 Peculiaridades da perícia tributária

- A presunção de legitimidade é a presunção de que os atos praticados pela Administração Pública, até prova em contrário, são emitidos em conformidade com a lei.
- A presunção de veracidade se diz a respeito dos fatos, em que se presume que os fatos alegados pela Administração são verdadeiros.

4.5 Necessidades de se fazer perícia contábil

4.5.1 Irregularidades contábeis

Concorrem para as falhas de administração e podem causar prejuízos, desde os de menor importância até aos que comprometem a estabilidade patrimonial ou a própria reputação do administrador, sendo capazes de lesar terceiros.

4.5.2 Imperfeições técnicas

A organização do trabalho de contabilidade obedece a planos previamente elaborados, e sua execução é guiada por normas predeterminadas. Quando as normas se mostram deficientes ou não trazem as orientações devidas, elas são causa de irregularidade e defeito. Assim, os planos incompletos e com defeitos são motivo de imperfeições.

4.5.3 Negligência profissional

Todo contador que responde pela contabilidade de uma organização tem obrigação moral de manter a respectiva escrituração em boa ordem e atualizada.

Representam, entretanto, negligência profissional: má guarda e má conservação dos livros, má apresentação de trabalho, acúmulo de documentos por escriturar, falta de asseio nos trabalhos e ausência ou atraso nas verificações.

4.5.4 Erros técnicos e de escrituração

Presume-se que todo erro é involuntário. Quando intencional, qualifica-se como simulação, adulteração ou fraude.

4.5.4.1 Erro substancial (essência): quando se organiza plano de contas ou livros com impropriedade de indicação ou defeitos de função ou quando consideram ou classificam fatos de maneira que não signifiquem a realidade ou a verdade.

4.5.4.2 Erro de forma (apresentação): representação viciada de fatos.

* Infrações
  Não cumprimento de uma determinação administrativa e, principalmente, legal.

* Simulações
  Quando coisas e fatos administrativos não correspondem à verdade, quando alguém contraria normas e preceitos ou quando são arquitetadas situações irreais e irregulares.

* Adulteração
  Alteração da escrituração, eliminações ou acréscimos que alterem, propositadamente, os registros: contas, históricos, datas, quantias, lançamentos ou peças contábeis já elaboradas.

* Fraudes
  Fraudar é enganar ou burlar. Engana-se outrem para proveito próprio; burla-se a lei em benefício próprio. A fraude não se presume, deve ser provada por quem acusa.
  As variantes da fraude são:
  – furto;
  – roubo;
  – lesão;
  – desfalque;
  – estelionato;
  – falsificação.

São exemplos de fraude: "falsificação de lançamentos nas falências", "falsas situações de contas", "reservas falsas", "lucros líquidos alterados" etc.

4.5.5 Exemplos de perícias

- Ação ordinária de anulação de duplicata mercantil.
- Ação de Alimentos.
- Embargos à execução de executivos fiscais da Receita Federal.
- Ação de sustação de protesto e anulação de duplicata mercantil.
- Ação de ilícito administrativo e ilícito criminal – *factoring* simulando sistema financeiro.
- Ação de regresso contra clientes – vício de origem de duplicatas *versus factoring*.
- Liquidação de sociedade.
- Ação de indenização por rescisão de contrato de representação comercial e distribuição.
- Perícia em ações de prestação de contas.
- Perícia em embargos de execução de títulos bancários e ações de revisão cumulada com repetição de indébito.
- Ação de abuso de direito ou de poder.
- Ação revisional de contrato de consórcio.
- Perícia em ações que envolvem perdas, danos e lucros cessantes.
- Perícia em ações de rescisão de contrato relativo à concessão comercial de veículos automotores – Lei n. 6.729/79 (Lei Ferrari).

4.6 Prova técnica simplificada

É determinada de ofício ou a requerimento das partes, em substituição à perícia, quando o ponto controvertido for de menor complexidade, segundo o art. 464, § 2°, CPC. Para o desenvolvimento da prova técnica simplificada, é necessária a preparação do trabalho pericial, adequado ao ambiente de sua realização.

Para o desenvolvimento desta, é necessária a preparação do trabalho pericial, adequado ao ambiente de sua realização. Somente deve ser realizada em situações de menor complexidade técnica, art. 464 do CPC. O CPC classifica a prova pericial em: exame, vistoria e avaliação. As hipóteses de indeferimento da prova pericial, segundo o art. 464, § 1°, I a III, do CPC, está relacionada com a necessidade da prova. Assim, se a prova não depender de conhecimento especializado (cálculos aritméticos, por exemplo), o juiz poderá indeferir o pedido sem que isto caracterize cerceamento de defesa. Também se mostrará desnecessária a perícia quando outras provas já produzidas no processo forem suficientes para formar o convencimento do juiz. Nesse caso, fica a dúvida: como outra prova pode substituir essa prova técnica? Entendo que a hipótese prevista no inciso II só tem aplicabilidade prática se as partes já tiverem apresentado laudos particulares na petição inicial ou na contestação e esses laudos forem suficientes para solucionar eventuais dúvidas do julgador.

Outra hipótese de indeferimento da prova pericial é a verificação impraticável do fato (inciso III). Nesse caso a impossibilidade pode ocorrer quando tiver desaparecido o objeto, quando ele se revelar física ou juridicamente inacessível, ou quando a verificação do fato a ser provado depender de recursos científicos, por exemplo, que ainda não estejam disponíveis. Segundo Elpídio Donizetti,[4] em todos os casos de indeferimento o juiz deverá fundamentar a sua decisão.

A prova simplificada constante nos §§ 2º a 4º do art. 464 regula a possibilidade de ser utilizado o recurso de prova técnica simplificada, de ofício ou a requerimento das partes, quando o ponto controvertido for menos complexo. Nesse caso, a perícia será substituída pela inquirição de especialista, com formação acadêmica específica na área objeto do assunto. A realização de prova técnica simplificada independerá da confecção de laudo pericial. Caberá ao juiz apenas inquirir o perito, na audiência de instrução e julgamento, sobre os fatos que demandem conhecimento especializado. Os assistentes também podem ser admitidos, assim como a formulação de quesitos orais, que serão esclarecidos na própria audiência. Note que essa simplificação já podia ser vista na Lei dos Juizados Especiais, Lei n. 9.099/1995, art. 35.[5]

4.7 Considerações finais

A perícia contábil – tanto a judicial como a extrajudicial – são de competência exclusiva de contador.

A perícia judicial é exercida sob a tutela do Poder Judiciário; a perícia extrajudicial, no âmbito arbitral, estatal ou voluntário, por exemplo, o laudo para fusões, incorporações e cisões. A perícia arbitral é exercida sob o controle da Lei de Arbitragem. As perícias oficial e estatal são executadas sob o controle de órgãos de Estado. A perícia voluntária é contratada, espontaneamente, pelo interessado ou de comum acordo entre as partes.

---

[4] DONIZETTI, E. *Novo código de processo civil comentado*. 3. ed. São Paulo: Atlas, 2018.
[5] DONIZETTI, 2018.

As práticas contábeis com relação a empréstimos e financiamentos são registradas pelos valores originais de captação, atualizados monetariamente pelos indexadores pactuados contratualmente com os credores, acrescidos de juros apropriados até a data dos balanços.

Em relação ao imobilizado, pode aplicar-se caso existam evidências claras de que os ativos estão registrados por valor não recuperável no futuro. A entidade deverá imediatamente reconhecer a desvalorização, por meio da constituição de provisão para perdas. Anualmente ou quando houver indicação de que uma perda foi sofrida, a companhia realiza o teste de recuperabilidade dos saldos contábeis desses, a fim de determinar se esses ativos sofreram perdas por *impairment* em observância à NBC TG 01 – Redução ao Valor Recuperável do Ativo. Contudo, em relação aos investimentos nas controladas, são avaliados pelo método da equivalência patrimonial.

Em perícia contábil de natureza tributária é importantíssimo o exame da escrituração contábil, em especial os documentos de suporte. Para tanto, é imprescindível o conhecimento do que dispõe a Interpretação Técnica Geral (ITG) 2000 (R1) – Escrituração Contábil.

O contador deve assumir a responsabilidade pessoal por todas as informações prestadas, quesitos respondidos, procedimentos adotados, diligências realizadas, valores apurados e conclusões apresentadas no laudo pericial contábil e no parecer pericial contábil, consoante a NBC PP 01 (R1).

Com base na definição do art. 606 do Código do Processo Civil – Lei n. 13.105/2015, em caso de omissão no contrato social do critério de apuração de haveres, o juiz determinará o valor patrimonial apurado em balanço de determinação, tomando-se por referência a data da resolução e avaliando-se bens e direitos do ativo, tangíveis e intangíveis, a preço de saída, além do passivo, também a ser apurado de igual forma.

Em ações judiciais sobre dissolução de sociedades, é comum a produção de prova pericial contábil. Dessa forma, é necessário que o perito conheça o que preceitua o art. 1.033 do Código Civil – Lei n. 10.406/2002, sendo:

- O vencimento do prazo de duração, salvo se, vencido este e sem oposição de sócio, não entrar a sociedade em liquidação, caso em que se prorrogará por tempo indeterminado.
- A deliberação dos sócios, por maioria absoluta, na sociedade de prazo indeterminado.
- A extinção, na forma da lei, de autorização para funcionar.

A perspectiva da perícia contábil é de um trabalho com demandas cada vez mais complexas, requerendo a produção de provas técnicas altamente sofisticadas, em especial provas de natureza contábil. A perícia extrajudicial é cada vez mais utilizada nos inquéritos policiais que suportam os processos de sonegação de tributos ou de corrupção. Na perícia arbitral a demanda é crescente em razão de regras de governança corporativa e pela morosidade e incapacidade do Judiciário para assuntos empresariais complexos.

4.8 Questões de múltipla escolha

1) (Exame de Suficiência – CFC) A perícia contábil, tanto a judicial como a extrajudicial:

A. podem ser exercidas, em determinadas condições, pelo técnico em Contabilidade.

B. são de competência de contador.

C. podem ser exercidas por todos os contadores

D. são de competência exclusiva de contador registrado em Conselho Regional de Contabilidade.

2) (Exame de Suficiência – CFC) Das espécies de perícia contábil, assinale a que é realizada por necessidade e escolha de entes físicos e jurídicos particulares-privados.

A. Perícia judicial.

B. Perícia extrajudicial.

C. Perícia semijudicial.

D. Perícia particular.

3) (Exame de Suficiência – CFC) Na formação do capital social de determinada sociedade anônima, um dos sócios integralizou a sua parte com uma propriedade rural. Seguindo a determinação da Lei n. 6.404/76, a Assembleia Geral dos subscritores solicitou perícia contábil para a avaliação do imóvel.

Qual foi o tipo de perícia citada no enunciado?

A. Perícia judicial.

B. Perícia estatal.

C. Perícia voluntária.

D. Perícia arbitral.

4) (Exame de Suficiência – CFC) Marque a alternativa que representa a modalidade de perícia extrajudicial.

A. laudo nas recuperações e falências;

B. laudo para fusões, incorporações e cisões;

C. litígio entre empregados e empregadores;

D. avaliação de pensões alimentícias.

5) (Exame de Suficiência – CFC) Leia os trechos a seguir:

- A opinião do profissional é expressa mediante a entrega de um laudo pericial contábil.
- Tem como finalidade a emissão de uma opinião sobre as demonstrações contábeis em seus aspectos mais relevantes.
- A amostragem é uma técnica normalmente aceita em seus procedimentos contábeis.
- Tende a ocorrer isoladamente e seus procedimentos possuem rigor metodológico, examinando-se a totalidade dos documentos disponíveis.

As técnicas contábeis correspondentes às situações elencadas acima são, respectivamente:

A. auditoria, perícia contábil, perícia contábil, auditoria.
B. perícia contábil, auditoria, auditoria, perícia contábil.
C. perícia contábil, perícia contábil, auditoria, perícia contábil.
D. auditoria, auditoria, auditoria, perícia contábil.

6) (Exame de Suficiência – CFC) Os Sócios "A", "C" e "D" de uma sociedade empresária decidiram excluir o Sócio "B" da sociedade. Para esse fim, solicitaram que o contador da empresa apresentasse o Balanço Patrimonial Especial em 31 de agosto, visando demonstrar ao Sócio "B" a sua parte nos haveres.

O quadro de participação societária era assim constituído:

Sócio A   23%

Sócio B   12%

Sócio C   25%

Sócio D   40%

Após os ajustes, foi apresentado o Balanço Patrimonial Especial. O Patrimônio Líquido ficou assim representado:

Capital Subscrito...........................R$ 220.000,00

Reservas de Lucro..........................R$ 50.000,00

Prejuízos Acumulados ....R$ 40.000,00

Lucros Apurados até 31 de agosto...........R$ 80.500,00

Com base nos dados acima, em uma perícia contábil de apuração de haveres, o valor apurado para ser pago ao Sócio "B" é de:

A. R$ 9.660,00.
B. R$ 31.260,00.
C. R$ 37.260,00.
D. R$ 42.060,00.

7) (Exame de Suficiência – CFC) Relacione o tipo de prática contábil adotado por uma determinada sociedade anônima, descrito na primeira coluna, com a respectiva nota apresentada no conjunto das Notas Explicativas, na segunda coluna e, em seguida, assinale a opção CORRETA.

(1) Práticas contábeis em relação ao Imobilizado	( ) São registrados pelos valores originais de captação, atualizados monetariamente pelos indexadores pactuados contratualmente com os credores, acrescidos de juros apropriados até a data dos balanços.
(2) Práticas contábeis em relação aos Investimentos	( ) Caso existam evidências claras de que os ativos estão registrados por valor não recuperável no futuro, a entidade deverá imediatamente reconhecer a desvalorização, por meio da constituição de provisão para perdas. Anualmente ou quando houver indicação de que uma perda foi sofrida, a companhia realiza o teste de recuperabilidade dos saldos contábeis desses, a fim de determinar se esses ativos sofreram perdas por *impairment* em observância à NBC TG 01 – Redução ao Valor Recuperável do Ativo.
(3) Práticas contábeis em relação aos Empréstimos e Financiamentos	( ) Nas controladas, são avaliados pelo método da equivalência patrimonial.

A sequência **CORRETA** é:

A. 1, 2, 3.
B. 2, 1, 3.
C. 3, 2, 1.
D. 3, 1, 2.

8) (Exame de Suficiência – CFC) O contador da empresa X está analisando uma lide em que X é polo passivo para concluir se deve reconhecer, ou não, algum valor. Depois de obter conhecimento sobre a lide, ouviu da consultoria jurídica que o passivo contingente em discussão é da ordem de R$ 5.000.000,00 (cinco milhões de reais), e que ele pode considerar, dos cenários provável, possível e remoto, a liderança do remoto com 80% (oitenta por cento).

Com base neste enunciado e considerando o item 6 da NBC TG 25 – Provisões, Passivos Contingentes e Ativos Contingentes, assinale a opção que apresenta a CORRETA decisão do contador.

A. Reconhecer e não divulgar um passivo no valor de R$ 1.000.000,00, correspondente aos 20% não remotos.

B. Reconhecer e divulgar um passivo no valor de R$ 4.000.000,00, correspondente aos 80% como remotos.

C. Não reconhecer e não divulgar nada sobre a lide.

D. Não reconhecer e divulgar o valor total de R$ 5.000.000,00.

9) (Exame de Suficiência – CFC) Durante a realização de uma perícia em avaliação de sociedade empresarial, o perito contábil identificou a anulação de um lançamento contábil por meio de um estorno, impactando o valor de apuração da quota patrimonial.

Com relação ao conceito de estorno, de acordo com a ITG 2000 (R1) – Escrituração Contábil, assinale a opção CORRETA.

A. Estorno é o lançamento de regularização de conta indevidamente debitada ou creditada, por meio da transposição do registro para a conta adequada.

B. Estorno é o lançamento posterior que complementa, aumenta ou reduz o valor anteriormente registrado.

C. Estorno é o lançamento inverso àquele feito erroneamente, somente admitido para sua anulação.

D. Estorno é o lançamento que corrige erro anterior com a finalidade de reduzir o valor e alterar o histórico que continha impropriedade.

10) (Exame de Suficiência – CFC) Em um processo judicial, houve a seguinte decisão:

"Condeno o réu ao pagamento da diferença, apurada no mês de março de 199X, entre os percentuais 'BCD' (10%) e 'XYZ' (5%), ao autor que efetivamente pagou com atualização do financiamento pelo percentual ilegal de 10%. A diferença apurada deverá ser corrigida monetariamente a contar da data do pagamento a maior, pelos percentuais mensais do 'BCD', acrescidos de juros de mora de 1% ao mês."

Parâmetros financeiros para o cálculo:

Data da emissão: 1/1/199X.

Vencimento: 1/5/199X.

Valor: $ 100,00.

Forma de pagamento:

- Em 1/3/199X, 50% do saldo devido;
- Em 1/5/199X, o saldo remanescente.
- Percentuais do "BCD" para todo o período: 10% ao mês.

Com base nos dados acima, assinale a opção que apresenta a diferença apurada entre o valor da correção monetária cobrada na data da sua ocorrência e o valor da correção monetária devida, de acordo com os parâmetros fixados na decisão judicial.

A. $ 3,32.
B. $ 3,37.
C. $ 3,03.
D. $ 6,65.

11) (Exame de Suficiência – CFC) Em um processo judicial, foi deferida pelo juiz a realização de perícia contábil, com a seguinte determinação específica para análise dos cálculos apresentados pelo Banco (Autor da ação):

"Determino a realização de perícia contábil para verificar se os valores cobrados estão de acordo com o que foi contratado entre as partes."

De acordo com o contrato de empréstimo celebrado entre as partes, foram definidas as seguintes condições financeiras para a operação de crédito:

* Data de assinatura: 22/3/20XX;
* Valor do empréstimo contratado: R$ 12.500,00;
* Taxa de juros: 2,35 % ao mês;
* Sistema de amortização: Tabela *Price*;
* Valor de prestações mensais: R$ 2.269,37;
* Quantidade de parcelas para pagamento: 6 parcelas mensais;
* Datas de vencimentos das parcelas contratadas: 22/4/20XX, 22/5/20XX, 22/6/20XX, 22/7/20XX, 22/8/20XX, 22/9/20XX.

Já pelos cálculos elaborados pelo Banco Autor, juntados aos autos do processo judicial, estão detalhados os seguintes valores e condições das cobranças feitas ao Réu:

Parcela	Vencimento	Prestação	Juros	Amortização	Saldo devedor
–	–	–	–	–	12.500,00
1	22/4/20XX	2.269,37	312,50	1.956,87	10.543,13
2	22/5/20XX	2.269,37	263,58	2.005,80	8.537,33
3	22/6/20XX	2.269,37	213,43	2.055,94	6.481,39
4	22/7/20XX	2.269,37	162,03	2.107,34	4.374,05
5	22/8/20XX	2.269,37	109,35	2.160,02	2.214,02
6	22/9/20XX	2.269,37	55,35	2.214,02	–

Analise os cálculos apresentados pelo Banco Autor, confirme se estão de acordo com as condições contratuais celebradas e, em seguida, assinale a opção CORRETA.

A. Os valores das parcelas cobradas pelo Banco Autor estão de acordo com o valor definido no contrato celebrado entre as partes, R$ 2.269,37, e a taxa de juros aplicada para o cálculo dessas parcelas representa a mesma taxa definida no contrato, de 2,35 % ao mês.

B. Os valores das parcelas cobradas pelo Banco Autor não estão de acordo com o valor definido no contrato celebrado entre as partes, R$ 2.269,37, sendo que a parcela se refere aos valores de amortizações mensais de R$ 1.956,87 em 22/4/20XX, R$ 2.005,80 em 22/5/20XX, R$ 2.055,94 em 22/6/20XX, R$ 2.107,34 em 22/7/20XX, R$ 2.160,02 em 22/8/20XX e R$ 2.214,02 em 22/9/20XX. A taxa de juros aplicada para o cálculo dessas parcelas, de 2,75% ao mês, está diferente da taxa definida no contrato, de 2,35% ao mês.

C. Os valores das parcelas cobradas pelo Banco Autor estão de acordo com o valor definido no contrato celebrado entre as partes, R$ 2.269,37, mas a taxa de juros aplicada para o cálculo dessas parcelas foi de 2,5% ao mês e está diferente da taxa definida no contrato, que é de 2,35% ao mês.

D. Os valores das parcelas cobradas pelo Banco Autor não estão de acordo com o valor definido no contrato celebrado entre as partes, R$ 2.269,37, sendo que a parcela se refere aos valores de amortizações mensais de R$ 1.956,87 em 22/4/20XX, R$ 2.005,80 em 22/5/20XX, R$ 2.055,94 em 22/6/20XX, R$ 2.107,34 em 22/7/20XX, R$ 2.160,02 em 22/8/20XX e R$ 2.214,02 em 22/9/20XX. A taxa de juros aplicada para o cálculo dessas parcelas representa a mesma taxa definida no contrato, de 2,35% ao mês.

12) (EQT Perito 2018) Em perícia contábil de natureza tributária é importantíssimo o exame da escrituração contábil, em especial os documentos de suporte. Para tanto, é imprescindível o conhecimento do que dispõe a ITG 2000 (R1) – Escrituração Contábil.

Com base no que dispõe a citada norma, assinale a opção CORRETA.

A. Documentação contábil é aquela que comprova os fatos que originam lançamentos na escrituração da entidade e compreende somente alguns documentos específicos, livros, papéis, registros e outras peças, de origem interna ou externa, que apoiam ou componham a escrituração.

B. A documentação contábil é hábil quando revestida das características intrínsecas ou extrínsecas essenciais, definidas na legislação, na técnica-contábil, excluídas aquelas aceitas pelos "usos e costumes".

C. Os documentos em papel podem ser digitalizados e armazenados em meio magnético, desde que assinados pelo responsável pela entidade e pelo profissional da contabilidade regularmente habilitado, devendo ser submetidos ao registro público competente.

D. Os documentos de suporte aos registros auxiliares não precisam ser armazenados, mesmo que sejam referências aos registros principais.

13) (EQT Perito 2018) Em perícia de prestação de contas, o perito pode se deparar com situações que envolvam retificações de lançamentos contábeis. Assim, com base no que dispõe a ITG 2000 (R1) – Escrituração Contábil sobre a retificação de lançamento contábil, assinale a opção INCORRETA.

A. Retificação de lançamento é o processo técnico de correção de registro realizado com erro na escrituração contábil da entidade e pode ser feito por meio de estorno, transferência e complementação.

B. Em qualquer das formas, o histórico do lançamento deve precisar o motivo da retificação, a data e a localização do lançamento de origem.

C. Os lançamentos realizados fora da época devida devem consignar, nos seus históricos, as datas efetivas das ocorrências e a razão do registro extemporâneo.

D. Retificação de lançamento é o processo técnico de correção de registro realizado com erro na escrituração contábil da entidade e pode ser feita por meio de estorno, transferência, complementação e ajuste de amarração.

14) (EQT Perito 2018) Em uma ação de cobrança de prestações vencidas em contrato de financiamento imobiliário, houve a necessidade de nomeação de perito para apuração do efetivo saldo devedor. Um contador, nomeado para o encargo de perito nos citados autos de cobrança, deve realizar seus trabalhos em conformidade com a NBC PP 01 (R1) – Perito Contábil.

Sobre a forma de realização dos trabalhos, assinale a opção CORRETA.

A. O contador deve assumir a responsabilidade pessoal por todas as informações prestadas, quesitos respondidos, procedimentos adotados, diligências realizadas, valores apurados e conclusões apresentadas no laudo pericial contábil e no parecer pericial contábil.

B. Na condição de perito, o contador deve prestar os esclarecimentos somente se entender conveniente.

C. O contador não deve aceitar críticas ao seu laudo, negando-se a retificar os trabalhos realizados no caso de serem constatados equívocos ou erros.

D. A realização de diligências, durante a elaboração do laudo pericial, para a busca de provas, quando necessária, não precisa ser comunicada às partes para ciência de seus assistentes.

15) (EQT Perito 2018) Com base na definição do art. 606 do Código do Processo Civil – Lei n. 13.105/2015, em caso de omissão no contrato social do critério de apuração de haveres, o juiz determinará que:

A. Não compete ao juiz determinar critério de apuração de haveres.

B. O valor do próprio patrimônio líquido, baseado nas demonstrações financeiras da empresa, ou seja, em seus números contábeis.

C. O valor patrimonial apurado em balanço de determinação, tomando-se por referência a data da resolução, sem considerar a avaliação dos bens e direitos do ativo, tangíveis e intangíveis, a preço de saída, sendo somente o passivo apurado pelo valor presente.

D. O valor patrimonial apurado em balanço de determinação, tomando-se por referência a data da resolução e avaliando-se bens e direitos do ativo, tangíveis e intangíveis, a preço de saída, além do passivo, também a ser apurado de igual forma.

16) (EQT Perito 2018) Em ações judiciais sobre dissolução de sociedades, é comum a produção de prova pericial contábil. Desta forma, é necessário que o perito contador conheça o que preceitua o art. 1.033 do Código Civil – Lei n. 10.406/2002.

Assim, sobre as situações que ensejam ocorrências de dissolução societária, julgue os itens abaixo e, em seguida, assinale a opção CORRETA.

I. O vencimento do prazo de duração, salvo se, vencido este e sem oposição de sócio, não entrar a sociedade em liquidação, caso em que se prorrogará por tempo indeterminado.

II. A deliberação dos sócios, por maioria absoluta, na sociedade de prazo indeterminado.

III. A falta de pluralidade de sócios, não reconstruída no prazo de 210 dias.

IV. A extinção, na forma da lei, de autorização para funcionar.

Estão CORRETOS apenas os itens:

A. I e II.

B. I, II e III.

C. III e IV.

D. I, II e IV.

17) (EQT Perito 2018) Em ação judicial de apuração de haveres, o perito contábil se deparou com a existência de diversas atas de reuniões entre os sócios da empresa A. Sobre este ponto, disposto no art. 1.071 do Código Civil – Lei n. 10.406/2002, no tocante às matérias que podem ser deliberadas pelos sócios, julgue os itens abaixo e, em seguida, assinale a opção CORRETA.

I. O modo de sua remuneração, quando não estabelecido no contrato.

II. A aprovação das contas da administração.

III. A destituição dos administradores.

IV. A incorporação, a fusão e a dissolução da sociedade, ou a cessação do estado de liquidação.

Estão CORRETOS os itens:

A. I e IV, apenas.

B. I, II e III, apenas.

C. III e IV, apenas.

D. I, II, III e IV.

18) (EQT Perito 2018) Os sócios da empresa A estão discutindo entre si, nos autos de uma ação judicial de dissolução de sociedades, alguns aspectos relacionados a direitos e obrigações perante a empresa. No bojo da citada ação judicial, o magistrado determinou a realização de prova pericial, sendo que as partes optaram pela perícia consensual.

O perito escolhido pelas partes foi instado a se manifestar sobre alguns aspectos fáticos com repercussão nos arts. 1001 a 1009 da Lei n. 10.406/2002 – Código Civil

Brasileiro, que tratam dos direitos e obrigações dos sócios perante a sociedade. Assim, julgue os itens abaixo como Verdadeiros (V) ou Falsos (F) e, em seguida, assinale a opção CORRETA.

I. As obrigações dos sócios começam imediatamente com o contrato, se este não fixar outra data, e terminam quando, liquidada a sociedade, se extinguirem as responsabilidades sociais.

II. A distribuição de lucros ilícitos ou fictícios acarreta responsabilidade solidária dos administradores que a realizarem e dos sócios que os receberem, conhecendo ou devendo conhecer-lhes a ilegitimidade.

III. É nula a estipulação contratual que exclua qualquer sócio de participar dos lucros e das perdas.

A sequência CORRETA é:

A. II e III, apenas.

B. I, II e III.

C. I e III, apenas.

D. I e II, apenas.

19) (EQT Perito 2018) O Contador A foi nomeado como perito do juízo em uma prova técnica simplificada para emitir uma opinião sobre provisão constituída pela empresa B que litiga com um sócio sobre a razoabilidade do valor recebido a título de dividendos.

O principal motivo do litígio é porque o sócio entende que a provisão reduziu a base de cálculo dos dividendos pagos pela empresa B e argumenta que uma provisão não é uma obrigação e, por isso, não deve reduzir os lucros. A prova pericial deve estar sustentada nas diretrizes da NBC TG 25 (R1), com suas alterações, devendo o perito contador esclarecer sobre o conceito de passivo, conforme disposto no item 10 da NBC TG 25 (R2).

Com base neste enunciado examine as proposições I a V abaixo e, em seguida, assinale a única alternativa que deve corresponder adequadamente à resposta do perito do juízo:

I. **Provisão** é um passivo de prazo ou de valor incertos.

II. **Provisão** é um passivo com prazo e valor de desembolso certos e definidos.

III. **Passivo** é uma obrigação presente da entidade, derivada de eventos já ocorridos, cuja liquidação se espera que resulte em saída de recursos da entidade capazes de gerar benefícios econômicos.

IV. **Passivo** é uma obrigação presente da entidade, derivada de eventos já ocorridos, cuja liquidação se espera que resulte em saída de recursos da entidade capazes de gerar benefícios econômicos, mas somente se for decorrente de lei.

V. **Provisão** por definição, por si só, é um passivo contingente e como tal deve ser reconhecida nas demonstrações contábeis independente de quaisquer outras formalidades.

Está(ão) CORRETO(S) apenas o(s) item(ns):

A. V.

B. IV.

C. I e III.

D. I, II e V.

20) (EQT Perito 2018) O perito do juízo foi nomeado nos autos de um processo judicial que trata de apuração de haveres de sócio dissidente. Durante os seus exames periciais, constatou que a conta de provisões para garantia de itens vendidos da empresa apresentou créditos de R$ 1,2 milhão no período examinado.

Prosseguindo as análises, constatou que a empresa A vende produto com um ano de garantia. No exercício em análise, a receita de vendas revelou 400.000 itens vendidos e que o custo para conserto de cada item é de R$ 15 para pequenos defeitos e R$ 25 para grandes defeitos.

Ainda, prosseguindo às análises, constatou que as estatísticas anteriores revelaram que 85% dos produtos não tiveram defeitos; 10% dos produtos tiveram pequenos defeitos e apenas 5% dos produtos tiveram grandes defeitos.

Com base nos dados apresentados, julgue os itens abaixo como Verdadeiros (V) ou Falsos (F) e, em seguida, assinale a opção CORRETA.

I. A análise realizada pelo perito indicou que as provisões estavam dimensionadas adequadamente.

II. O valor do provisionamento indicado pelo perito foi de R$ 1,1 milhão.

III. Considerando que o lucro líquido apurado pela empresa no período examinado foi de R$ 3 milhões, o impacto da alteração efetuada pela perícia nos lucros corrigidos representou um incremento de R$ 100 mil.

IV. Considerando a correção realizada pela perícia na análise da conta de provisionamento e que o PL da empresa no exercício anterior ao do fato gerador da provisão era de R$ 6,5 milhões, o valor do Patrimônio Líquido da empresa no exercício examinado foi de R$ 9,6 milhões.

A sequência CORRETA é:

A. F, V, V, V.

B. V, V, V, F.

C. F, V, F, F.

D. F, F, F, V.

21) (EQT Perito 2018) Em 01/01/20XX, a Cia A adquiriu 90% das ações dos controladores por $ 140 milhões e 20% das ações dos não controladores da Cia B. Conforme laudo de consultoria independente, a participação dos não controladores foi calculada em 20% dos ativos totais líquidos adquiridos. Ratificado pela Cia B, a Cia A mensura os ativos identificáveis adquiridos por $ 300 milhões e os passivos assumidos por $ 100 milhões. Insatisfeitos, os não controladores da Cia B ingressaram com ação judicial, contestando os critérios de avaliação e os valores da operação.

Em sede de perícia judicial, o juiz do feito deferiu a realização de perícia e o perito do juízo apresentou as constatações expostas nos itens a seguir.

Com base nas informações, julgue os itens abaixo como Verdadeiros (V) ou Falsos (F) e, em seguida, assinale a opção CORRETA.

I. O valor atribuído ao negócio pelas partes foi de $ 180 milhões.
II. O valor justo dos ativos negociados entre as partes foi de $ 300 milhões.
III. O valor justo dos ativos líquidos negociados entre as partes foi de $ 200 milhões.
IV. O valor do *goodwill* presente no negócio e registrado na Cia A $ 10 milhões.

A sequência CORRETA é:

A. V, V, V, F.
B. V, V, V, V.
C. F, V, F, V.
D. F, F, F, F.

22) (EQT Perito 2018) Em 01/01/20XX, a Cia A adquiriu 80% das ações dos controladores por R$ 140 milhões e 20% das ações dos não controladores da Cia B por R$ 40 milhões. Ratificado pela Cia B, a Cia A mensura os ativos identificáveis adquiridos por R$ 300 milhões e os passivos assumidos por R$ 100 milhões. Insatisfeitos, os não controladores da Cia B ingressaram com ação judicial contestando os critérios de avaliação e os valores da operação.

Em sede de perícia judicial, o juiz do feito deferiu que o perito contador nomeado avaliasse a operação.

Em seus exames, a perícia avaliou a participação dos não controladores em R$ 50 milhões, considerando premissas e critérios de mercado, e ainda identificou um passivo não registrado na Cia B no valor R$ 20 milhões.

Assim, com base nos exames periciais, o impacto gerado no valor da operação foi de:

A. Redução de R$ 10 milhões no ganho por compra vantajosa na Cia A.
B. Redução de R$ 10 milhões no *goodwill* registrado na Cia A.
C. Aumento de R$ 10 milhões no ganho por compra vantajosa na Cia A.
D. Registro na Cia A de R$ 10 milhões de *goodwill* pago, com estorno do ganho por compra vantajosa de R$ 20 milhões.

23) (EQT Perito 2017) A prova técnica simplificada está definida pelo art. 464 do Código de Processo Civil – Lei n. 13.105, de 16 de março de 2015 –, e pode substituir a perícia tradicional.

Sobre a prova técnica simplificada, assinale a opção CORRETA.

A. Consiste apenas na inquirição do especialista, pelo juiz, sobre ponto controvertido da causa que demandar especial conhecimento científico ou técnico e ocorre quando o ponto controvertido for de menor complexidade.
B. Consiste apenas na inquirição do especialista, pelo juiz e pelas partes, sobre ponto controvertido da causa que demandar especial conhecimento científico ou técnico

e ocorre em quaisquer circunstâncias, independentemente do nível de complexidade da matéria objeto de estudo da perícia.

C. Consiste apenas na inquirição do especialista, pelas partes, sobre ponto controvertido da causa que demandar especial conhecimento científico ou técnico, para qualquer situação e por requerimento do juiz.

D. Consiste apenas na inquirição do especialista, pelas partes, sobre ponto controvertido da causa que demandar especial conhecimento científico ou técnico e ocorre quando o ponto controvertido for de maior complexidade.

24) (Unicesumar) Para seguir a carreira pericial é essencial conhecer a matéria a ser periciada, mas além disso, o perito contábil precisa observar e seguir uma série de normas próprias à essa atividade.

A NBC TP 01 (R1), por exemplo, regulamenta os procedimentos técnicos na realização da perícia contábil.

Sobre os conceitos mencionados nesta NBC, analise as afirmativas:

I. Quando a perícia é exercida sob controle de um órgão público, será considerada uma perícia arbitral.

II. Quando o interessado ou por acordo entre as partes, é contratada espontaneamente a perícia, essa perícia será conhecida como perícia voluntária.

III. Apenas o contador, com formação e bacharelado em ciências contábeis e com situação regular perante o Conselho Regional de Contabilidade de sua jurisdição, pode realizar perícias contábeis.

Está correto o que se afirma em:

A. II apenas.

B. III apenas.

C. I e II apenas.

D. II e III apenas.

E. I, II e III.

25) (FUNIVERSA/CEB/CONTADOR/2010) Assinale a alternativa que apresenta a tecnologia destinada à pesquisa de fatos patrimoniais, para a orientação do julgamento de questões, geralmente judiciais, ou seja, para esclarecer dúvidas ou ensejar argumentos.

A. Auditoria.

B. Fiscalização.

C. Auditoria externa.

D. Perícia.

E. Laudo.

26) (INSTITUTO AOCP/PC-ES/PERITO OFICIAL CRIMINAL/2019) A perícia contábil arbitral é de competência exclusiva para:

A. contador registrado no Conselho Regional de Contabilidade.

B. bacharel em Ciências Contábeis.

C. contabilista registrado no Conselho Regional de Contabilidade.

D. técnico de contabilidade registrado no Conselho Regional de Contabilidade.

E. economista registrado no Conselho de Economia.

27) (INSTITUTO AOCP/PC-ES/PERITO OFICIAL CRIMINAL/2019) A perícia contábil do tipo voluntária é aquela:

A. exercida sob o controle da legislação societária e supervisão judicial.

B. exercida sob o controle da legislação de arbitragem e supervisão judicial.

C. executada sob o controle de órgão do Estado e supervisão judicial.

D. exercida sob a tutela da justiça e supervisão governamental.

E. contratada espontaneamente pelo interessado ou de comum acordo entre as partes.

28) (EQT Perito 2019) O Contador A foi nomeado para o encargo de perito do juízo em um processo que tramita na 7ª Vara do Trabalho. O fato controvertido objeto do exame pericial está delimitado à manutenção de benefícios após o término do contrato de trabalho por tempo indeterminado.

Acerca da definição de benefícios a empregados na NBC TG 33 (R2) – Benefícios a empregados, julgue os itens abaixo e, em seguida, assinale a opção CORRETA.

I. Benefícios a empregados são todas as formas de compensação proporcionadas pela entidade em troca de serviços prestados pelos seus empregados ou pela rescisão do contrato de trabalho.

II. Benefícios de curto prazo a empregados são benefícios (inclusive benefícios rescisórios) que se espera que sejam integralmente liquidados em até doze meses após o período a que se referem as demonstrações contábeis em que os empregados prestarem o respectivo serviço.

III. Benefícios pós-emprego são os benefícios a empregados (exceto benefícios rescisórios e benefícios de curto prazo a empregados), que serão pagos após o período de emprego.

IV. Benefícios rescisórios são benefícios aos empregados fornecidos pela rescisão do contrato de trabalho de empregado como resultado de: (a) decisão de a entidade terminar o vínculo empregatício do empregado antes da data normal de aposentadoria; ou (b) decisão do empregado de aceitar uma oferta de benefícios em troca da rescisão do contrato de trabalho.

Estão CORRETOS os itens:

A. I, II, III e IV.

B. I, III e IV, apenas.

C. I, II e IV, apenas.

D. II, III e IV, apenas.

29) (EQT Perito 2019) O Contador Y foi nomeado como perito do juízo numa "Ação de Exigir Contas" na fase de liquidação de sentença. No decurso da realização dos trabalhos periciais, constatou que parte do julgado não seria tecnicamente possível implementar, por exigir a adoção de um parâmetro impróprio em face de conceito técnico-contábil.

Neste caso, em conformidade com a NBC TP 01 – Perícia Contábil, analise os itens abaixo e, em seguida assinale a opção CORRETA:

I. O perito contador ignora os parâmetros contidos no comando judicial e não os considera nos seus cálculos elaborando da forma que entende correta.

II. O perito contador deve consignar na conclusão formalizada no laudo pericial a sua irresignação quanto ao teor da decisão judicial e não elaborar os cálculos definidos no julgado.

III. O perito contador deve comprovar que a perícia foi executada de acordo com os despachos e decisões judiciais e as Normas Brasileiras de Contabilidade.

Estão CORRETOS os itens:

A. I, II e III.

B. II e III, apenas.

C. III, apenas.

D. I e II, apenas.

30) (EQT Perito 2019) A Cia A e o executivo B ingressaram com ação judicial em face da União Federal pleiteando a anulação de auto de infração lavrado sob o fundamento da ocorrência de distribuição disfarçada de lucros de A para B, motivado pela ocorrência de sucessivos e vultosos empréstimos feitos de A para B ao longo do exercício de 20x8. O contador C foi nomeado perito judicial no feito, tendo constatado em seus exames que os retromencionados empréstimos ocorreram sem juros e no valor de R$ 10 milhões, para compra de ações de A com um valor justo de R$ 10 milhões apurado atualmente na B3 (Antiga BM&F BOVESPA).

Constatou, ainda, que as referidas ações se constituem como garantia para o saldo do empréstimo, não podendo ser revendidas pelo executivo durante todo o período de carência de 4 anos. Se, ao final do período o executivo continuar ocupando o cargo de diretor executivo na Cia A, o valor total do empréstimo é perdoado e as ações são liberadas de todas as restrições.

Entretanto, se o executivo deixar a Entidade A durante o período de carência, as ações serão devolvidas à Entidade A e, independentemente do valor, são consideradas como pagamento integral do empréstimo.

Com base nas constatações acima, assinale a opção que apresenta uma das conclusões do contador C.

A. A operação não está no âmbito da NBCTG 10 (R3) – Pagamento Baseado em Ações, pois o executivo não tem nenhum risco de dever mais do que as ações valem, e a substância da operação é a emissão de ações restritas que cumprem seu período de carência.

B. A operação está no âmbito da NBCTG 10 (R3) – Pagamento Baseado em Ações, pois o executivo não tem nenhum risco de dever mais do que as ações valem, e a substância da operação é a emissão de ações restritas que cumprem seu período de carência.

C. A operação não está no âmbito da NBCTG 10 (R3) – Pagamento Baseado em Ações, pois o executivo tem risco de dever mais do que as ações valem, e a substância da operação é a emissão de ações restritas que cumprem seu período de carência.

D. A operação está no âmbito da NBCTG 10 (R3) – Pagamento Baseado em Ações, pois o executivo tem nenhum risco de dever mais do que as ações valem, e a substância da operação é a emissão de ações restritas que cumprem seu período de carência.

31) (EQT Perito 2019) O contador X foi nomeado perito judicial em ação trabalhista movida por um grupo de empregados em face da Empresa Agroindustrial Z. O principal aspecto controvertido da demanda gira em torno de pagamentos baseados em ações liquidadas em caixa. A análise dos autos revelou que a Empresa Agroindustrial Z outorgou 1000 opções de ações a cada um dos seus 200 empregados, totalizando 200.000 opções. Cada outorga estava condicionada à permanência do empregado na Empresa Z por um período de 4 anos. A opção de ações foi liquidada em dinheiro, correspondente à diferença entre o valor justo da ação e o valor fixo que o empregado foi requerido a pagar por essas ações. A Empresa Z determinou o valor justo de cada opção no ano 1 de R$ 11, no ano 2 de R$ 11,50, no ano 3 de R$ 13 e no ano 4 de R$ 18. A Empresa Z estimou no final dos anos 1, 2, 3 que os empregados que permaneceram no emprego durante o período dos 4 anos seriam 150, 160 e 180. No final do ano 4, permaneceram no emprego 190 empregados, sendo que os outros 10 ingressaram com a presente demanda trabalhista.

Após as análises realizadas, o contador X constatou que uma das normas contábeis aplicáveis seria a NBC TG 10 (R3) – Pagamento Baseado em Ações, norma esta que incluiu no seu planejamento como norma a ser revisada, bem como a revisão dos três modelos de precificação de opções mais comuns: (1) Black-Scholes-Merton (BSM); (2) Árvore binomial; e (3) Modelos numéricos de simulação (Monte Carlo).

Sobre os modelos de precificação previstos na NBC TG 10 (R3), assinale a opção CORRETA.

A. A NBC TG 10 (R3) determina que o modelo de Árvore Binomial é o mais adequado para o caso relatado.

B. A NBC TG 10 (R3) não especifica um modelo de precificação de opções mais adequado, cabendo às empresas eleger o método mais adequado, dependendo das circunstâncias.

C. A NBC TG 10 (R3) determina que o modelo de Monte Carlo é o mais adequado para o caso analisado, pois envolve a liquidação em dinheiro.

D. A NBC TG 10 (R3) determina que o modelo Black-Scholes-Merton é o mais adequado para o caso analisado, pois envolve a liquidação em dinheiro.

32) (EQT Perito 2019) O contador W foi contratado para atuar como assistente técnico nos autos de um processo administrativo fiscal, no âmbito da Receita Federal do Brasil, e que trata de cobrança de Imposto de Renda e Contribuição Social apurados segundo o regime de Lucro Real. O contador W constatou que o principal ponto controvertido do auto de infração, restringiu-se a aplicação da Lei n. 12.973/2014, que alterou o art. 12 do Decreto-Lei n. 1.598/1977. Neste artigo, no parágrafo 1º, estabeleceu-se que os valores decorrentes do ajuste a valor presente, de que trata o inciso VIII do caput do art. 183 da Lei n. 6.404/1976, serão deduzidos para fins de apuração da receita líquida.

Sobre o ajuste a valor presente, tratado na NBC TG 12 – Ajuste a Valor Presente, assinale a opção INCORRETA.

A. A questão mais relevante para a aplicação do conceito de valor presente, nos moldes de norma baseada em princípios como a NBC TG 12 – Ajuste a Valor Presente, é a enumeração minuciosa de quais ativos ou passivos são abarcados pela norma e, não, o estabelecimento de diretrizes gerais e de metas a serem alcançadas.

B. Uma transação que dá origem a um ativo, a um passivo, a uma receita ou a uma despesa (conforme definidos na NBC TG ESTRUTURA CONCEITUAL – Estrutura Conceitual para a Elaboração e Apresentação das Demonstrações Contábeis deste CFC) ou outra mutação do patrimônio líquido cuja contrapartida é um ativo ou um passivo com liquidação financeira (recebimento ou pagamento) em data diferente da data do reconhecimento desses elementos.

C. O reconhecimento periódico de mudanças de valor, utilidade ou substância de ativos ou passivos similares emprega método de alocação de descontos.

D. Um conjunto particular de fluxos de caixa estimados claramente associado a um ativo ou a um passivo.

33) (EQT Perito 2019) Em uma ação judicial movida pela empresa A contra a União, discutia-se um auto de infração de imposto de renda e contribuição social sobre o lucro apurado no ano de 20X7 no valor de R$ 28,73 milhões. No curso da citada ação, o contador Z foi nomeado perito do juízo e, durante os seus exames, constatou o que segue:

• Empresa A é tributada pelo lucro real anual com alíquota de IRPJ/CSLL de 34%.

• Vendeu mercadorias em 20/03/20X7 por R$ 156 milhões para recebimento em 30/06/20X8 (valor líquido dos impostos indiretos – PIS/COFINS/ICMS). Tal valor, ajustado a valor presente para 20/03/20X7 resultou no montante de R$ 130 milhões.

• O custo das mercadorias vendidas foi de R$ 91 milhões.

• Os juros apropriados em 20X7 foram de R$ 19,5 milhões e em 20X8 foram de R$ 6,5 milhões.

- Considere que, para a legislação tributária aplicável, o valor do ajuste a valor presente deve ser adicionado na determinação do lucro real, pois o AVP sobre vendas brutas é algebricamente adicionado na determinação do lucro real no mesmo período de apuração em que as vendas brutas de R$ 156 milhões são oferecidas à tributação.

Assim, com base nestas constatações periciais e nos seus conhecimentos acerca de ajuste a valor presente da NBC TG 12 – Ajuste a Valor Presente, julgue os itens abaixo e, em seguida, assinale a opção CORRETA.

I. O valor do ajuste a valor presente sobre as vendas brutas, do registro no ativo circulante e do ativo não circulante foram de R$ 26 milhões, R$ 19,5 milhões e R$ 6,5 milhões, respectivamente.

II. O valor da receita líquida de vendas e do lucro bruto no período foi de R$ 130 milhões e R$ 39 milhões, respectivamente.

III. O valor do resultado antes do IRPJ/CSLL foi de R$ 58,5 milhões.

IV. O valor do auto de infração lançado pelo fisco está majorado em R$ 6,63 milhões.
Estão CORRETOS os itens:

A. I, II, III e IV.
B. I, II e IV, apenas.
C. I, II e III, apenas.
D. II, III e IV, apenas.

34) (EQT Perito 2019) As empresas A e B são partes integrantes de negócio em conjunto – duas companhias separadas – cujos negócios estão voltados ao fornecimento de variados tipos de serviços de construção para a iniciativa privada e para a área pública. Ambas as companhias constituem um veículo separado (entidade Z) por meio do qual o negócio em conjunto será executado e definem um acordo contratual por meio do qual trabalharão em conjunto para a execução de contrato firmado com um ente estatal, cujo propósito é projetar e construir uma rodovia entre duas cidades. Adicionalmente, os ativos e passivos relacionados ao negócio em conjunto são mantidos pela entidade Z. A principal característica da forma legal da entidade Z é que as partes integrantes do negócio em conjunto, e não a entidade Z, possuem direitos sobre os ativos e obrigações pelos passivos da entidade Z. De acordo com os termos especificados no contrato firmado com o governo, a entidade Z emite as faturas pelos serviços de construção prestados ao ente estatal, em nome das partes integrantes do negócio em conjunto. Passado algum tempo, as empresas A e B se desentenderam e estão protagonizando um embate judicial acerca do contrato em conjunto. O contador W foi contratado para emitir parecer pericial contábil na condição de assistente técnico da empresa A.

Sobre as análises deste contador, considerando as disposições da NBC TG 19 (R2) – Negócios em Conjunto, assinale a opção CORRETA.

A. O acordo contratual é executado por meio de veículo separado cuja forma legal não confere a sua dissociação das partes integrantes do negócio em conjunto (ou seja, os ativos e passivos mantidos na entidade Z são ativos e passivos das partes integrantes do negócio em conjunto). Tal fato é reforçado pelos termos acordados entre as partes integrantes no acordo contratual firmado, os quais estabelecem que A e B têm direitos sobre os ativos e obrigações pelos passivos, relacionados ao negócio em conjunto que é executado por intermédio da entidade Z. O negócio em conjunto é uma operação em conjunto.

B. A e B, cada qual, devem reconhecer em suas demonstrações contábeis suas respectivas participações sobre os ativos (exemplo, imobilizado, contas a receber) e sobre os passivos resultantes do negócio em conjunto (exemplo, contas a pagar a terceiros) com base na participação de cada parte acordada em contrato. Entretanto, cada qual não deve reconhecer ainda suas respectivas participações sobre as receitas e despesas resultantes dos serviços de construção fornecidos ao ente estatal por intermédio da entidade Z.

C. O acordo contratual é executado por meio de veículo separado cuja forma legal confere a sua dissociação das partes integrantes do negócio em conjunto (ou seja, os ativos e passivos mantidos na entidade Z são ativos e passivos das partes integrantes do negócio em conjunto). Tal fato é reforçado pelos termos acordados entre as partes integrantes no acordo contratual firmado, os quais estabelecem que A e B têm direitos sobre os ativos e obrigações pelos passivos, relacionados ao negócio em conjunto que é executado por intermédio da entidade Z.

D. Embora tal fato não seja reforçado pelos termos acordados entre as partes integrantes no acordo contratual firmado, os quais estabelecem que A e B têm direitos sobre os ativos e obrigações pelos passivos, relacionados ao negócio em conjunto que é executado por intermédio da entidade Z, é fato incontroverso que o acordo contratual é executado por meio de veículo separado cuja forma legal confere a sua dissociação das partes integrantes do negócio em conjunto (ou seja, os ativos e passivos mantidos na entidade Z são ativos e passivos das partes integrantes do negócio em conjunto).

35) (EQT Perito 2019) Em uma disputa arbitral, o contador A foi contratado como perito para atuar em uma arbitragem que trata de uma dissolução de empreendimento em conjunto entre as empresas X e Z. Ao se debruçar sobre os autos, o contador A percebeu a necessidade de revisar alguns conceitos atinentes a negócios em conjunto presentes na NBC TG 19 (R2) – Negócios em Conjunto.

Sobre esta norma, assinale a opção CORRETA.

A. Negócio em conjunto é um negócio do qual duas ou mais partes têm o controle conjunto e tem as seguintes características: as partes integrantes estão vinculadas por acordo contratual; o acordo contratual dá a duas ou mais dessas partes integrantes o controle parcial do negócio.

B. Controle conjunto é o compartilhamento, contratualmente convencionado, do controle de negócio, que existe somente quando decisões sobre as atividades relevantes exigem o consentimento unânime, ou ainda que parcial, mas superior a 50%, das partes que compartilham o controle.

C. Em negócio em conjunto, nenhuma parte integrante controla individualmente o negócio. Porém, a parte integrante que detém o controle conjunto do negócio não pode impedir que qualquer das outras partes integrantes, ou grupo de partes integrantes, controle o negócio.

D. Empreendimento controlado em conjunto (joint venture) é um negócio em conjunto segundo o qual as partes que detêm o controle conjunto do negócio têm direitos sobre os ativos líquidos do negócio. Essas partes são denominadas de empreendedores em conjunto.

36) (EQT Perito 2019) Em um processo judicial movido contra o Banco B, a Cia. A discute um empréstimo bancário obtido em 1º/01/2017 para compra de mercadorias para revenda no valor de R$ 105.000,00, para ser pago em 4 prestações mensais de R$ 27.575,49 cada, com vencimento da primeira parcela em 31/01/2017. A empresa adquiriu ainda mercadorias no valor de R$ 100.000,00 em 1º/02/2017, sendo totalmente revendidas para um único cliente em 31/03/2017 para recebimento em abril de 2017.

Considerando que a taxa efetiva de juros do empréstimo é de 2% ao mês, o perito escolhido em consenso entre as partes emitirá laudo pericial contábil nos autos do processo com as seguintes informações:

A. O autor deveria capitalizar R$ 2.000,00 de custos dos empréstimos para os estoques.

B. O autor deveria capitalizar R$ 2.100,00 de custos dos empréstimos para os estoques.

C. O autor deveria capitalizar R$ 2.661,28 de custos dos empréstimos para os estoques.

D. O autor não poderia capitalizar custos dos empréstimos para os estoques.

37) (EQT Perito 2019) A ITG 2002/12 (R1) – Entidade sem finalidade de Lucros, item 27C, declara que a renúncia fiscal relacionada com a atividade deve ser evidenciada nas demonstrações contábeis como se a obrigação devida fosse. A Fundação Z apresentou na Demonstração do Resultado do Período, do último exercício social, um superávit da ordem de R$ 200 mil. A Fundação Z está regular com todas as obrigações acessórias exigidas para gozar do benefício da renúncia fiscal.

Com base neste enunciado e supondo a inexistência de ajustes na base de cálculo dos tributos, calcule o total do IRPJ (alíquota 15%) e a CSLL (alíquota 9%) e assinale a opção CORRETA.

A. IRPJ + CSLL totaliza R$ 30 mil e o impacto no resultado é uma redução de R$ 30 mil.

B. IRPJ + CSLL totaliza R$ 27,3 mil e o impacto no resultado é nulo.

C. IRPJ + CSLL totaliza R$ 48 mil e o impacto no resultado é nulo.

D. IRPJ + CSLL totaliza R$ 18 mil e o impacto no superávit é uma redução de igual valor.

38) (EQT Perito 2019) De acordo com a NBC TG 46 (R2) – Mensuração do Valor Justo, item B23, a técnica de valor presente esperado utiliza como ponto de partida um conjunto de fluxos de caixa (FC) que representam a média ponderada por probabilidade de todos os fluxos de caixa (FC).

No decurso de uma perícia contábil realizada sobre empresa A, o contador Z identificou três cenários de fluxos de caixa (FC):

- Cenário 1 com FC de R$ 50.500 mil e probabilidade de ocorrência de 30 em 100.
- Cenário 2 com FC de R$ 70.600 mil e probabilidade de ocorrência de 25 em 100.
- Cenário 3 com FC de R$ 40.900 mil e probabilidade de ocorrência de 45 em 100.

Com base nesses três cenários, o expert calculou o valor esperado do fluxo de caixa da empresa A.

Representa o valor encontrado pelo expert o:

A. Fluxo de caixa esperado de R$ 54.000 mil.

B. Fluxo de caixa esperado de R$ 51.000 mil.

C. Fluxo de caixa esperado de R$ 52.605 mil.

D. Fluxo de caixa esperado de R$ 51.205 mil.

39) (EQT Perito 2019) De acordo com a NBC TG Estrutura Conceitual – Resolução CFC 1.374/2011, um ativo deve ser reconhecido no balanço patrimonial quando for provável que benefícios econômicos futuros dele provenientes fluirão para a entidade e seu custo ou valor puder ser mensurado com confiabilidade. Sustentada neste lema, a empresa D reclama recebíveis da ordem R$ 15 milhões contra o município CT10 provenientes de faturamento com base em um contrato de prestação de serviços de construção de uma infraestrutura viária. O município alega, em Juízo, que o trabalho foi feito fora das especificações do edital/contrato e que a qualidade do serviço não atende ao padrão contratado, conforme asseveram laudos periciais específicos, e que em função disso o pagamento não pode ser feito. A empresa D recorreu à Justiça e conseguiu, em primeira instância, sentença favorável correspondente a 40% do valor faturado. O município recorreu contra a decisão do Juízo singular ao Tribunal, mas até a data do encerramento das demonstrações contábeis o recurso ainda não havia sido analisado. Com base neste histórico, o contador A foi nomeado perito judicial e realizou algumas análises sobre as possibilidades de reconhecimento dos recebíveis.

A resposta CORRETA esperada no laudo do Expert é:

A. A firma D deve reconhecer no balanço patrimonial somente os 40% da sentença judicial por já ser líquida e certa.

B. A firma D deve reconhecer no seu balanço patrimonial a totalidade do valor faturado na expectativa de que o pleno do Tribunal lhe dará ganho de causa, porque não vê possibilidade de negação desse direito.

C. A firma D não deverá reconhecer como recebível o faturamento recusado pelo município até que sejam esgotados todos os recursos jurídicos cabíveis e o fará depois da sentença transitada em julgado, se for o caso.

D. A firma D deverá reconhecer a totalidade do faturamento por orientação dos defensores jurídicos porque há sinalização positiva de um acordo com a prefeitura do município que se compromete a pagar a dívida.

40) (EQT Perito 2019) No curso de um processo administrativo fiscal (PAF) perante a Sefaz do Estado X, a empresa W contratou o contador A para atuar como perito assistente. Durante os exames periciais, o contador A avaliou os registros de estoques da empresa W, com vistas a verificar o valor de ICMS objeto do auto de infração impugnado nos autos do PAF.

Com base nestas informações, acerca da composição do custo de aquisição de acordo com o item 11 da NBC TG 16 (R2) – Estoques, assinale a opção CORRETA.

A. O custo de aquisição dos estoques compreende o preço de compra, os impostos de importação e outros tributos (exceto os recuperáveis perante o Fisco), deduzidos os custos de transporte.

B. O custo de aquisição dos estoques compreende o preço de compra, os impostos de importação e outros tributos (exceto os recuperáveis perante o Fisco), bem como os custos de transporte.

C. O custo de aquisição dos estoques compreende o preço de compra, deduzidos os impostos de importação e outros tributos (exceto os recuperáveis perante o Fisco), bem como os custos de transporte.

D. O custo de aquisição dos estoques compreende o preço de compra, acrescido dos custos de transporte, deduzidos os impostos de importação e outros tributos (exceto os recuperáveis perante o Fisco).

41) (EQT Perito 2019) O contador X foi contratado para avaliar se a Empresa W, familiar de grande porte e com mais de 50 anos de tradição no mercado, gerou ativos intangíveis internamente no decorrer de suas atividades operacionais.

Com base nos critérios de reconhecimento da NBC TG 04 (R4) – Ativo Intangível no que o perito contábil deve identificar para classificar a geração de ativo intangível, julgue os itens abaixo e, em seguida, assinale a opção CORRETA.

I. Durante a fase de pesquisa de projeto interno, a entidade não está apta a demonstrar a existência de ativo intangível que gerará prováveis benefícios econômicos futuros. Portanto, tais gastos devem ser reconhecidos como despesa quando incorridos.

II. Os gastos com pesquisa (ou da fase de pesquisa de projeto interno) devem ser reconhecidos como despesa quando incorridos.

III. Todos os gastos resultantes da fase de pesquisa de um projeto interno devem ser reconhecidos como ativo intangível.

IV. Caso a entidade não consiga diferenciar a fase de pesquisa da fase de desenvolvimento de projeto interno de criação de ativo intangível, o gasto com o projeto deve ser tratado como incorrido apenas na fase de pesquisa.

Estão CORRETOS os itens:

A. I, II e III.

B. II, III e IV.

C. I, II e IV.

D. I, III e IV.

42) (EQT Perito 2019) Em uma Ação de Dissolução de Sociedade o MM. Juízo nomeou o Contador Y para promover a apuração de haveres do sócio dissidente. Em cumprimento ao art. 606 do Código de Processo Civil – Lei n. 13.105/2015 e a alínea "c" do art. 25 do Decreto-Lei n. 9.295/1946, o Perito Contábil nomeado pelo Juízo deverá elaborar um Balanço de Determinação levantado na data do evento evidenciando os ativos e passivos a valores líquidos de realização, ou seja, a valores de saída ou de mercado e seu patrimônio líquido. Partindo do Balanço Patrimonial da Sociedade Avalianda apurado na data do evento (cuja responsabilidade quanto à legitimidade dessas informações é exclusiva de seus sócios e do seu responsável técnico), o perito do juízo efetua ajustes técnicos pertinentes, em consonância com as Normas e os objetivos específicos de levantamento de Balanço de Determinação e respectiva apuração de haveres do sócio dissidente. No caso em tela, o Perito Contábil do Juízo constatou a existência de reclamações trabalhistas com decisões transitadas em julgado pendentes de pagamento que não estavam registradas no Balanço Patrimonial da Avalianda.

Diante dessa constatação e com base nos critérios de reconhecimento contidos na NBC TG 25 (R2) – Provisões, Passivos Contingentes e Ativos Contingentes, o Perito Contábil do Juízo deverá ajustar os saldos no Balanço de Determinação da Avalianda para que represente a efetiva situação patrimonial na data do evento. Sobre este ponto técnico, marque a alternativa CORRETA:

A. O perito deverá registrar como passivo contingente.

B. O perito deverá registrar como "Provisões com Reclamações Trabalhistas".

C. O perito deverá registrar como "Reclamações Trabalhistas a Pagar".

D. Não efetuar o reconhecimento na contabilidade dessas reclamações trabalhistas.

43) (EQT Perito 2019) Um investidor solicitou esclarecimentos à Diretoria da empresa XY sobre o valor de uma estimativa de perda de um ativo submetido ao processo de avaliação por Redução ao Valor Recuperável de Ativos. Alega o investidor que realizou o teste com base nas demonstrações financeiras padronizadas divulgadas para usuário externo e encontrou valor diferente. A Diretoria solicitou esclarecimentos ao contador que informou tratar-se da reversão de valor estimativo de perda reconhecida no exercício anterior conforme determina a NBC TG 01 (R4).

Não se sentindo confortável com os esclarecimentos do Contador, a Diretoria contratou um Perito Contábil para examinar os cálculos e o reconhecimento do valor da reversão, considerando que (a) o valor do ativo antes do reconhecimento da estimava de perda no exercício anterior era R$ 2.850 mil; (b) depois de reconhecido o valor da estimativa de perda o valor do ativo foi alterado para R$ 2.100 mil. O valor do ativo divulgado nas últimas demonstrações financeiras padronizadas para usuário externo, um ano depois, examinadas pelo investidor e pelo perito contábil, é de R$ 2.650 mil. Com base no enunciado, assinale a opção que apresentar o que deve constar do parecer do perito contábil como valor da reversão.

A. O valor da reversão validado pelo Perito Contábil é R$ 200 mil.

B. O valor da reversão validado pelo Perito Contábil deve ser R$ 550 mil.

C. O Perito Contábil deve recomendar que o valor reconhecido como perda é definitivo não cabendo reversão.

D. O valor da reversão validado pelo perito contábil deve ser R$ 750 mil.

44) Os sócios "Alfa", "Beta", "Charlie" e "Delta" de uma sociedade empresária decidem excluir o sócio "C" da sociedade. Para tanto, solicitaram ao contador da empresa que elaborasse o Balanço Patrimonial Especial em outubro de 20x0, com o objetivo de demonstrar ao sócio "Charlie" a sua parte nos haveres.

O quadro de participação societária era assim constituído:

Sócio Alfa   30%

Sócio Beta   30%

Socio Charlie 20%

Sócio Delta   20%

O Patrimônio Líquido da empresa em 31/10/20x0 apresentava as seguintes contas e saldos:

Capital Subscrito   R$ 1.000.000,00

Capital a Integralizar   R$ 100.000,00

Reserva de Lucros   R$ 10.000,00

Ações em Tesouraria   R$ 20.000,00

Ajuste de Avaliação Patrimonial (saldo devedor   R$ 170.000,00

Com base nos dados acima, em uma Perícia Contábil de Apuração de Haveres, o valor apurado para ser pago ao Sócio "Charlie" é de:

A. R$ 260.000,00

B. R$ 220.000,00

C. R$ 212.000,00

D. R$ 144.000,00

45) (FCC/DPE-PA/DEFENSOR PÚBLICO/2009) A prova pericial:

A. é renovável se a matéria não estiver suficientemente esclarecida.

B. é obrigatória quando houver controvérsia sobre a matéria de fato discutida no processo.

C. vincula o juiz ao resultado da perícia, salvo quando ocorrer corrupção do perito.

D. é sempre dispensável quando ocorrer a revelia.

E. não se compatibiliza com o procedimento sumário.

46) (FCC/TJ-SE/ANALISTA JUDICIÁRIO – PSICOLOGIA/2009) O Juiz determinará estudo pericial de um caso quando:

A. não possuir o tempo necessário para se debruçar sobre a matéria.

B. a prova do fato depender de conhecimento técnico ou científico.

C. conhecer as partes e necessitar não se envolver pessoalmente com a avaliação da prova.

D. necessitar melhorar o fluxo de processos em seu cartório.

E. necessitar ouvir crianças com dificuldade de expressão dos sentimentos.

47) (Exame de Suficiência Contábil – CFC) A prova técnica simplificada está definida pelo art. 464 do Código de Processo Civil – Lei n. 13.105, de 16 de março de 2015 – e pode substituir a perícia tradicional.

Sobre a prova técnica simplificada, assinale a opção CORRETA.

A. Consiste apenas na inquirição do especialista, pelo Juiz, sobre ponto controvertido da causa que demandar especial conhecimento científico ou técnico e ocorre quando o ponto controvertido for de menor complexidade.

B. Consiste apenas na inquirição do especialista, pelo Juiz e pelas partes, sobre ponto controvertido da causa que demandar especial conhecimento científico ou técnico e ocorre em quaisquer circunstâncias, independentemente do nível de complexidade da matéria objeto de estudo da perícia. 1

C. Consiste apenas na inquirição do especialista, pelas partes, sobre ponto controvertido da causa que demandar especial conhecimento científico ou técnico, para qualquer situação e por requerimento do Juiz.

D. Consiste apenas na inquirição do especialista, pelas partes, sobre ponto controvertido da causa que demandar especial conhecimento científico ou técnico e ocorre quando o ponto controvertido for de maior complexidade.

48) (Exame de Suficiência Contábil – CFC) A empresa Alfa S.A. pretende fazer uma reestruturação societária visando a incorporação da empresa Beta S.A. Para isso, foi contratado um perito para avaliar o patrimônio líquido da sociedade a ser incorporada com o intuito de emitir um laudo contábil de avaliação, conforme é exigido pela legislação vigente e órgão regulamentador.

Qual o tipo de Perícia citada no enunciado?

A. Estatal
B. Arbitral
C. Voluntária
D. Judicial.

49) (Exame de Suficiência do CFC) Marque a alternativa incorreta conforme o que predispõe a seção "zelo profissional", da NBC PP 01 (R1).

A. O perito é responsável pelo trabalho de sua equipe técnica, a qual compreende os auxiliares para execução do trabalho complementar do laudo pericial contábil e/ou parecer pericial contábil.

B. Sempre que não for possível concluir o laudo pericial contábil no prazo fixado pelo juiz, deve o perito do juízo requerer a sua dilação antes de vencido aquele, apresentando os motivos que ensejaram a solicitação.

C. Na perícia oficial, o perito deve estipular os prazos necessários para a execução dos trabalhos na entrega do seu laudo pericial contábil, fazendo acompanhar a proposta de honorários e a descrição dos serviços a executar.

D. A realização de diligências, durante a elaboração do laudo pericial contábil, para busca de provas, quando necessária, deve ser comunicada às partes para ciência de seus assistentes.

50) (Instituto AOCP – Perito (ITEP RN)/Criminal/Ciências Contábeis e Ciências Econômicas/2018) No que se refere à Perícia Contábil, e de acordo com a NBC da Perícia Contábil, assinale a alternativa que NÃO se refere a conceitos e objetivos da Perícia Contábil.

A. A perícia contábil constitui o conjunto de procedimentos técnicos e científicos destinado a levar à instância decisória elementos de prova necessários a subsidiar a justa solução do litígio, mediante laudo pericial contábil, e ou parecer pericial contábil, em conformidade com as normas jurídicas e profissionais, e a legislação específica no que for pertinente.

B. A perícia contábil, tanto a judicial, como a extrajudicial e a arbitral, é de competência exclusiva de Contador registrado em Conselho Regional de Contabilidade.

C. Os procedimentos realizados de perícia contábil fundamentam as conclusões no laudo pericial contábil.

D. Nos casos em que a legislação admite a perícia interprofissional, aplica-se o item da alternativa B exclusivamente às questões contábeis, segundo as definições contidas na Resolução CFC n. 560/83.

51) (EQT – CFC) O contador A foi nomeado como perito judicial nos autos de ação judicial com a finalidade de realizar perícia contábil-financeira para aferir a capacidade de pagamento da empresa Alfa, em face de uma dívida previdenciária com a União. Nos autos do processo, identificou uma decisão judicial proferida pelo Exmo. Juiz de Execuções Fiscais que fazia referência à expressão "fluxos de caixa em base líquida".

Considerando o que dispõe a norma brasileira de contabilidade sobre Demonstração dos Fluxos de Caixa sobre o tema, julgue os itens abaixo e, em seguida, assinale a alternativa CORRETA:

I. Os fluxos de caixa advindos das atividades operacionais, de investimento e de financiamento podem ser apresentados em base líquida nas situações em que houver recebimentos de caixa e pagamentos em caixa em favor ou em nome de clientes, quando os fluxos de caixa refletirem mais as atividades dos clientes do que as da própria entidade.

II. Os fluxos de caixa advindos das atividades operacionais, de investimento e de financiamento podem ser apresentados em base líquida nas situações em que houver recebimentos de caixa e pagamentos em caixa referentes a itens cujo giro seja rápido, os montantes sejam expressivos e os vencimentos sejam de curto prazo.

III. Os fluxos de caixa advindos das atividades operacionais, de investimento e de financiamento não podem ser apresentados em base líquida nas situações em que houver recebimentos de caixa e pagamentos em caixa em favor ou em nome de clientes, quando os fluxos de caixa refletirem mais as atividades dos clientes do que as da própria entidade.

IV. Os fluxos de caixa advindos das atividades operacionais, de investimento e de financiamento podem ser apresentados em base líquida nas situações em que houver recebimentos de caixa e pagamentos em caixa referentes a itens cujo giro seja rápido, porém em que os montantes não sejam expressivos e os vencimentos sejam de curto prazo.

Estão CORRETOS os itens:

A. I e II, apenas.
B. I, II e III, apenas.
C. III e IV, apenas.
D. I, II, III e IV.

52) (EQT – CFC) O Contador A foi nomeado para atuar na função de perito do juízo em uma Ação de Dissolução Parcial de Sociedade. Para conhecer o objeto e o objetivo da perícia, realizou minuciosa leitura e análise dos autos e constatou que se tratava de uma pequena empresa, motivando-o a relembrar os preceitos estabelecidos na norma brasileira de contabilidade para Pequenas e Médias Empresas. Como uma das etapas do seu trabalho seria baseada no levantamento e na certificação dos valores reais de todas as contas Ativas e Passivas da entidade na data do evento definido pelo juízo, focou os seus estudos para compreender as características qualitativas de informação em demonstrações contábeis.

De acordo com o que disciplina a citada norma, julgue os itens abaixo e, em seguida, assinale a opção CORRETA:

I. É inapropriado fazer, ou deixar sem corrigir, desvios insignificantes das práticas contábeis para se atingir determinada apresentação da posição patrimonial e financeira (balanço patrimonial) da entidade, seu desempenho (resultado e resultado abrangente) ou fluxos de caixa.

II. Transações e outros eventos e condições devem ser contabilizados e apresentados de acordo com sua essência e, não, meramente sob sua forma legal. Isso aumenta a confiabilidade das demonstrações contábeis.

III. A informação tem a qualidade da relevância quando é incapaz de influenciar as decisões econômicas de usuários, ajudando-os a avaliar acontecimentos passados, presentes e futuros ou confirmando, ou corrigindo, suas avaliações passadas.

IV. A informação é confiável quando está livre de desvio substancial e viés, e representa adequadamente aquilo que tem a pretensão de representar ou seria razoável de se esperar que representasse.

Estão CORRETOS os itens:

A. I, II e IV, apenas.
B. I e III, apenas.
C. II e III, apenas.
D. I, II, III e IV.

53) (EQT – CFC) O contador A foi contratado como assistente técnico em um processo judicial movido pelo Ministério Público Estadual em desfavor do Governador do Estado X. O objeto do exame pericial envolveu operações realizadas pelo governo estadual com empresas públicas e investimentos em coligadas, bem como empreendimentos controlados em conjunto.

Consoante a norma brasileira de contabilidade sobre Investimento em Coligada e em Empreendimento Controlado em Conjunto, assinale a alternativa INCORRETA:

A. Uma das conclusões do parecer técnico-pericial foi que a empresa pública possui influência significativa sobre outra entidade, ou seja, possui o poder de participar nas decisões de políticas financeiras e operacionais, controlando, individualmente ou conjuntamente, essas políticas.

B. Na fase de planejamento, o assistente técnico deverá conhecer, entre outros, o conceito de empresa coligada e acordo vinculante, que são definidos pela norma brasileira de contabilidade, respectivamente como: a entidade sobre a qual o investidor tem influência significativa; é aquele que confere direitos e obrigações executáveis às partes como se fosse na forma de contrato.

C. Durante os exames, o assistente técnico constatou que a empresa pública formou um acordo em conjunto, ou seja, formou um acordo pelo qual duas ou mais partes têm controle em conjunto.

D. A perícia constatou que a empresa periciada possui alguns empreendimentos controlados em conjunto, ou seja, possui um acordo por meio do qual as partes controlam em conjunto o empreendimento e possuem direitos em seus ativos líquidos.

54) (EQT – CFC) No curso de um processo administrativo fiscal, o contador A foi contratado como assistente técnico do contribuinte. Em suas análises, o contador A constatou que o lançamento realizado pelo Fisco estava lastreado na interpretação dada pela autoridade fiscal acerca de alguns conceitos presentes na norma brasileira de contabilidade sobre Ajuste a Valor Presente, conforme destacado a seguir.

Acerca desse assunto, julgue os itens abaixo e, em seguida, assinale a opção CORRETA.

I. Ativos e passivos monetários com juros implícitos ou explícitos embutidos devem ser mensurados pelo seu valor presente quando do seu reconhecimento inicial, por ser este o valor de custo original dentro da filosofia de valor justo (fair value).

II. As reversões dos ajustes a valor presente dos ativos e passivos monetários qualificáveis não devem ser apropriadas como receitas ou despesas financeiras, a não ser que a entidade possa devidamente fundamentar que o financiamento feito a seus clientes faça parte de suas atividades operacionais, quando então as reversões serão apropriadas como receita operacional.

III. Passivos não contratuais são aqueles que apresentam maior complexidade para fins de mensuração contábil pelo uso de informações com base no valor presente. Fluxos de caixa ou séries de fluxos de caixa estimados são carregados de incerteza, assim como são os períodos para os quais se tem a expectativa de desencaixe ou de entrega de produto/prestação de serviço. Logo, muito senso crítico, sensibilidade e experiência são requeridos na condução de cálculos probabilísticos. Pode ser que, em determinadas situações, a participação de equipe multidisciplinar de profissionais seja um imperativo para a execução da tarefa.

IV. A obrigação para a retirada de serviço de ativos de longo prazo, qualificada pela literatura como Asset Retirement Obligation (ARO), não é um exemplo de passivo não contratual já observado em companhias que atuam no segmento de extração de minérios metálicos, de petróleo e termonuclear, ajustando-o a valor presente.

Estão CORRETOS os itens:

A. I e III, apenas.
B. I, II e III, apenas.
C. I e II, apenas.
D. I, II, III e IV.

55) (EQT – CFC) Em uma Ação Ordinária tramitando na esfera cível do Tribunal de Justiçado Estado Amazonas (TJ/AM), que contempla indenização por lucros cessantes, proferida numa decisão já transitada em julgado, o Contador X foi nomeado para apuração do montante (*quantum debeatur*) efetivamente devido.

Considerando o Código Civil e o Código de Ética Profissional do Contador, o perito do juízo deverá apurar os lucros cessantes da empresa autora. Contudo, ao analisar a documentação contábil digital da empresa autora, o perito contábil constatou a ausência no livro diário das assinaturas dos responsáveis da empresa, legal e técnico (contador). Em resposta a sua diligência, a empresa informou que, por ser um livro diário na forma digital, não há necessidade de constar a assinatura dos responsáveis da empresa, legal e técnico (contador). De acordo com a norma brasileira de contabilidade sobre Escrituração Contábil, assinale a opção CORRETA.

A. Os livros contábeis obrigatórios, em forma digital, devem revestir-se de formalidades extrínsecas, tais como, serem assinados digitalmente pela empresa e pelo profissional da contabilidade regularmente habilitado.

B. A documentação contábil da empresa periciada é hábil, pois está revestida das características intrínsecas ou extrínsecas essenciais, definidas na legislação, na técnica-contábil ou aceitas pelos "usos e costumes".

C. Documentação contábil é aquela que comprova os fatos que originam lançamentos na escrituração da entidade e compreende todos os documentos, livros, papéis, registros e outras peças, de origem interna ou externa, que apoiam ou componham a escrituração, independentemente da assinatura do profissional da contabilidade.

D. Em caso de escrituração contábil em forma digital, não há necessidade de impressão, de encadernação em forma de livro e de assinatura digital da empresa e do profissional de contabilidade regularmente habilitado.

56) (EQT – CFC) Em uma ação judicial movida por uma concessionária de serviços públicos contra a União, o juiz do feito determinou a realização de perícia contábil tendo por objeto avaliar o valor justo cobrado pelo concessionário, em face das disposições contratuais.

Considerando as disposições constantes na norma brasileira de contabilidade sobre Contratos de Concessão, bem como as normas de perícia contábil e o Código de Processo Civil, assinale a alternativa INCORRETA.

A. Para a execução dos trabalhos periciais, o perito deverá conhecer os conceitos que envolvem as partes e contrapartes do contrato, sabendo que o concessionário é responsável ao menos por parte da gestão da infraestrutura e serviços relacionados, atuando apenas como mero agente, em nome da concedente.

B. Durante a execução dos seus trabalhos, o perito necessitará certificar que se trata de um contrato de concessão, avaliando a sua essência e adequação à norma brasileira de contabilidade, atentando-se que uma característica desses contratos de prestação de serviços é sua natureza de serviço público, que fica sob a responsabilidade do concessionário.

C. Ao constatar que se trata realmente de um contrato coberto pela norma brasileira de contabilidade, o perito identificou que o contrato de prestação de serviços obriga expressamente o concessionário a prestar os serviços à população em nome do órgão público.

D. Durante diligências, o perito certificou que o contrato não estabelece regras para as revisões de valor durante a sua vigência. Desta forma, concluiu que as cláusulas não estão seguindo a forma esperada pela a norma brasileira de contabilidade, uma vez que, segundo ela, o contrato estabelece o preço inicial a ser cobrado pelo concessionário, regulamentando suas revisões durante a sua vigência.

57) (EQT – CFC) Em um processo judicial, o juiz deferiu perícia contábil com a finalidade de apurar valores que seriam devidos pelo réu aos autores. O juiz deferiu a escolha dos peritos pelas partes: um contador, um economista, um engenheiro. Ao contador coube mensurar as receitas questionadas, tomando por base a norma brasileira de contabilidade sobre Receita de Contrato com Cliente.

Com base nestes dados, julgue os itens abaixo e, em seguida, assinale a opção CORRETA.

I. A situação exposta na questão trata de perícia complexa, prevista na lei n.º 13.105, de 16 de março de 2015, uma vez que abrange mais de uma área de conhecimento especializado, permitindo ao juiz nomear mais dum perito, e à parte indicar mais de um assistente técnico.

II. Trata-se de perícia consensual, em que as partes escolhem os peritos.

III. A entidade deve considerar os termos do contrato e suas práticas de negócios usuais para determinar o preço da transação. O preço da transação é o valor da contraprestação à qual a entidade espera ter direito em troca da transferência dos bens ou serviços prometidos ao cliente, excluindo quantias cobradas em nome de terceiros (por exemplo, alguns impostos sobre vendas). A contraprestação prometida em contrato com o cliente pode incluir valores fixos, valores variáveis ou ambos.

IV. Para fins de determinação do preço da transação discutido no caso analisado, a entidade deve presumir que os bens ou serviços serão transferidos ao cliente conforme prometido, de acordo com o contrato existente, o qual não será cancelado, renovado ou modificado.

Estão CORRETOS os itens:

A. I, II, III e IV.

B. I, II e III, apenas.

C. II e III, apenas.

D. I e II, apenas.

58) (EQT – CFC) O Contador A foi contratado como assistente técnico para emitir uma opinião sobre o valor da Receita Líquida que consta da Demonstração de Resultado (DRP) da empresa K, no valor de R$ 10.500.000,00.

Com base neste enunciado, considerando as rubricas e valores que resultam no montante da receita liquida da DRP periciada, marque a alternativa CORRETA.

A. Receita bruta de vendas R$ 15.000.000,00; ICMS das vendas R$ 3.000.000,00; PIS/COFINS das vendas R$ 1.500.000,00.

B. Receita bruta de vendas R$ 15.000.000,00; ICMS das compras R$ 4.000.000,00; PIS/COFINS das vendas R$ 500.000,00.

C. Receita bruta de vendas R$ 15.000.000,00; ICMS das vendas R$ 5.000.000,00; receita financeira R$ 500.000,00.

D. Todas as respostas estão corretas.

59) (EQT – CFC) A Contadora Y foi convidada para atuar na função de Assistente Técnica de uma pessoa jurídica de direito privado sem finalidade de lucros, tratando-se de uma entidade sindical. Para ser contratada, deveria ser submetida a uma dinâmica de grupo para avaliar o nível de seu conhecimento sobre a norma contábil específica que estabelece critério se procedimentos de avaliação, de reconhecimento das transações e variações patrimoniais, de estruturação das demonstrações contábeis e as informações mínimas a serem divulgadas em notas explicativas de entidade sem finalidade de lucros. Nesse contexto, uma das perguntas feitas para esta profissional exigia conhecimento da norma brasileira de contabilidade.

Assim, com base no enunciado destes itens, julgue e assinale a opção INCORRETA:

A. O trabalho voluntário, inclusive de membros integrantes dos órgãos da administração, no exercício de suas funções, não deve ser reconhecido pelo valor justo da prestação do serviço, pois não ocorreu o desembolso financeiro.

B. Os registros contábeis devem evidenciar as contas de receitas e despesas, com e sem gratuidade, superávit ou déficit, de forma segregada, identificáveis por tipo de atividade, tais como educação, saúde, assistência social e demais atividades.

C. Os benefícios concedidos pela entidade sem finalidade de lucros a título de gratuidade devem ser reconhecidos de forma segregada, destacando-se a queles que devem ser utilizados em prestações de contas nos órgãos governamentais.

D. O valor do superávit ou déficit deve ser incorporado ao Patrimônio Social. O superávit, ou parte de que tenha restrição para aplicação, deve ser reconhecido em conta específica do Patrimônio Líquido.

60) (EQT – CFC) Em uma Ação Revisional de Contrato c/c pedido de Repetição de Indébito Indenizatório, o juiz julgou parcialmente procedente o pedido do demandante para determinar a revisão da relação contratual mantida entre as partes, desde a data de assinatura da avença.

Determinando:

I. nula a cláusula que prevê a cobrança de juros fixados em 25% ao ano, limitando-os ao percentual de 12% ao ano;

II. restituição dos valores cobrados a maior, acrescido de correção monetária da data da cobrança com base no IGPM- FGV e juros de mora de um por cento ao mês calculados de forma simples, a partir da citação(01/03/XX).

Na função de assistente técnico e sabendo que o perito do juízo apurou um valor cobrado a maior equivalente a R$100.000,00, para a data da cobrança, apure o valor atualizado para 31/10/XX, acrescido de correção monetária pelo índice IGPM- FGV (18%) e juros de mora, ao final de 8meses.

A resposta CORRETA para o atendimento ao comando judicial, por meio da certificação no parecer do assistente técnico é:

A. O demandante encontrar-se-ia com um saldo credor equivalente a R$ 127.440,00 para 31/10/XX.

B. O demandante encontrar-se-ia com um saldo credor equivalente a R$ 109.440,00 para 31/10/XX.

C. O demandante encontrar-se-ia com um saldo credor equivalente a R$ 127.777,00 para 31/10/XX.

D. O demandante encontrar-se-ia com um saldo devedor equivalente a R$ 118.000,00 para 31/10/XX.

61) (EQT – CFC) Para poder decidir qual o custo de um imóvel, o Juiz da 3ª Vara Judicial determinou a prova pericial e designou o Contador A para elaborar um laudo pericial contábil, apontando e discriminando os itens da formação do custo do imóvel de uma incorporação imobiliária, onde o Comprador impetrou uma ação judicial, questionando os custos da obra em decorrência do aumento do saldo devedor com a Incorporadora. O objeto da perícia é certificar o real custo da obra dado que os valores contidos nas planilhas apresentadas pelo Comprador (Requerente) e a Incorporadora (Requerida) foram muito discrepantes. Para a certificação do custo do imóvel, o objeto da incorporação imobiliária compreende todos os custos incorridos para a sua obtenção. Independentemente de pagamento, o Perito Contábil deverá observar a norma brasileira de contabilidade sobre Entidades de Incorporação Imobiliária.

Com base nesses dados, identifique nos itens abaixo essas condições da norma e, em seguida, assinale a opção CORRETA:

I. Preço do terreno, inclusive gastos necessários à sua aquisição e regularização.

II. As despesas com propaganda, marketing, promoções e outras atividades correlatas, mesmo que diretamente relacionadas a um empreendimento imobiliário específico, as quais fazem parte do custo de construção do imóvel.

III. Custos diretamente relacionados à construção, inclusive aqueles de preparação do terreno, canteiro de obras e gastos de benfeitorias nas áreas comuns.

IV. Impostos, taxas e contribuições não recuperáveis que envolvem o empreendimento imobiliário, incorridos durante a fase de construção.

Estão CORRETOS os itens:

A. I, III, e IV, apenas.
B. I, II e III, apenas.
C. II, III, e IV, apenas.
D. I, II, III e IV.

62) (IADES/PC-DF/Perito Criminal/Contabilidade/2016) A respeito da perícia contábil, conforme a NBC TP 01 (R1), assinale a alternativa correta.

A. É de competência exclusiva de servidor aprovado em concurso público, com formação em contabilidade e em situação regular perante o Conselho Regional de Contabilidade de sua jurisdição.

B. Havendo interesse e acordo entre as partes envolvidas em uma disputa, poderá ser requerida perícia contábil fora do âmbito do Poder Judiciário.

C. Exercida sob o controle da lei de arbitragem, a perícia arbitral é uma espécie do gênero perícia judicial.

D. Na execução da perícia contábil, os elementos apurados constituem-se apenas em informações adicionais para apreciação do juiz demandante, não tendo validade como prova para a solução do litígio.

E. Busca evidenciar a veracidade dos fatos de forma imparcial, não estando limitada, portanto, a objeto, matéria ou lapso temporal.

63) Em janeiro de 2021, João Perito foi nomeado para a apuração de haveres da empresa SS Ltda., tendo a perícia o objetivo de determinar o valor do Patrimônio Líquido, para fins de pagamento dos haveres ao sócio minoritário Luiz de Souza, que detém 20% das quotas do capital da empresa e está se retirando da mesma. Durante os procedimentos, foi constatado que:

- De acordo com o contrato social da empresa, a distribuição dos lucros é proporcional ao capital social;
- O sócio citado já integralizou totalmente a sua participação no capital social;
- Não há saldo de pró-labore a receber em favor do sócio;
- Não há outros créditos ou débitos a receber e/ou a pagar do sócio;
- O Balanço Patrimonial elaborado em 31/12/2020 apresentava os seguintes saldos:

ATIVO		
Ativo Circulante		
Disponibilidades	R$	16.000,00
Clientes	R$	20.000,00
Estoques	R$	25.000,00
Ativo Não Circulante	**R$**	
Imobilizado	R$	60.000,00
Depreciações acumuladas	R$	(6.000,00)
Total do Ativo	**R$**	**115.000,00**

PASSIVO		
Passivo Circulante		
Fornecedores	R$	6.000,00
Obrigações tributárias	R$	2.000,00
Obrigações trabalhistas	R$	2.000,00
Patrimônio líquido		
Capital social	R$	100.000,00
Lucros acumulados	R$	115.000,00
Total do Ativo	**R$**	**115.000,00**

- Não foram encontrados registros contábeis dos seguintes itens: Despesas diversas (água, luz, outras) referentes ao exercício
- de 2020 a serem pagas em 2021 – R$ 1.000,00; Provisão de férias com 1/3 constitucional e os respectivos encargos sociais
- referentes ao exercício de 2020 – R$ 500,00; Venda realizada à vista durante o exercício de 2020 – R$ 5.000,00; Baixa de
- estoque em 2020 referente à venda não contabilizada – R$ 2.000,00;
- Os demais elementos ativos e passivos estão corretamente classificados e avaliados.

Considerando somente as informações apresentadas no laudo, o perito concluirá que os haveres do sócio Luiz de Souza, em 31/12/2020, na empresa SS Ltda., correspondem a:

A. R$ 21.000,00
B. R$ 21.300,00
C. R$ 23.000,00
D. R$ 23.600,00

64) (EQT Perito) Entre as novidades do Código de Processo Civil vigente, estão os critérios objetivos e impessoais, previamente estabelecidos para formação do cadastro pelos tribunais e avaliação, reavaliação e seleção do perito para nomeação pelo juízo (exemplo: profissionais legalmente habilitados, cadastrados no tribunal, formação profissional, a atualização do conhecimento e a experiência).

Com base no que dispõe o Código de Processo Civil e a Norma Brasileira de Contabilidade PP01 (R1) – Perito Contábil, analise e assinale a opção CORRETA.

A. Quando a causa puder ser resolvida por autocomposição e as partes sejam plenamente capazes, a escolha do perito, de comum acordo, poderá ser requerida ao juízo.

B. A escolha do perito pelas partes dispensa a comunicação prévia da data e do local de instalação e realização da perícia.

C. A possibilidade de escolha consensual do perito pelas partes objetiva a redução de custos para a prova pericial e a celeridade processual, dado que todos devem cooperar entre si para que se obtenha, em tempo razoável, decisão de mérito justa e efetiva. Logo, segundo o Código de Processo Civil é dispensada a contratação dos assistentes técnicos.

D. A confiança no conhecimento especializado do perito contábil escolhido, em comum acordo, pelas partes para realizar uma perícia judicial não exige discernimento, independência e habilitação legal para a realização do trabalho.

65) (EQT Perito) Uma perita contábil foi nomeada para atuar em uma ação de dissolução parcial de uma Empresa de Grande Porte do segmento de turismo e viagens para apuração dos haveres do sócio dissidente, com data base definida em 31/7/2020.

Diante dos efeitos econômico-financeiros decorrentes da propagação do coronavírus (Covid-19), a nomeada deverá tomar os devidos cuidados quanto aos possíveis reflexos, riscos e incertezas que possam impactar as demonstrações contábeis a serem analisadas para a apuração do balanço de determinação.

Assim, considerando o art. 606 do Código de Processo Civil e normas contábeis que devem ser aplicadas na perícia para examinar se existem irregularidades ou distorções na escrituração contábil da sociedade, objetivando adotar o posicionamento mais adequado sobre essa situação específica, analise os itens abaixo e, em seguida, assinale a CORRETA:

I. Verificar se houve divulgação de risco de descontinuidade de suas operações e/ou quando houver incertezas quanto às estimativas contábeis adotadas, conforme NBC TG 26 (R5) – Apresentação das Demonstrações Contábeis.
II. Verificar se os efeitos da epidemia influenciaram os valores justo e recuperável de ativos, com base na NBC TG 46 (R2) – Mensuração do Valor Justo e NBC TG 01 (R4) – Redução ao Valor Recuperável de Ativos.
III. Verificar se houve reconhecimento de amortizações em decorrência das perdas decorrentes da pandemia, conforme NBC TG 1000 (R1) – Contabilidade para Pequenas e Médias Empresas.
IV. Verificar se, em função dos efeitos decorrentes do mercado, houve alteração na estimativa de contrapartidas variáveis, conforme NBC TG 47 – Receita de Contrato com Cliente.

Estão CORRETOS os itens:

A. I, III e IV, apenas.
B. I, II, III e IV.
C. I, II e IV, apenas.
D. II e III, apenas.

66) (EQT Perito) Os Sócios "A", "B" e "C" de determinada Sociedade Empresária decidiram excluir o Sócio "D" da sociedade.

Para esse fim, solicitaram que o contador da empresa apresentasse o Balanço Patrimonial Especial em 14 de outubro de 2021, visando demonstrar ao Sócio "D" a sua parte nos haveres.

O quadro de participação societária estava assim constituído:

Sócio	%
A	25
B	40
C	23
D	12

Após os ajustes, foi apresentado o Balanço Patrimonial Especial.

O Patrimônio Líquido ficou assim representado:

Capital Subscrito 110.000,00

Reserva de Lucro 25.000,00

Prejuízos Acumulados (20.000,00)

Lucro apurado 40.250,00

Com base nos dados acima, em uma Perícia Contábil de Apuração de Haveres, avalie e assinale a opção CORRETA para o valor a ser pago ao Sócio "D".

A. R$ 4.830,00.

B. R$ 15.630,00.

C. R$ 18.630,00.

D. R$ 21.030,00.

67) (EQT Perito) Em uma ação de dissolução parcial de sociedade do segmento varejista, o Perito do Juízo constatou que o Ativo Imobilizado da entidade representa 75% do seu Ativo Total, o que o levou a rever os conceitos e diretrizes definidos pela NBC TG 27 (R4) – Ativo Imobilizado, principalmente para revisar se as informações divulgadas em notas explicativas e os critérios utilizados na escrituração contábil estão adequados.

Identifique, nos itens abaixo, as informações que devem ser incluídas em notas explicativas referente à citada NBC TG 27 (R4) e, em seguida, assinale a opção CORRETA:

I. Os critérios de mensuração utilizados para determinar o valor contábil bruto; os métodos de depreciação utilizados; as vidas úteis ou as taxas de depreciação utilizadas.

II. A existência e os valores contábeis de ativos cuja titularidade é restrita, como os ativos imobilizados formalmente ou na essência oferecidos como garantia de obrigações e os adquiridos mediante operação de leasing conforme a NBC TG 06.

III. O valor dos gastos reconhecidos no valor contábil de um item do ativo imobilizado no final da sua construção.

IV. O valor contábil bruto e a depreciação acumulada (mais as perdas por redução ao valor recuperável acumuladas) no início e no final do período.

Estão CORRETOS os itens:

A. I, III e IV, apenas.

B. I, II, III e IV.

C. I, II e IV, apenas.

D. II e III, apenas.

68) (EQT Perito) Dois irmãos são sócios de uma empresa agrícola, especializada em compra e venda de grãos, com diversas filiais no Sul e Centro Oeste do Brasil. Ambos são administradores, e cada um deles, possui 50% das quotas de capital. No início de 2021, o irmão mais velho sofreu um acidente aéreo e faleceu. A família do sócio falecido entra com uma ação judicial solicitando avaliação das quotas sociais da firma, já que os valores oferecidos pelo sócio remanescente ficaram abaixo do que eles entendiam ser corretos.

Diante desse caso hipotético e com base nas definições contidas no Código de Processo Civil brasileiro, analise os itens abaixo e, em seguida, assinale a opção CORRETA.

I. Para apuração de haveres, o juiz fixará a data da resolução da sociedade.

II. Para apuração de haveres, o juiz definirá o critério de apuração dos haveres à vista do disposto no contrato social.

III. Para apuração de haveres, o juiz determinará à sociedade ou aos sócios que nela permaneceram que depositem em juízo a parte do incontroverso dos haveres devidos em até 30 dias após a homologação do laudo pericial.

IV. Para apuração de haveres, o juiz poderá revisar a data da resolução e o critério de apuração de haveres, a pedido da parte, a qualquer tempo antes do início da perícia.

Estão CORRETOS os itens:

A. I, II, III e IV.
B. II e III, apenas.
C. I, III e IV, apenas.
D. I, II e IV, apenas.

69) (Exame de Suficiência 2022 – CFC) Considerando a legislação profissional vigente sobre perícia, bem como o Código de Processo Civil e a Lei n. 12.030/2009, que versa sobre perícias oficiais, assinale a afirmativa INCORRETA.

A. Em razão do exercício das atividades de perícia oficial de natureza criminal, os peritos de natureza criminal estão sujeitos a regime especial de trabalho, observada a legislação específica de cada ente a que se encontrem vinculados.

B. No exercício da atividade de perícia oficial de natureza criminal, é assegurado autonomia técnica, científica e funcional, não sendo exigido concurso público, nem formação acadêmica específica, para o provimento do cargo de perito oficial.

C. Observado o disposto na legislação específica de cada ente a que o perito se encontra vinculado, são considerados peritos de natureza criminal, inclusive os peritos criminais com formação superior específica detalhada em regulamento, de acordo com a necessidade de cada órgão e por área de atuação profissional.

D. O profissional de contabilidade que atua como perito, ao prestar informações inverídicas, seja por dolo ou culpa, responderá pelos prejuízos que causar à parte e ficará inabilitado para atuar em outras perícias no prazo de dois a cinco anos, independentemente das demais sanções previstas em lei, devendo o juiz comunicar o fato ao respectivo órgão de classe para adoção das medidas que entender cabíveis.

70) (EQT Perito 2023) A NBC TP 01 (R1)/2020, que dá nova redação à NBC TP 01, estabelece que os procedimentos periciais contábeis objetivam fundamentar o laudo pericial.

Dentre esses procedimentos, aquele que busca constatar o que está oculto por quaisquer circunstâncias é o da

A. avaliação
B. indagação
C. investigação
D. mensuração
E. testabilidade

71) (EQT Perito 2023) De acordo com o estabelecido na NBC TP 01 (R1), a perícia extrajudicial é exercida no âmbito

A. estatal, operacional ou voluntária
B. administrativo, arbitral ou operacional
C. arbitral, estatal ou voluntária
D. administrativo, arbitral ou estatal
E. administrativo, operacional ou voluntária

72) (Exame de Suficiência 2023-2) Recentemente contratado pela empresa Alpha, em análise à documentação que lhe foi entregue, determinado conta- dor, com vasta experiência em perícia contábil, se deparou com algumas situações peculiares; analise-as.

I. A empresa Alpha efetuou a retenção das contribuições previdenciárias de seus colaboradores (empregados) durante todo o exercício de 2021 e nos seis primeiros meses de 2022. Contudo, não efetuou o devido recolhimento desses valores à Previdência Social. O contador alertou os responsáveis legais da empresa e aconselhou que eles, espontaneamente, confessassem e efetuassem o recolhimento do montante legalmente devido. Contudo, uma vez que já havia o recebimento de denúncia criminal, conforme disposição legal, a pretensão punitiva do Estado não seria suspensa ou extinta.

II. Lourenço, dono da empresa Alpha, vendeu determinado imóvel de sua propriedade para Giovanna, não efetuando prova de quitação dos tributos incidentes sobre o bem negociado e, Giovanna, por sua vez, não fez o devido registro da negociação do imóvel junto ao cartório e nem comunicou a aquisição junto à prefeitura. Posteriormente à venda, verificou-se que havia débitos inadimplidos de IPTU de anos anteriores à realização do negócio. Nessa situação, o contador alertou Lourenço sobre a autoridade pública competente exigir legalmente o cumprimento de obrigações inadimplidas de IPTU.

III. A construção de uma clínica de recuperação de dependentes químicos na zona rural de determinado município provocou a desvalorização do sítio de propriedade de Lourenço, dono da empresa Alpha, que o vendeu com enorme prejuízo.

No mesmo ano, ele adquiriu outro imóvel na mesma cidade e o vendeu pelo triplo do valor de aquisição. Nessa situação, por se tratar do mesmo exercício, Lourenço poderá compensar o ganho de capital obtido com a venda do segundo imóvel e o prejuízo advindo da venda do sítio na declaração anual do seu imposto de renda.

Está correto o que se afirma em

A. I, II e III.

B. II, apenas.

C. III, apenas.

D. I e II, apenas.

4.9 Questões discursivas

O cônjuge ou companheiro(a) do sócio cujo casamento, união estável ou convivência terminou requereu judicialmente a) a apuração de seus haveres na sociedade, que serão pagos à conta da quota social titulada por este sócio, conforme entendimento jurisprudencial e b) a divisão periódica dos lucros, até que se liquide a sociedade. A parte autora requereu a produção de prova pericial para dirimir controvérsia acerca do verdadeiro patrimônio do réu, sócio da empresa "A", bem como para verificar eventual existência de fraude contábil no faturamento da citada empresa, nos dois anos anteriores e nos dois anos seguintes a separação do casal. Segundo o réu, a sua quota de participação societária é de 25% e a distribuição de lucro é de forma diferenciada, conforme previsto nos atos constitutivos da empresa. O faturamento anual da empresa, no período que antecede a separação, era na ordem de R$10 milhões que gerava lucros na ordem de 15%. Nos dois anos seguintes à separação, o faturamento declarado anualmente decresceu 50% e os lucros informados não atingiram 5%. Com base na situação hipotética apresentada, escreva:

1) Sobre as diferenças entre erro contábil, fraude contábil e ato fraudulento de um administrador de uma empresa.

2) Na condição de perito nomeado, elabore um texto, em linguagem simples e com coerência lógica, com a argumentação técnica de constatação de existência ou inexistência de fraude contábil no faturamento da empresa "A" e certifique na conclusão o resultado alcançado (Dispensada a apresentação no formato de petição).

4.10 Estudo de caso

A Empresa Contábil Varginha Associados apresentava um quadro societário de cinco sócios, com as seguintes participações: sócio A: 20%; sócio B: 20%; sócio C: 20%; sócio D: 20%; e sócio E: 20%. O sócio

D foi excluído da sociedade pelos demais sócios, os quais arquivaram uma Alteração Contratual na Junta Comercial, na qual constou em uma das cláusulas que os haveres do sócio excluído estariam à sua disposição. A apuração de haveres teria sido realizada com base em Balanço Patrimonial Especial.

O sócio D ajuizou uma ação de apuração de haveres, na qual pediu a avaliação dos bens da sociedade, com base em valores de mercado.

O juiz nomeou dois peritos. Para a avaliação dos bens imóveis, foi nomeado um perito engenheiro, e para a apuração dos haveres, foi nomeado o perito do juízo.

O trabalho do perito do juízo utilizou os dados apresentados pela perícia de engenharia e os valores do Balanço Patrimonial Especial juntados aos autos, para, por fim, elaborar um novo Balanço Patrimonial Ajustado.

O Balanço Patrimonial Especial era assim representado:

Balanço patrimonial especial em 31/10/2020

ATIVO		
Ativo Circulante	R$	**742.465,53**
Caixa	R$	3.466,40
Bancos Conta Movimento	R$	19.360,36
Aplicações	R$	51.656,48
Estoques	R$	124.019,03
Duplicatas a Receber	R$	214.734,00
Adiantamentos	R$	8.728,57
Impostos a Recuperar	R$	35.834,51
Despesas Pagas Antecipadamente	R$	284.666,18
Ativo Não Circulante	R$	**1.899.933,61**
Investimentos	R$	14.814,87
Imobilizado	R$	1.884.292,23
Intangível	R$	826,51
Total do Ativo	R$	**2.642.399,14**

PASSIVO		
Passivo a Descoberto	R$	389.219,93
Capital Social Realizado	R$	121.260,00
Prejuízos Acumulados	R$	510.479,93
Total do Ativo + Passivo a Descoberto	R$	3.031.619,07
Passivo Circulante	R$	2.366.717,69
Fornecedores	R$	1.332.217,17
Empréstimos Bancários	R$	20.000,00
Obrigações Sociais a Recolher	R$	234.200,21
Impostos e Taxas a Recolher	R$	678.683,18
Obrigações Trabalhistas	R$	52.086,21
Provisões	R$	37.324,65
Adiantamento de Clientes	R$	12.206,27
Passivo Não Circulante	R$	664.901,38
Empréstimos de Longo Prazo	R$	451.765,96
Impostos Federais Parcelados	R$	213.135,42

Os bens imóveis avaliados pela perícia de engenharia foram assim agrupados:

DESCRIÇÃO	Valor antes da avaliação		Valor após a avaliação	
Ativo Não Circulante	R$	1.899.933,61	R$	2.456.701,90
Investimentos	R$	14.814,87	R$	714.944,89
Propriedades para Investimento	R$	13.769,98	R$	713.900,00
Participações em Sociedade de Crédito	R$	1.044,89	R$	1.044,89
Imobilizado	R$	1.884.292,23	R$	1.740.930,50
Máquinas e Equipamentos	R$	1.884.292,23	R$	1.740.930,50
Intangível	R$	826,51	R$	826,51
Marcas e Patentes	R$	826,51	R$	826,51

Após o perito do juízo realizar os ajustes necessários a um novo Balanço Patrimonial, qual será o valor dos haveres do sócio excluído?

Outra Resposta:
O raciocínio do exercício foi da seguinte forma:

Ajustes de Avaliação Patrimonial   R$ 556.768,29
Capital Social Realizado   +R$ 121.260,00
Prejuízo Acumulado   -R$ 510.479,93
Total   R$ 167.548,36

Eram 5 sócios, com 20% cada, logo a distribuição de lucro será:

Solução:
No Balanço Patrimonial apresentado em 31/10/2020 havia um passivo descoberto de R$389.219,93, após avaliação da perícia de engenharia e atualização dos valores dos Ativos, a valor de mercado, foi feita a apuração de um novo balanço patrimonial com os devidos ajustes e apuração de um novo Patrimônio Líquido, com a inclusão da Conta Ajuste de Avaliação Patrimonial, conforme abaixo:

Balanço patrimonial especial em 31/10/2020

ATIVO		
Ativo Circulante	R$	**742.465,53**
Caixa	R$	3.466,40
Bancos Conta Movimento	R$	19.360,36
Aplicações	R$	51.656,48
Estoques	R$	124.019,03
Duplicatas a Receber	R$	214.734,00
Adiantamentos	R$	8.728,57
Impostos a Recuperar	R$	35.834,51
Despesas Pagas Antecipadamente	R$	284.666,18
Ativo Não Circulante	R$	**2.456.701,90**
Investimentos	R$	714.944.89
Imobilizado	R$	1,740.930.50
Intangível	R$	826,51
Total do Ativo	R$	**3,199,167.43**

PASSIVO		
Passivo Circulante	R$	**2.366.717,69**
Fornecedores	R$	1.332.217,17
Empréstimos Bancários	R$	20.000,00
Obrigações Sociais a Recolher	R$	234.200,21
Impostos e Taxas a Recolher	R$	678.683,18
Obrigações Trabalhistas	R$	52.086,21
Provisões	R$	37.324,65
Adiantamento de Clientes	R$	12.206,27
Passivo Não Circulante	R$	**664.901,38**
Empréstimos de Longo Prazo	R$	451.765,96
Impostos Federais Parcelados	R$	213.135,42
PL	R$	**167.548,36**
Capital Social Realizado	R$	121.260,00
Prejuízos Acumulados	R$	(510.479,93)
Ajuste Avaliação Patrimonial		556.768,29
Total do Passivos	R$	**3.199.167,43**

Dessa forma foi possível determinar o valor do Patrimônio Líquido de 167.548,36 e foi feito o cálculo do valor dos haveres de cada Sócio. Sendo assim, o valor do sócio D (excluído) é de 33.509,67.

Sócio	% Participção	%
A	20	33.509,67
B	20	33.509,67
C	20	33.509,67
D	20	33.509,67
E	20	33.509,67

Outra Resposta:
O raciocínio do exercício foi da seguinte forma:
Ajustes de Avaliação Patrimonial   R$ 556.768,29
Capital Social Realizado   +R$ 121.260,00
Prejuízo Acumulado   -R$ 510.479,93
Total   R$ 167.548,36
Eram 5 sócios, com 20% cada, logo a distribuição de lucro será:
R$ 167.548,36 / 5 = R$ 33.509,67

CAPÍTULO **5**

Perito oficial, perito do juízo e perito assistente técnico

5.1 Introdução

A perícia contábil possui objeto, finalidade, alcance e procedimentos peculiares e é um ramo específico da contabilidade, segundo Érico Almeida.[1] Deve ser exercida por contador com habilitação e conhecimentos técnicos e/ou científicos, com inscrição no Cadastro Nacional de Peritos Contábeis (CNPC), os quais o tornam apto a auxiliar a Justiça quando é necessária a aplicação de suas habilidades para provar algum fato ou ato, conforme o art. 149 do Código de Processo Civil (CPC).

O exercício da perícia contábil é privativo do bacharel em ciências contábeis registrado no Conselho Regional de Contabilidade (CRC), conforme determinação na Norma Brasileira de Contabilidade (NBC) PP 01 (R1):

> Perito é o contador regularmente registrado em Conselho Regional de Contabilidade, que exerce a atividade pericial de forma pessoal, devendo ser profundo conhecedor, por suas qualidades e experiências, da matéria periciada.

---

[1] ALMEIDA, E. *Apostila de perícia contábil para o exame de suficiência do CFC*. São Paulo: Apostila Estratégia Concursos, 2016.

Quadro 5.1 – Peritos

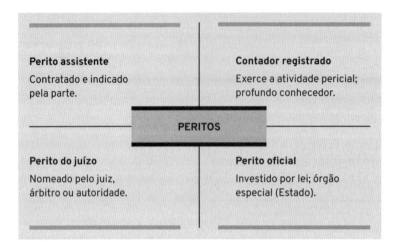

Fonte: CARDOZO, 2016.

O CPC apresenta condições para nomeação do perito:

Art. 156. O juiz será assistido por perito quando a prova do fato depender de conhecimento técnico ou científico.

§ 1º Os peritos serão nomeados entre os profissionais legalmente habilitados e os órgãos técnicos ou científicos devidamente inscritos em cadastro mantido pelo tribunal ao qual o juiz está vinculado.

§ 2º Para formação do cadastro, os tribunais devem realizar consulta pública, por meio de divulgação na rede mundial de computadores ou em jornais de grande circulação, além de consulta direta a universidades, a conselhos de classe, ao Ministério Público, à Defensoria Pública e à Ordem dos Advogados do Brasil, para a indicação de profissionais ou de órgãos técnicos interessados.

§ 3º Os tribunais realizarão avaliações e reavaliações periódicas para manutenção do cadastro, considerando a formação profissional, a atualização do conhecimento e a experiência dos peritos interessados.

§ 4º Para verificação de eventual impedimento ou motivo de suspeição, nos termos dos arts. 148 e 467, o órgão técnico ou científico nomeado para realização da perícia informará ao juiz os nomes e os dados de qualificação dos profissionais que participarão da atividade.

§ 5º Na localidade onde não houver inscrito no cadastro disponibilizado pelo tribunal, a nomeação do perito é de livre escolha pelo juiz e deverá recair sobre profissional ou órgão técnico ou científico comprovadamente detentor do conhecimento necessário à realização da perícia.

O perito é um auxiliar de atuação eventual, que assiste o juiz quando a prova de fato depender de conhecimento técnico ou científico. Para figurar como perito, os profissionais devem estar previamente inscritos no Cadastro Nacional de Peritos Contábeis (CNPC) do Conselho Federal de Contabilidade (CFC) e em cadastro mantido pelo tribunal ao qual o juiz estiver vinculado (art. 156, § 2º). Além disso, os peritos devem ser submetidos a avaliações periódicas, as quais subsidiarão a atualização desse cadastro, segundo Elpídio Donizetti.[2]

5.2 Diferenciação dos peritos

A NBC PP 01 (R1) estabelece a diferenciação de perito oficial, perito do juízo e perito assistente técnico.

Perito oficial: é aquele que pertence a um órgão público e exerce a perícia como profissão – possui carreira pública. Como exemplo, temos os peritos contábeis que exercem a atividade na Polícia Federal e na Polícia Civil.

Perito do juízo: é nomeado pelo juiz, árbitro, autoridade pública ou privada para exercício da perícia contábil. É o profissional designado para subsidiar a solução do litígio ou, simplesmente, constatar um fato. Elaborará o laudo pericial contábil que será entregue para a tomada de decisão. Perito do juízo nomeado é o designado pelo juiz em perícia contábil judicial; contratado é o que atua em perícia contábil extrajudicial; e escolhido é o que exerce sua função em perícia contábil arbitral, conforme NBC PP 01 (R1).

Perito assistente técnico: é o contratado e indicado pela parte no litígio. Acompanhará os procedimentos, bem como os trâmites processuais, e elaborará um parecer pericial contábil acerca da matéria objeto do litígio. Esse parecer pode ser divergente ou não das opiniões do laudo pericial contábil confeccionado pelo perito do juízo. Perito assistente técnico é o contratado e indicado pela parte em perícias contábeis, em processos judiciais e extrajudiciais, inclusive arbitral, segundo a NBC PP 01 (R1). Pode se colocar disponível para a execução da perícia em conjunto.

---

[2] DONIZETTI, E. *Novo código de processo civil comentado*. 3. ed. São Paulo: Atlas, 2018.

Quadro 5.2 – Diferenciação dos peritos

DIFERENCIAÇÃO DOS PERITOS		NBC PP 01
Perito oficial	**Perito do juízo**	**Perito assistente técnico**
Pertence a um órgão público e exerce a perícia como profissão – possui carreira pública. Exemplo: peritos contábeis que exercem a atividade na Polícia Federal e Polícia Civil.	Nomeado pelo juiz, árbitro, autoridade pública ou privada para exercício da **perícia contábil**. É designado para subsidiar a solução do litígio, ou, simplesmente, constatar um fato. Elaborará o **laudo pericial contábil** que será entregue para a tomada de decisão.	Contratado e indicado pela parte no litígio. Art. 466, CPC. Acompanhará os procedimentos, bem como os trâmites processuais, e elaborará um **parecer técnico contábil** acerca da matéria objeto do litígio.

Fonte: NBC PP 01 (R1) – Conselho Federal de Contabilidade.

O Código de Processo Civil denomina o perito assistente técnico, simplesmente, assistente técnico da perícia.

> Código de Processo Civil
> **Art. 465.** O juiz nomeará perito especializado no objeto da perícia e fixará de imediato o prazo para a entrega do laudo.
> § 1º Incumbe às partes, dentro de 15 (quinze) dias contados da intimação do despacho de nomeação do perito:
> I – arguir o impedimento ou a suspeição do perito, se for o caso;
> II – indicar assistente técnico;
> III – apresentar quesitos.
> [...]
> **Art. 466.** O perito cumprirá escrupulosamente o encargo que lhe foi cometido, independentemente de termo de compromisso.
> § 1º Os assistentes técnicos são de confiança da parte e não estão sujeitos a impedimento ou suspeição.

As partes serão intimadas do despacho de nomeação do perito e, no prazo de 15 (quinze) dias, contados desse despacho, indicarão seus assistentes técnicos, seus quesitos e, se for o caso, arguirão a suspeição ou o impedimento do especialista. Segundo entendimento jurisprudencial, o referido prazo não é preclusivo. Sendo assim, as partes poderão indicar seus assistentes e formular os quesitos até o momento do início da realização da perícia.[3]

---

[3] DONIZETTI, 2018.

O perito do juízo tem a responsabilidade e o dever de cumprir fielmente seu ofício, no prazo assinalado, sendo desnecessária a assinatura de termo de compromisso, até porque se trata de profissional sujeito às causas de impedimento e de suspeição (art. 148, II). Somente os sujeitos imparciais estão sujeitos às causas de impedimento e de suspeição (art. 148, III). Assim, por se tratar de profissional de confiança das partes, o perito assistente técnico não se submete às mesmas responsabilidades do perito do juízo. O amplo acesso às partes descrito no parágrafo único traz a obrigação do perito do juízo em permitir amplo acesso ao perito assistente técnico nos exames e diligências que realizar. Para tanto, deve comunicar o que vai fazer com a antecedência mínima de 5 (cinco) dias, juntando aos autos um comprovante ou outro meio de prova que cientificou o perito assistente técnico de suas práticas. A exigência garante efetiva participação das partes, por intermédio dos peritos assistentes técnicos nomeados, constituindo reflexo do contraditório material.

Enquanto o perito do juízo é necessário para execução de qualquer perícia contábil, o perito assistente só é contratado se uma parte do litígio julgar conveniente.

Deve-se entender que o Código de Processo Civil se reporta a todo tipo de perícia, não apenas à contábil. Por isso, nesse código, ao se ler "perito", compreenda-se como perito do juízo, e quando estiver escrito "assistente técnico", interprete-se como perito assistente.

O Código de Processo Civil estabelece o prazo de 15 (quinze) dias para as partes do processo indicarem o perito assistente técnico, caso considerem necessário, sempre contado em dias úteis.

Exemplo: Em uma perícia judicial contábil, o juiz nomeia o contador João para ser o perito contador e realizar o levantamento contábil dos bens de determinada sucessão hereditária. Maria, que é parte neste processo, para certificar-se da lisura do trabalho do perito nomeado pelo juiz, contrata Marcos, perito assistente. Marcos passa, então, a acompanhar os trabalhos do perito do juízo. Ao final dos trabalhos, o perito do juízo elaborará um laudo pericial que conterá a sua opinião sobre o patrimônio objeto do litígio, e Marcos (perito assistente) manifestará a sua posição em um parecer pericial contábil. O juiz observará o laudo e o parecer antes de proferir a sentença.

O perito do juízo é sempre **nomeado**, enquanto o perito assistente é sempre **contratado** pela parte.

5.2.1 Perito assistente técnico

É o perito contratado e indicado pelas partes em perícias contábeis, em processos judiciais e extrajudiciais, inclusive arbitral.

O perito assistente técnico é contratado e pago pela parte para representá-la na perícia, sendo de confiança dela e podendo ser também qualquer um.

Ao ser intimado para dar início aos trabalhos periciais, o perito do juízo deve comunicar às partes e aos assistentes técnicos a data e o local de início da produção da prova pericial contábil, exceto se designados pelo juízo.

Caso não haja, nos autos, dados suficientes para a localização dos assistentes técnicos, a comunicação deve ser feita aos advogados das partes e, caso estes também não tenham informado endereço nas suas petições, a comunicação deve ser feita diretamente às partes e/ou ao Juízo.

O perito assistente pode, tão logo tenha conhecimento da perícia, manter contato com o perito do juízo, colocando-se à disposição para a execução da perícia em conjunto.

Na impossibilidade da execução da perícia em conjunto, o perito do juízo deve permitir aos peritos assistentes o acesso aos autos e aos elementos de prova arrecadados durante a perícia, indicando local e hora para exame pelo perito assistente.

O perito assistente pode entregar ao perito do juízo cópia do seu parecer pericial contábil, previamente elaborado, planilhas ou memórias de cálculo, informações e demonstrações que possam esclarecer ou auxiliar o trabalho a ser desenvolvido pelo perito do juízo.

5.2.2 Perito do juízo

Após a rejeição de conciliação na devida audiência, o Juízo deverá nomear o perito, conforme o art. 465 do Código do Processo Civil que, conforme já referido, prevê:

> **Art. 465.** O juiz nomeará perito especializado no objeto da perícia e fixará de imediato o prazo para a entrega do laudo.
> § 1º Incumbe às partes, dentro de 15 (quinze) dias contados da intimação do despacho de nomeação do perito:
> I – arguir o impedimento ou a suspeição do perito, se for o caso;
> II – indicar assistente técnico;
> III – apresentar quesitos.

As intimações, inclusive da nomeação, dar-se-ão por meio do "Mandato de Intimação" por via postal, com aviso de recebimento (AR), ou por telefone devidamente certificado pela Diretora de Secretaria, junto aos autos. A falta de intimação do despacho de nomeação do perito pode ser suprida pelo juiz com ampliação do prazo estipulado no Código de Processo Civil.

Quadro 5.3 – Nomeação do perito do juízo (perito judicial) – art. 145, § 1º, CC

Condicionantes profissionais, cadastrais e legais	Condicionantes relativos ao conhecimento técnico-científico	Condicionantes ético-morais
Formação superior + prévia e regular habilitação perante o órgão de classe. Contador > CRC.	Aptidão técnica e científica para lidar com a matéria que suscita dúvidas no juiz.	Respeito às normas relativas ao assunto: Código de Ética Profissional do Contador e demais normas correspondentes emanadas do CFC.
Prévia inscrição em cadastro mantido pelo tribunal ao qual está vinculado o juiz.	Ausência de conhecimento é o motivo para escusa ou substituição do perito.	Observância às situações que possam gerar suspeição ou impedimento.

Fonte: Andrey Soares, Gran Cursos.

A faculdade de indicação do perito assistente técnico se dá porque, não sendo perito do juízo, é entendido como mero assessor do litigante. Desse modo, cada litisconsorte é livre para indicar o seu assistente, especialmente no caso de interesses distintos ou antagônicos.

Apresentados os quesitos pelas partes, pode o juiz analisá-los e excluir aqueles não pertinentes ao litígio ou incluir outros se assim entender, conforme o art. 470 do Código de Processo Civil, que dispõe competir ao juiz: indeferir quesitos impertinentes; formular os quesitos que entender necessários ao esclarecimento da causa.

Existe a possibilidade, prevista no art. 471, CPC, da perícia consensual, ou seja, as partes do processo podem escolher de comum acordo o perito, o que substitui, para todos os fins, a prova pericial que seria realizada por perito nomeado pelo juízo.

Os quesitos são perguntas direcionadas ao contador sobre a matéria objeto da perícia. São apresentadas ao perito antes do início de seus trabalhos para que este possa realizar o seu planejamento e a proposta de honorários.

Deve justificar o indeferimento: "As partes devem ser intimadas do indeferimento de quesitos; a efetivação da medida sem tal intimação prévia constitui cerceamento de direito".

Após a nomeação do perito do juízo, ter-se-ão os seguintes procedimentos.

- **Retirada do processo:** dar-se-á após o cumprimento do prazo estipulado pelo Juízo, para indicação dos assistentes e apresentação dos quesitos. O perito será notificado via intimação AR ou via telefone para conhecimento e deverá comparecer à Secretaria para retirar o processo ou manifestar algum impedimento, se houver.

- **No caso de impedimento:** o perito do juízo, ao ser nomeado, deverá manifestar o seu impedimento para execução da perícia contábil e/ou ainda escusar-se dos serviços sempre que reconhecer não estar capacitado à altura do encargo confiado, conforme a Resolução n. 857.
- **Apresentação de proposta de honorários:** aceito o encargo confiado, o perito deverá apresentar, por meio de petição, a sua proposta de honorários dentro do prazo estabelecido, geralmente de 5 (cinco) dias, recomendando-se a apresentação de um plano de trabalho detalhado, estimando o número de horas previstas para a execução do trabalho, mediante avaliação dos serviços. Considerará, entre outros, os fatores da relevância, do vulto, do risco, da complexidade e outros fatores ou custos de laudos interprofissionais inerentes à elaboração do trabalho.
- **Pedido de redução/parcelamento ou arbitramento pelo juízo:** havendo solicitação de redução ou parcelamento da verba honorária pela parte interessada, o Juízo submeterá ao perito, que se manifestará, por meio de petição, se aceita a contraproposta. Não havendo acordo sobre o valor, o Juízo, considerando a necessidade da perícia, poderá arbitrar o valor ou nomear outro perito, se assim desejar.
- **Depósito dos honorários e início dos trabalhos:** havendo acordo, após o depósito total ou da parcela inicial dos honorários, o perito será intimado a comparecer à instalação da perícia ou simplesmente ser intimado e retirar (com carga de responsabilidade) o processo do cartório para o início dos trabalhos.

Quadro 5.4 – Distinção entre perito e assistente técnico

PERITO	PERITO ASSISTENTE TÉCNICO
1. Nomeado pelo juiz.	1. Indicado pelo litigante.
2. Contador habilitado.	2. Contador habilitado.
3. Sujeito a impedimento ou a suspeição.	3. Não está sujeito ao impedimento.
4. Recebe seus honorários mediante alvará determinado pela justiça.	4. Recebe seus honorários diretamente da parte que o indicou.
5. O prazo para entrega dos trabalhos é determinado pelo juiz.	5. O prazo de manifestação para opinar sobre o laudo do perito é de 10 dias após a publicação.
6. Profissional de confiança do juiz.	6. Profissional de confiança da parte.

Fonte: NBC PP 01 (R1).

5.3 Substituição

O perito pode ser substituído quando, segundo o art. 468 do CPC:

- faltar-lhe conhecimento técnico ou científico;
- sem motivo legítimo, deixar de cumprir o encargo no prazo que lhe foi incumbido.

No caso previsto no inciso II, o juiz comunicará a ocorrência à corporação profissional respectiva, podendo, ainda, impor multa ao perito, fixada tendo em vista o valor da causa e o possível prejuízo decorrente do atraso no processo.

O perito substituído restituirá, no prazo de 15 (quinze) dias, os valores recebidos pelo trabalho não realizado, sob pena de ficar impedido de atuar como perito judicial pelo prazo de 5 (cinco) anos.

Não ocorrendo a restituição voluntária de adiantamentos, a parte que tiver realizado o adiantamento dos honorários poderá promover execução contra o perito do juízo, na forma dos arts. 513 e seguintes do CPC, com fundamento na decisão que determinar a devolução do numerário.

Caso o perito descumpra com o prazo estabelecido para a realização de uma perícia, sem justificativa, poderá ser penalizado pela sua atitude desidiosa. De acordo com o que consta do § 1º do art. 468 Código de Processo Civil – Lei n. 13.105, de 16 de março de 2015 –, estão previstas condições para sanções em casos de descumprimento do encargo no prazo pelo perito. O juiz comunicará a ocorrência à corporação profissional respectiva, podendo, ainda, impor multa ao perito, fixada tendo em vista o valor da causa e o possível prejuízo decorrente do atraso no processo.

5.4 Nomeação múltipla

Tratando-se de perícia judicial complexa que abranja mais de uma área de conhecimento especializado, o juiz poderá nomear mais de um perito, e a parte poderá indicar mais de um assistente técnico, conforme o art. 475 do CPC – Lei n. 13.105/2015.

O juiz nomeará perito especializado no objeto da perícia judicial e fixará de imediato o prazo para a entrega do laudo pericial contábil. Dessa forma, o perito nomeado precisará compatibilizar seus outros trabalhos de perícia judicial com o prazo fixado pelo juiz, para que não deixe de executar, no prazo hábil, seus serviços, entregando o laudo pericial contábil.

5.5 Impedimento e suspeição

Impedimento e suspeição são situações fáticas ou circunstanciais que impossibilitam o perito do juízo de exercer, regularmente, suas funções ou realizar atividade pericial em processo judicial ou extrajudicial, inclusive arbitral. Os impedimentos e suspeições a que está sujeito o perito do juízo, nos termos da legislação vigente e do Código de Ética do Contador, geram conflito de interesses entre as partes.

Quadro 5.5 – Impedimento e suspeição

Impedimento	Suspeição
Presunção absoluta	Presunção relativa
Circunstâncias objetivas	Circunstâncias subjetivas

Fonte: elaborado pelo autor.

Para que o perito do juízo possa exercer suas atividades com isenção, é fator determinante que ele se declare impedido após nomeado, contratado, escolhido ou indicado quando ocorrerem as situações previstas na NBC PP 01 (R1). Quando nomeado em juízo, o perito do juízo deve dirigir petição, no prazo legal, justificando a escusa ou o motivo do impedimento. Quando indicado pela parte, não aceitando o encargo, o perito contador assistente deve comunicar à parte, por escrito, com cópia ao juízo, a recusa devidamente justificada.

5.5.1 Impedimentos profissionais – NBC PP 01 (R1)

Impedimentos profissionais são situações fáticas ou circunstanciais que impossibilitam o perito de exercer, regularmente, suas funções ou realizar atividade pericial em processo judicial ou extrajudicial, inclusive arbitral. Os itens previstos nesta Norma explicitam os conflitos de interesse motivadores dos impedimentos a que está sujeito o perito nos termos da legislação vigente.

Caso o perito não possa exercer suas atividades com isenção, é fator determinante que ele se declare impedido, após nomeado ou indicado, quando ocorrerem as situações previstas nesta Norma.

Quando nomeado, o perito deve dirigir petição, no prazo legal, justificando a escusa ou o motivo do impedimento.

Quando indicado nos autos pela parte e não aceitando o encargo, o assistente técnico deve comunicar a ela sua recusa, devidamente justificada por escrito, facultado o envio de cópia à autoridade competente.

O assistente técnico deve declarar-se impedido quando, após contratado, verificar a ocorrência de situações que venham suscitar impedimento em função da sua imparcialidade ou independência e, dessa maneira, comprometer o resultado do seu trabalho.

O perito do juízo deve se declarar impedido quando não puder exercer suas atividades, observado o prazo de 15 (quinze) dias, contado da intimação, da suspeição ou do impedimento supervenientes, sob pena de renúncia ao direito de alegá-la, conforme CPC – Lei n. 13.105/2015.

O perito contador nomeado ou escolhido deve se declarar impedido quando a matéria em litígio não for de sua especialidade. O que se considera impedimento por motivo técnico-científico.

> Código de Processo Civil
>
> Art. 157. O perito tem o dever de cumprir o ofício no prazo que lhe designar o juiz, empregando toda sua diligência, podendo escusar-se do encargo alegando motivo legítimo.
>
> § 1º A escusa será apresentada no prazo de 15 (quinze) dias, contado da intimação, da suspeição ou do impedimento supervenientes, sob pena de renúncia ao direito a alegá-la.

O perito, ao ser nomeado pelo juiz, pode se escusar da nomeação, apresentando motivo legítimo. Nos termos do art. 157, § 1º, a escusa deve ser apresentada no prazo de quinze dias, contado da intimação, da suspeição ou do impedimento supervenientes, sob pena de renúncia ao direito a alegá-la. Trata-se, segundo o Código, de prazo preclusivo, mas que, a meu ver, deve ser ponderado pelo juiz. O impedimento do perito é causa de incontestável parcialidade. Assim, havendo motivo legítimo, ainda que não alegado em tempo oportuno, deve o magistrado considerá-lo. Nessa hipótese, caso a perícia já tenha sido realizada, restará ao julgador determinar a realização de uma segunda perícia, a qual será analisada junto com a primeira, a fim de afastar qualquer dúvida quanto à idoneidade da prova.[4]

De acordo com o art. 157 do Código de Processo Civil – Lei n. 13.105, de 16 de março de 2015 –, quando nomeado em juízo e não estiver capacitado a desenvolver o trabalho, o perito deverá dirigir petição ao Juízo, no prazo legal, justificando sua escusa.

As partes também poderão recusar o perito em caso de impedimento ou de suspeição, na forma do art. 148, § 1º, CPC.

---

4   DONIZETTI, 2018.

5.5.2 Impedimento legal

O perito do juízo, nomeado ou escolhido, deve se declarar impedido quando não puder exercer suas atividades com imparcialidade e sem nenhuma interferência de terceiros, ou ocorrendo pelo menos uma das seguintes situações discriminadas no CPC e na NBC PP 01 (R1):

- for parte do processo;
- tiver atuado como perito do juízo contratado ou prestado depoimento como testemunha no processo;
- tiver cônjuge ou parente, consanguíneo ou afim, em linha reta ou em linha colateral até o terceiro grau postulando no processo, ou entidades de cujo quadro societário ou direção faça parte;
- tiver interesse, direto ou indireto, mediato ou imediato, por si, por seu cônjuge ou parente, consanguíneo ou afim, em linha reta ou em linha colateral até o terceiro grau, no resultado do trabalho pericial;
- exercer cargo ou função incompatível com a atividade de perito do juízo, em função de impedimentos legais ou estatutários;
- receber dádivas de interessados no processo;
- subministrar meios para atender às despesas do litígio;
- receber quaisquer valores e benefícios, bens ou coisas sem autorização ou conhecimento do juiz ou árbitro.

De acordo com a NBC PP 01 (R1) – Perito Contábil, o perito do juízo estará sendo parcial se omitir algum argumento técnico com o objetivo de não prejudicar uma parte.

5.5.3 Impedimento técnico

O impedimento por motivos técnicos, a ser declarado pelo perito do juízo, decorre da autonomia, estrutura profissional e independência que deve possuir, para ter condições de desenvolver de forma isenta o seu trabalho. O perito se declara em impedimento técnico quando:

- não é especializado na matéria em litígio;
- constatar que os recursos humanos e materiais de sua estrutura profissional não permitem assumir o encargo; cumprir os prazos nos trabalhos em que o perito do juízo for nomeado, contratado ou escolhido; ou naqueles em que o perito contador assistente for indicado;

• o perito assistente técnico tiver atuado para a outra parte litigante na condição de consultor técnico ou contador responsável, direto ou indireto, em atividade contábil ou em processo no qual o objeto de perícia seja semelhante àquele da discussão, sem previamente comunicar ao contratante.

5.5.4 Suspeição

O perito do juízo nomeado deve declarar-se suspeito quando, após nomeado, verificar a ocorrência de situações que venham suscitar suspeição em função da sua imparcialidade ou independência e, dessa maneira, comprometer o resultado do seu trabalho em relação à decisão.

São circunstâncias legais que impedem o perito do juízo de executar o trabalho pericial, tal como descrito no item 14 da NBC PP 01 (R1):

• ser amigo íntimo de qualquer das partes;
• ser inimigo capital de qualquer das partes;
• ser devedor ou credor em mora de qualquer das partes, dos seus cônjuges, de parentes destes em linha reta ou em linha colateral até o terceiro grau ou entidades das quais estes façam parte de seu quadro societário ou de direção;
• ser herdeiro presuntivo ou donatário de alguma das partes ou dos seus cônjuges;
• ser parceiro, empregador ou empregado de alguma das partes;
• aconselhar, de alguma forma, parte envolvida no litígio acerca do objeto da discussão;
• houver qualquer interesse no julgamento da causa em favor de alguma das partes.
• o perito pode ainda declarar-se suspeito por motivo de foro íntimo.

Impedimento e suspeição são situações fáticas ou circunstanciais que impossibilitam o perito de exercer, regularmente, suas funções ou realizar atividade pericial. As situações de impedimento possuem caráter objetivo e aplicam-se aos peritos nos mesmos casos em que se aplicam aos magistrados,[5] a saber:

> **Art. 144.** Há impedimento do juiz, sendo-lhe vedado exercer suas funções no processo:
> I – em que interveio como mandatário da parte, oficiou como perito, funcionou como membro do Ministério Público ou prestou depoimento como testemunha;

---

[5] CARDOZO, J. *Apostila de perícia contábil*. São Paulo: Estratégia Contábil Concursos, 2016.

II – de que conheceu em outro grau de jurisdição, tendo proferido decisão;

III – quando nele estiver postulando, como defensor público, advogado ou membro do Ministério Público, seu cônjuge ou companheiro, ou qualquer parente, consanguíneo ou afim, em linha reta ou colateral, até o terceiro grau, inclusive;

IV – quando for parte no processo ele próprio, seu cônjuge ou companheiro, ou parente, consanguíneo ou afim, em linha reta ou colateral, até o terceiro grau, inclusive;

V – quando for sócio ou membro de direção ou de administração de pessoa jurídica parte no processo;

VI – quando for herdeiro presuntivo, donatário ou empregador de qualquer das partes;

VII – em que figure como parte instituição de ensino com a qual tenha relação de emprego ou decorrente de contrato de prestação de serviços;

VIII – em que figure como parte cliente do escritório de advocacia de seu cônjuge, companheiro ou parente, consanguíneo ou afim, em linha reta ou colateral, até o terceiro grau, inclusive, mesmo que patrocinado por advogado de outro escritório;

IX – quando promover ação contra a parte ou seu advogado.

Ainda, conforme o Código de Processo Civil, o perito assistente técnico não está sujeito ao impedimento ou à suspeição:

> **Art. 466.** O perito cumprirá escrupulosamente o encargo que lhe foi cometido, independentemente de termo de compromisso.
> § 1º Os assistentes técnicos são de confiança da parte e não estão sujeitos a impedimento ou suspeição.

Apesar de o CPC informar que o perito assistente técnico não está sujeito ao impedimento, de forma geral, entende-se que o impedimento técnico--científico para o perito assistente, previsto na NBC PP 01, continua válido. Tal compreensão advém do fato de que o perito assistente técnico, ao aceitar um trabalho para o qual não possui capacidade técnica, apesar de não estar descumprindo expressamente o CPC, estará infringindo o Código de Ética e a NBC PP 01.

Poderá, ainda, o perito declarar-se suspeito por motivo íntimo. O foro íntimo para rejeitar a perícia é algo subjetivo, decorrente de seus valores éticos e sociais. Pode recusar por motivo íntimo, por exemplo, uma perícia que envolva determinada pessoa com cujas convicções religiosas ou políticas ele não concorda.

O perito deve ser imparcial e independente em sua opinião. Caso exista alguma situação ou circunstância que comprometa os trabalhos, conflito de interesse, restrições legais ou técnicas, o profissional deve declinar a sua designação como perito.

Ainda conforme o Código de Processo Civil, o perito assistente técnico não está sujeito a impedimento/suspeição:

> **Art. 467.** O perito pode escusar-se, ou ser recusado por impedimento ou suspeição.
>
> Parágrafo único. O juiz, ao aceitar a escusa ou ao julgar procedente a impugnação, nomeará novo perito.

O perito, ao ser nomeado pelo juiz, pode se escusar da nomeação, apresentando motivo legítimo. Nos termos do art. 157, § 1º, a escusa deve ser apresentada no prazo de 15 (quinze) dias, contado da intimação, da suspeição ou do impedimento supervenientes, sob pena de renúncia ao direito a alegá-la. As partes também poderão recusar o perito em caso de impedimento ou de suspeição, na forma do art. 148, § 1º. É preciso ponderar que nem sempre a primeira oportunidade de falar nos autos coincidirá com o conhecimento acerca do fato gerador da imparcialidade.

Assim, partindo-se de uma interpretação sistemática das regras do Código de Processo Civil, pode-se considerar que a arguição de impedimento ou de suspeição poderá ser suscitada a partir do conhecimento do vício, ainda que ele se verifique após a realização da perícia. De qualquer forma, é preciso que o juiz tenha cautela ao analisar o pedido, a fim de que se evite a situação na qual uma das partes, após tomar conhecimento de laudo que lhe foi desfavorável, "plante" a nulidade na tentativa de protelar a solução da demanda. Ademais, como o impedimento do perito é causa de incontestável parcialidade, havendo motivo legítimo, ainda que não alegado em tempo oportuno, deve o magistrado considerá-lo. Nessa hipótese, caso a perícia já tenha sido realizada, restará ao julgador determinar a realização de uma segunda perícia, a qual será analisada conjuntamente com a primeira, a fim de afastar qualquer dúvida quanto à idoneidade da prova.

Quadro 5.6 – Critérios associados a impedimento e suspeição

Impedimento	Suspeição
Critérios objetivos:	Critérios subjetivos:
• Cônjuge, companheiro ou parente (terceiro) estiver postulando ou for parte; • Sócio de PJ do processo; • Herdeiro presuntivo; • Promove ação contra a parte.	• Amigo íntimo ou inimigo capital partes ou advogados; • Aconselha; • Credor ou devedor, de seu cônjuge ou companheiro ou de parentes destes, em linha reta até o terceiro grau, inclusive; • Interessado.

Fonte: elaborado pelo autor.

Quadro 5.7 – Implicações de impedimento e suspeição

Perito se julga impedido ou suspeito	Perito enquadra-se em alguma hipótese de impedimento ou suspeição, deixa de comunicar o fato
Deve pedir escusa do processo (afastamento)	Poderá ser recusado mediante arguição da parte interessada, em petição fundamentada

Fonte: Andrey Soares, Gran Cursos.

5.6 Considerações finais

O perito judicial é nomeado pelo juiz e elabora o laudo pericial contábil. O perito assistente técnico é indicado pela parte, pelo autor ou pelo réu, e elabora o parecer pericial contábil. Pode recusar a perícia por razão legítima, e sua atuação é coibida quando há motivos de impedimento e suspeição. Esse profissional pode ser penalizado por apresentar informações inverídicas.

O comportamento do perito está de acordo com o disposto na NBC PP 01 (R1) – Perito Contábil, que estabelece procedimentos inerentes à atuação do contador na condição de perito, nos itens a seguir:

• Um perito nomeado dirigiu ao juiz petição, no prazo legal, justificando que não poderia realizar a perícia, por ter sido empregado de uma das partes há menos de seis meses.

• Um perito assistente técnico, convidado por uma das partes, ao tomar conhecimento de que a parte contrária era seu amigo íntimo, além de compadre, comunicou sua recusa, devidamente justificada por escrito, com cópia ao juízo.

Em obediência ao Código de Ética Profissional do Contador, deve respeitar e assegurar o sigilo do que apurar durante a execução de seu trabalho, proibida a sua divulgação, salvo quando houver obrigação legal de fazê-lo. O dever de sigilo subsiste mesmo na hipótese de o profissional se desligar do trabalho antes de tê-lo concluído.

O perito do juízo e o perito assistente técnico, de acordo com as Normas Brasileiras de Contabilidade, podem romper o sigilo profissional somente em defesa da própria conduta técnica profissional, quando autorizados por quem de direito.

Em defesa de sua conduta técnica profissional, o perito do juízo e o perito assistente técnico deverão prestar esclarecimentos sobre o conteúdo do laudo pericial contábil ou do parecer pericial contábil, em atendimento à determinação do juiz ou do árbitro que preside o feito ou a pedido das partes.

O perito, enquanto estiver de posse do processo ou de documentos, deve zelar por sua guarda e segurança e ser diligente. Para a execução da perícia contábil, o perito deve ater-se ao objeto e ao lapso temporal da perícia a ser realizada. Mediante termo de diligência, o perito deve solicitar por escrito todos os documentos e informações relacionados ao objeto da perícia, fixando o prazo para entrega. A eventual recusa no atendimento a diligências solicitadas ou qualquer dificuldade na execução do trabalho pericial deve ser comunicada, com a devida comprovação ou justificativa, ao juízo, quando se tratar de perícia judicial; ou à parte contratante, no caso de perícia extrajudicial.

O laudo e o parecer são, respectivamente, orientados e conduzidos pelo perito do juízo e pelo perito assistente, que adotarão padrão próprio, respeitada a estrutura prevista nesta Norma, devendo ser redigidos de forma circunstanciada, clara, objetiva, sequencial e lógica. O perito assistente pode entregar cópia do seu parecer, planilhas e documentos ao perito do juízo antes do término da perícia, expondo as suas convicções, fundamentações legais, doutrinárias, técnicas e científicas sem que isto implique indução do perito do juízo a erro, por tratar-se da livre e necessária manifestação científica sobre os pontos controvertidos. O termo de diligência serve também para determinar o local, a data e a hora do início da perícia, e ainda para a execução de outros trabalhos que tenham sido a ele determinados ou solicitados por quem de direito, desde que tenham a finalidade de orientar ou colaborar nas decisões, judiciais ou extrajudiciais.

Quando a perícia exigir a necessidade de utilização de trabalho de terceiros (equipe de apoio, trabalho de especialistas ou profissionais de outras áreas de conhecimento), o planejamento deve prever a orientação e a supervisão do perito, que responderá pelos trabalhos executados, exclusivamente, por sua equipe de apoio. De acordo com a NBC TP 01 – Perícia Contábil, quando a perícia incluir a utilização de equipe técnica, o perito do juízo assumirá a responsabilidade por todo o trabalho de sua equipe técnica.

O perito deve conhecer as responsabilidades sociais, éticas, profissionais e legais às quais está sujeito no momento em que aceita o encargo para a execução de perícias contábeis judiciais e extrajudiciais, inclusive arbitral.

De acordo com a NBC PP 01 (R1), "O termo "zelo", para o perito, refere-se ao cuidado que ele deve dispensar na execução de suas tarefas, em relação à sua conduta, documentos, prazos, tratamento dispensado às autoridades, aos integrantes da lide e aos demais profissionais, de forma que sua pessoa seja respeitada, seu trabalho levado a bom termo e, consequentemente, o laudo pericial contábil e o parecer pericial contábil sejam dignos de fé pública".

A conduta zelosa por parte do perito enumera ser prudente, no limite dos aspectos técnicos científicos, e atento às consequências advindas dos seus atos; comunicar ao juízo, antes do final da perícia, caso o prazo estipulado no despacho judicial para entrega do laudo pericial seja incompatível com a extensão do trabalho, sugerindo o prazo que entenda adequado; e ser receptivo aos argumentos e críticas, podendo ratificar ou retificar o posicionamento anterior.

As normas da perícia contábil aplicam-se ao perito nomeado em juízo (perito contador), ao assistente técnico indicado ou contratado pelas partes (perito assistente técnico) e ao contratado pelas partes para a perícia extrajudicial ou ao escolhido na arbitragem.

A Lei n. 14.131, de 4 de maio de 2022, alterou a Lei n. 13.876, de 20 de setembro de 2019, e a Lei n. 8.213, de 24 de julho de 1991, para dispor sobre o pagamento de honorários periciais e sobre os requisitos da petição inicial em litígios e em medidas cautelares relativos a benefícios assistenciais e previdenciários por incapacidade; e revoga dispositivo da Lei n. 8.620, de 5 de janeiro de 1993.

5.7 Questões de múltipla escolha

1) (EQT Perito) Um perito, após a sua nomeação em uma Execução Fiscal, convidou os assistentes técnicos para uma reunião de trabalho colaborativa. Contudo, é visível a falta de cooperação por parte dos assistentes técnicos ao deixarem de atender à solicitação de que sejam colocados à disposição livros e documentos, necessários à elaboração do laudo pericial contábil.

Com base na NBC PG 01 – Código de Ética Profissional do Contador e no Código de Processo Civil, acerca dos deveres em relação aos colegas, assinale a opção CORRETA.

A. A conduta do contador com relação aos colegas deve ser pautada nos princípios de consideração, respeito, apreço, solidariedade e harmonia da classe, contudo, os assistentes técnicos não devem colaborar com o perito, pois foram contratados para auxiliar as partes e, não, o perito.

B. Elaborado o plano de trabalho pericial, para preservar o sigilo profissional e assegurar a independência, é vedado ao perito convidar os assistentes técnicos para uma reunião de trabalho, presencial ou por meio eletrônico, para dar conhecimento do planejamento da execução do trabalho pericial.

C. O espírito de solidariedade, na condição de assistente técnico, justifica a participação e a conivência com o perito do juízo. E a transparência e o respeito recíprocos entre o perito nomeado e os assistentes técnicos pressupõem tratamento pessoal.

D. Todos os sujeitos do processo devem cooperar entre si, e a relação entre os colegas deve ser pautada nos princípios de consideração, respeito, apreço, solidariedade e harmonia da classe.

2) (Exame de Suficiência – CFC) Escolha a opção que corresponde ao preenchimento das lacunas das situações descritas a seguir:

No curso de um processo judicial, o juiz Nicolau (1)_____ um perito com a finalidade de se avaliar as alegações financeiras reclamadas pela parte autora do processo. Guilherme, parte recorrida, (2)_____ o contador Weliton para verificar os trabalhos do perito designado pelo juiz Nicolau.

Em um litígio submetido à arbitragem, o juiz arbitral Paulo (3)_____ o contador Weder para responder os quesitos necessários para amparar a sentença arbitral.

Marque a opção que corresponde aos números (1), (2) e (3) respectivamente:

A. Contratou, nomeou, escolheu.

B. Nomeou, contratou, nomeou.

C. Nomeou, contratou, escolheu.

D. Nomeou, escolheu, contratou.

3) (Exame de Suficiência – CFC) Com relação ao comportamento do perito do juízo, julgue as situações hipotéticas apresentadas nos itens a seguir e, em seguida, assinale a opção CORRETA.

I. Um perito nomeado dirigiu ao juiz petição, no prazo legal, justificando que não poderia realizar a perícia, por ter sido empregado de uma das partes há menos de seis meses.

II. Um perito, nomeado em juízo para atuar em uma questão relativa a uma dissolução de sociedade, após constatar que não dispunha dos recursos humanos e materiais em sua estrutura profissional para assumir o encargo, informou verbalmente ao juiz que aceitaria o trabalho, mas que não teria condições de cumprir com os prazos estabelecidos.

III. Um perito assistente técnico, convidado por uma das partes, ao tomar conhecimento de que a parte contrária era seu amigo íntimo, além de compadre, comunicou sua recusa, devidamente justificada por escrito, com cópia ao juízo.

Nas três situações acima descritas, o comportamento do perito está de acordo com o disposto na NBC PP 01 (R1) – Perito Contábil, que estabelece procedimentos inerentes à atuação do contador na condição de perito, nos itens:

A. I e II, apenas.
B. I e III, apenas.
C. II e III, apenas.
D. I, II e III.

4) (Exame de Suficiência – CFC) O perito do juízo e o perito assistente técnico, de acordo com as Normas Brasileiras de Contabilidade, podem romper o sigilo profissional:

A. Somente em defesa da própria conduta técnica profissional, quando autorizados por quem de direito.
B. Sempre que, por qualquer razão, forem substituídos pelo juiz.
C. Quando ocorrer o desligamento deles, antes de o trabalho ser concluído.
D. Depois de concluídos os trabalhos e entregue o laudo pericial.

5) (Exame de Suficiência – CFC) Prazo para apresentação da escusa do perito do juízo:

A. Dentro de cinco dias contados da intimação ou do impedimento superveniente.
B. De acordo com a decisão do juiz.
C. Dentro de quinze dias contados da intimação ou do impedimento superveniente.
D. Não existe prazo definido para apresentação da escusa.

6) (Exame de Suficiência – CFC) De acordo com a NBC PP 01 (R1) – Perito Contábil, relacione os tipos de impedimentos apresentados na primeira coluna com as situações descritas na segunda coluna e, em seguida, assinale a opção CORRETA.

(1) Impedimento   ( ) Ser inimigo capital de qualquer das partes.

(2) Suspeição   ( ) Ser cônjuge, parente, consanguíneo ou afim, de alguma das partes, em linha reta ou, na colateral, até o terceiro grau.
            ( ) Ser amigo íntimo de qualquer das partes.

A sequência CORRETA é:

A. 2, 2, 1.
B. 2, 1, 1.
C. 2, 1, 2.
D. 1, 2, 1.

7) (Exame de Suficiência – CFC) O perito do juízo deve declarar-se suspeito quando, após nomeado, contratado ou escolhido, verificar a ocorrência de situações que venham suscitar suspeição em função da sua imparcialidade ou independência e, dessa maneira, comprometer o resultado do seu trabalho em relação à decisão.

Assinale a opção que apresenta uma situação que NÃO configura um caso de suspeição:

A. A filha de uma das partes tem uma dívida em atraso com o perito do juízo.
B. O perito do juízo é herdeiro presuntivo da esposa de uma das partes.
C. O perito do juízo não é especialista na matéria em litígio.
D. Um dos litigantes é amigo íntimo do perito do juízo.

8) (Exame de Suficiência – CFC) Segundo o Código de Processo Civil, o perito contador cumprirá escrupulosamente o encargo que lhe foi cometido, independentemente de termo de compromisso. Os peritos assistentes técnicos são de confiança:

A. Do Juízo, sujeitos a impedimento ou suspeição.

B. Do Juízo, não sujeitos a impedimento ou suspeição.

C. Da parte, sujeitos a impedimento e suspeição.

D. Da parte, não sujeitos a impedimento ou suspeição.

9) (Exame de Suficiência – CFC) As alternativas mostram situações em que o perito do juízo deve declarar-se impedido de executar o trabalho, exceto:

A. Se estiver impedido por lei.

B. Se ocorrer suspeição de natureza íntima.

C. Se a matéria em litígio não for de sua especialidade.

D. Se estiver trabalhando em outra perícia.

10) (Exame de Suficiência – CFC) Quando há impossibilidade no cumprimento do prazo para realização da perícia, deve-se:

A. Abdicar da perícia.

B. Após vencido o prazo, requerer prazo suplementar, sempre por escrito.

C. Antes de vencido o prazo, requerer prazo suplementar, sempre por escrito.

D. Aguardar ordem do juiz.

11) (Exame de Suficiência – CFC) A indicação do perito assistente técnico é feita:

A. Pelo juiz.

B. Pelas partes.

C. Pelo perito contábil.

D. Pelo empresário.

12) (Exame de Suficiência – CFC) Roque, contador habilitado, responsável pela contabilidade da Empresa Belém Ltda., por vários anos, tendo rescindido seu contrato de trabalho em dezembro de 2016, vem realizando, após esta data, perícias contábeis judiciais. Em fevereiro de 2023, foi nomeado para trabalhar como perito do juízo em um processo judicial em que figura, em uma das partes, a Empresa Belém Ltda. Os trabalhos a serem executados correspondem ao ano de 2020 e referem-se à apuração de haveres.

Diante desse fato e tratando-se exclusivamente do impedimento legal, ele deve:

A. Encaminhar ao juízo competente petição no prazo legal, concordando com sua nomeação, não havendo impedimento legal, uma vez que já se passaram mais de dois anos da rescisão contratual.

B. Encaminhar ao juízo competente petição no prazo legal, declinando sua indicação por ter sido funcionário da empresa Belém Ltda., julgando-se suspeito para execução do trabalho a que foi nomeado.

C. Encaminhar ao juízo competente petição no prazo legal, justificando seu impedimento legal, por ter exercido cargo ou função incompatível com a atividade de perito contador.

D. Encaminhar ao juízo competente petição no prazo legal, justificando seu impedimento legal, pelo motivo de a matéria em litígio não ser de sua especialidade.

13) (Exame de Suficiência – CFC) Com relação ao comportamento dos profissionais da contabilidade, analise as situações hipotéticas apresentadas nos itens a seguir e, em seguida, assinale a opção CORRETA.

I. Mardônio, contador recém-formado, contratou um agenciador de serviços para atuar na captação de clientes. Para cada cliente captado, o agenciador irá receber 1% dos honorários acertados.

II. Em razão de sua aposentadoria, o contador transferiu seus contratos de serviço para seu genro, também contador. Os clientes foram contatados um a um, por telefone, e se manifestaram de acordo com a mudança.

III. Um perito do juízo, indicado pelo juiz para atuar em uma questão relativa a uma dissolução de sociedade, recusou-se a assumir o trabalho por não se achar capacitado.

De acordo com as três situações acima descritas, o comportamento do profissional da Contabilidade está em DESACORDO com os deveres descritos no Código de Ética Profissional do Contador nos itens:

A. I, II e III.

B. I e II, apenas.

C. I, apenas.

D. II e III, apenas.

14) (Exame de Suficiência – CFC) De acordo com a NBC PP 01 (R1) – Perito Contábil, a respeito de suspeição e impedimento legal, julgue os itens a seguir como verdadeiros ou falsos e, em seguida, assinale a opção CORRETA.

• O perito do juízo deve declarar-se suspeito quando, após nomeado ou contratado, verificar a ocorrência de situações que venham suscitar suspeição em função da sua imparcialidade ou independência e, dessa maneira, comprometer o resultado do seu trabalho em relação à decisão.

• O perito deve declarar-se suspeito apenas nos casos previstos da NBC PP 01 (R1) – Perito Contábil, não sendo possível declarar-se suspeito por motivo íntimo.

• São exemplos de casos de suspeição a que está sujeito o perito do juízo: ser amigo íntimo ou inimigo capital de qualquer das partes.

A sequência CORRETA é:

A. F, F, V.

B. F, V, F.

C. V, F, V.

D. V, V, F.

15) (Exame de Suficiência – CFC) Um contador firmou contrato pelo prazo de um ano com a empresa X, com o objetivo de assisti-la em suas demandas judiciais. No terceiro mês de vigência contratual, emitiu um parecer pericial contábil sobre um processo no qual a empresa X era ré. O parecer foi elaborado com toda a técnica pericial e constituído de todos os requisitos contábeis. Na conclusão de seu parecer, o perito assistente técnico registrou condições e fatos divergentes do que esperavam os dirigentes da empresa X, os quais passaram a duvidar da capacidade do profissional contratado e deixaram claro, por meio de comentários, que nele perderam a confiança.

Ciente da desconfiança de seu cliente e levando em conta a vigência do contrato firmado, julgue o que representa ser dever do profissional, com base no Código de Ética Profissional do Contador e, em seguida, assinale a opção CORRETA.

A. Buscar a continuidade de seu trabalho até o final do prazo contratado.

B. Renunciar à função exercida mediante prévio aviso à empresa, cuidando para que a renúncia não cause prejuízos a ela.

C. Reconhecer que houve falha na elaboração do parecer objeto da desconfiança e negociar com a empresa a continuidade de sua função até o final do prazo contratado.

D. Comunicar à empresa, por escrito, seu afastamento em razão do fato de que teve conhecimento, considerando imediatamente rompido o contrato vigente.

16) (Exame de Suficiência – CFC) Um assistente técnico, prestador de serviços a várias empresas, em determinada ocasião, recebeu trabalhos em quantidade superior àquela de rotina. Contratou um auxiliar, a quem destinou alguns processos para emitir pareceres. Escolheu um colega (contratado) de sua irrestrita confiança, altamente qualificado, experiente em trabalhos como perito nomeado por magistrados e bem qualificado também como assistente técnico. A ele entregou os casos mais simples que tinha e, sob sua orientação e supervisão, dentro dos prazos disponíveis, recebeu os pareceres elaborados com todo o cuidado e técnica necessários.

De acordo com o Código de Ética Profissional do Contador, assinale a opção que representa a CORRETA atitude do assistente técnico contratante.

A. Dadas as qualidades excelentes do auxiliar contratado, o assistente técnico contratante entregará aos clientes os trabalhos assinados pelo contratado, cujas qualidades dispensam qualquer explicação.

B. O assistente técnico contratante assinará os trabalhos elaborados pelo contratado, mas registrará que sua responsabilidade ficará dividida.

C. O assistente técnico contratante solicitará ao contratado que assine os pareceres e, ao entregá-los aos clientes, informará que repassou a responsabilidade ao contratado.

D. O assistente técnico contratante assinará os trabalhos elaborados pelo contratado, assumindo toda a responsabilidade decorrente.

17) (Exame de Suficiência – CFC) De acordo com a NBC PP 01 (R1) – Perito Contábil, o perito do juízo estará sendo parcial se:

A. Dispensar igual tratamento às partes.
B. Utilizar argumentos baseados em trabalho técnico por ele publicado.
C. Atender aos assistentes técnicos com iguais oportunidades.
D. Omitir algum argumento técnico com o objetivo de não prejudicar uma parte.

18) (Exame de Suficiência – CFC) À luz da NBC PP 01 (R1) – Perito Contábil, analise a seguinte situação:

O contador Y, em 15/6/20X1, aconselhou o sr. Z a respeito da situação patrimonial de uma sociedade empresarial, objeto de uma discussão societária em um litígio judicial. Em 1º/7/20X1, o contador Y tomou ciência de sua nomeação para a função de perito do juízo, ocorrida em 1º/6/20X1, e constatou que o sr. Z era parte do citado litígio judicial.

Marque a opção que apresenta a atitude CORRETA tomada pelo contador Y no processo judicial para o qual foi nomeado como perito do juízo.

A. Recusar o encargo, alegando seu impedimento.
B. Aceitar o encargo, visto que o aconselhamento dado à parte ocorreu após sua nomeação.
C. Recusar o encargo, alegando sua suspeição.
D. Aceitar o encargo porque o aconselhamento ocorreu quando ainda não sabia de sua nomeação, ficando, assim, afastada a hipótese de suspeição.

19) (Exame de Suficiência – CFC) Na realização dos trabalhos periciais, conforme a NBC TP 01 – Perícia Contábil, numere a segunda coluna de acordo com a primeira e, em seguida, assinale a opção CORRETA.

1. Perito do juízo.
2. Perito assistente.
3. Perito do juízo ou perito assistente técnico.
( ) pode se colocar disponível para a execução da perícia em conjunto.
( ) deve comunicar às partes a data e o local de início do trabalho.
( ) pode pedir ao advogado da parte que o contratou o dossiê do processo para conhecimento dos fatos e melhor acompanhamento dos atos processuais.
( ) deve utilizar o Termo de Diligência, quando necessário.

A sequência CORRETA é:

A. 1, 2, 2, 1.
B. 3, 2, 1, 1.
C. 2, 1, 2, 3.
D. 1, 3, 3, 3.

20) (Exame de Suficiência – CFC) Quando uma parte se recusar a atender ao que foi solicitado em termo de diligência ou surgir dificuldade impeditiva para a execução do trabalho pericial, em conformidade com a NBC TP 01 (R1) – Perícia Contábil, o perito do juízo DEVERÁ:

A. Comunicar o fato ao juízo, com a devida comprovação ou justificativa.
B. Elaborar novo termo de diligência, concedendo um prazo maior.
C. Comunicar o fato ao Ministério Público para providências.
D. Elaborar o parecer contábil, baseado apenas nos documentos disponíveis.

21) (Exame de Suficiência – CFC) Com relação ao impedimento, determine a opção CORRETA.

A. Quando nomeado em juízo, deve o perito esquivar-se de prestar qualquer informação sobre o fato de está impedido, pois tal fato é preocupação precípua de cada parte envolvida no processo.
B. Quando indicado pela parte e como tal estiver atuando em determinado processo, deve o perito despreocupar-se com relação a motivo de impedimento, visto que, de acordo com o Código de Processo Civil, motivos de impedimento não se aplicam aos peritos assistentes, embora esteja relacionado na Norma Brasileira de Contabilidade PP 01 (R1).
C. O perito contador nomeado ou escolhido deve se declarar impedido quando tiver mantido, nos últimos seis anos com alguma das partes, relação de trabalho como empregado, administrador ou colaborador assalariado.
D. O perito contador nomeado ou escolhido deve se declarar impedido quando tiver parente a partir do quinto grau postulando no processo.
E. O perito contador nomeado ou escolhido deve se declarar impedido quando a matéria em litígio não for de sua especialidade. O que se considera impedimento por motivo técnico-científico.

22) (EQT Perito 2018) À luz do item 13 da NBC PP 01 (R1), e do inciso I do art. 144 do Código de Processo Civil – Lei n. 13.105/2015, analise a seguinte situação:

O contador A atua no mercado de perícia realizando cálculos de liquidação de sentença trabalhista para reclamante, reclamado e como perito do juízo. Nos trabalhos que realiza como perito assistente técnico, ele não assina os seus pareceres, nem insere nas planilhas nada que possa identificar o seu registro profissional ou de sua organização contábil. Em uma reclamação trabalhista, houve uma divergência significativa de valores apresentados pelas partes – reclamante C: R$ 1.250.000,00, calculado pelo contador A e reclamado D: R$ 850.000,00, calculado pelo contador B. O magistrado nomeou como perito de sua confiança o contador A para apuração do cálculo definido na sentença, fixando o prazo de 30 dias para a entrega do laudo pericial contábil.

Assinale a opção que apresenta a atitude a ser tomada pelo perito do juízo quando da ciência da sua nomeação na reclamação trabalhista.

A. Aceitar o encargo tendo em vista que o trabalho realizado para uma das partes foi realizado dentro das técnicas contábeis e conformidade com os comandos sentenciais.

B. Recusar o encargo alegando seu impedimento.

C. Aceitar o encargo porque o parecer de cálculos de liquidação foi apócrifo.

D. Recusar o encargo alegando sua suspeição.

23) (EQT Perito 2018) Com base no preceito legal do art. 157 do Código do Processo Civil – Lei n. 13.105/2015 –, o perito tem o dever de cumprir o ofício no prazo que lhe designar o juiz, empregando toda a sua diligência, podendo escusar-se do encargo alegando motivo legítimo.

Sobre este assunto, julgue os itens a seguir e assinale a opção CORRETA.

I. O perito tem o prazo de 15 (quinze) dias úteis, contado da intimação, da suspeição ou do impedimento supervenientes.

II. Se o perito não apresentar sua escusa no prazo hábil estipulado pela lei, da suspeição ou do impedimento, supervenientes, tal omissão poderá configurar renúncia ao direito a alegá-la.

III. Será organizada lista de peritos na vara ou na secretaria, com disponibilização dos documentos exigidos para habilitação à consulta de interessados, para que a nomeação seja distribuída de modo equitativo, observadas a capacidade técnica e a área de conhecimento.

Estão CORRETOS os itens:

A. I e III, apenas.

B. II e III, apenas.

C. I, II e III.

D. I e II, apenas.

24) (EQT Perito 2018) O contador A foi contratado como perito assistente técnico pela empresa B para fundamentar o valor de um passivo não financeiro que servirá de sustentação para uma petição inicial em um processo judicial.

A empresa B é revendedora de máquinas pesadas. O passivo está definido nos termos do item 10 e deve ser mensurado nos termos do item 39, ambos, da NBC TG 25 (R2). Essa obrigação ocorrerá com uma probabilidade de 35% para um valor de R$ 1.000.000,00; com uma probabilidade de 45% para um valor de R$ 2.000.000,00; e com uma probabilidade de 20% para um valor de R$ 5.000.000,00. O passivo não financeiro se refere a uma garantia pós-venda da empresa para manutenção dos equipamentos, que, em virtude de suas práticas passadas, criou uma expectativa válida para seus clientes de que cumprirá com as responsabilidades da manutenção.

Com base neste enunciado, assinale a opção que corresponde ao valor esperado calculado pelo contador A.

A. O passivo não financeiro é fundamentado como uma obrigação legal no valor de R$ 1.000.000,00.

B. O passivo não financeiro é fundamentado como uma obrigação construtiva no valor de R$ 2.250.000,00.

C. O passivo não financeiro é fundamentado como uma obrigação legal no valor de R$ 5.000.000,00.

D. O passivo não financeiro é fundamentado como uma obrigação construtiva no valor de R$ 2.000.000,00.

25) (Auditor Fiscal – Secretária Fazendária GO) São motivos que podem ensejar a suspeição do perito do juízo:

I. Ser devedor, mesmo que ainda não esteja em mora, a uma das partes.

II. Motivo íntimo.

III. Ter aconselhado parte envolvida, ainda que acerca de objeto diverso do posto em discussão no litígio.

IV. Ser herdeiro presuntivo do cônjuge de uma das partes.

Está CORRETO o que se afirma APENAS em:

A. I e III.

B. II e IV.

C. I e II.

D. III e IV.

E. I e IV.

26) (EQT Perito 2017) Caso o perito descumpra com o prazo estabelecido para a realização de uma perícia, sem justificativa, poderá ser penalizado pela sua atitude desidiosa. De acordo com o que consta do § 1º do art. 468 Código de Processo Civil – Lei n. 13.105, de 16 de março de 2015 –, estão previstas condições para sanções em casos de descumprimento do encargo no prazo pelo perito.

Com relação às punições, assinale a opção CORRETA.

A. O juiz comunicará a ocorrência à corporação profissional respectiva, podendo, ainda, impor multa ao perito, fixada tendo em vista o valor da causa e o possível prejuízo decorrente do atraso no processo.

B. O juiz comunicará a ocorrência à corporação profissional respectiva, que é a única responsável pela imposição de sanções disciplinares e éticas ao perito.

C. O juiz comunicará a ocorrência à corporação profissional respectiva, podendo, ainda, impor multa ao perito, fixada por fator de multiplicação baseada no valor dos honorários periciais arbitrados ao perito.

D. O juiz comunicará a ocorrência à corporação profissional respectiva e determinará, de imediato, a inabilitação do perito para atuar em outros processos judiciais e exclusão do cadastro de peritos mantido pelo tribunal ao qual o juiz está vinculado, pelo prazo de pelo menos 2 (dois) anos.

27) (EQT Perito 2017) De acordo com o item 32 da NBC PP 01 (R1) – Perito Contábil, o perito assistente pode contratar serviço de profissional de outra área:

A. somente quando necessitar auxílio para cumprimento de prazo de entrega do laudo.

B. pode nos casos em que parte da matéria-objeto da perícia assim o requeira.

C. deve contratar sempre pois reforçará seu parecer pericial.

D. somente quando em trabalho conjunto com o perito contador.

28) (Exame de Suficiência CFC 2019.2) A NBC PP 01 (R1) – Perito Contábil apresenta diversos termos e os conceitos atribuídos a cada um.

À luz da referida norma, e marque V para as afirmativas verdadeiras e F para as falsas.

( ) Perito oficial: é nomeado pelo juiz, árbitro, autoridade pública ou privada para exercício da perícia contábil.

( ) Perito assistente: é o contador, regularmente registrado em Conselho Regional de Contabilidade, que exerce a atividade pericial de forma pessoal, devendo ser profundo conhecedor, por suas qualidades e experiências, da matéria periciada.

( ) Perito do juízo: é o investido na função por lei e pertencente a órgão especial do Estado destinado, exclusivamente, a produzir perícias e que exerce a atividade por profissão.

( ) Perito: é o contratado e indicado pela parte em perícias contábeis.

A sequência está correta em:

A. F, F, F, F.

B. V, F, V, F.

C. F, V, F, V.

D. F, V, V, V.

29) (Unicesumar) Seguindo as previsões legais e normativas aplicadas ao perito contábil, pode-se afirmar que algumas situações o impossibilitarão de realizar regularmente suas funções, fazendo assim com que o profissional nomeado se declare impedido ou suspeito de executar seu trabalho.

Em relação às situações onde o perito deverá declarar-se suspeito, dispostas na NBC PP 01 (R1), analise as situações:

I. O profissional (perito contador) nomeado é credor da neta do autor da perícia.

II. O perito contador nomeado para a ação não possui conhecimento na matéria a ser periciada.

III. Houve a nomeação de um perito contador, porém este estava no exterior e não retornaria a tempo de realizar a perícia nos prazos estipulados pelo juiz.

É correto o que se afirma em:

A. I, apenas.

B. II, apenas.

C. I e II, apenas.

D. II e III, apenas.

E. I, II e III.

30) (QUADRIX/ABDI/CONTADOR SÊNIOR/2013) Na questão da perícia judicial em Contabilidade, na esfera cível, o assistente técnico é um profissional que se faz presente.

Aponte a afirmativa CORRETA.

A. O assistente técnico atua na condição de auxiliar do juízo, por ser de inteira confiança deste.

B. O assistente técnico atua na condição de auxiliar das partes, independentemente de quem o indicou, após o devido deferimento do juízo.

C. O assistente técnico atua na condição de auxiliar do perito judicial, após o devido deferimento do juízo.

D. O assistente técnico atua na condição de auxiliar de quem o indicou, após o devido deferimento do juízo.

E. O assistente técnico é nomeado pelo juízo, para colaborar na perícia, auxiliando o perito.

31) (FCC/TRT-20ª REGIÃO/SE/ANALISTA JUDICIÁRIO/JUDICIÁRIA/2016) Considere as proposições abaixo, acerca da prova pericial.

I. O perito não está sujeito às causas de suspeição e impedimento, por não ser parte no processo.

II. O juiz poderá autorizar o pagamento da integralidade dos honorários antes do início dos trabalhos.

III. Os assistentes técnicos não estão sujeitos a impedimento ou suspeição.

IV. O juiz poderá dispensar prova pericial quando as partes, na inicial e na contestação, apresentarem, sobre as questões de fato, pareceres técnicos ou documentos elucidativos que considerar suficientes.

Está CORRETO o que se afirma APENAS em:

A. II e III.

B. I e II.

C. III e IV.

D. I e IV.

E. I.

32) (INSTITUTO AOCP/ITEP-RN/PERITO CRIMINAL/CIÊNCIAS CONTÁBEIS E ECONÔMICAS/ 2018) Existem determinadas situações em que o Perito Contábil está impossibilitado de exercer, regularmente, sua atividade pericial em processo judicial.

Assinale a alternativa que expressa quando o perito contador deve declarar-se em suspeição.

A. O perito contador não tem motivo íntimo.

B. O perito contador não conhece nenhuma das partes.

C. O perito contador não deve ser devedor ou credor em mora de qualquer das partes, dos seus cônjuges, de parentes destes em linha reta ou em linha colateral até o terceiro grau.

D. O perito contador não houver qualquer interesse no julgamento da causa em favor de alguma das partes.

E. O perito contador ser inimigo capital de qualquer das partes.

33) As normas da perícia contábil aplicam-se ao perito nomeado em juízo (perito contador), ao assistente técnico indicado ou contratado pelas partes (perito assistente técnico) e ao contratado pelas partes para a perícia extrajudicial ou ao escolhido na arbitragem.

Sobre o assunto, marque o item correto.

A. O perito contador serve ao juiz (à justiça) que o nomeou, enquanto o perito assistente técnico serve à parte que o contratou.

B. O laudo pericial contábil e o parecer pericial contábil são orientados e conduzidos pelo perito assistente técnico e pelo perito contador, respectivamente.

C. Quando a perícia exigir a necessidade de utilização de trabalho de terceiros (equipe técnica, trabalho de especialistas ou interprofissionais), o planejamento deve prever a orientação e a supervisão pelo especialista contratado.

D. A perícia não é um meio de prova previsto no direito.

34) Considerando o que está previsto na NBC PP 01 – Perito Contábil, marque a alternativa CORRETA.

A. É obrigação das partes do processo indicarem seus peritos assistentes, podendo ser responsabilizadas sem deixarem de fazê-lo.

B. Impedimento e suspeição são situações fáticas ou circunstanciais que impossibilitam o perito contador de exercer, regularmente, suas funções ou realizar atividade pericial somente em processos judiciais.

C. Ciente do livre exercício profissional, deve o perito do juízo, sempre que possível e não houver prejuízo aos seus compromissos profissionais e as suas finanças pessoais, em colaboração com o Poder Judiciário, aceitar o encargo confiado ou escusar-se do encargo, no prazo legal, apresentando suas razões.

D. Atender às partes ou assistentes técnicos é considerado uma parcialidade por parte do perito do juízo.

35) (Consulplan/Exame CFC/2020.2) No curso de um processo judicial de crime fiscal, o Juiz Pedro nomeou um perito com a finalidade de aviar o montante sonegado pela empresa X. O advogado tributário da empresa sugeriu que fosse contratado um contador para acompanhar o caso, a fim de averiguar e revisar os valores que estão sendo cobrados pela Receita Federal do Brasil.

No laudo pericial contábil ele destacou seu parecer técnico para o entendimento e acompanhamento da prova pericial.

Diante dessa situação, qual a denominação correta do contador contratado?

A. Perito do juízo.

B. Perito assistente.

C. Perito oficial.

D. Perito assistente técnico.

36) (EJEF/TJ-MG/JUIZ/2005) A remuneração do perito será paga:

A. pelo réu quando ordenado o exame, de ofício, pelo juiz.

B. pelo réu quando ambas as partes requererem o exame.

C. por ambas as partes quando requerido o exame pelo Ministério Público e deferido pelo juiz.

D. pela parte que houver requerido o exame.

37) (Exame de Suficiência 2020-2 CFC) "O contador Pedro Alves foi nomeado para elaborar os cálculos de liquidação para apuração do valor devido na reclamação trabalhista, visto que a prova do fato dependia de conhecimento técnico-científico. Após a apresentação do laudo pericial contábil, o Juiz concluiu que o empregador deveria pagar a quantia apurada no Laudo Pericial. Entretanto, o empregado descobriu que o perito do juízo era cunhado do empregador e que havia prestado informações inverídicas no laudo pericial contábil, beneficiando, assim, o empregador."

Nesse caso, é INCORRETO afirmar que o contador:

A. Está cometendo ato ilícito.

B. Tem responsabilidade civil.

C. Está sendo omisso intencionalmente.

D. Não possui responsabilidade civil, que é do cliente.

38) (UFMG/UFMG/CONTADOR/2019) Segundo a NBC PP 01 (R1), perito é o contador regularmente registrado em Conselho Regional de Contabilidade que exerce a atividade pericial de forma pessoal, devendo ser profundo conhecedor, por suas qualidades e experiências, da matéria periciada.

Segundo a referida norma, é INCORRETO afirmar:

A. O perito assistente deve declarar-se suspeito, quando, após contratado, verificar a ocorrência de situações que venham suscitar suspeição em função da sua imparcialidade ou independência e, dessa maneira, comprometer o resultado do seu trabalho.

B. O perito deve comprovar sua habilitação como perito em contabilidade por intermédio de Certidão de Regularidade Profissional emitida pelos Conselhos Regionais de Contabilidade.

C. O perito deve ressaltar, em sua proposta de honorários, que a mesma não contempla os honorários relativos a quesitos suplementares e, se estes forem formulados pelo juiz e/ou pelas partes, pode haver incidência de honorários complementares a serem requeridos.

D. Se o perito utilizar informações de especialista de outras áreas, anexando documento emitido por especialista, o perito não será responsável por essas informações contidas em seu laudo ou parecer.

39) (EQT Perito) Uma mineradora foi condenada a indenizar uma ex-prestadora de serviços por danos materiais no valor de R$ 5,5 milhões e lucros cessantes de R$ 15 milhões em uma ação judicial. Inconformada com o resultado da prova pericial, que subsidiou o magistrado na tomada de decisão, apresenta uma denúncia ao Conselho Federal de Contabilidade em desfavor do perito contábil nomeado nos autos.

Diante desse caso hipotético, analise e julgue os itens a seguir como Verdadeiros (V) ou Falsos (F) e, em seguida, marque a opção CORRETA.

I. O Conselho Regional de Contabilidade da jurisdição onde tramita os autos, no exercício da sua competência legal, deverá verificar a exatidão dos valores dos danos materiais no valor de R$ 5,5 milhões e dos lucros cessantes de R$ 15 milhões.

II. Considerando a gravidade da conduta do perito contábil, compete ao Conselho Federal de Contabilidade examinar e decidir sobre as representações escritas acerca das infrações dos dispositivos legais vigentes.

III. Não há como declarar a nulidade da perícia quando o perito nomeado responde satisfatoriamente a todos os questionamentos produzidos pelas partes que sejam pertinentes para a solução da controvérsia.

IV. Quando a perícia for inconclusiva ou deficiente, o Conselho Regional de Contabilidade poderá aplicar multa sobre a remuneração fixada para o trabalho pericial.

A sequência CORRETA é:

A. V, F, V, V.

B. V, V, F, F.

C. F, F, V, V.

D. F, F, V, F

40) (EQT Perito) Os executivos de uma firma do setor do agronegócio estavam discutindo a classificação correta, na Demonstração dos Fluxos de Caixa (DFC), da venda de um ativo fixo de manutenção dos negócios. Um executivo entendia que a classificação deveria ser inclusa nas atividades operacionais, considerando que este ativo era utilizado para a geração de receita de venda. O outro executivo, por outro lado, entendia que o valor da venda, por ter sido utilizado para financiar o capital de giro do negócio, deveria ser classificado nas atividades de financiamento. Por não chegarem a um consenso na discussão, a firma contratou um assistente técnico para opinar sobre a classificação correta do valor da venda na referida DFC.

Com base no enunciado e na NBC TG 03 (R3) – Demonstração dos Fluxos de Caixa, na condição de assistente técnico, avalie e assinale a alternativa CORRETA sobre a classificação do valor dessa venda na DFC.

A. A norma de contabilidade da Demonstração do Fluxo de Caixa orienta que a venda de ativo de longo prazo, independente do tempo de duração, deve ser classificada nas atividades operacionais porque participa da geração de receita operacional.

B. A norma de contabilidade da Demonstração do Fluxo de Caixa orienta que venda de longo prazo, independente do tempo de duração do ativo, deve ser classificada nas atividades de financiamento porque o produto da venda; neste caso, é utilizado para financiar o giro da firma.

C. A norma de contabilidade da Demonstração do Fluxo de Caixa orienta que venda de ativos de longo prazo e de outros investimentos não incluídos nos equivalentes de caixa deve ser classificada nas atividades de investimento.

D. A norma de contabilidade da Demonstração do Fluxo de Caixa orienta que venda de longo prazo, deve ser classificada nas atividades de manutenção, financiamento de pesquisa e investimento.

41) (EQT Perito) O auditor de um grupo empresarial do setor de abastecimento qualificou sua opinião sobre as demonstrações contábeis do exercício findo da firma holding que classificou os juros sobre o capital próprio, recebidos, nas atividades operacionais na Demonstração do Fluxo de Caixa (DFC). Para o auditor, a classificação utilizada pela empresa é inadequada, sendo possível somente para instituições financeiras, conforme a NBC TG 03 (R3) – Demonstração dos Fluxos de Caixa.

Para dirimir a dúvida, a firma contratou um assistente técnico para emitir um parecer sobre a adequada classificação dos juros sobre o capital próprio recebidos. Com base neste enunciado na condição de assistente técnico, avalie e assinale a alternativa CORRETA.

A. Juros sobre capital próprio recebidos não podem ser classificados na DFC como atividades operacionais de uma firma do setor de abastecimento porque não se relacionam com o negócio da firma e porque a norma de contabilidade específica não permite.

B. A norma de contabilidade que disciplina a DFC não restringe a classificação de juros sobre capital próprio, recebidos, nas atividades operacionais de uma firma cujo segmento de negócio seja setor de abastecimento.

C. Juros sobre capital próprio, recebidos, somente podem ser classificados nas atividades operacionais da DFC de instituições financeiras porque eles são retorno de investimento.

D. Nenhuma das alternativas responde corretamente à questão.

42) (EQT Perito) Um contador foi contratado para atuar na função de assistente técnico de uma firma de tecnologia que reconheceu perda por desvalorização de um ativo físico individual (corpóreo), classificado como unidade geradora de caixa, em exercício anterior, com base no valor em uso. O valor contábil do ativo, antes do reconhecimento da perda era de R$ 150.000,00 e o valor recuperável foi avaliado em R$ 108.000,00. Em exercício seguinte, com base no mesmo critério de avaliação, o valor do referido ativo foi precificado em R$ 180.000,00 e o valor contábil era de R$ 100.000,00.

Com base na NBC TG 01 (R4) – Redução ao Valor Recuperável de Ativos, a firma pretende fazer a reversão total da perda do referido ativo como facultado pela citada norma.

Com base no enunciado, na condição de perito assistente técnico, avalie e assinale a alternativa CORRETA que apresenta o valor que deve ser utilizado para reversão.

A. O valor da reversão deve ser de R$ 72.000,00.

B. O valor da reversão deve ser de R$ 50.000,00.

C. O valor da reversão deve ser de R$ 80.000,00.

D. O valor da reversão deve ser de R$ 30.000,00.

43) (CFC) Na questão da perícia judicial em Contabilidade, na espera cível, o perito assistente técnico é um profissional que se faz presente.

Aponte a afirmativa correta.

A. O assistente técnico atua na condição de auxiliar do juízo, por ser de inteira confiança deste.

B. O assistente técnico atua na condição de auxiliar das partes, independentemente de quem o indicou, após o devido deferimento do juízo.

C. O assistente técnico atua na condição de auxiliar do perito judicial, após o devido deferimento do juízo.

D. O assistente técnico atua na condição de auxiliar de quem o indicou, após o devido deferimento do juízo.

E. O assistente técnico é nomeado pelo juízo, para colaborar na perícia, auxiliando o perito.

44) (Exame Suficiência 2022.1 – CFC) Sobre aspectos técnico, doutrinário, processual e operacional: perícia judicial e extrajudicial – competência técnico-profissional e disposições legais aplicáveis à Perícia Contábil – considere a situação hipotética descrita a seguir:

Arthur – estudante de Ciências Contábeis e estagiário em um órgão público federal, no setor responsável pela elaboração de perícias contábeis, econômicas e financeiras – solicitou ao coordenador de seu estágio, que o indicasse como perito assistente técnico, pois já estava familiarizado com as demandas e conhecia muito bem o trabalho a ser feito e, portanto, seria produtivo e interessante que ele já começasse a trabalhar como perito.

Diante da solicitação do estudante e ciente de que o papel de um coordenador de estágio é, também, assegurar que o estagiário refine, na prática, os conhecimentos adquiridos na faculdade, foram prestados os esclarecimentos dispostos a seguir:

I. A indicação não seria possível por não ser o rito processual adequado e, também, pelo fato de o estagiário ainda não ser portador de diploma de curso superior.

II. Para exercer atribuições de perito assistente técnico, o profissional deverá ser legalmente habilitado.

III. Perito assistente técnico e perito do juízo não são profissionais cujas atribuições devem ser entendidas como sinônimas. O assistente técnico atuará a partir de sua admissão pelo Juiz e após a conclusão dos exames e elaboração do laudo pelos peritos oficiais.

IV. A nomeação de um profissional como perito do juízo, por livre escolha pelo Juiz, deverá recair sobre profissional comprovadamente detentor do conhecimento necessário à realização da perícia, quando na localidade não existir inscritos em cadastro disponibilizado pelo Tribunal.

Está correto o que se afirma em

A. I, II, III e IV.
B. I e III, apenas.
C. III, e IV, apenas.
D. I, II e IV, apenas.

45) (EQT Perito 2019) A empresa X de grande porte, com capital na bolsa de valores, descobriu desvios de recursos e de bens e outras fraudes cometidas por seus diretores por meio de uma perícia contábil. De posse do resultado da perícia extrajudicial, a empresa ingressou com ação judicial na 105ª Vara da Justiça Cível do Estado K2, com vistas a obter o ressarcimento do montante desviado. No curso da ação, o juiz nomeou o mesmo profissional contratado anteriormente pela referida empresa, para atuar como perito judicial contábil. O perito nomeado, no prazo, peticionou informando o seu impedimento para a realização de tal trabalho.

De acordo com o Art. 144 do Código de Processo Civil – Lei n. 13.105/2015, em relação à postura do perito, assinale a opção CORRETA.

A. O perito contábil deveria ter aceito a nomeação em juízo visto que o trabalho realizado para a empresa é caracterizado como extrajudicial.

B. O perito contábil agiu corretamente, visto que oficiou como perito para parte autora no litígio em questão.

C. O perito contábil deveria ter apresentado, em 5 (cinco) dias, proposta de honorários; currículo, com comprovação de especialização; e contatos profissionais, em especial o endereço eletrônico.

D. O perito contábil deveria aceitar o trabalho levando em consideração a sua responsabilidade profissional.

46) Segundo as Normas Brasileiras de Contabilidade, a execução da perícia, quando incluir a utilização de equipe técnica, deve ser realizada sob a orientação e a supervisão do:

A. perito do juízo indicado pela ré.
B. perito do juízo indicado pela autora.
C. perito do juízo que assume a responsabilidade pelos trabalhos.
D. juiz e advogados das partes.

47) No processo judicial, o contador pode funcionar como perito do juízo ou como perito assistente técnico das partes.

Em relação ao perito do juízo, os honorários periciais são:

A. de responsabilidade exclusiva do donatário.
B. de responsabilidade da parte que houver requerido o exame, ou pelo autor, quando requerido por ambas as partes ou determinado por ofício pelo juiz.
C. de responsabilidade parcial do donatário.
D. não há falar em honorários, por ser o perito do juízo componente do quadro regular da justiça, contratado mediante salário.

48) Leia e julgue os itens seguintes:

I. Na elaboração da proposta de honorários, o perito do juízo deve considerar o poder aquisitivo das partes envolvidas no processo.
II. Cada parte pagará a remuneração do perito assistente técnico que houver indicado; a do perito do juízo será paga pela parte que houver requerido o exame, ou pelo autor, quando requerido por ambas as partes ou determinado por ofício pelo juiz.
III. Benedito contratou o contador Roberto para atuar como perito assistente técnico em um determinado processo. Ao final do rito judicial, Benedito ganhou a ação e, conforme a jurisprudência, pode exigir o pagamento dos honorários periciais de seu assistente pela parte vencida no processo.

Assinale o item que possui apenas item(ns) correto(s):

A. I.
B. II.
C. II e III
D. I, II e III.

49) (Exame de Suficiência 2023) Mário, formado em direito e em ciências contábeis, já atuou como perito judicial designado em inúmeras periciais contábeis requisitadas pelo Poder Judiciário. Profundo conhecedor, também, de direito tributário, foi aprovado em concurso público, devidamente empossado, tornando-se membro do Ministério Público. Considerando as disposições do Código de Processo Civil e, unicamente, as informações anteriormente disponibilizadas, assinale a afirmativa correta.

A) Por ter se tornado membro do Ministério Público, Mário está impedido de atuar como perito judicial.
B) Se Mário tornou-se membro do Ministério Público Federal, ele poderá atuar como perito judicial na esfera estadual.

C) Mário poderá atuar como perito judicial na área contábil, pois o concurso para o qual foi aprovado se deve à sua formação em direito.

D) Desde que os trabalhos periciais não tenham ligação com as causas nas quais ele atua no Ministério Público, não há impedimento para que Mário atue como perito judicial.

50) (EQT Perito 2023) Um contador presta serviços para várias pessoas jurídicas, sendo responsável pela contabilidade e pela realização das declarações exigidas por lei para os órgãos de arrecadação tributária. Por força de sua reconhecida técnica, foi convidado para atuar como perito indicado em processo que transita na Comarca X. Em determinado momento, as partes requerem o seu depoimento em audiência.

Nos termos da Lei n. 13.105/2015, de 17 de março de 2015, deve o perito responder aos denominados quesitos de

A. esclarecimentos
B. divulgação
C. prognósticos
D. finalização
E. complemento

51) (EQT Perito 2023) S atua em escritório de Contabilidade e foi nomeado pelo magistrado da Vara Empresarial para analisar as contas de determinada pessoa jurídica, avaliando sua liquidez e capacidade de pagamentos futuros.

Nos termos da Resolução CFC n. 1.640/2021, dentre as atribuições privativas dos profissionais da Contabilidade, está a de prestar assistência contábil nos processos de

A. separação judicial
B. investigação de paternidade
C. anulação de casamento
D. recuperação judicial
E. declaração de nulidade de marca

52) (EQT Perito 2023) Z é nomeado perito contábil, em litígio envolvendo duas pessoas jurídicas, através de ato de ofício do magistrado que conduz o processo. As duas partes indicam assistentes técnicos, cada qual apontando um contador para atuar na perícia.

Nos termos da Lei n. 13.105/2015, de 17 de março de 2015, como regra geral, a perícia

A. é gratuita.
B. deve ter seus custos repartidos.
C. impõe antecipação de pagamento pelo autor.
D. é encaminhada como despesa do réu.
E. terá seu pagamento ao final.

53) (EQT Perito 2023) De acordo com os termos e os dizeres da NBC PP 01(R1)/2020, o perito contábil deve comprovar sua habilitação para o exercício das atividades profissionais por intermédio de Certidão de

A. Atuação Profissional, emitida pelo Poder Judiciário.

B. Atualização do Conhecimento, emitida por curso reconhecido pelo CFC.

C. Registro Profissional, emitida pelo Cadastro Nacional de Peritos Contábeis.

D. Registro Profissional, emitida pelos Conselhos Regionais de Contabilidade.

E. Regularidade Profissional, emitida pelos Conselhos Regionais de Contabilidade.

54) (EQT Perito 2023) A NBC PP 01(R1)/2020 estabelece que o perito é o contador que detém conhecimento técnico e científico e que exerce a atividade pericial de forma pessoal ou por meio de órgão técnico ou científico.

Nesse contexto, o contador que é investido na função por lei é denominado

A. perito arbitral

B. perito oficial

C. perito do juízo

D. assistente técnico

E. assistente judiciário

5.8 Questão discursiva

1) (EQT Perito 2022 – CFC) Um contador, regularmente registrado no Conselho Regional de Contabilidade, no Cadastro Nacional dos Peritos Contábeis e no Cadastro de Perito no Tribunal de Justiça, de acordo com a legislação em vigor, devidamente habilitado por Certidão de Regularidade Profissional, emitida pelo Conselho Regional de Contabilidade, que exerce a atividade pericial de forma pessoal, foi nomeado para uma perícia judicial.

Recebida a intimação da nomeação, o perito, no prazo legal estabelecido pela legislação pertinente, ao consultar o processo, para tomar ciência da lide, fazer o planejamento do trabalho e pedir honorários, comprovou que o autor do processo é devedor em mora de uma das irmãs da mãe do próprio perito.

Nesse contexto e, exclusivamente, sob o enfoque das Normas Brasileiras de Contabilidade, mais especificamente a NBC PP 01 (R1), elabore um texto, entre 15 e 30 linhas, atendendo aos seguintes aspectos:

- apresente a decisão que o perito deve tomar com respeito à questão do parentesco, justificando tal decisão à luz da Norma mencionada;
- descreva o procedimento legal que o perito deve cumprir para fundamentar essa decisão, elencando as etapas a serem satisfeitas nesse procedimento.

5.9 Estudo de caso

A Sociedade Empresária Rio Branco Ltda., optante pelo lucro presumido, em 31 de janeiro de 2020, apresentou um faturamento com vendas de mercadorias de R$ 15.000,00 e venda de serviços no valor de R$ 10.000,00, em cujo faturamento incidiram os seguintes impostos: IRPJ, CSLL, PIS, COFINS, ICMS e ISSQN.

Em um processo civil, foi apresentada uma planilha de cálculo, devidamente auditada, relativa aos tributos líquidos.

Nos tributos, já estavam excluídas suas compensações de créditos, e estes não tinham sidos pagos até 31 de janeiro de 2021.

Itens	Venda de mercadorias	Venda de serviços
Faturamento	R$ 15.000,00	R$ 10.000,00
IRPJ	R$ 180,00	R$ 480,00
CSSL	R$ 162,00	R$ 288,00
PIS	R$ 97,50	R$ 65,00
COFINS	R$ 450,00	R$ 300,00
ICMS	R$ 1.850,00	
ISSQN		R$ 500,00

De acordo com as informações disponibilizadas em 31 de janeiro de 2020, verificaram-se no Balanço Patrimonial, referente ao mês de janeiro de 2020, os seguintes valores de tributos no Passivo Circulante:

Passivo Circulante	31/1/2020
IRPJ a pagar	R$ 480,00
CSSL a pagar	R$ 450,00
PIS a recolher	R$ 162,50
COFINS a recolher	R$ 450,00
ICMS a pagar	R$ 1.850,00
ISSQN a pagar	R$ 500,00

De acordo com os valores apresentados e as informações adicionais, julgue os itens com os quesitos apresentados pelo juiz e as respostas apresentadas pelo perito do juízo nomeado para o caso. Após, assinale a opção CORRETA.

I. Pode o perito informar se o valor do IRPJ a pagar está apresentado de acordo com o faturamento total em 31 de janeiro de 2020?
Resposta: Analisando a planilha apresentada e auditada em 31 de janeiro de 2021, com os valores dos tributos apresentados no Balanço Patrimonial, mais precisamente no Passivo Circulante, verifica-se que não foi computado o valor do IRPJ referente à venda de mercadorias.

II. Pode o perito informar se o valor da COFINS a recolher está apresentado de acordo com o faturamento total em 31 de janeiro de 2020?
Resposta: Analisando a planilha apresentada e auditada em 31 de janeiro de 2021, com os valores dos tributos apresentados no Balanço Patrimonial, mais precisamente no Passivo Circulante, verifica-se que não foram computados os valores da COFINS referentes à venda de serviços.

III. Pode o perito informar se o valor do ICMS a pagar está apresentado de acordo com o faturamento total em 31 de janeiro de 2020?
Resposta: Analisando a planilha apresentada e auditada em 31 de janeiro de 2021, com os valores dos tributos apresentados no Balanço Patrimonial, mais precisamente no Passivo Circulante, verifica-se que foi computado corretamente o valor do ISSQN sobre venda de serviços.

Está(ão) CERTO(S) o(s) item(ns):
A. I, apenas.
B. I e II, apenas.
C. II e III, apenas.
D. I, II e III.

Justificativa:
Item I: o perito está correto pois, no Balanço Patrimonial, em 31 de janeiro de 2020, não informa o valor do IRPJ de R$ 180, da venda de mercadorias. Consta somente o valor do IRPJ da venda de serviços, no valor de R$ 480,00. Então esse item está correto.
Item II: no Item II, a resposta do perito está correta. Pois, ao verificarmos os valores da COFINS, do Balanço Patrimonial, mais especificamente do Passivo Circulante, observamos que o valor da venda de mercadoria é de R$ 450,00 e o da venda de serviços é de R$ 300,00. Todavia, não foi computada a soma dos valores da COFINS de ambas as vendas, que seria R$750,00. Apenas foi computado o valor da venda de mercadoria de R$450,00.

Item III: o item está incorreto. O perito respondeu sobre o ISSQN, mas a pergunta foi sobre o ICMS.

2) Um contador, regularmente registrado no Conselho Regional de Contabilidade, no Cadastro Nacional dos Peritos Contábeis e no Cadastro de Perito no Tribunal de Justiça, de acordo com a legislação em vigor, devidamente habilitado por Certidão de Regularidade Profissional, emitida pelo Conselho Regional de Contabilidade, que exerce a atividade pericial de forma pessoal, foi nomeado para uma perícia judicial.

Recebida a intimação da nomeação, o Perito, no prazo legal estabelecido pela legislação pertinente, ao consultar o processo, para tomar ciência da lide, fazer o planejamento do trabalho e pedir honorários, comprovou que o autor do processo é devedor em mora de uma das irmãs da mãe do próprio Perito.

Nesse contexto e, exclusivamente, sob o enfoque das Normas Brasileiras de Contabilidade, mais especificamente a NBC PP 01 (R1), elabore um texto, entre 15 e 30 linhas, atendendo aos seguintes aspectos:

* apresente a decisão que o perito deve tomar com respeito à questão do parentesco, justificando tal decisão à luz da Norma mencionada;
* descreva o procedimento legal que o perito deve cumprir para fundamentar essa decisão, elencando as etapas a serem satisfeitas nesse procedimento.

Solução:

Introdução: Trata a questão de alcance e aplicação da NBC PP 01 – Código de Ética Profissional do Contador – Cumprimento do código, dos Princípios Fundamentais e da Estrutura Conceitual e a NBC PG 300

Desenvolvimento: Contadores que Prestam Serviços (Contadores Externos), onde, no próprio enunciado da questão proposta, o próprio examinador já trata do item 5 – Habilitação profissional e solicita ao candidato que elucide questões e procedimentos relacionados a impedimentos profissionais.

Resposta ao 1º quesito: Impedimentos profissionais são situações fáticas ou circunstanciais que impossibilitam o perito de exercer, regularmente, suas funções ou realizar atividade pericial em processo judicial ou extrajudicial, inclusive arbitral. Os itens previstos nesta Norma explicitam os conflitos de interesse motivadores dos impedimentos a que está sujeito o perito nos termos da legislação vigente. Caso o perito não possa exercer suas atividades com isenção, é fator determinante que ele se declare impedido, após nomeado ou indicado, quando ocorrerem as situações previstas nesta Norma. Quando nomeado, o perito deve dirigir petição, no prazo legal, justificando a escusa ou o motivo do impedimento.

Resposta ao 2º quesito: Na questão hipotética apresentada nota-se que o perito é parente em linha direta de um credor do autor, ferindo o inciso IV do art. 148 do Novo Código Civil e tornando-o impedido de exercer a função. Nesta situação o perito deve dirigir petição, dentro de 15 (quinze) dias contados da intimação do despacho de nomeação do perito (art. 465, § 1º, CPC) ou na primeira oportunidade em que lhe couber falar nos autos (art. 148, § 1º, CPC),

Conclusão: assim justificando a escusa ou motivo do impedimento e não aceitando o encargo.

CAPÍTULO **6**

Laudo pericial contábil e parecer técnico contábil

6.1 Laudo pericial

É uma peça tecnológica que contém opiniões do perito do juízo, como pronunciamento, sobre as questões que lhe são formuladas e que requerem seu parecer. É a forma utilizada para apresentação do trabalho pericial. Atende às características do trabalho de perícia, principalmente a de examinar a verdade ou não de assunto controverso apresentado, visto que, inexistindo matéria controversa, inexiste razão para discussão. Consequentemente, não há o que periciar.

Constitui um elemento de prova, fornecendo fatos para firmar a convicção do julgador a respeito de assunto conflituoso. As opiniões manifestadas no laudo – pelo perito que o emitiu e que tem o domínio da área de conhecimento objeto da perícia – tornam-se basilares no processo decisório. Acumula o histórico da perícia realizada, trazendo as informações a respeito do processo do qual resultou o exame pericial, a exposição sobre o desenvolvimento do trabalho pericial, os quesitos e as respostas correspondentes. Pode ser instruído com documentos, mapas, demonstrativos, fotografias e desenhos. É um documento conclusivo.

É o recurso empregado para se alcançar um objetivo. É o documento ou ato escrito, de maneira convencionada e parametrizada, em que se registram os atos com base em exames, vistorias e indagação de um fato, com o objetivo de torná-lo formal de modo sistematizado.

201

Figura 6.1 – Elementos envolvidos no laudo pericial

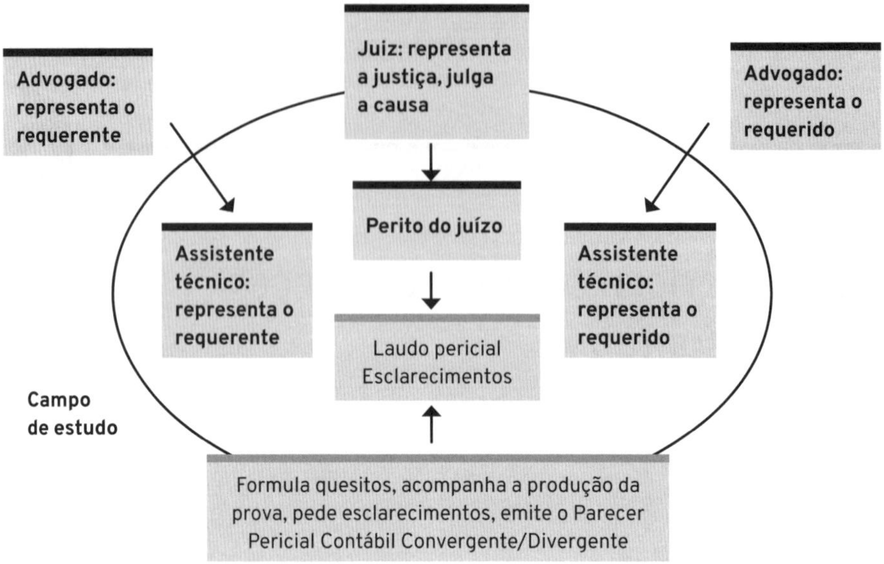

Fonte: elaborado pelo autor.

O laudo pericial contábil e o parecer pericial contábil têm por limite os próprios objetivos da perícia deferida ou contratada. São documentos escritos, nos quais os peritos devem registrar, de forma abrangente, o conteúdo da perícia e particularizar os aspectos e as minudências que envolvem o seu objeto e a busca de elementos de prova necessários para a conclusão do seu trabalho.

É o laudo a peça processual realizada na fase de instrução ou conhecimento, também chamada formação de provas, sendo constituída de dados, informações, verificações, cálculos preliminares, diligências, juntada de documentos-suporte do trabalho realizado, objetivando fornecer elementos para que o julgador formule as suas convicções, com os demais elementos existentes nos autos, bem como disponibilizar componentes aos procuradores das partes para que estes possam sustentar suas teses. Nessa fase, não cabe a quantificação da inicial ou da contestação com base em teses defendidas e apresentadas no feito pelas partes, visto que o processo carece de julgamento de mérito, cuja competência é exclusiva do julgador.

O laudo de instrução é emitido pelo perito nomeado pelo julgador (perito do juízo).

6.2 Prova pericial

O juiz determinará a prova pericial de uma lide quando a prova do fato depender de conhecimento técnico ou científico, segundo o art. 156, CPC. A prova pericial é o exame elaborado pelo profissional com formação e conhecimento sobre a área com base no Código de Processo Penal (CPP) e no Código de Processo Civil (CPC), a função da perícia judicial é fornecer ao juiz que atua no processo elementos de convicção sobre fatos que dependem de conhecimento técnico ou científico. A prova pericial é a técnica contábil adequada para a comprovação de operações contábeis e negociais cuja apuração depende de conhecimentos técnicos de profissionais especializados.

Figura 6.2 – Aspectos envolvidos na prova pericial

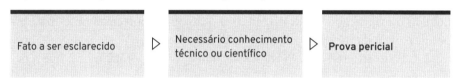

Fonte: elaborada pelo autor.

Pelo que consta do art. 464 do CPC, há três modalidades de prova pericial, requisitadas de acordo com a necessidade e a área de conhecimento técnico:

- **Exame:** inspeção de pessoas, animais, coisas ou bens móveis;
  É a análise ou observação de pessoas, animais ou coisas, com o objetivo de extrair informações. O perito contador examinará o Livro Razão de uma empresa para obter o saldo da conta Mercadorias, segundo Cardozo (2016).
- **Vistoria:** constatação *in loco* do estado ou da situação de determinada coisa ou bem imóvel;
  É a análise de bens imóveis ou coisa *in loco*, com o objetivo de verificar se há dano ou avaria. O perito engenheiro irá vistoriar determinada edificação, após um desmoronamento, segundo Cardozo (2016).
- **Avaliação:** verificação ou atribuição de valor a alguma coisa, bem ou obrigação.
  É a atribuição ou verificação de valor a alguma coisa, obrigação ou bem. O perito contador avalia o estoque de produtos acabados de uma empresa. O perito na área financeira avalia o valor atualizado do saldo devedor de um financiamento, segundo Cardozo (2016).

A perícia contábil constitui o conjunto de procedimentos técnico-científicos destinados a levar à instância decisória elementos de prova necessários a subsidiar a justa solução do litígio ou constatação de um fato, mediante laudo pericial contábil e/ou parecer pericial contábil. A NBC TP 01 (R1), norma que trata de perícia contábil, estabelece regras e procedimentos técnico-científicos a serem observados pelo perito quando da elaboração de perícia contábil, no âmbito judicial, extrajudicial, inclusive arbitral, mediante o esclarecimento dos aspectos e dos fatos do litígio por meio de exame, vistoria, indagação, investigação, arbitramento, avaliação ou certificação.

A realização da perícia será admitida e deferida pelo juiz quando a questão em análise no processo depender de conhecimento técnico ou científico. A análise de situações que ultrapassem o conhecimento jurídico torna necessária a presença do perito, que auxilia o trabalho do juiz.

Considerando que a emissão de uma opinião técnica em um processo é requisitada somente se forem necessários conhecimentos específicos dos quais o juiz não goza, torna-se oportuno o indeferimento da prova técnica pericial quando o magistrado julgar dispensável o domínio da técnica ou ciência específica, além da jurídica, para análise dos fatos.

O § 1º do art. 464 do CPC descreve, ainda, outras situações em que a perícia será negada pelo juiz:

- quando a prova do fato não depender de conhecimento especial de técnico;
- quando a prova do fato for desnecessária em vista de outras provas produzidas;
- quando a verificação da prova do fato for impraticável.

Além das circunstâncias já descritas, que explicam o indeferimento da prova técnica, o art. 472 do CPC determina que a perícia feita por profissional de confiança do magistrado poderá ser dispensada quando "as partes, na inicial e na contestação, apresentarem, sobre as questões de fato, pareceres técnicos ou documentos elucidativos que considerar suficientes".

Figura 6.3 – Prova pericial

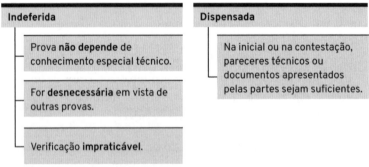

Fonte: Andrey Soares – Gran Cursos e art. 472, § 2º, CPC.

A prova técnica simplificada está definida pelo art. 464 do Código de Processo Civil – Lei n. 13.105, de 16 de março de 2015 – e pode substituir a perícia tradicional. Consiste apenas na inquirição do especialista, pelo juiz, sobre ponto controvertido da causa que demandar especial conhecimento científico ou técnico e ocorre quando o ponto controvertido for de menor complexidade.

Existem fatos que, embora, relacionados na disputa que não necessitam de prova para o perfeito entendimento do juiz e sua consequente decisão, por serem fatos notórios. Esses fatos estão disciplinados no art. 374 do CPC. São fatos notórios (inciso I); os afirmados por uma parte e confessados pela parte contrária (inciso II); os admitidos no processo como incontroversos (inciso III); e aqueles em cujo favor milita presunção legal da existência ou de veracidade.

Quadro 6.1 – Fatos que não necessitam de provas

Não dependem de provas os fatos (art. 374, CPC):
Notórios
Afirmados por uma parte e confessados pela parte contrária
Admitidos no processo como incontroversos
Em cujo favor milita presunção legal de existência ou veracidade

Fonte: Andrey Soares.

6.3 Laudo pericial contábil (LPC)

O laudo pericial contábil, conforme o art. 473, CPC, deve apresentar: o objeto da perícia, a análise técnica do caso, a indicação do método utilizado pelo perito e a resposta conclusiva a todos os quesitos. Tem por limites os objetivos da perícia deferida ou contratada. É o documento escrito pelo perito contábil e exprime de forma clara e objetiva, o objeto da perícia, em que são evidenciadas as diligências, os estudos e as observações que realizou, os critérios que adotou e resultados devidamente fundamentados e as suas conclusões. O perito contador deve registrar, de forma abrangente, o conteúdo da perícia e particularizar os aspectos e as minudências que envolvam a demanda. É elaborado pelo perito do juízo, consoante a NBC TP 01 (R1).

Sempre que há uma perícia contábil, os trabalhos do perito do juízo devem estar demonstrados em um laudo pericial contábil. É o documento, elaborado por um ou mais peritos, no qual são apresentadas conclusões do exame pericial. Responde-se aos quesitos (perguntas) que foram propostos pelo juiz ou pelas partes interessadas.

De acordo com as Normas Brasileiras de Contabilidade aplicáveis aos trabalhos de perícia contábil, o laudo pericial contábil é o documento escrito no qual o perito do juízo deve registrar, de forma abrangente, o conteúdo da perícia e particularizar os aspectos e as minudências que envolvam o seu objeto e as buscas de elementos de prova necessários para a conclusão do seu trabalho.

No corpo do laudo pericial, o perito deverá apresentar sua fundamentação em linguagem simples e com coerência lógica, indicando como alcançou suas conclusões, sendo-lhe vedado ultrapassar os limites de sua designação, bem como emitir opiniões pessoais que excedam o exame técnico ou científico do objeto da perícia, segundo a NBC TP 01 (R1). Os termos técnicos não devem ser inseridos no laudo contábil, de modo a se obter uma redação que qualifique o trabalho pericial, respeitadas as Normas Brasileiras de Contabilidade. Devem contemplar o resultado de todo e qualquer trabalho alcançado por meio de elementos de prova inclusos nos autos ou adquiridos em diligências que o perito contador tenha efetuado, por intermédio de peças contábeis e quaisquer outros documentos, tipos e formas. A linguagem adotada pelo perito deve ser clara, concisa, evitando o prolixo e a tergiversação, possibilitando aos julgadores e às partes o devido conhecimento da prova técnica e interpretação dos resultados obtidos. As respostas devem ser subjetivas, completas e lacônicas.

É de competência exclusiva de contador em situação regular perante o Conselho Regional de Contabilidade de sua jurisdição. Os procedimentos periciais contábeis que visam a fundamentar o laudo pericial contábil abrangem, total ou parcialmente, segundo a natureza e a complexidade da matéria, exame, vistoria, indagação, investigação, arbitramento, mensuração, avaliação e certificação.

Figura 6.4 – Termo de diligência

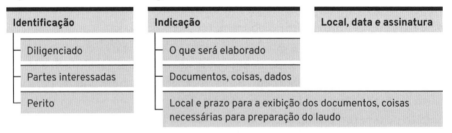

Fonte: CARDOZO, 2016.

Mediante termo de diligência, o perito deve solicitar por escrito todos os documentos e informações relacionados ao objeto da perícia, fixando o prazo para entrega. A eventual recusa no atendimento a diligências solicitadas ou qualquer dificuldade na execução do trabalho pericial deve ser comunicada, com a devida comprovação ou justificativa, ao juízo, quando se tratar de perícia judicial; ou à parte contratante, no caso de perícia extrajudicial, segundo a NBC TP 01 (R1).

A eventual recusa no atendimento a diligências solicitadas ou qualquer dificuldade na execução do trabalho pericial deve ser comunicada, com a devida comprovação ou justificativa, ao juízo, em se tratando de perícia judicial, ou à parte contratante, no caso de perícia extrajudicial.

O perito deve documentar os elementos relevantes que serviram de suporte à conclusão formalizada no laudo pericial contábil e no parecer pericial contábil, quando não juntados aos autos, visando **fundamentar o laudo pericial contábil** ou **parecer pericial contábil** e **comprovar** que a perícia foi executada de acordo com os despachos e decisões judiciais e as Normas Brasileiras de Contabilidade, segundo o art. 15, NBC TP 01 (R1).

O Decreto-Lei n. 9.295/1946, na alínea "c" do art. 25, determina que o laudo pericial contábil e o parecer pericial contábil somente sejam elaborados por contador ou pessoa jurídica, se a lei assim permitir, que estejam devidamente registrados e habilitados em Conselho Regional de Contabilidade.

As normas para o laudo pericial contábil foram determinadas nos itens 33 e seguintes da NBC TP 01 (R1). É uma prova e estará anexada ao processo. A força de prova jurídica provém do Código Civil e do Código de Processo Civil.

As normas para o laudo pericial contábil foram determinadas nos itens 47 e seguintes da NBC TP 01. É uma prova e estará anexado ao processo. A força de prova jurídica provém do Código Civil e do Código de Processo Civil.

Figura 6.5 – Laudo pericial contábil

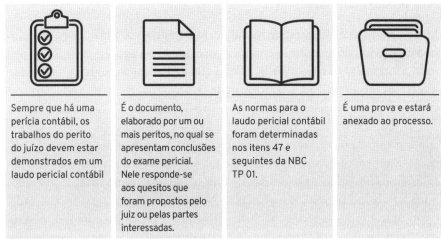

Fonte: NBC TP 01 (R1).

Dessa forma, o laudo pericial é confeccionado pelo perito do juízo. O parecer técnico-contábil, por sua vez, é de preparação do perito assistente técnico.

No laudo, o perito deve apresentar sua fundamentação em linguagem simples e com coerência lógica, indicando como alcançou suas conclusões. É vedado a ele ultrapassar os limites de sua designação, bem como emitir opiniões pessoais que excedam o exame técnico ou científico do objeto da perícia.

Quadro 6.2 – Laudo pericial

LAUDO PERICIAL
Art. 473, CPC

Deverá conter:

I. a exposição do objeto da perícia;

II. a análise técnica ou científica realizada pelo perito;

III. a indicação do método utilizado, esclarecendo-o e demonstrando ser predominantemente aceito pelos especialistas da área do conhecimento da qual se originou;

IV. resposta conclusiva a todos os quesitos apresentados pelo juiz, pelas partes e pelo órgão do Ministério Público.

Fonte: CPC.

6.3.1 Apresentação do laudo pericial contábil e oferta do parecer técnico contábil

O laudo e o parecer são, respectivamente, orientados e conduzidos pelo perito do juízo e pelo perito assistente técnico, que adotarão padrão próprio, respeitando a estrutura prevista na NBC TP 01 (R1) – Perícia Contábil. O laudo e o parecer devem ser redigidos de forma circunstanciada, clara, objetiva, sequencial e lógica. A linguagem adotada pelo perito deve ser clara, concisa, evitando a prolixidade e a tergiversação, possibilitando aos julgadores e às partes o devido conhecimento da prova técnica e a interpretação dos resultados obtidos. As respostas devem ser objetivas, completas e não lacônicas. Os termos técnicos devem ser inseridos no laudo e no parecer, de modo a se obter uma redação que qualifique o trabalho pericial, respeitadas as Normas Brasileiras de Contabilidade.

Em se tratando de termos técnicos atinentes à profissão contábil, devem, quando necessário, ser acrescidos de esclarecimentos adicionais; recomenda-se, ainda, a utilização daqueles consagrados pela doutrina contábil. O perito deve elaborar o laudo e o parecer fazendo uso do vernáculo, sendo admitidas apenas palavras ou expressões idiomáticas de outras línguas de uso comum nos tribunais judiciais ou extrajudiciais.

O parecer pericial contábil é a peça escrita na qual o perito técnico assistente expressa, de forma circunstanciada, clara e objetiva, os estudos, as observações e as diligências que realizou e as conclusões fundamentadas dos trabalhos.

O laudo e o parecer devem contemplar o resultado final alcançado por meio de elementos de prova inclusos nos autos ou arrecadados em diligências que o perito tenha efetuado, por intermédio de peças contábeis e quaisquer outros documentos, tipos e formas. Para o desempenho de sua função, o perito e os assistentes técnicos podem valer-se de todos os meios necessários, ouvindo testemunhas, obtendo informações, solicitando documentos que estejam em poder da parte, de terceiros ou em repartições públicas, bem como instruir o laudo com planilhas, mapas, plantas, desenhos, fotografias ou outros elementos necessários ao esclarecimento do objeto da perícia.

O laudo consensual é aquele elaborado em conjunto com os peritos-assistentes técnicos, ou uma equipe de peritos, e assinado por todos sem ressalvas. É estabelecido, então, o consenso sobre a matéria objeto da perícia judicial.

Havendo divergências do laudo pericial contábil, o perito assistente técnico transcreverá o quesito objeto de discordância, a resposta do laudo, seus comentários e, finalmente, sua resposta devidamente fundamentada. Se houver divergência entre os peritos, serão consignadas, no auto do exame, as declarações e respostas de um e de outro, ou cada um redigirá separadamente o seu laudo, e a autoridade nomeará um terceiro. Se este divergir de ambos, a autoridade poderá mandar proceder a novo exame por outros peritos (art. 180 do CPP).

6.3.2 Perito assistente técnico

O perito assistente técnico é o profissional contratado e indicado pela parte em perícias contábeis. Poderá, ainda, assinar em conjunto com o perito do juízo o laudo pericial contábil elaborado por este último e, também, apresentar, em separado, parecer pericial contábil, destacando e/ou desenvolvendo, de forma técnica, algum ponto relevante do trabalho, desde que não haja contrariedade com o contido no laudo pericial contábil. Incumbe às partes, dentro de 5 (cinco) dias, contados da intimação do despacho de nomeação do perito, indicar o assistente técnico.

Quando se tratar de laudo pericial contábil, assinado em conjunto pelos peritos, há responsabilidade solidária sobre o referido documento. A assinatura em conjunto no laudo pericial contábil, por parte do perito assistente, exclui a possibilidade da emissão de parecer pericial contábil contrário, em separado. O perito assistente não tem obrigação de assinar conjuntamente o laudo pericial contábil, pois, mesmo sendo a perícia contábil uma prova técnica e terem-se valido os profissionais dos mesmos procedimentos, nem sempre a redação dada pelo perito é idêntica àquela entendida correta, ou mais adequada, pelo perito assistente. Cria-se, nesse caso, um impedimento à assinatura em conjunto do laudo pericial contábil.

Já o exame de laudo pericial contábil executado por peritos contadores não oficiais para a área criminal só pode ser realizado após a prestação de compromisso de bem e o desempenho fiel do encargo.

Quando se tratar de laudo pericial contábil elaborado para área criminal, assinado em conjunto pelos peritos não oficiais, há responsabilidade solidária sobre o referido documento.

A indicação ou a contratação de perito assistente ocorre quando a parte ou a contratante desejar ser assistida por contador, ou comprovar algo que dependa de conhecimento técnico-científico. O profissional só deve aceitar o encargo se reconhecer estar capacitado com conhecimento suficiente, discernimento, irrestrita independência e liberdade científica para a realização do trabalho.

Dessa forma, por exemplo, numa demanda fiscal sujeita à perícia, poderá haver:

- o perito, nomeado pelo juiz;
- um perito assistente técnico, nomeado livremente pelo Fisco;
- um perito assistente técnico, nomeado livremente pelo contribuinte.

Os peritos-assistentes técnicos são de confiança da parte e não estão sujeitos a impedimento ou suspeição (§ 1º do art. 466 do CPC – Lei n. 13.105/2015).

A intervenção legal do perito assistente no processo se dá nos termos do § 1º do art. 477 do CPC, quando apresentar o seu parecer pericial sobre o laudo pericial, encaminhado por meio de petição da parte:

> Código de Processo Civil
> Art. 477. O perito protocolará o laudo em juízo, no prazo fixado pelo juiz, pelo menos 20 (vinte) dias antes da audiência de instrução e julgamento.
> § 1º As partes serão intimadas para, querendo, manifestar-se sobre o laudo do perito do juízo no prazo comum de 15 (quinze) dias, podendo o assistente técnico de cada uma das partes, em igual prazo, apresentar seu respectivo parecer.

Após entrega do laudo, as partes serão intimadas para, querendo, se manifestar sobre o laudo pericial no prazo comum de 15 (quinze) dias (art. 477, § 1º). Nesse mesmo prazo os assistentes técnicos poderão oferecer os seus pareceres. A obrigatoriedade de intimação das partes e, consequentemente, dos assistentes é medida que visa resguardar o contraditório.

Sobre as dúvidas e divergências apresentadas pelas partes, pelo juiz, pelo membro do Ministério Público ou pelos assistentes, o perito judicial terá prazo de 15 (quinze) dias para esclarecê-las (art. 477, § 2º). Para esses esclarecimentos, o assistente ou o perito devem ser intimados não mais com cinco, conforme previa o CPC/1973 (art. 435, parágrafo único), mas com 10 (dez) dias de antecedência da data marcada para a audiência (art. 477, § 4º). Os esclarecimentos podem ser apresentados em laudo complementar ou na própria audiência. Independentemente da forma, o ideal é que as partes sempre tenham a oportunidade de inquirir os peritos, da mesma forma como ocorre na prova testemunhal, conforme Donizetti (2017).

O perito do juízo deve prestar esclarecimentos sobre pontos divergentes apontados pelas partes, pelo juiz ou pelo órgão do Ministério Público sobre o seu laudo pericial, exigência compatibilizada com as disposições da NBC PP – Perito Contábil.

O perito do juízo tem o dever de, no prazo de 15 (quinze) dias, esclarecer ponto sobre o qual exista divergência ou dúvida de qualquer das partes, do juiz ou do órgão do Ministério Público.

- O perito do juízo tem o dever de, no prazo de 15 (quinze) dias, esclarecer ponto divergente apresentado no parecer do assistente técnico da parte.
- O perito deve prestar esclarecimentos sobre o conteúdo do laudo pericial contábil ou do parecer pericial contábil, em atendimento à determinação do juiz.

Figura 6.6 – Laudo pericial e parecer pericial

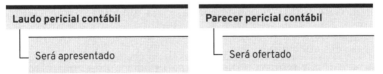

Fonte: elaborado pelo autor.

6.3.3 Vedação e denúncia de profissional leigo

Ao perito do juízo, é vedado assinar em conjunto o laudo pericial contábil com leigo ou profissional não habilitado; ele deve comunicar ao Conselho Regional de Contabilidade de sua jurisdição e citar o fato na apresentação do laudo pericial contábil.

Considera-se leigo ou profissional não habilitado para a elaboração de laudo e parecer contábeis qualquer profissional que não seja contador habilitado perante o Conselho Regional de Contabilidade.

Em seu resguardo, nos termos do art. 3º, parágrafo V, do Código de Ética Profissional do Contabilidade (CEPC), deve o contador comunicar, de forma reservada, ao Conselho Regional de Contabilidade de sua jurisdição, ao juízo ou à parte contratante a falta de habilitação profissional do perito judicial.

6.3.4 Renúncia aos serviços periciais

O contador só deverá aceitar o encargo de perícia se reconhecer estar capacitado com conhecimento técnico suficiente, discernimento e irrestrita independência para a realização do trabalho.

A nomeação, a contratação e a escolha do perito para o exercício da função pericial contábil em processo judicial, extrajudicial e arbitral devem ser consideradas como distinção e reconhecimento da capacidade e honorabilidade do contador, devendo este escusar-se do encargo sempre que reconhecer não ter competência técnica ou não dispor de estrutura profissional para desenvolvê-lo, podendo utilizar o serviço de especialistas de outras áreas, quando parte do objeto da perícia assim o requerer.

6.3.5 Registros profissionais

Os peritos devem consignar, no final do laudo pericial contábil ou do parecer pericial contábil, de forma clara e precisa, as suas conclusões. São orientados e conduzidos pelo perito do juízo e pelo perito assistente, que adotarão padrão próprio, respeitada a estrutura prevista na NBC TP 01 (R1), devendo ser redigidos de forma circunstanciada, clara, objetiva, sequencial e lógica. No encerramento, o laudo pericial contábil deve apresentar, de forma clara e precisa, as suas conclusões.

Se o perito, por motivo justificado, não puder apresentar o laudo dentro do prazo, o juiz conceder-lhe-á, por uma vez, prorrogação, segundo o seu prudente arbítrio. Observe que essa hipótese implica justificativa, portanto, o perito só poderá utilizá-la mediante argumento real.

6.3.6 Terminologias no laudo pericial contábil

São terminologias no laudo pericial contábil:

- **Forma circunstanciada:** a redação pormenorizada, minuciosa, efetuada com cautela e detalhamento em relação aos procedimentos e aos resultados do laudo e do parecer.

- **Resumo dos autos:** o relato ou a transcrição sucinta, de forma que resulte em uma leitura compreensiva dos fatos relatados sobre as questões básicas que resultaram na nomeação ou na contratação do perito.

- **Diligência:** (a) *lato sensu*: todos os atos adotados pelo perito, inclusive, comunicações às partes e seus assistentes, na busca de documentos, coisas, dados e informações e outros elementos de prova necessários à elaboração do trabalho pericial; (b) *stricto sensu*: o trabalho de campo na busca de elementos necessários que não estejam juntados aos autos.

- **Critério:** é a faculdade que tem o perito de distinguir como proceder em torno dos fatos alegados para julgar ou decidir o caminho que deve seguir na elaboração do laudo e do parecer.

- **Método:** é um procedimento de análise técnica e/ou científica de valoração dos elementos probantes que instruíram a demanda, predominantemente aceito pelos especialistas da área do conhecimento do qual se originou.

- **Conclusão:** é a exposição sintética da matéria fática constatada, indicando o suporte técnico-científico que justifica as conclusões a que chegou o perito ou o assistente técnico. Outras informações ou elementos relevantes, que não constaram da quesitação, devem ser consignados.

- **Apêndices:** são documentos elaborados pelo perito contábil com anexos entregues a ele pelas partes e por terceiros, com o intuito de complementar a argumentação ou os elementos de prova.

- **Esclarecimentos:** são informações prestadas pelo perito aos pedidos de esclarecimentos sobre trabalho pericial, determinados pelas autoridades competentes, por motivos de obscuridade, incompletudes, contradições ou omissões.

Os peritos devem, na conclusão do trabalho pericial, considerar as formas explicitadas nos itens seguintes:

- omissão de fatos: o perito nomeado não pode omitir nenhum fato relevante encontrado no decorrer de suas pesquisas ou diligências, mesmo que não tenha sido objeto de quesitação e desde que esteja relacionado ao objeto da perícia;

- a conclusão com quantificação de valores é viável em casos de: apuração de haveres; liquidação de sentença, inclusive em processos trabalhistas; resolução de sociedade; avaliação patrimonial, entre outros;

- pode ocorrer que, na conclusão, seja necessária a apresentação de alternativas, condicionada às teses apresentadas pelas partes, casos em que cada uma apresenta uma versão para a causa. O perito pode apresentar as alternativas condicionadas às teses apresentadas, devendo, necessariamente, ser identificados os critérios técnicos que lhes deem respaldo;
- a conclusão pode ainda reportar-se às respostas apresentadas nos quesitos;
- a conclusão pode ser, simplesmente, elucidativa quanto ao objeto da perícia, não envolvendo, necessariamente, quantificação de valores.

O Código de Processo Civil – Lei n. 13.105/2015 – instituiu regras para a elaboração do laudo pericial, que estão definidas no art. 473 desse diploma legal. Desta forma, a estrutura do laudo pericial deve contemplar: a exposição do objeto da perícia; a análise técnica ou científica realizada pelo perito; indicação do método utilizado; resposta conclusiva a todos os quesitos.

6.3.7 Dupla interpretação do laudo pericial contábil

O laudo pericial contábil não deve conter elementos e/ou informações que conduzam à interpretação confusa, para que não induza os julgadores a erro. Por exemplo: emprego de frase que pode dificultar a interpretação dos fatos – "verificou-se que a empresa deixou de escriturar as notas fiscais 1588 e 1599, porém no Livro de Entradas de Mercadorias as referidas notas estavam registradas".

Visando à clareza e à ausência de confusão, a frase precisa ser mais explícita (em que livro as notas fiscais não haviam sido escrituradas?), para não induzir a qualquer interpretação equivocada.

Uma redação mais específica seria: "Constatou-se que não há registro das notas fiscais 1588 e 1599 no Livro Diário e no Livro Razão. Entretanto, as referidas notas fiscais estavam devidamente registradas em outro livro, o Livro de Entradas de Mercadorias".

Pela redação acima, ficou bem mais claro que as notas fiscais foram registradas em um livro (Entradas de Mercadorias), e não foram escrituradas em dois outros (Diário e Razão).

6.3.8 Estrutura do laudo pericial contábil

O laudo pericial contábil deve conter, no mínimo, os seguintes itens:

- identificação do processo ou do procedimento, das partes, dos procuradores e dos assistentes técnicos;
- síntese do objeto da perícia;

- resumo dos autos;
- análise técnica e/ou científica realizada pelo perito;
- método científico adotado para os trabalhos periciais, demonstrando as fontes doutrinárias deste e suas etapas;
- relato das diligências realizadas;
- transcrição dos quesitos e suas respectivas respostas conclusivas para o laudo pericial contábil;
- conclusão;
- termo de encerramento, constando a relação de anexos e apêndices;
- assinatura do perito: deve constar sua categoria profissional de contador, seu número de registro em Conselho Regional de Contabilidade e, se houver, o número de inscrição no Cadastro Nacional de Peritos Contábeis (CNPC), e sua função: se laudo, perito nomeado e se parecer, assistente técnico da parte. É permitida a utilização da certificação digital, em consonância com a legislação vigente e as normas estabelecidas pela Infraestrutura de Chaves Públicas Brasileiras – ICP-Brasil;
- para elaboração de parecer, aplica-se o disposto acima, no que couber.

É permitida a utilização da certificação digital, em consonância com a legislação vigente e as normas estabelecidas pela Infraestrutura de Chaves Públicas Brasileira (ICP-Brasil).

6.4 Parecer pericial contábil

O parecer pericial contábil é uma peça escrita na qual o perito assistente técnico deve visualizar, de forma abrangente, o conteúdo da perícia e particularizar os aspectos e as minudências que envolvam a demanda. Sempre que o parecer pericial contábil for contrário às posições do laudo pericial contábil, o perito assistente técnico deve fundamentar suas manifestações. Deve registrar no parecer pericial contábil os estudos, as pesquisas, as diligências ou as buscas de elementos de prova necessários para a conclusão dos seus trabalhos.

Pode ser apresentado por uma das partes já na petição inicial (abertura do processo), antes mesmo que seja designado um perito do juízo, ou na contestação. Se o juiz considerar o parecer pericial contábil suficiente, quando apresentar de fato pareceres técnicos ou documentos elucidativos, poderá dispensar a nomeação de um perito do juízo.

Exemplo: Maria é a parte autora em um processo. Ela acusa o Banco "X" de realizar cobrança abusiva de juros em seu contrato de empréstimo consignado. O advogado de Maria procurou o contador Miguel para verificar os cálculos das parcelas do contrato de empréstimo consignado. Miguel, contador contratado, elaborou parecer, demonstrando que a taxa de juros estabelecida no contrato de Maria era muito inferior à que estava sendo cobrada pela instituição financeira. O advogado de Maria anexou o parecer pericial contábil de Miguel em sua petição. Durante o processo, o juiz intimou o Banco "X" a apresentar as suas alegações. No entanto, o Banco não se pronunciou sobre os cálculos contábeis. Uma vez que não houve a contestação dos cálculos do parecer, o juiz pode considerar desnecessária a nomeação do perito do juízo e amparar sua sentença no parecer contábil do perito assistente.

O parecer pericial contábil é um forte instrumento em defesa das partes no processo, pois pode constatar e apontar falhas nas conclusões do perito do juízo. Nesse caso, o juiz pode afastar o laudo pericial contábil e fundamentar a sentença apenas com base no parecer pericial contábil, segundo o CPC.

> Código de Processo Civil
> **Art. 371.** O juiz apreciará a prova constante dos autos, independentemente do sujeito que a tiver promovido, e indicará na decisão as razões da formação de seu convencimento.
> [...]
> **Art. 479.** O juiz apreciará a prova pericial de acordo com o disposto no art. 371, indicando na sentença os motivos que o levaram a considerar ou a deixar de considerar as conclusões do laudo, levando em conta o método utilizado pelo perito.

O juiz é livre na formação de seu convencimento, na apreciação das provas e argumentos apresentados pelas partes. Essa liberdade de convicção, no entanto, há de ser exercida de forma motivada (princípio da motivação ou da fundamentação), estando o juiz vinculado à prova e aos demais elementos existentes nos autos, bem como às regras legais porventura existentes e às máximas de experiência. Tendo em vista essas limitações, o princípio da persuasão racional do juiz situa-se entre o sistema da prova legal, no qual há prévia valoração dos elementos probatórios, e o sistema do julgamento *secundum conscientiam*, no qual o juiz pode apreciar livremente as provas e decidir até contrariamente a elas, conforme Donizetti (2017).

A propósito, o art. 479 é um exemplo de que o sistema do livre convencimento fundamentado se encontra vivo no novo Código. É no mínimo estranho admitir a desconsideração do laudo pericial se o deferimento do exame ocorre justamente porque o julgador não tem conhecimento técnico ou científico para apreciar questões relativas à resolução da controvérsia judicial. A legislação, no entanto, era clara ao mencionar que o juiz poderia não acolher as conclusões registradas no laudo, desde que fundamentasse a sua decisão, inclusive indicando os outros meios de prova que o levaram a decidir de outro modo, segundo Donizetti (2017).

A prova é o elemento material para demonstração de uma verdade. Dessa forma, prova pericial corresponde à prova (seja na forma de laudo pericial contábil ou parecer pericial contábil) oriunda de uma perícia.

A opção por apresentar parecer pericial contábil em separado do laudo pericial contábil é de exclusiva responsabilidade do perito assistente técnico, tomada em conjunto com a parte que o contratou, não devendo entender o perito do juízo ou nomeado que tal atitude constitua descrédito ao trabalho realizado ou ao profissional que o apresentou.

Independentemente do trabalho a ser realizado, o perito assistente técnico contratado por uma das partes litigantes em um processo deve buscar a convergência técnica com o argumento sustentado por seu contratante, demonstrando tecnicamente, inclusive, os acertos e/ou erros do laudo pericial contábil.

Quadro 6.3 – Laudo versus parecer pericial

Laudo Pericial	Parecer Pericial
• Prazo de apresentação fixado pelo juiz. • Atencedência mínima de 20 (vinte) dias em relação à audiência de instrução e julgamento.	• Prazo de apresentação depende da intimação das partes sobre a apresentação do laudo pelo perito do juízo. • Deve ser apresentado em até 15 (quinze) dias, a contar da intimação do juiz informando a apresentação do laudo pelo perito.

Fonte: Andrey Soares, Gran Cursos.

O parecer pericial contábil, realizado após a entrega do laudo pericial contábil, consiste na formalização do trabalho desenvolvido pelo assistente técnico, convergente ou divergente do trabalho do perito judicial. O assistente técnico deve entregar o parecer no prazo comum de 10 (dez) dias após a intimação das partes sobre a apresentação do laudo.

Quadro 6.4 – Parecer pericial contábil

Evidencia o critério técnico como procedeu face os fatos alegados no laudo pericial contábil, enumerando as diretrizes e procedimentos. Deve ser apresentado com a seguinte estrutura:	
Introdução	Declaração do perito assistente técnico acerca da apresentação formal do seu parecer pericial contábil.
Laudo pericial contábil	Parte destinada às alegações, considerações e críticas em relação ao que foi detalhado inicialmente pelo perito do juízo em seu laudo pericial contábil e, ainda, a identificação da existência de aspectos relevantes do processo.
Trabalho pericial	Apresentação de considerações técnicas sobre o desenvolvimento convergentes ou divergentes dos procedimentos de trabalho pericial do perito do juízo, com metodologias, pesquisas e diligências.
Quesitos e respostas	Transcrição dos quesitos formulados pelo juiz e pelas partes, com as respostas do perito do juízo e a apresentação de comentários críticos, convergentes ou divergentes, devidamente fundamentados e justificados pelo perito assistente técnico.
Conclusão	É a exposição técnica sintética da matéria fática do parecer pericial contábil, favorável ou desfavorável ao laudo pericial contábil, indicando o suporte técnico científico que justifica as conclusões a que chegou o perito assistente técnico.
Encerramento	Término do trabalho com a indicação da quantidade de páginas existentes, a relação de anexos e documentos, o local de realização, a data e a assinatura do perito assistente técnico, seguida do número de registro profissional (CRC) e, se for o caso, o CNPC.
Anexos	São documentos, demonstrativos de cálculos, planilhas e gráficos desenvolvidos pelo perito assistente técnico com o intuito de complementar a argumentação ou elementos de prova.

Fonte: NBC TP 01 (R1).

6.5 Esclarecimentos adicionais

Os esclarecimentos são informações prestadas pelo perito do juízo aos pedidos de elucidação sobre laudo pericial contábil e parecer pericial contábil, determinados pelas autoridades competentes, por motivos de obscuridade, incompletudes, contradições ou omissões, segundo o item 68 da NBC TP 01 (R1).

Os esclarecimentos podem ser prestados de duas maneiras.

- **de forma escrita:** os pedidos de esclarecimentos deferidos e apresentados ao perito do juízo, no prazo legal, devem ser prestados por escrito;

- **de forma oral:** os pedidos de esclarecimentos deferidos e apresentados, no prazo legal, ao perito do juízo, para serem prestados em audiência, podem ser de forma oral.

Quadro 6.5 – Esclarecimentos adicionais

Pedido de esclarecimentos ao perito do juízo (CPC) Prazo de 15 dias	Esclarecer ponto sobre o qual exista **divergência de qualquer das partes**, do juiz ou do órgão do MP.
	Esclarecer **ponto divergente** apresentado no **parecer do assistente técnico** da parte.

Fonte: elaborado pelo autor.

O perito do juízo e o perito assistente técnico somente estarão obrigados a prestar esclarecimentos ao juiz quando intimados a comparecer à audiência, formulando as perguntas, sob a forma de quesitos, quando intimados 10 dias antes da audiência (art. 477, § 4º, do CPC).

Os esclarecimentos sobre o conteúdo do laudo pericial contábil ou do parecer pericial contábil, em atendimento à determinação do juiz ou do árbitro que preside o feito, podem não ensejar novos honorários periciais se forem apresentados para obtenção de detalhes do trabalho realizado, uma vez que as partes podem formulá-los com essa denominação, mas ser quesitos suplementares.

O parecer pericial contábil, na esfera judicial, serve para subsidiar o juiz e as partes, bem como para analisar de forma técnica e científica o laudo pericial contábil. Na esfera extrajudicial, serve para subsidiar as partes nas suas tomadas de decisão. Na esfera arbitral, serve para subsidiar o árbitro e as partes nas suas tomadas de decisão.

As normas do laudo pericial contábil e do parecer pericial contábil estão disciplinadas pela NBC TP 01 (R1).

Quadro 6.6 – Desconsideração do laudo pericial

Motivos para o julgador desconsiderar o laudo pericial	Falta de coerência lógica
	Falta de confiabilidade
	Adoção de método reconhecidamente ultrapassado
	Imperícia
	Inexatidão de dados
	Erro técnico

Fonte: elaborado pelo autor.

6.6 Considerações finais

O laudo pericial contábil e o parecer pericial contábil são documentos escritos, nos quais os peritos devem registrar, de forma abrangente, o conteúdo da perícia e particularizar os aspectos e as minudências que envolvam o seu objeto e as buscas de elementos de prova necessários para a conclusão do seu trabalho.

Quadro 6.7 – Checklist para o controle de qualidade

Checklist para o controle de qualidade **Benefícios:** alcançar o objetivo com qualidade e reduzir o risco, a insatisfação, os pedidos de esclarecimentos e as impugnações. **Ganhos:** maior tempo dispendido, conquista de confiança e credibilidade, continuidade da prestação de serviços, celeridade e maior lucro.	1. Os prazos foram cumpridos? (art. 157 do CPC)
	2. Foi observado como limite o objetivo da prova pericial? (§ 2º do art. 473 do CPC)
	3. Deu-se ciência às partes sobre a data de instalação da perícia e local? (art. 474 do CPC)
	4. Houve comunicação prévia das diligências a serem efetuadas? (§ 2º do art. 466 do CPC)
	5. Baseou em fatos, dados e provas suficientes? (§ 3º do art. 473 do CPC)
	6. Os fatos alegados ou negados foram confirmados pelas provas disponíveis? (art. 158 do CPC)
	7. Foi produzida de acordo com princípios e métodos confiáveis?
	8. Houve coerência lógica na exposição realizada? (§ 1º do art. 473 do CPC)
	9. O laudo foi instruído com elementos que justificam o raciocínio e a formação das conclusões?
	10. A linguagem adotada foi de fácil compreensão?
	11. A conclusão foi fundamentada e circunstanciada de forma adequada?

Fonte: elaborado pelo autor.

O Decreto-Lei n. 9.295/46, na alínea "c" do art. 25, determina que o laudo pericial contábil e o parecer pericial contábil somente sejam elaborados por contador que esteja devidamente registrado e habilitado em Conselho Regional de Contabilidade.

A linguagem adotada pelo perito deverá ser acessível aos interlocutores, possibilitando aos julgadores e às partes da demanda conhecimento e interpretação dos resultados obtidos nos trabalhos periciais contábeis.

Devem ser utilizados termos técnicos e o texto deve conter informações de forma clara. Os termos técnicos devem ser inseridos na redação do laudo pericial contábil e do parecer pericial contábil, de modo a se obter uma redação técnica, que qualifique o trabalho pericial, respeitadas as Normas Brasileiras de Contabilidade, bem como a legislação de regência da profissão contábil.

Quando houver divergência do laudo pericial contábil apresentado pelo perito do juízo, o perito assistente técnico deverá transcrever o quesito objeto de discordância, a resposta constante do laudo pericial contábil, seus comentários e, finalmente, sua resposta devidamente fundamentada. Na esfera judicial, o parecer pericial contábil serve para subsidiar o juízo e as partes, bem como analisar de forma técnica e científica o laudo pericial contábil.

Ao prestar informações inverídicas, por dolo ou culpa, nos termos do art. 158 do Código de Processo Civil – Lei n. 13.105, de 16 de março de 2015 –, o perito será responsabilizado pela conduta praticada, pelos prejuízos que causar à parte e ficará inabilitado para atuar em outras perícias no prazo de 2 (dois) a 5 (cinco) anos, independentemente das demais sanções penais em lei, devendo o juiz comunicar o fato ao respectivo órgão de classe para adoção das medidas que entender cabíveis.

De acordo com o que consta no § 2º do art. 477 do Código de Processo Civil – Lei n. 13.105, de 16 de março de 2015 –, após as manifestações apresentadas sobre o laudo pericial, por determinação do juiz, é dever do perito do juízo no prazo de quinze dias, esclarecer ponto: I – sobre o qual exista divergência ou dúvida de qualquer das partes, do Juiz ou do órgão do Ministério Público; II – divergente apresentado no Parecer do Assistente Técnico da parte.

Por ocasião das diligências a serem executadas no trabalho pericial, segundo a NBC TP 01 – Perícia Contábil, o Perito do Juízo e o Perito Assistente Técnico devem relacionar os documentos e dados de que necessitem, solicitando-os no termo de diligência. No decurso do trabalho pericial, em havendo negativa de quaisquer das partes em atender à diligência requerida pelo perito do juízo, este deverá adotar providências visando à conclusão do laudo pericial, em obediência ao item 45 da NBC TP 01 (R1) – Perícia Contábil. Caso ocorra a negativa da entrega dos elementos de prova formalmente requeridos, o perito deve se reportar diretamente a quem o nomeou, contratou ou indicou, narrando os fatos e solicitando as providências cabíveis.

Tratando-se de termos técnicos atinentes à profissão contábil devem, quando necessário, ser acrescidos de esclarecimentos adicionais e recomendada a utilização daqueles consagrados pela doutrina contábil.

Com base no que consta da NBC TP 01 (R1) – Perícia Contábil: no parecer pericial contábil serão transcritos e respondidos apenas os quesitos para os quais haja divergência em relação às respostas do perito do juízo, e a transcrição dos quesitos faz parte da estrutura do laudo pericial contábil. O perito do juízo tem o dever de, no prazo de 15 (quinze) dias, esclarecer ponto divergente apresentado no parecer do assistente técnico da parte. Não deve retificar os trabalhos realizados no caso de serem identificados erros ou equívocos pelas partes ou pelo assistente técnico da parte. Deve prestar esclarecimentos sobre o conteúdo do laudo pericial contábil ou do parecer pericial contábil, em atendimento à determinação do juiz.

6.7 Questões de múltipla escolha

1) (Exame de Suficiência Contábil – CFC) De acordo com as Normas Brasileiras de Contabilidade aplicáveis aos trabalhos de perícia contábil, o laudo pericial contábil é:

A. a indagação e a busca de informações, mediante conhecimento do objeto da perícia solicitada nos autos.

B. a investigação e a pesquisa sobre o que está oculto por quaisquer circunstâncias nos autos.

C. a peça escrita elaborada pelo perito assistente, na qual ele deve registrar, de forma abrangente, o conteúdo da perícia e particularizar os aspectos e as minudências que envolvam o seu objeto e as buscas de elementos de prova necessários para a conclusão do seu trabalho.

D. o documento escrito, no qual o perito do juízo deve registrar, de forma abrangente, o conteúdo da perícia e particularizar os aspectos e as minudências que envolvam o seu objeto e as buscas de elementos de prova necessários para a conclusão do seu trabalho.

2) (Exame de Suficiência Contábil – CFC) De acordo a NBC TP 01 (R1) – Perícia Contábil, o laudo pericial contábil é uma:

A. indagação e busca de informações, mediante conhecimento do objeto da perícia, solicitada nos autos.

B. investigação e pesquisa sobre o que está oculto por quaisquer circunstâncias nos autos.

C. peça escrita, na qual o perito assistente deve registrar, de forma abrangente, o conteúdo da perícia e generalizar os aspectos e as minudências que envolvam a demanda.

D. peça escrita, na qual o perito do juízo deve registrar, de forma abrangente, o conteúdo da perícia e particularizar os aspectos e as minudências que envolvam a demanda.

3) (Exame de Suficiência Contábil – CFC) O laudo pericial contábil e/ou parecer técnico contábil deve ter por limite:

A. os livros e documentos a serem analisados.

B. os próprios objetivos da perícia deferida ou contratada.

C. os quesitos, quando formulados.

D. os serviços especializados necessários para a execução dos trabalhos.

4) (Exame de Suficiência Contábil – CFC) O laudo pericial contábil e o parecer pericial técnico contábil:

A. são ilimitados.

B. têm por limite o saldo de contas a receber.

C. têm por limite os próprios objetivos da perícia deferida ou contratada.

D. são parciais e limitados.

5) (Exame de Suficiência Contábil – CFC) Parecer Pericial Contábil é:

A. a peça escrita na qual o perito assistente técnico expressa, de forma circunstanciada, clara e objetiva, os estudos, as observações e as diligências que realizou e as conclusões fundamentadas dos trabalhos.

B. o recurso empregado para se alcançar um objetivo, sendo o documento ou ato escrito, registrado em juízo em que se registra um ato, com o fim de torná-lo concreto e autêntico.

C. o relatório em que o juiz conclui o assunto em face das provas e dos elementos dos autos.

D. a ilação e a aceitação de certeza obtida, de fato conhecido e provado, para se admitir como provada a existência de um fato desconhecido ou duvidoso.

6) (Exame de Suficiência Contábil – CFC) Quando houver divergência do laudo pericial contábil apresentado pelo perito do juízo, o perito assistente técnico deverá:

A. transcrever o quesito objeto de discordância, a resposta constante do laudo pericial contábil, seus comentários e, finalmente, sua resposta devidamente fundamentada.

B. comunicar aos interessados a sua discordância e os seus comentários.

C. comunicar ao juízo, às partes e ao perito contador sua discordância e os seus comentários.

D. transcrever o quesito objeto de discordância, a respeito do laudo, seus comentários e, finalmente, sua resposta devidamente aceita pelo perito do juízo.

7) (Exame de Suficiência Contábil – CFC) Na esfera judicial, o parecer pericial contábil serve para:

A. subsidiar o juízo e as partes, bem como analisar de forma técnica e científica o laudo pericial contábil.

B. subsidiar o juízo e as partes no tocante à responsabilidade da preparação e da redação do parecer pericial.

C. subsidiar as partes no tocante à responsabilidade da preparação e da redação das recomendações inseridas no laudo pericial.

D. subsidiar o árbitro e as partes nas suas tomadas de decisão.

8) (Exame de Suficiência Contábil – CFC) Nos termos da NBC PP 01 (R1), assinale a alternativa CORRETA:

A. O perito deve prestar esclarecimentos sobre o conteúdo do laudo pericial contábil ou do parecer pericial contábil, em atendimento à determinação das partes envolvidas no processo.

B. Sempre que não for possível concluir o laudo pericial contábil no prazo fixado pelo juiz, deve o perito requerer a sua dilação em até cinco dias após o vencimento da data prevista para entrega, apresentando os motivos que ensejaram a solicitação;

C. A dilação da entrega do laudo pericial contábil é concedida segundo o arbítrio do juiz.

D. É opcional ao perito comunicar às partes a realização de diligências para busca de provas.

9) (Exame de Suficiência Contábil – CFC) O laudo pericial contábil e o parecer pericial contábil, de acordo com a NBC TP 01 (R1) – Perícia Contábil, devem conter, em sua estrutura, os seguintes itens, EXCETO:

A. Conclusão, anexos, apêndices, assinatura do perito com sua categoria profissional e registro em Conselho Regional de Contabilidade.

B. Conclusão, anexos, assinatura do advogado com seu parecer sobre a perícia e ajuste de parecer favorável às partes na Justiça.

C. Identificação das diligências realizadas, transcrição e resposta aos quesitos para o laudo pericial contábil.

D. Identificação do processo e das partes, síntese do objeto da perícia e metodologia adotada para os trabalhos periciais.

10) (Exame de Suficiência Contábil – CFC) O Contador, Perito do Juízo, elaborou seu trabalho utilizando-se de equipe técnica formada por um Engenheiro Mecânico e um Engenheiro Agrônomo. No Laudo Pericial Contábil, ao abordar a metodologia empregada, citou os trabalhos técnicos das áreas da Mecânica e da Agronomia, detalhando a parte elaborada por cada membro da equipe e suas aplicações em auxílio à produção da prova.

De acordo com a NBC PP 01 (R1) – Perito Contábil, julgue as situações citadas e, em seguida, assinale a opção INCORRETA.

A. O Contador assumiu a responsabilidade pela totalidade das informações e resultados técnicos expostos em seu Laudo.

B. O Contador assumiu somente a responsabilidade relativa às questões contábeis expostas em seu Laudo Pericial Contábil.

C. O Contador foi prudente, no limite dos aspectos técnico-científicos, e atento às consequências advindas dos seus atos.

D. O Contador demonstrou seu zelo profissional à medida que utilizou o trabalho de especialistas de outras áreas.

11) (Exame de Suficiência Contábil – CFC) De acordo com a NBC TP 01 (R1) – Perícia Contábil, para o desenvolvimento e a celeridade dos trabalhos periciais, o Perito Assistente:

A. deve informar ao Perito do Juízo, com antecedência, a data em que seu Parecer será protocolado.

B. não pode entregar cópia de seu Parecer ao Perito do Juízo antes do término da perícia.

C. pode solicitar ao Perito do Juízo cópia do Laudo Pericial Contábil antes de ser protocolado.

D. pode entregar cópia de seu Laudo ao Perito do Juízo antes do término da perícia, sob pena de quebra de imparcialidade.

12) (Exame de Suficiência Contábil – CFC) Os sócios da empresa X discordaram do contador sobre a data de início de capitalização do custo de um empréstimo para produção de um ativo qualificável, conforme recomenda a NBC TG 20 (R1).

O empréstimo foi obtido em 1º/4/20XX e a obra foi iniciada em 1º/6/20XX. O contador iniciou a capitalização do custo a partir de 1º/4/20XX, quando ainda não havia obra. Como não houve acordo entre os sócios e o contador, um perito contábil foi contratado para apresentar um parecer à diretoria da firma X, informando a data inicial em que o custo deveria ser capitalizado. Com base nesse enunciado, assinale a opção que indica a partir de que data deveria ocorrer a capitalização do custo do empréstimo.

A. O Parecer Pericial Contábil do perito assistente contábil deve certificar que o custo de empréstimo deve ser capitalizado a partir da data do empréstimo, 1º/4/20XX.

B. O Parecer Pericial Contábil do perito contábil deve afirmar que o custo de empréstimo deve ser capitalizado a partir da data do início da obra, 1º/6/20XX.

C. O Parecer Pericial Contábil do perito contábil deve afirmar que o custo de empréstimo pode ser capitalizado a partir de quaisquer das datas, pois norma não interfere nessa decisão.

D. O Parecer Pericial Contábil do perito contábil deve recomendar à diretoria não capitalizar o custo do empréstimo porque a norma determina que ele seja levado ao resultado.

13) (Exame de Suficiência Contábil – CFC) A empresa X obteve um empréstimo para a construção de um imóvel, em que pretende instalar um de seus estabelecimentos. A construção do imóvel foi iniciada em 1º/2/20X4 e concluída em 31/1/20X7. O custo do empréstimo foi calculado de forma linear em valor de R$ 1.000,00 por mês. Por questões de greve de operários e de tempo chuvoso, a obra ficou paralisada de 1º/4/20X5 a 31/7/20X5. O contador capitalizou, como custo da obra, juros no valor de R$ 32.000,00 e levou ao resultado o valor de R$ 4.000,00. Os sócios da firma entraram em litígio porque o lucro foi reduzido e prejudicou a distribuição de dividendos. O contador se manteve irredutível em seu procedimento.

Foi contratado um Perito Contábil para emitir um Parecer Pericial Contábil sobre o procedimento do Contador.

De acordo com a NBC TG 20 (R1), assinale a opção que apresenta a certificação que deve constar do Parecer Pericial Contábil do perito contábil.

A. O Parecer Pericial Contábil do perito contábil deve certificar que o Contador aplicou corretamente a norma, capitalizando R$ 32.000,00 e levando ao resultado o valor de R$ 4.000,00.
B. O Parecer Pericial Contábil do perito contábil deve certificar que o valor de R$ 36.000,00 deveria ter sido capitalizado.
C. O Parecer Pericial Contábil do perito contábil deve certificar que o valor de R$ 36.000,00 deveria ter sido levado ao resultado porque é uma despesa financeira.
D. O Parecer Pericial Contábil do perito contábil deve certificar que, além do valor de R$ 36.000,00, o prejuízo pela paralisação também deveria ter sido capitalizado.

14) (Exame de Suficiência Contábil – CFC) A empresa X concluiu fisicamente um imóvel destinado à venda em 31/3/20XX. O pretenso comprador exigiu que X fizesse modificações no imóvel para ser adaptado ao seu gosto e aquelas se estenderam por mais dois meses. A empresa X construiu o imóvel com dinheiro de empréstimo que tinha um custo financeiro de R$ 2.000,00 ao mês. O contador cessou a capitalização dos juros do empréstimo em 31/3/20XX, mas os sócios discordaram e exigiram que a capitalização dos juros fosse feita até o mês em que as adaptações do imóvel foram concluídas.

Como o Contador não mudou a sua opinião técnica para o registro contábil, um perito contábil foi contratado para dirimir a dúvida, por meio da emissão de um Parecer Pericial Contábil.

Assinale a opção que apresenta a CORRETA conclusão técnica do perito contábil.

A. A obra só foi concluída depois da adaptação exigida pelo comprador, assim, o custo financeiro de R$ 2.000,00 por mês deve ser capitalizado até o mês da conclusão das adaptações exigidas pelo comprador.
B. Todo o custo financeiro do empréstimo é despesa, logo, não poderia ter sido capitalizado pelo contador em nenhum mês durante a construção do imóvel.
C. Como o ativo é qualificável, não importa o mês em que o imóvel foi concluído; os juros devem ser capitalizados até o mês da venda.
D. A capitalização dos juros deve cessar no mês em que o imóvel ficou fisicamente concluído, antes das adaptações adicionais solicitadas. No período da adaptação do imóvel, exigida pelo comprador, os juros devem ser levados ao resultado.

15) (Exame de Suficiência Contábil – CFC) Sobre Perícia Contábil, julgue como (F) Falsas ou (V) Verdadeiras as afirmações abaixo:

1. ( ) O laudo pericial contábil e o parecer pericial contábil têm por limite os próprios objetivos da perícia deferida ou contratada.
2. ( ) A perícia arbitral é aquela exercida sob o controle da lei de arbitragem. Perícia, no âmbito estatal, é executada sob o controle de órgão do Estado, a exemplo,

perícia administrativa das Comissões Parlamentares de Inquérito, perícia criminal e do Ministério Público. Perícia voluntária é aquela contratada espontaneamente pelo interessado ou de comum acordo entre as partes;

3. ( ) A perícia contábil constitui o conjunto de procedimentos técnico-científicos destinados a levar à instância decisória elementos de prova necessários a subsidiar a justa solução do litígio ou constatação de um fato, mediante laudo pericial contábil e/ou parecer pericial contábil, em conformidade com as normas jurídicas e profissionais e com a legislação específica no que for pertinente.

A sequência CORRETA é:

A. V – F – V
B. F – F – F
C. F – V – F
D. V – V – F
E. V – V – V

16) (EQT Perito 2018 – CFC) No curso de perícia contábil determinada pelo juízo da 13ª Vara da Fazenda Pública, o perito protocolou laudo pericial contábil no prazo derradeiro, mesmo após prorrogação sucessiva concedida pelo juiz. Na condição de assistente técnico, você constatou que o laudo pericial contábil elaborado pelo perito do juízo consistia em cópia de parecer pericial contábil protocolado em outro processo por um renomado perito contábil de outra jurisdição, sem fazer as devidas citações. A análise do laudo pericial contábil revelou ainda que o perito do juízo realizou apenas a substituição dos valores tendo, inclusive, os mesmos equívocos gramaticais do parecer original.

Considerando o Código de Ética Profissional do Contador, assinale a opção CORRETA.

A. O perito do juízo incorreu em falta ética ao descumprir o preceituado como dever do profissional da contabilidade de jamais apropriar-se de trabalhos, iniciativas ou de soluções encontradas por colegas, que deles não tenha participado, apresentando-os como próprios.

B. O assistente técnico não deve mencionar o fato no seu parecer, sob pena de expor o perito a situação vexatória.

C. O assistente técnico não pode comunicar o fato ao Conselho Regional de Contabilidade da jurisdição com a finalidade de aplicar o apenamento ético-disciplinar.

D. O assistente técnico deve abster-se de fazer referências do fato, pois são prejudiciais e desabonadoras à conduta do perito do juízo.

17) (EQT Perito 2018 – CFC) Na condição de perito do juízo nomeado em processo trabalhista, seu laudo pericial contábil foi contraditado por pareceres periciais contábeis apresentados pelos assistentes técnicos das partes. Em seus pareceres, os assistentes técnicos utilizaram expressões como: incompetente; despreparado; leigo; dotado de pouca qualificação, entre outros.

Considerando a situação relatada, à luz do Código de Ética Profissional do Contador, assinale a opção **INCORRETA**.

A. O perito do juízo poderá requerer desagravo público ao Conselho Regional de Contabilidade, considerando que foi atingido, pública e injustamente, no exercício de sua profissão.

B. O comportamento dos assistentes técnicos se constitui em falta ética, considerando que a discordância de teses não justifica tal tratamento entre profissionais.

C. Os assistentes técnicos, diante da flagrante incapacidade do perito do juízo, agiram corretamente e deveriam ter feito a denúncia também ao Conselho Regional de Contabilidade correspondente.

D. Caso seja instaurado processo ético, podem os assistentes técnicos receber punições que vão desde a advertência até a censura pública.

18) (EQT Perito 2018 – CFC) No decurso do trabalho pericial, em havendo negativa de quaisquer das partes em atender à diligência requerida pelo perito do juízo, este deverá adotar providências visando à conclusão do laudo pericial contábil, em obediência ao item 45 da NBC TP 01 (R1) – Perícia Contábil.

Com relação às providências a serem adotadas pelo perito do juízo, assinale a opção CORRETA.

A. Caso ocorra a negativa da entrega dos elementos de prova formalmente requeridos, o perito do juízo deve considerar inconclusivo o laudo pericial narrando os fatos ao magistrado.

B. Caso ocorra a negativa da entrega dos elementos de prova formalmente requeridos, o perito deve se reportar diretamente a quem o nomeou, contratou ou indicou, narrando os fatos e solicitando as providências cabíveis.

C. Caso ocorra a negativa da entrega dos elementos de prova informalmente requeridos em diligência, o perito do juízo deve concluir e entregar o laudo pericial independente de receber, ou não, o resultado da diligência.

D. Caso ocorra a negativa da entrega dos elementos de prova formalmente requeridos, o perito deve elaborar um novo termo de diligência, concedendo um prazo de 45 dias, independente do prazo judicial a que está submetido.

19) (EQT Perito 2018 – CFC) Com base na NBC TP 01 (R1) – Perícia Contábil, indique apenas os itens que compõem a estrutura do Laudo Pericial Contábil e, em seguida, assinale a opção CORRETA.

I. Data de citação do réu e prazo para entrega do laudo.

II. Síntese do objeto da perícia.

III. Declaração sobre impedimento ou suspeição.

IV. Relato das diligências realizadas.

V. Transcrição dos quesitos e conclusão.

Estão CORRETOS apenas os itens:

A. II, III e V.
B. III, IV e V.
C. I, II e V.
D. II, IV e V.

20) (EQT Perito 2018 – CFC) O Código de Processo Civil – Lei n. 13.105/2015 – instituiu regras para a elaboração do laudo pericial contábil, que estão definidas no art. 473 desse diploma legal.

Desta forma, a estrutura do laudo pericial contábil deve contemplar:

A. Sumário; síntese; conclusão; resposta conclusiva aos quesitos.
B. Introdução; síntese; metodologia; resposta aos quesitos e conclusão.
C. Elementos de acordo com a matéria técnica examinada.
D. A exposição do objeto da perícia; a análise técnica ou científica realizada pelo perito; indicação do método utilizado; resposta conclusiva a todos os quesitos.

21) (EQT Perito 2018 – CFC) A empresa W foi contratada pelo cliente Z, em 20X0, para prestar serviços de manutenção de ar-condicionado durante o ano 20X1. De acordo com o contrato, o cliente Z pagou à empresa W o valor integral contratado no ato da assinatura do contrato. A área operacional da empresa W preparou uma planilha com as datas em que o serviço seria prestado durante o ano de 20X1 e encaminhou ao contador e ao gerente financeiro. O gerente financeiro também enviou ao contador o documento de crédito em conta do valor do contrato pago pelo cliente Z. Ao receber a referida planilha e o documento de crédito, o contador reconheceu a receita, porém o gerente financeiro divergiu do reconhecimento feito pelo contador.

Para dirimir divergência levantada pelo gerente financeiro e a preocupação da empresa W com a adequada mensuração do resultado, um perito contábil foi contratado para emitir um parecer pericial contábil orientando como o valor do contrato deveria ser reconhecido.

De acordo com o que disciplina o item 16 da NBC TG 47 – Receita, analise os itens I a IV e em seguida assinale a opção CORRETA que deve corresponder à orientação do perito contábil.

I. O valor contratado deve ser reconhecido na receita no momento da assinatura do contrato.
II. O valor recebido deve ser reconhecido na receita no momento do recebimento do crédito.
III. O valor recebido deve ser reconhecido a crédito do passivo.
IV. O valor recebido deve ser reconhecido na receita quando da prestação do serviço.

Está(ão) CORRETO(S) apenas o(s) item(ns):

A. I.

B. II.

C. III e IV.

D. I e III.

22) (EQT Perito 2018 – CFC) Em contrato de fornecimento de bens na modalidade de compra e venda a prazo, a empresa *J* compôs seu preço da seguinte forma:

- custo de produção R$ 10.000,00;
- custo de comercialização e lucro R$ 3.000,00;
- tributo indireto R$ 1.500,00; e
- total recebido do cliente R$ 14.500,00.

Na demonstração do resultado da empresa J, o valor da receita foi divulgado pelo valor de R$ 14.500,00. Uma agência de crédito informou à empresa J que, de acordo com o item 47 da NBC TG 47- Receita de Contrato Com Cliente, o valor divulgado da receita não está correto porque não corresponde ao preço da transação. Perplexa, a empresa J contratou de imediato um perito contábil para emitir um parecer pericial contábil, orientando qual o preço da transação que deveria ser divulgado na sua demonstração do resultado.

De acordo com o enunciado assinale a opção que apresenta a orientação do perito contábil certificada no parecer pericial contábil.

A. A divulgação correta deve ser a do valor de R$ 14.500,00.

B. A divulgação correta deve ser a do valor de R$ 10.000,00.

C. A divulgação correta deve ser a do valor de R$ 11.500,00.

D. A divulgação correta deve ser a do valor de R$ 13.000,00.

23) (EQT Perito 2018 – CFC) A empresa P tinha a prática de divulgar como receita na demonstração do resultado o valor total da venda recebido do cliente. Em um seminário sobre a NBC TG 47 – Receita de Contrato com Cliente, o facilitador, que era perito contábil, orientou que, no reconhecimento do valor da venda recebido pela empresa P, deveria segregar o valor de terceiros que não compõe o valor da transação, de acordo com o item 47 da referida NBC TG 47 – Receita de Contrato com Cliente.

Depois do seminário, a empresa P contratou o perito contábil para elaborar um parecer pericial contábil com o modelo para determinar o valor total de venda do produto, partindo do seu preço da transação, considerando que a alíquota média do tributo indireto que incide sobre seus produtos é 15%.

De acordo com o enunciado, assinale a opção que apresenta o modelo que partindo do preço de transação resulta no valor da venda.

A. Preço da transação dividido por 0,85.

B. Preço da transação dividido por 1,15.

C. Preço da transação multiplicado por 15%.

D. Preço da transação multiplicado por 1,15.

24) (EQT Perito 2018 – CFC) Um litígio entre a empresa D e um de seus sócios orbita em torno do valor da receita divulgada na demonstração do resultado pelo valor total da venda. O contador argumenta que a demonstração do resultado deve evidenciar o valor total da venda registrado na coluna base de cálculo do livro fiscal de saídas de mercadorias. Em função desse litígio, um perito contábil foi contratado para orientar como conciliar os valores registrados para finalidades fiscais e os evidenciados como receita para fins de divulgação, em obediência ao que disciplina o item 112-A da NBC TG 47 – Receita de Contrato com Cliente.

O valor da prestação contratada é de R$ 100.000,00 e o valor do tributo indireto recebido pela empresa D que compõe o preço de venda é de R$ 22.000,00, totalizando R$ 122.000,00.

De acordo com o enunciado, assinale a opção que corresponde à orientação certificada pelo perito contábil no parecer pericial contábil.

A. Nos registros contábeis da empresa D, o valor da transação e o valor do tributo indireto devem ser reconhecidos em contas distintas.

B. Na demonstração do resultado da empresa D, deve ser divulgado o total da venda de R$ 122.000,00.

C. Na demonstração do resultado da empresa D, deve ser divulgado o valor da prestação por ser valor da receita que pertence à empresa.

D. As opções "a" e "c" estão corretas.

25) (EQT Perito 2018 – CFC) A empresa K foi contratada pela empresa X para fornecer bens duráveis em uma transação de compra e venda por preço fixo e irreajustável. A formação do preço de venda inclui o custo de produção do bem mais tributo indireto. A empresa K, com ações negociadas na bolsa de valores, contratou um *expert* para elaborar um parecer pericial contábil, identificando o preço da transação nessa operação. O *expert*, que tem formação e experiência em contabilidade, sustentou seu parecer no item 47 da NBC TG 47 – Receita de Contrato com Cliente.

Com base no enunciado, assinale a opção que apresenta o que deve estar certificado no parecer do *expert*.

A. O preço da transação é o valor total do contrato.

B. O preço da transação é o valor total que a empresa K recebeu da empresa X.

C. O preço da transação não inclui o valor do tributo indireto.

D. As opções "a" e "c" estão corretas.

26) (EQT Perito 2018 – CFC) A empresa A explora a produção de petróleo por meio de uma plataforma no mar. O Estudo de Viabilidade Técnica, Econômica e Ambiental (EVTEA) previa a remoção da plataforma ao final de sua vida útil, e uma provisão para esta finalidade já foi constituída no início da operação por R$ 9,6 milhões. A empresa A recebeu uma oferta para vender os direitos de uso do ativo por R$ 24 milhões, com custo de comercialização de R$ 1,2 milhão. O valor de venda já contemplava o custo para removê-la ao final. O valor em uso da plataforma foi estimado por uma consultoria contratada pela empresa A em R$ 31,2 milhões, ignorando os custos de remoção (premissas da consultoria). Já o valor contábil da plataforma era de R$ 33,6 milhões no exercício encerrado. No exercício seguinte, a empresa A vendeu a plataforma pela oferta de R$ 24 milhões ao grupo B.

Após o fechamento do negócio, o Conselho Fiscal da empresa A identificou algumas peculiaridades no negócio fechado pela Diretoria Executiva, com o aval do Conselho de Administração. Em ato contínuo, lastreado nas disposições estatutárias, o Conselho Fiscal contratou perito contábil para analisar a operação e emitir parecer pericial contábil acerca dos valores envolvidos, respondendo aos quesitos propostos.

Com base nos dados apresentados, julgue os itens abaixo como Verdadeiros (V) ou Falsos (F) e, em seguida, assinale a opção CORRETA.

   I. Inicialmente, o valor recuperável que a perícia encontrou registrado na contabilidade da empresa A foi de R$ 22,8 milhões.

   II. Antes de eventuais ajustes realizados pela perícia, o valor contábil registrado pela empresa A no final do exercício foi de R$ 24 milhões.

   III. Considerando que a perícia apurou um valor em uso de R$ 46 milhões, após rever as premissas da consultoria e utilizando-as de forma consistente pela empresa A ao longo de outros investimentos compatíveis, o valor contábil apurado pela perícia foi de R$ 24 milhões.

A sequência CORRETA é:

A. V, V, V.

B. V, F, V.

C. F, V, F.

D. F, F, F.

27) (Exame de Suficiência 2018-2 – CFC) Sobre apresentação do laudo pericial contábil e oferta do parecer pericial contábil à luz da NBC TP 01 (R1) – Perícia Contábil, analise as afirmativas, marque V para as verdadeiras e F para as falsas.

( ) O perito deve elaborar o laudo pericial e o parecer pericial, utilizando-se do vernáculo, sendo admitidas palavras ou expressões idiomáticas de outras línguas e de uso não comum nos tribunais judiciais ou extrajudiciais.

( ) Tratando-se de termos técnicos atinentes à profissão contábil devem, quando necessário, ser acrescidos de esclarecimentos adicionais e recomendada a utilização daqueles consagrados pela doutrina contábil.

( ) O laudo pericial e o parecer pericial são, respectivamente, orientados e conduzidos pelo perito do juízo, que adotará padrão próprio, respeitada a estrutura prevista na norma (NBC TP 01 – R1), devendo ser redigidos de forma circunstanciada, clara, objetiva, sequencial e lógica.

( ) A linguagem adotada pelo perito deve ser clara, concisa, evitando o prolixo e a tergiversação, possibilitando aos julgadores e às partes o devido conhecimento da prova técnica e interpretação dos resultados obtidos. As respostas não devem ser objetivas e nem lacônicas. Os termos técnicos devem ser inseridos no laudo contábil e no parecer pericial, de modo a se obter uma redação que qualifique o trabalho pericial, respeitadas as Normas Brasileiras de Contabilidade.

A sequência está **CORRETA** em:

A. V, F, V, F.

B. F, V, F, V.

C. V, F, V, V.

D. F, V, F, F.

28) (EQT Perito 2017) Com base no que consta da NBC TP 01 (R1) – Perícia Contábil, julgue os itens abaixo e em seguida assinale a alternativa CORRETA.

1. No Parecer Pericial Contábil serão transcritos e respondidos apenas os quesitos para os quais haja divergência em relação às respostas do perito do juízo.

2. Não havendo quesitos, o perito do juízo os elaborará e responderá, justificando tecnicamente suas respostas.

3. Não havendo quesitos, o perito do juízo ficará impossibilitado de realizar seu trabalho.

4. Não havendo quesitos, a perícia deverá ser elaborada em conjunto pelo perito do juízo e pelo perito assistente técnico.

5. A transcrição dos quesitos faz parte da estrutura do Laudo Pericial Contábil.

Estão CERTOS os itens:

A. 1 e 3, apenas.

B. 1 e 2, apenas.

C. 1 e 5, apenas.

D. 4 e 5, apenas.

29) (IBFC – Perito Criminal (PC RJ)/Contabilidade/2013) Quando se tratar de laudo pericial contábil assinado em conjunto pelo(s) perito contador e perito(s) contador(es) assistente(s), de acordo com a NBC TP 01 (R1) – Perícia Contábil, pode-se afirmar que:

A. O laudo pericial contábil em nenhuma circunstância pode ser assinado em conjunto com o perito contador assistente.

B. O laudo pericial contábil, mesmo quando elaborado em conjunto com o perito contador assistente, somente pode ser assinado pelo perito contador.

C. Quando o laudo pericial contábil é assinado em conjunto pelo perito contador e perito contador assistente, somente o perito contador é responsável pelo documento.

D. Quando o laudo pericial contábil é assinado em conjunto pelo perito do juízo e perito contador assistente técnico, há responsabilidade solidária sobre o referido documento.

30) Para a NBC PP 01 (R1) – Perito Contábil assinale a alternativa CORRETA.

A. A indicação ou a contratação de perito assistente ocorre quando a parte ou a contratante desejar ser assistida por contador, ou comprovar algo que dependa de conhecimento técnico-científico, razão pela qual o profissional pode aceitar o encargo em qualquer ocasião.

B. A realização de diligências, durante a elaboração do laudo pericial, para busca de provas, quando necessária, deve ser comunicada às partes para ciência de seus assistentes.

C. O perito deve explicitar a sua proposta no contrato que, obrigatoriamente, celebrará com o seu cliente, observando as normas estabelecidas pelo Conselho Nacional de Justiça.

D. Quando indicado pela parte e não aceitando o encargo, o perito assistente deve comunicar a ela sua recusa, devidamente justificada por escrito, com cópia ao Conselho Federal de Contabilidade e Conselho Regional de Contabilidade.

31) Com base na Norma Brasileira de Contabilidade NBC TP 01 (R1) – Perícia Contábil assinale a alternativa CORRETA.

A. O perito assistente não pode, tão logo tenha conhecimento da perícia, manter contato com o perito do juízo.

B. A perícia judicial é exercida sob a tutela do Poder Judiciário. A perícia extrajudicial é exercida no âmbito arbitral, estatal ou involuntária.

C. Perícia voluntária é contratada, espontaneamente, pelo interessado apenas.

D. O perito assistente técnico não pode firmar o laudo pericial contábil quando o documento tiver sido elaborado por leigo ou profissional de outra área.

32) (Unicesumar) Enquanto a NBC PP 01 (R1) regulamenta os procedimentos inerentes ao profissional contador quanto perito, a NBC TP 01 (R1) estipula os procedimentos técnicos para a realização da perícia inclusive quanto à apresentação do Laudo Pericial Contábil.

De acordo com a terminologia utilizada na exposição da perícia, analise as afirmativas:

I. Diligência são os atos do perito em busca de elementos uteis para elaboração do laudo pericial.

II. Forma circunstanciada é o relato resumido dos fatos sobre as questões que resultaram na nomeação do perito.

III. Critério é a capacidade para julgar ou decidir o caminho que deve seguir o perito diante das alegações e na elaboração do trabalho pericial.

IV. Síntese do objeto da perícia é a descrição cuidadosa e minuciosa que detalha os procedimentos e o resultado do laudo pericial ou do parecer da perícia.

É correto o que se afirma em:

A. I apenas.

B. IV apenas.

C. I e III apenas.

D. II e III apenas.

E. III e IV apenas.

33) (INSTITUTO AOCP/PC-ES/PERITO OFICIAL CRIMINAL/2019) O laudo pericial contábil e o parecer pericial contábil têm por limite:

A. os objetivos da perícia deferida ou contratada.
B. a identificação do processo e das partes.
C. a síntese do objeto da perícia.
D. a metodologia adotada para os trabalhos periciais e esclarecimentos.
E. o lapso temporal da perícia a ser realizada.

34) (FDC/CFC/BACHAREL EM CIÊNCIAS CONTÁBEIS/2017) De acordo com a NBC TP 01 (R1) – PERÍCIA CONTÁBIL, julgue os itens a seguir como Verdadeiros (V) ou Falsos (F) e, em seguida, assinale a opção CORRETA.

I. O laudo pericial contábil e o parecer pericial contábil têm por limite o próprio objeto da perícia deferida ou contratada.
II. A perícia contábil é de competência exclusiva de contador em situação regular perante o Conselho Regional de Contabilidade de sua jurisdição.
III. Os procedimentos periciais contábeis visam a fundamentar o laudo pericial contábil e o parecer pericial contábil e abrangem, total ou parcialmente, segundo a natureza e a complexidade da matéria, exame, vistoria, indagação, investigação, arbitramento, mensuração, avaliação e certificação.

A sequência CORRETA é:

A. V, V, V.
B. V, F, F.
C. F, V, V.
D. F, F, F.

35) (COPESE-UFPI/UFPI/CONTADOR/2014) O laudo pericial contábil e o parecer pericial contábil devem contemplar o resultado final de todo e qualquer trabalho alcançado por meio de elementos de prova inclusos nos autos ou adquiridos em diligências que o perito contador tenha efetuado, por intermédio de peças contábeis e quaisquer outros documentos, tipos e formas.

Portanto, quanto ao laudo pericial contábil, a opção INCORRETA é:

A. Os peritos devem elaborar o laudo pericial contábil e o parecer pericial contábil, utilizando-se do vernáculo, sendo admitidas apenas palavras ou expressões idiomáticas de outras línguas de uso comum nos tribunais judiciais ou extrajudiciais.
B. O laudo pericial contábil deve contemplar o resultado final de todo e qualquer trabalho alcançado por meio de elementos de prova inclusos nos autos ou adquiridos em diligências que o perito contador tenha efetuado, por intermédio de peças contábeis e quaisquer outros documentos, tipos e formas.

C. A linguagem adotada pelo perito deve ser clara, concisa, evitando o prolixo e a tergiversação, possibilitando aos julgadores e às partes o devido conhecimento da prova técnica e interpretação dos resultados obtidos. As respostas devem ser subjetivas, completas e lacônicas. Os termos técnicos não devem ser inseridos no laudo e no parecer, de modo a se obter uma redação que qualifique o trabalho pericial, ainda que contrarie as Normas Brasileiras de Contabilidade.

D. Os peritos devem consignar, no final do laudo pericial contábil ou do parecer pericial contábil, de forma clara e precisa, as suas conclusões.

E. O laudo e o parecer são, respectivamente, orientados e conduzidos pelo perito do juízo e pelo perito assistente, que adotarão padrão próprio, respeitada a estrutura prevista nesta Norma, devendo ser redigidos de forma circunstanciada, clara, objetiva, sequencial e lógica.

36) (NUCEPE/PC-PI/PERITO CRIMINAL – CONTABILIDADE/2018) O laudo pericial contábil e o parecer pericial contábil são documentos escritos, nos quais os peritos devem registrar, de forma abrangente, o conteúdo da perícia e particularizar os aspectos e as minudências que envolvam o seu objeto e as buscas de elementos de prova necessários para a conclusão do seu trabalho.

Analise as afirmativas abaixo e assinale a opção que NÃO contempla o laudo pericial contábil:

A. O perito deve elaborar o laudo, utilizando-se do vernáculo, sendo admitidas apenas palavras ou expressões idiomáticas de outras línguas de uso comum nos tribunais judiciais ou extrajudiciais.

B. A linguagem adotada pelo perito deve ser clara, concisa, evitando o prolixo e a tergiversação, possibilitando aos julgadores e às partes o devido conhecimento da prova técnica e interpretação dos resultados obtidos.

C. Os termos técnicos não devem ser inseridos no laudo e no parecer, de modo a se obter uma redação que qualifique o trabalho pericial, respeitadas as Normas Brasileiras de Contabilidade.

D. Quando se tratar de laudo pericial contábil, assinado em conjunto pelos peritos, há responsabilidade solidária sobre o referido documento.

E. O laudo pericial deve ser assinado pelo perito contador, incluindo sua categoria profissional, seu número de registro em Conselho Regional de Contabilidade, comprovado mediante Certidão de Regularidade Profissional (CRP) e sua função. É permitida a utilização da certificação digital, em consonância com a legislação vigente e as normas estabelecidas pela Infraestrutura de Chaves Públicas Brasileiras – ICPBrasil.

37) (EQT Perito 2019) O art. 477 do Código de Processo Civil – Lei n. 13.105/2015 instituiu a obrigatoriedade de o perito do juízo prestar esclarecimentos sobre pontos divergentes apontados pelas partes, pelo juiz ou pelo órgão do Ministério Público sobre o seu Laudo Pericial, exigência compatibilizada com as disposições da NBC PP 01 (R1) – Perito Contábil.

Sobre esse assunto, assinale a opção INCORRETA.

A. O perito do juízo tem o dever de, no prazo de 15 (quinze) dias, esclarecer ponto sobre o qual exista divergência ou dúvida de qualquer das partes, do juiz ou do órgão do Ministério Público.

B. O perito do juízo tem o dever de, no prazo de 15 (quinze) dias, esclarecer ponto divergente apresentado no parecer do assistente técnico da parte.

C. O perito não deve retificar os trabalhos realizados no caso de serem identificados erros ou equívocos pelas partes ou pelo assistente técnico da parte.

D. O perito deve prestar esclarecimentos sobre o conteúdo do laudo pericial contábil ou do parecer pericial contábil, em atendimento à determinação do juiz.

38) (EQT Perito 2019) Um perito contábil nomeado pelo juiz e um perito contábil assistente técnico adentraram em um embate técnico no decorrer da prova pericial acerca do devido reconhecimento de um ativo intangível resultante de desenvolvimento. Da leitura do laudo pericial contábil do perito do juízo e do parecer pericial contábil do assistente técnico, restou evidente a disparidade de entendimentos e certificações apresentadas pelos experts. Diante do incansável embate técnico entre os dois, por meio das peças produzidas, o Douto Juízo designou audiência para oitiva dos peritos.

Com base na Norma Brasileira de Contabilidade TG 04 (R4) – Ativo Intangível, identifique os itens que apresentam critérios de reconhecimento do ativo intangível aplicável ao caso e, em seguida, assinale a opção CORRETA.

I. Deve ser reconhecido como um ativo intangível resultante de desenvolvimento se a entidade puder demonstrar viabilidade técnica para concluir o ativo intangível de forma que ele seja disponibilizado para uso ou venda.

II. Deve ser reconhecido como um ativo intangível resultante de desenvolvimento se a entidade puder demonstrar a intenção de concluir o ativo intangível, desde que não vá usá-lo ou vendê-lo.

III. Deve ser reconhecido como um ativo intangível resultante de desenvolvimento se a entidade puder demonstrar a capacidade para usar ou vender o ativo intangível.

IV. Não deve ser reconhecido como um ativo intangível resultante da capacidade de mensurar com confiabilidade os gastos atribuíveis ao ativo intangível durante seu desenvolvimento.

Estão CORRETOS os itens:

A. I e IV.

B. II e III.

C. I e II.

D. I e III.

39) Sobre o Termo de Diligência, está INCORRETO afirmar que:

A. Termo de Diligência é o instrumento por meio do qual o perito solicita documentos, coisas, dados e informações necessárias à elaboração do laudo pericial contábil e do parecer pericial contábil.

B. Não é função do Termo de Diligência determinar o local, a data e a hora do início da perícia.

C. O Termo de Diligência deverá conter a identificação das partes ou dos interessados e, em se tratando de perícia judicial ou arbitral, o número do processo ou procedimento, o tipo e o juízo em que tramita.

D. O Termo de Diligência deve ser redigido pelo perito, ser apresentado diretamente ao perito assistente, à parte, a seu procurador ou terceiro, por escrito e juntado ao laudo.

40) (EQT Perito 2018-2) Um contador, atuando na função de perito do juízo, iniciou os seus trabalhos e identificou ausência de documentos imprescindíveis para o desenvolvimento da prova pericial. Contudo, resolveu elaborar o laudo pericial contábil somente com os documentos existentes.

Analise as opções abaixo e, em seguida, assinale a atitude CORRETA, considerando o que dispõe o Código de Ética Profissional do Contador.

A. O contador deve elaborar o laudo pericial limitado às informações e documentos coligidos aos autos.

B. O contador deve elaborar o laudo pericial sem estar devidamente munido de documentos.

C. O contador deve elaborar o laudo pericial somente com os documentos coligidos aos autos, ressalvada a autonomia pericial.

D. Abster-se de dar parecer ou emitir opinião sem estar suficientemente informado e munido de documentos.

41) (CONSULPLAN/TJ-MG/TITULAR DE SERVIÇOS DE NOTAS E DE REGISTROS – REMOÇÃO/2016) Sabidamente, a prova pericial consiste em exame, vistoria ou avaliação.

A esse respeito, é correto afirmar:

A. No corpo do laudo pericial, o perito deverá apresentar sua fundamentação em linguagem simples e com coerência lógica, indicando como alcançou suas conclusões, sendo-lhe vedado ultrapassar os limites de sua designação, bem como emitir opiniões pessoais que excedam o exame técnico ou científico do objeto da perícia.

B. O juiz não poderá, de ofício ou atendendo a requerimento de qualquer das partes, determinar a produção de prova técnica simplificada em substituição à perícia, ainda que se trate de ponto controvertido de menor complexidade, porque não se pode subtrair das partes a amplitude do debate sobre o objeto do litígio.

C. O perito cumprirá escrupulosamente o encargo que lhe foi cometido, mediante aposição de assinatura em termo de compromisso especialmente lavrado para assumir o encargo pericial.

D. Ainda que a perícia seja inconclusiva ou deficiente, o juiz não poderá reduzir a remuneração inicialmente arbitrada para o trabalho pericial.

42) (Exame de Suficiência 2020-2 CFC) Em uma questão judicial acerca de valor cobrado sobre a aquisição de imóvel, a decisão final condena o devedor ao pagamento da obrigação contratual no valor apresentado pelo laudo pericial.

As informações contratuais são apresentadas a seguir:

* Valor do empréstimo: R$ 10.000,00.
* Data de liberação: 30/04/2019.
* Data de vencimento: 30/04/2020.
* Encargos contratuais: juros compostos de 12% a.a. e correção pela inflação do período.
* Forma de pagamento: parcela única do principal, juros e correção no vencimento.
* Inflação acumulado do período: 6% a.a.

Um dos quesitos apresentados pelo Juiz foi: "Queira o Senhor Perito informar qual foi a taxa real de juros."

Considerando as informações, o valor apresentado no laudo pericial contábil que responde ao quesito corresponde a:

A. 1,5%
B. 2,16%
C. 5,08%
D. 5,36%

43) (EQT Perito – 2018) O Código de Processo Civil exige a ética processual ao determinar a todos que participam do processo o dever de comportar-se de acordo com a lealdade e boa-fé, cooperação mútua, urbanidade, transparência, entre outros. É exigido do perito do juízo o dever de informar o local e a data de início da produção da prova, quando não definido pelo juiz, bem como permitir o acesso aos autos do processo e informar aos assistentes técnicos sobre a realização de diligências com antecedência mínima de cinco dias.

A NBC TP 01 (R1) – Perícia Contábil estabelece formalidades e procedimentos, nos itens 29, 42, 48 e 50, que podem ser adotados durante a realização dos exames periciais.

Sobre este ponto, julgue os itens abaixo e, em seguida, assinale a opção CORRETA.

I.   O laudo e o parecer são, respectivamente, orientados e conduzidos pelo perito do juízo e pelo perito assistente técnico, que adotarão padrão próprio, respeitada a estrutura prevista nesta Norma, devendo ser redigidos de forma circunstanciada, clara, objetiva, sequencial e lógica.

II. O perito assistente técnico pode entregar cópia do seu parecer, planilhas e documentos ao perito do juízo antes do término da perícia, expondo as suas convicções, fundamentações legais, doutrinárias, técnicas e científicas sem que isto implique indução do perito do juízo a erro, por tratar-se da livre e necessária manifestação científica sobre os pontos controvertidos.

III. O laudo pericial contábil e o parecer pericial contábil são documentos escritos, nos quais os peritos devem registrar todos os fatos, não sendo necessário particularizar os aspectos e as minudências que envolvam o seu objeto e as buscas de elementos de prova imprescindíveis para a conclusão do seu trabalho.

IV. O termo de diligência serve também para determinar o local, a data e a hora do início da perícia, e ainda para a execução de outros trabalhos que tenham sido a ele determinados ou solicitados por quem de direito, desde que tenham a finalidade de orientar ou colaborar nas decisões, judiciais ou extrajudiciais.

Estão CORRETOS apenas os itens:

A. II, III e IV.
B. I, II e IV.
C. I, II e III.
D. I e II.

44) (Exame de Suficiência – CFC) Em conformidade com a NBC TP 01 (R1) – Perícia Contábil, os elementos de prova obtidos por meio de diligências feitas pelo perito do juízo são indispensáveis para a elaboração do laudo pericial.

Acerca desse tema, julgue os itens abaixo e, em seguida, assinale a opção CORRETA.

1. O perito do juízo deve manter registro dos locais e datas das diligências.
2. O perito do juízo deve manter registro dos nomes das pessoas que o atenderem durante as diligências.
3. O perito do juízo deve consultar o juiz quanto a juntar as provas obtidas em diligências aos autos.
4. O perito do juízo só deve considerar como elementos de prova os documentos existentes no processo quando do início da perícia.

Estão CORRETAS as opções:

A. 1, 2 e 4, apenas.
B. 2 e 3, apenas.
C. 1 e 2, apenas.
D. 2, 3 e 4, apenas.

45) (Exame de Suficiência – CFC) Segundo a NBC TP 01 (R1) – Perícia Contábil, ao ser intimado para dar início aos trabalhos periciais, o perito do juízo deve comunicar às partes e aos assistentes técnicos: a data e o local de início da produção da prova pericial contábil, exceto se designados pelo juízo.

Sobre este assunto, analise as afirmativas, escrevendo V para as verdadeiras e F para as falsas.

I. ( )   Caso não haja, nos autos, dados suficientes para a localização dos assistentes técnicos, a comunicação deve ser feita diretamente às partes e/ou ao Juízo.

II. ( )   O perito assistente técnico pode, tão logo tenha conhecimento da perícia, manter contato com o perito do juízo, colocando-se à disposição para a execução da perícia em conjunto.

III. ( ) Na impossibilidade da execução da perícia em conjunto, o perito do juízo deve permitir aos peritos assistentes o acesso aos autos e aos elementos de prova arrecadados durante a perícia, indicando local e hora para exame pelo perito assistente.

IV. ( ) O perito assistente técnico pode entregar ao perito do juízo cópia do seu parecer pericial contábil, previamente elaborado, planilhas ou memórias de cálculo, informações e demonstrações que possam esclarecer ou auxiliar o trabalho a ser desenvolvido pelo perito do juízo.

A sequência está correta em:

A. F, F, F, V.
B. F, F, V, V.
C. F, V, V, V.
D. V, V, V, F.

46) (Exame de Suficiência – CFC) Com base na NBC TP 01 (R1) – Perícia Contábil, julgue as afirmativas a seguir como verdadeiras ou falsas e, em seguida, assinale a opção CORRETA.

I. O perito, enquanto estiver de posse do processo ou de documentos, deve zelar por sua guarda e segurança e ser diligente.

II. Para a execução da perícia contábil, o perito deve ater-se ao objeto e ao lapso temporal da perícia a ser realizada.

III. Mediante termo de diligência, o perito deve solicitar por escrito todos os documentos e informações relacionados ao objeto da perícia, fixando o prazo para entrega.

IV. A eventual recusa no atendimento a diligências solicitadas ou qualquer dificuldade na execução do trabalho pericial deve ser comunicada, com a devida comprovação ou justificativa, ao juízo, quando se tratar de perícia judicial; ou à parte contratante, no caso de perícia extrajudicial.

Estão CORRETOS os itens:

A. III e IV, apenas.
B. II e III, apenas.
C. I, II, III e IV.
D. I, II e IV, apenas.

47) (EQT – CFC) Em uma ação de apuração de haveres, por meio de decisão interlocutória, foi deferida a perícia e nomeado o perito contador não inscrito no cadastro de peritos mantido pelo Tribunal de Justiça da Bahia (TJBA). No prazo, as partes apresentaram os seus quesitos e indicaram seus assistentes técnicos, e o perito nomeado apresentou sua proposta de honorários, está homologada pelo Magistrado. As partes foram informadas, com antecedência mínima de 5 (cinco) dias, sobre o início da realização dos trabalhos periciais. Os peritos assistentes técnicos acompanharam a perícia, e o laudo pericial contábil foi entregue no prazo fixado de 30 dias.

Diante de tal situação hipotética, é CORRETO afirmar que:

A. o laudo pericial contábil será considerado, pois foi protocolado dentro do prazo legal e sem impugnação pelas partes.

B. o juiz determinará, de ofício ou a requerimento da parte, a desconsideração do laudo pericial e a realização de nova perícia porque foi constatado que o perito contador nomeado não possui cadastro naquele Tribunal (TJBA).

C. se trata de perícia complexa que abrange mais de uma área de conhecimento especializado, razão pela qual o juiz considerará as conclusões do laudo pericial e dos pareceres dos assistentes técnicos na sua tomada de decisão.

D. a nomeação do perito é de livre escolha pelo juiz e deverá recair sobre profissional ou órgão técnico ou científico comprovadamente detentor do conhecimento na matéria objeto da perícia, sendo desnecessária a inscrição no cadastro do tribunal, nos termos do Código de Processo Civil.

48) (EQT Perito) A empresa "A" sofreu autuação da Receita Federal do Brasil (RFB) por omissão de receita. O valor original cobrado foi de R$97.500,00 composto de: a) imposto no valor de R$50.000,00, b) multa de ofício no valor de R$37.500,00 e c) juros de mora no valor de R$10.000,00. A empresa parcelou o débito cobrado em 60 parcelas iguais e sucessivas no valor de R$1.625,00 cada uma.

Após o pagamento das trinta parcelas iniciais, o Governo federal autorizou um novo programa de parcelamento "REFIS" com redução de 80% da multa e 50% dos juros, podendo aderir todas as empresas. A empresa renunciou ao primeiro parcelamento e aderiu ao novo "REFIS". No entendimento da empresa, com a adesão ao REFIS, a dívida está quitada, de forma diversa entende a RFB.

Para apurar o valor correto da dívida remanescente, a empresa contratou um Perito Contábil para emitir um parecer.

Com base no enunciado, analise e assinale a alternativa CORRETA que apresenta o parecer elaborado pelo perito contábil.

A. A empresa está correta no seu entendimento.

B. Na consolidação do parcelamento, a Receita Federal está correta pois o débito é de R$31.250,00.

C. O saldo devedor é de R$13.750,00.

D. O saldo devedor é de R$22.569,00.

49) (EQT Perito) Uma empresa do ramo agrícola de precisão, ao analisar o seu mercado de atuação, vislumbrou a oportunidade de crescimento na região do centro-oeste brasileiro, onde existe uma excelente oportunidade para oferecimento dos seus produtos e serviços.

Para a tomada de decisão contratou um perito contábil para avaliar a empresa. No decorrer do seu trabalho, ele constatou a existência de incorreções nos registros contábeis. Diante da certificação, a empresa avalianda determinou as imediatas correções constatadas na sua escrituração contábil.

De acordo com a ITG 2000 (R1) – Escrituração Contábil, sobre a retificação de lançamento contábil, assinale a opção INCORRETA:

A. Lançamento de estorno consiste na inversão daquele que foi feito erroneamente, anulando-o totalmente.

B. Lançamento de transferência é aquele que promove a regularização de conta indevidamente debitada ou creditada, por meio da transposição do registro para a conta adequada.

C. Lançamento de complementação é aquele que vem posteriormente complementar, aumentando ou reduzindo o valor anteriormente registrado.

D. Não se faz a regularização na conta débito ou crédito a ser corrigida por lançamento de retificação.

50) (EQT Perito) Em uma ação de Exigir Contas um Investidor pautado em parecer pericial contábil alegou que os Custos de empréstimos atribuídos à produção de ativo qualificável foram contabilizados equivocadamente. Um contador foi nomeado perito judicial no feito e, após exames periciais realizados, constatou que a NBC TG 20 (R2) – Custos de Empréstimos aplicável para o caso em questão não foi observada.

Sobre os custos de empréstimos, assinale a opção INCORRETA.

A. Custos de empréstimos devem desconsiderar quaisquer variações cambiais decorrentes de empréstimos em moeda estrangeira na medida em que elas são consideradas como ajustes, para mais ou para menos, do custo dos juros.

B. Custos de empréstimos que são atribuíveis diretamente à aquisição, à construção ou à produção de ativo qualificável são aqueles que seriam evitados se os gastos com o ativo qualificável não tivessem sido feitos.

C. Custos de empréstimos que são diretamente atribuíveis à aquisição, à construção ou à produção de ativo qualificável devem ser capitalizados como parte do custo do ativo quando for provável que eles resultarão em benefícios econômicos futuros para a entidade e que tais custos possam ser mensurados com confiabilidade.

D. Custos de empréstimos são juros e outros custos que a entidade incorre em conexão com o empréstimo de recursos.

51) (EQT Perito) Com base no que dispõe o Código de Processo Civil, analise os itens abaixo e, em seguida, marque a opção CORRETA.

I. No laudo, o perito deve apresentar sua fundamentação em linguagem simples e com coerência lógica, indicando como alcançou suas conclusões.

II. É vedado ao perito ultrapassar os limites de sua designação, bem como emitir opiniões pessoais que excedam o exame técnico ou científico do objeto da perícia.

III. Para o desempenho de sua função, o perito e os assistentes técnicos podem valer-se de todos os meios necessários, ouvindo testemunhas, obtendo informações, solicitando documentos que estejam em poder da parte, de terceiros ou em repartições públicas, bem como instruir o laudo com planilhas, mapas, plantas, desenhos, fotografias ou outros elementos necessários ao esclarecimento do objeto da perícia.

IV. Tratando-se de perícia complexa que abranja mais de uma área de conhecimento especializado, o juiz poderá nomear mais de um perito, e a parte deverá indicar apenas um assistente técnico.

Estão CORRETOS os itens:

A. I e II, apenas.

B. II e III, apenas.

C. I, II e III, apenas.

D. I, II, III e IV.

52) (EQT Perito) Uma firma fabricante de equipamentos bélicos fornece garantia para seus clientes contra defeitos de funcionamento dos equipamentos tipo A, B e C disponibilizados no mercado há mais de meio século. O valor estimado de garantia não utilizada, por falta de defeitos nos equipamentos, é da ordem de R$ 200.100,00. O gerente da firma propôs ao Contador realocar esse valor de provisão não utilizada para garantia de outros novos equipamentos que estão sendo vendidos no mercado. O Contador atendeu à sugestão do Gerente, reclassificando o referido valor para a rubrica do novo equipamento. O auditor independente qualificou sua opinião com relação ao procedimento, alegando que a norma de contabilidade NBC TG 25 (R2) – Provisões, Passivos Contingentes e Ativos Contingentes não permite tal procedimento.

A firma contratou um perito para emitir um parecer sobre a restrição apresentada pela auditoria independente.

Com base no enunciado, analise e assinale a alternativa CORRETA que apresenta o parecer elaborado pelo Perito.

A. A norma de contabilidade NBC TG 25 (R2) somente permite este procedimento se a constituição e a reversão da provisão ocorrerem no curso do mesmo exercício social.

B. Para que o saldo de uma provisão não utilizada de uma atividade possa ser utilizado para outra atividade é exigido que o Conselho de Administração da firma delibere autorizando o procedimento.

C. A norma de contabilidade NBC TG 25 (R2) somente permite que uma provisão seja utilizada para desembolso da provisão originalmente reconhecida.

D. A norma de contabilidade NBC TG 25 (R2) somente permite este procedimento se a constituição e a reversão da provisão ocorrerem no curso do mesmo exercício social e observado o objeto social da firma.

53) (Consulplan/Exame CFC/2021.2) Luciano, proprietário de uma determinada empresa falece, e, após divergências conciliatórias de seus beneficiários, o Juiz nomeia o perito contador Bertoldo, devidamente registrado, com o objetivo de inventariar contabilmente os bens dos herdeiros. Uma das filhas de Luciano, Marinete, para se certificar da transparência dos trabalhos do perito nomeado pelo Juiz, resolve contratar Pedro, um contador, como perito assistente técnico. Ao final dos trabalhos, Bertoldo elaborou um laudo pericial com a sua opinião sobre o patrimônio disputado pelos familiares na Justiça.

Marinete não ficou satisfeita com o laudo publicado pelo perito e chama Pedro (perito assistente) para uma conversa a respeito." Mesmo não havendo determinação em juízo, definindo o prazo para emissão do seu parecer, cabe a Pedro, perito assistente:

A. Emitir, imediatamente, outro laudo pericial.

B. Entregar o seu novo laudo a Bertoldo, logo após a publicação do laudo pericial oficial.

C. Esperar o prazo de dez dias após a publicação do laudo pericial para emitir o seu parecer.

D. Entrar com pedido de impedimento do perito Bertoldo após vinte dias da emissão do laudo.

54) (EQT Perito 2019) No decorrer de uma ação "Ordinária de Revisão Contratual Imobiliária, cumulada com nulidade de cláusulas e com a antecipação de tutela", o juiz federal da 991ª Vara nomeou perito contábil, visto que a prova do fato dependia de conhecimento técnico/científico. Após a apresentação do laudo pericial o Douto Juízo concluiu que a parte contratante deveria devolver seu imóvel à instituição financeira. Posteriormente, a parte autora descobriu que o perito do juízo era cônjuge do gerente da instituição financeira dos autos e que havia prestado informações inverídicas no laudo, beneficiando a parte requerida no resultado da lide.

Assim, com base nos fatos apresentados e no que dispõem os arts. 145 e 158 do Código de Processo Civil – Lei n. 13.105/2015, assinale a opção INCORRETA.

A. O perito que, por dolo ou culpa, prestar informações inverídicas responderá pelos prejuízos que causar à parte.

B. O juiz deverá comunicar o fato ao respectivo órgão de classe para adoção das medidas que entender cabíveis.

C. O perito que, por dolo ou culpa, prestar informações inverídicas ficará inabilitado para atuar em outras perícias.

D. O perito estava livre de suspeição, pois as partes deixaram de comprovar que seu cônjuge trabalhava na instituição financeira, antes da entrega do laudo pericial.

55) (EQT Perito 2019) O Contador Y foi nomeado para elaborar os cálculos de liquidação de sentença em uma demanda judicial que tramita na 1012ª Vara do Trabalho, com base nos parâmetros determinados para apuração do valor devido na reclamação trabalhista. A Douta Magistrada determina a utilização do índice TR – Taxa Referencial até 25 de março de 2015 e IPCA-E – Índice de Preços ao Consumidor Amplo Especial a partir de 26 de março de 2015 e que os cálculos sejam realizados no PJE-CALC Cidadão. Durante a execução do trabalho pericial, o perito contábil constatou a ausência de documentos necessários à feitura do laudo pericial. Contudo, decidiu elaborar o Laudo Pericial somente com os documentos inseridos no PJE (Processo Judicial Eletrônico).

Com base na situação descrita e considerando o que dispõe a NBC TP 01 – Perícia Contábil, julgue os itens abaixo e, em seguida, assinale a alternativa CORRETA.

I. O perito contábil deve elaborar o Laudo Pericial sem estar devidamente munidos de documentos.

II. Mediante termo de diligência, o perito contábil deve solicitar por escrito todos os documentos e informações relacionadas ao objeto da perícia, fixando o prazo para entrega.

III. O perito contábil deveria informar nos autos acerca da insuficiência de documentos, indicar a necessidade de apresentação dos mesmos e informar ao Juízo sobre os prejuízos decorrentes.

IV. O perito contábil deve elaborar o Laudo Pericial limitado às informações e documentos coligidos aos autos.

Estão CORRETOS os itens:

A. I e III.
B. II, III e IV.
C. II e III.
D. I e II.

56) (Exame de Suficiência 2023) Ariovaldo, profissional graduado em ciências contábeis e com vasta experiência na área, foi legalmente nomeado perito judicial. Ao iniciar os trabalhos, Ariovaldo percebe que, para elaboração do Laudo e respostas aos quesitos formulados pelas partes, não se fazem necessários conhecimentos técnicos ou científicos especializados, mas, tão somente, planilhamento de lançamentos a débito e a crédito existentes em 72 contas bancárias do investigado, além de apuração dos montantes movimentados em todas as contas pelo período de 5 anos.

Considerando o grande volume de trabalho, haja vista que todos os extratos bancários foram disponibilizados em meio físico (impressos), o fato de outros servidores do judiciário ou mesmo de outros órgãos públicos serem capazes de fazer o planilhamento e a apuração dos saldos movimentados, as disposições do Código de Processo Civil e, unicamente, as informações anteriormente disponibilizadas, Ariovaldo deve:

A) Alegar impedimento e recusar o trabalho.
B) Escusar-se do encargo alegando justo motivo.
C) Empregar toda diligência exigida e, no prazo acordado, entregar seu trabalho.
D) Declarar possibilidade de suspeição, pois esse tipo de trabalho tem grande probabilidade de erro.

6.8 Estudos de casos

1. A Sociedade Empresária Bom Jesus Ltda. foi citada para apresentar os cálculos periciais referentes a um processo trabalhista.

A sentença proferida em primeiro grau, às folhas 59 a 67 dos autos, condenou a reclamada a pagar ao reclamante:

- horas extras diurnas, com 50% de acréscimo, 35 horas em outubro/2018, com integração no Repouso Semanal Remunerado (RSR);
- atualização monetária pelo índice fixo de 27%, abrangendo todo o período da verba reclamada até a data do laudo;
- juros de mora a contar da propositura da ação, que ocorreu em 1º de abril de 2018.

Informações adicionais:

- a jornada de trabalho do reclamante era de 220 horas mensais;
- a propositura da ação ocorreu em 1º de abril de 2020;
- o laudo foi finalizado em 31 de julho de 2020;
- os juros de mora sobre o valor atualizado serão de 1% ao mês, regime de capitalização simples.

O salário, a quantidade de dias úteis e os domingos e feriados estão apresentados no quadro a seguir:

Mês/Ano	Salário-base	Dias úteis/Domingos e feriados
Outubro/2018	R$ 1.250,00	25 dias úteis e 6 domingos/feriados

De acordo com os dados apresentados, qual é o valor total devido ao reclamante?

Resolução:

Mês/Ano	Salário-base	Dias úteis/Domingos e feriados
Outubro/2018	R$ 1.250,00	25 dias úteis e 6 domingos/feriados

1º. Cálculo das horas extras

Valor da hora	Outubro/2013	Acréscimo 50%	Total de Horas
5,68	198,86	99,43	298,30

- Dias úteis: 25
- Domingos/ Feriados: 6
- Repouso semanal remunerado: R$ 71,59
- Total Horas Extras: R$ 369,89

  2°. Cálculo dos Juros
- De abril a julho: –
- Capitalização simples de 1%: –
- Total: R$ 14,80

  3°. Cálculo da Atualização Monetária
- Percentual fixo de 27%: -
- Total: R$ 103,86

- **Total do valor devido: R$ 488,55**

2) (Enade 2018 – Contábeis – INEP) Um empregado que trabalhou em uma empresa no período de 01/06 a 30/11 foi demitido. Ele moveu uma ação em processo trabalhista contra essa empresa, pois no cálculo do Fundo de Garantia do Tempo de Serviço (FGTS) e do INSS, ela não havia recolhido os encargos sociais incidentes sobre as gratificações recebidas. No processo, o ex-empregado da empresa apresentou os dados constantes da tabela a seguir.

Competência	Valor líquido no contracheque	Valor creditado em conta corrente
Junho	R$ 3 250,60	R$ 5 250,60
Julho	R$ 3 450,35	R$ 5 450,35
Agosto	R$ 3 319,85	R$ 5 319,85
Setembro	R$ 3 056,60	R$ 5 056,60
Outubro	R$ 3 256,15	R$ 5 256,15
Novembro	R$ 3 301,56	R$ 5 301,56

Apresentou, ainda, um e-mail enviado por um dos sócios da empresa, informando que ele receberia o montante de R$ 2 000,00 mensais a título de gratificação por função. O juiz responsável pelo julgamento do processo designou um perito para análise da situação.

Considerando esses dados, bem como alíquotas de 8% de FGTS e de 25,5% de INSS e desconsiderando possíveis correções monetárias, assinale a opção correta.

A. O perito deverá solicitar à empresa as folhas de pagamento e o termo de rescisão desse empregado para verificar o reflexo das alíquotas do FGTS e do INSS não recolhidas sobre os proventos recebidos, incluindo nesse cálculo as verbas proporcionais e indenizatórias.

B. O total do FGTS devido ao empregado a título de gratificação por função, sem que se considerem os respectivos reflexos, é de R$ 860,00, e o valor em aberto a título de INSS é de R$ 3 060,00.

C. O perito deverá informar, no laudo judicial, que o valor da gratificação não influenciará o cálculo de horas extras, caso tenham ocorrido em alguma competência.

D. O valor de 40% referente à multa rescisória não será levado em consideração no valor a ser recolhido do FGTS sobre as diferenças apuradas.

E. O ex-empregado terá direito a um valor adicional de R$ 166,67 mensais a título de férias proporcionais ao tempo de serviço.

Solução:

Competência	Valor líquido	Valor creditado em CC	Valor gratificação
Junho	R$ 3.250,60	R$ 5.250,60	R$ 2.000,00
Julho	R$ 3.450,35	R$ 5.450,35	R$ 2.000,00
Agosto	R$ 3.319,85	R$ 5.319,85	R$ 2.000,00
Setembro	R$ 3.056,60	R$ 5.056,60	R$ 2.000,00
Outubro	R$ 3.256,15	R$ 5.256,15	R$ 2.000,00
Novembro	R$ 3.301,56	R$ 5.301,56	R$ 2.000,00
	R$ 19.635,11	R$ 31.605,11	R$ 11.970,00
INSS	R$ 3.052,35		
FGTS	R$ 957,60		

Para que o processo tenha a decisão mais justa possível, o **perito deve solicitar as folhas de pagamento para verificação das alíquotas para sua inserção no cálculo das verbas.**

Assim a alternativa correta é a A – O perito deverá solicitar à empresa as folhas de pagamento e o termo de rescisão desse empregado para verificar o reflexo das alíquotas do FGTS e do INSS não recolhidas sobre os proventos recebidos, incluindo nesse cálculo as verbas proporcionais e indenizatórias.

3) Em um processo que tramita no Tribunal de Justiça do Estado do Acre, o perito contábil apresentou, no laudo pericial contábil, que o valor da situação líquida patrimonial em 17/09/2019 da empresa periciada está equilibrada.

As partes foram intimadas a se manifestar acerca do laudo pericial contábil. Contrariada com o resultado do laudo e com o objetivo de impugná-lo, a parte autora lhe contratou para atuar na função de perito assistente técnico. Ao analisar o laudo, você constatou que a situação patrimonial da empresa está superavaliada.

Diante deste quadro fático, elabore o seu parecer técnico contábil divergente, argumente tecnicamente, em linguagem simples e com coerência lógica, e indique como alcançou suas conclusões.

Solução:

Aos
Administradores e Acionistas (Quotistas) da
ENTIDADE XXXXX
Cidade X, Acre.

1. Examinamos os relatórios contábeis da (ENTIDADE XXXXX), elaborados sob a responsabilidade de sua administração. Nossa responsabilidade é a de expressar uma opinião sobre essas demonstrações contábeis.

2. Nossos exames foram conduzidos de acordo com as normas de auditoria e perícia, e compreenderam, entre outros procedimentos: (a) o planejamento dos trabalhos, considerando a relevância dos saldos, o volume das transações e os sistemas contábil e de controles internos da entidade; (b) a constatação, com base em testes, das evidências e dos registros que suportam os valores e as informações contábeis divulgados; e (c) a avaliação das práticas e estimativas contábeis mais representativas adotadas pela administração da sociedade, bem como da apresentação das demonstrações contábeis tomadas em conjunto.

3. Em nossa opinião, as demonstrações contábeis acima referidas são divergentes em relação à situação líquida patrimonial apresentada nas demonstrações elaboradas sob responsabilidade de seus administradores.

6.9 Questões discursivas

1) (EQT Perito 2019) Para contribuir com a solução de um litígio na 85ª Vara Civil da Comarca de TR52, foram apresentados um LAUDO PERICIAL e um PARECER PERICIAL CONTÁBIL. A lide orbita em torno de uma dívida vencida há três meses no valor original de R$ 100.000,00, com juros pactuados de 5% ao mês, capitalizados mensalmente, e multa de 2% sobre o valor capitalizado da dívida inadimplida.

A decisão final transitada em julgado condena o devedor a honrar o pacto contratual. O LAUDO PERICIAL apresenta os seguintes valores: juros R$ 15.000,00, multa R$ 2.000,00, total da dívida R$ 117.000,00.

Os valores do PARECER PERICIAL CONTÁBIL totalizam: juros R$ 15.000,00, multa R$ 2.600,00, total da dívida R$ 117.600,00. Dada a divergência entre os valores foi determinada uma nova perícia, na qual um único quesito foi elaborado pelo JUÍZO a ser respondido por você, como novo perito da lide.

Com base nestes dados, responda ao quesito formulado pelo Juízo: Queira o Sr. Perito do JUÍZO calcular e demonstrar o valor total da dívida, destacando o valor dos juros e da multa e, simultaneamente, justificar por que seus cálculos estão corretos e esclarecer as divergências com os valores dos dois documentos precedentes.

2) (EQT Perito 2019) Uma controvérsia estabelecida com relação ao valor de mercado da empresa XX resultou em uma lide cujo processo tramita na 9ª Vara da Justiça da Comarca TR52.

O LAUDO PERICIAL acostado aos autos do processo declara que o valor da empresa XX, na data do referido laudo pericial, é R$ 300 milhões, de acordo com os modelos de cálculo de fluxo de caixa descontado.

No LAUDO, o Perito declara que há uma parte do passivo que não pôde ser avaliada por falta de acordo entre a empresa XX e o credor, e que dependendo da solução entre as duas partes, o valor da empresa poderia ser afetado entre 10% e 20% ou, até mesmo, não ser afetado, porque há interesse do credor na conversão de seu crédito em cotas da empresa XX.

Com base neste histórico, elabore a conclusão do LAUDO PERICIAL para a decisão do JUÍZO.

CAPÍTULO **7**

Planejamento da perícia contábil

7.1 Introdução

O planejamento da perícia é a etapa inicial do trabalho pericial que antecede as diligências, as pesquisas, os cálculos e as respostas aos quesitos, na qual o perito do juízo estabelece a metodologia dos procedimentos periciais a serem aplicados, elaborando-a a partir do conhecimento do objeto da perícia. É essencial para a coordenação de trabalhos entre os peritos, uma vez que conseguirá avaliar a extensão e a complexidade daqueles. Isso será de extrema importância, pois um planejamento bem elaborado tem vários fatores positivos, como: elaborar um cronograma de execução a fim de se cumprirem os trabalhos no prazo previsto, avaliar com precisão os custos da perícia, verificar a necessidade de equipe técnica etc.[1]

A NBC TP 01 (R1) – Perícia Contábil apresenta os objetivos do planejamento da perícia, sendo conhecer o objeto e a finalidade da perícia para permitir a escolha de diretrizes e procedimentos a serem adotados para a elaboração do trabalho pericial; estabelecer como ocorrerá a divisão das tarefas entre os membros da equipe de trabalho, sempre que o perito necessitar de auxiliares; e auxiliar o auditor a identificar e resolver tempestivamente problemas potenciais. O planejamento do trabalho somente pode ser feito pelo perito

---

[1] ALMEIDA, E. *Apostila de perícia contábil para o exame de suficiência do CFC*. São Paulo: Apostila Estratégia Concursos, 2016.

contador, ainda que a perícia possa ser realizada de forma conjunta como o perito contador assistente.

Figura 7.1 – Considerações no planejamento da perícia

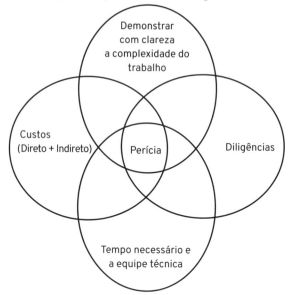

Fonte: SINDCONT SP.

De acordo com NBC TP 01 (R1) – Perícia Contábil, o planejamento deve ser elaborado com base nos quesitos e/ou no objeto da perícia para:

- Conhecer o objeto da perícia, a fim de permitir a adoção de procedimentos que conduzam à revelação da verdade, a qual subsidiará o juízo, o árbitro ou o interessado a tomar a decisão a respeito da lide.
- Definir a natureza, a oportunidade e a extensão dos exames a serem realizados, em consonância com o objeto da perícia, os termos constantes da nomeação, dos quesitos ou da proposta de honorários oferecida pelo Perito.
- Estabelecer condições para que o trabalho seja cumprido no prazo estabelecido.
- Identificar a legislação aplicável ao objeto da perícia.
- Identificar fatos que possam vir a ser importantes para a solução da demanda de forma que não passem despercebidos ou não recebam a atenção necessária.

A Norma Brasileira de Contabilidade (NBC) TP 01 (R1) dispõe sobre o planejamento da perícia contábil judicial, extrajudicial e arbitral. Deve ser realizado pelo perito do juízo ainda que o expediente venha a ser realizado de forma conjunta com o perito assistente técnico. Constitui objetivo do planejamento da perícia identificar fatos que possam vir a ser importantes para a solução da demanda de forma que não passem despercebidos ou não recebam a atenção necessária.

O planejamento deve ser revisado e atualizado sempre que fatos novos surjam no decorrer da perícia.

No item 06 da NBC TP 01 (R1), também está presente a definição de planejamento:

> 6. O planejamento da perícia é a etapa do trabalho pericial, na qual o perito estabelece as diretrizes e a metodologia a serem aplicadas.

De acordo com a NBC TP 01 (R1) – Perícia Contábil, o planejamento da perícia é a etapa do trabalho pericial que antecede diligências, pesquisas, cálculos e respostas aos quesitos, na qual o perito do juízo estabelece a metodologia dos procedimentos periciais a serem aplicados, elaborando-os a partir do conhecimento do objeto da perícia. Possibilita definir a natureza, a oportunidade e a extensão dos procedimentos a serem aplicados, em consonância com o objeto da perícia; e estabelecer como ocorrerá a divisão das tarefas entre os membros da equipe de trabalho, sempre que o perito necessitar de auxiliares.

Desenvolvimento

Elaborado o plano de trabalho pericial, o perito pode convidar os assistentes técnicos para uma reunião de trabalho, presencial ou por meio eletrônico, para dar conhecimento do planejamento da execução do trabalho pericial.

Ao identificar, na etapa de elaboração do planejamento, as diligências necessárias desde que não haja preclusão de prova documental, é necessário considerar a legislação aplicável, documentos, registros, livros contábeis, fiscais e societários, laudos e pareceres já realizados e outras informações pertinentes para determinar a natureza do trabalho a ser executado.

O planejamento deve ser realizado pelo perito nomeado ainda que o trabalho venha a ser realizado de forma conjunta.

O planejamento da perícia deve ser mantido por qualquer meio de registro que facilite o entendimento dos procedimentos a serem aplicados e sirva de orientação adequada à execução do trabalho.

O planejamento deve ser revisado e atualizado sempre que fatos novos surjam no decorrer da perícia.

Equipe técnica

Quando a perícia exigir o trabalho de terceiros (equipe de apoio, trabalho de especialistas ou profissionais de outras áreas de conhecimento), o planejamento deve prever a orientação e a supervisão do perito nomeado, que responde pelos trabalhos por eles executados.

A equipe técnica incumbida de realizar trabalho de perícia contábil pode empregar o trabalho de terceiros, que devem ser supervisionados e orientados pelo perito contador, que se responsabiliza pela parcela do trabalho que produzirem. Quando a perícia exigir a necessidade de utilização de trabalho de terceiros (equipe de apoio, trabalho de especialistas ou profissionais de outras áreas de conhecimento), o planejamento deve prever a orientação e a supervisão do perito, que responderá pelos trabalhos executados, exclusivamente, por sua equipe de apoio.

Servirão como base para obtenção das informações necessárias à elaboração do planejamento da perícia os documentos dos autos. Portanto, é imprescindível que antes de formular o orçamento inicial de honorários o perito tome conhecimento do conteúdo da causa para que tenha ideia da extensão do trabalho exigido.

Os elementos de uma perícia contábil de acordo com a NBC TP 01 (R1) – Perícia Contábil, com os respectivos procedimentos são:

- Síntese do objeto da perícia e resumo dos autos – relato ou transcrição sucinta, de forma que se converta numa leitura compreensiva dos fatos relatados sobre as questões básicas que resultaram na nomeação ou na contratação do perito.
- Forma circunstanciada – redação pormenorizada, minuciosa, efetuada com cautela e detalhamento em relação aos procedimentos e aos resultados do laudo e do parecer.

O perito do juízo deve levar em consideração que o planejamento da perícia, quando for o caso, inicia-se antes da elaboração da proposta de honorários, considerando-se que, para apresentá-la ao juízo ou aos contratantes, há necessidade de se especificarem as etapas do trabalho a serem realizadas. Isso implica que o perito deve ter conhecimento prévio de todas elas, salvo aquelas que somente serão identificadas na execução da perícia.

Dessa forma, o planejamento se caracteriza como serviços não remunerados. Portanto, ao elaborar os honorários e fixar o custo-hora, deve o perito atentar-se para o fato de que parte do tempo de suas perícias (pagas) será destinada a atender ao planejamento inicial dos trabalhos.

O contador na função de perito do juízo constatou a necessidade de proceder diligência para obter dados ausentes dos autos para cumprimento do seu encargo. Neste caso, de acordo com a NBC PP 01 (R1) – Perito Contábil, o procedimento adequado será o de dirigir termo de diligência diretamente à parte envolvida, comunicando previamente às partes para ciência de seus assistentes.

Na elaboração do planejamento da perícia, o perito deverá pesquisar:

Quadro 7.1 – Considerações no planejamento da perícia

Considerações no planejamento da perícia
Objeto e prazo da perícia
O conhecimento detalhado dos fatos
As diligências a serem realizadas
Os livros e documentos a serem compulsados
A natureza, a oportunidade e a extensão dos procedimentos
A especialização da equipe de trabalho
Os quesitos
O tempo necessário para elaboração do trabalho

Fonte: Normas de Perícia – NBC TP 01 (R1).

Quando necessário, planejamento da perícia deve ser mantido por qualquer meio de registro que facilite o entendimento dos procedimentos a serem adotados e sirva de orientação adequada à execução do trabalho. Deve ser realizado pelo perito do juízo, ainda que o trabalho venha a ser realizado de forma conjunta com o perito assistente técnico. Em caso de ser identificada a necessidade de realização de diligências, na etapa de elaboração do planejamento, devem ser considerados, se não declarada a preclusão de prova documental, a legislação aplicável, documentos, registros, livros contábeis, fiscais e societários, laudos e pareceres já realizados e outras informações que forem identificadas como pertinentes para determinar a natureza do trabalho a ser executado.

7.2 Conhecimento da empresa

O perito deve adquirir ou restabelecer conhecimentos sobre a empresa para que possa planejar e efetuar seu exame.

7.2.1 Financeiro

- Comportamento do fluxo de caixa.
- Apuração da suficiência de recursos gerados pelas operações da empresa para sustentá-la financeiramente.
- Principais credores bancários, encargos financeiros e formas de pagamento.
- Possíveis problemas de liquidez.
- Verificação da pontualidade do pagamento aos fornecedores.
- Principais fornecedores e suas condições financeiras.
- Averiguação de contas de clientes em atraso.
- Principais clientes e suas condições financeiras.

7.2.2 Contábil

- Princípios adotados na elaboração das demonstrações contábeis.
- Uniformidade, de um exercício social para outro, na aplicação desses princípios.
- Exame da regularidade do preparo das análises das contas ao longo do ano.
- Verificação da existência de providências para corrigir as irregularidades ou os erros identificados nas análises das contas.

7.2.3 Vendas

- Situação da empresa no mercado em comparação com os concorrentes.
- Política de propaganda.
- Causas das devoluções de vendas.
- Política de garantia dos produtos.

7.2.4 Orçamentário

- Situação atual do orçamento em comparação com o incorrido.
- Explicações para as variações significativas entre o orçado e o real.
- Projeções até o fim de exercício social.

7.2.5 Pessoal

- Política de admissões.
- Política de treinamento.
- Política de avaliação.

- Política de aumentos salariais.
- Estrutura organizacional da empresa.
- Saída de funcionários importantes.

7.2.6 Fiscal e legal

- Situação atual de processos envolvendo o nome da empresa.
- Livros fiscais e legais e sua escrituração.
- Resultado das investigações realizadas pelas autoridades fiscais.
- Mudanças no contrato social ou estatuto.

7.2.7 Operações

- Principais aquisições de bens do ativo imobilizado.
- Principais baixas de bens do ativo imobilizado.
- Máquinas paradas, obsoletas etc.
- Estoques obsoletos ou de lento movimento.
- Novos produtos.
- Planejamento do inventário físico anual.

7.3 Objetivos

Os objetivos do planejamento da perícia judicial são:

- conhecer o objeto e a finalidade da perícia judicial, a fim de permitir a adoção de procedimentos que conduzam à revelação da verdade, a qual subsidiará o juízo, o árbitro ou o interessado a tomar a decisão a respeito da lide;
- definir a natureza, a oportunidade e a extensão dos procedimentos a serem aplicados, em consonância com o objeto da perícia judicial;
- estabelecer condições para que o trabalho seja cumprido no prazo estabelecido;
- identificar potenciais problemas e riscos que possam vir a ocorrer no andamento da perícia judicial;
- reconhecer fatos importantes para a solução da demanda, de forma que não passem despercebidos ou não recebam a atenção necessária;
- detectar a legislação aplicável ao objeto da perícia;
- estabelecer como ocorrerá a divisão das tarefas entre os membros da equipe de trabalho, sempre que o perito necessitar de auxiliares;
- facilitar a execução e a revisão dos trabalhos.

O planejamento é algo inicial e abrangente, enquanto o programa de trabalho está ligado às respostas dos quesitos. Nessa fase, por exemplo, o perito do juízo colocará o tempo de deslocamento, a necessidade de equipe técnica, o prazo para a entrega do laudo pericial contábil, o programa de trabalho etc. O programa de trabalho faz parte do planejamento, é um capítulo do planejamento da perícia judicial. No programa de trabalho, o perito do juízo colocará os procedimentos contábeis, análises de livros, vistorias, cálculos e arbitramentos etc.[2]

Desta forma, o planejamento da perícia facilita a execução e a revisão dos trabalhos; define a natureza, a oportunidade e a extensão dos procedimentos a serem aplicados, em consonância com o objeto da perícia; oportuniza conhecer o objeto e a finalidade da perícia, a fim de permitir a adoção de procedimentos que conduzam à revelação da verdade, a qual subsidiará o juízo, o árbitro ou o interessado a tomar a decisão a respeito da lide; e estabelece como ocorrerá a divisão das tarefas entre os membros da equipe de trabalho, sempre que o perito necessitar de auxiliares.

Quadro 7.2 – Execução da perícia

Execução da Perícia	Objeto
Perito Judicial deve ater-se a:	Lapso temporal

Fonte: elaborado pelo autor.

7.4 Proposta de honorários

A perícia contábil constitui o conjunto de procedimentos técnicos e científicos destinados a levar à instância decisória elementos de prova necessários a subsidiar a justa solução do litígio, mediante laudo pericial contábil e/ou parecer pericial contábil, em conformidade com as normas jurídicas e profissionais e com a legislação específica, no que for pertinente. O perito, na fase de elaboração do planejamento, com vistas a elaborar a proposta de honorários, deve avaliar, por exemplo, riscos decorrentes de responsabilidade civil.

O perito do juízo, na fase do planejamento, com vistas a elaborar a proposta de honorários, deve:

• avaliar os riscos decorrentes das suas responsabilidades e todas as despesas e os custos inerentes;

---

[2] ALMEIDA, 2016.

- ressaltar que, na hipótese de apresentação de quesitos suplementares, poderá estabelecer honorários complementares.

O perito do juízo apresenta a sua proposta de honorários ao juiz, sempre fundamentada, por escrito e sob a forma de petição. O perito assistente técnico, por ser contratado pela parte, negocia diretamente com o seu cliente o valor do serviço pericial. Na elaboração da proposta de honorários, o perito deve considerar os seguintes fatores: a relevância, o vulto, o risco, a complexidade, a quantidade de horas, o pessoal técnico, o prazo estabelecido e a forma de recebimento, entre outros fatores. Deve elaborar a proposta de honorários estimando, quando possível, o número de horas para a realização do trabalho, por etapa e por qualificação dos profissionais, considerando os trabalhos a seguir especificados:

- retirada e entrega do processo ou procedimento arbitral;
- leitura e interpretação do processo;
- elaboração de termos de diligências para arrecadação de provas e comunicações às partes, aos terceiros e aos peritos-assistentes;
- realização de diligências;
- pesquisa documental e exame de livros contábeis, fiscais e societários;
- elaboração de planilhas de cálculo, quadros, gráficos, simulações e análises de resultados;
- elaboração do laudo;
- reuniões com peritos-assistentes, quando for o caso;
- revisão final;
- despesas com viagens, hospedagens, transporte, alimentação etc.;
- outros trabalhos com despesas supervenientes.

À luz do parágrafo 2º do art. 465 do Código de Processo Civil – Lei n. 13.105/2015 e do item 34 da NBC PP 01 – Perito Contábil, as etapas que deverão ser atendidas pelo Perito do Juízo para cumprir a intimação:

- O perito deve apresentar a proposta de honorários instruída com o currículo que comprove a especialização do perito contador e contatos profissionais, em especial o endereço eletrônico, para onde serão dirigidas as intimações pessoais.
- O perito deve elaborar a proposta de honorários estimando, quando possível, o número de horas para a realização do trabalho, por etapa e por qualificação dos profissionais.

- O perito do juízo deverá efetuar o planejamento prévio, observando e prevendo várias etapas, por exemplo: leitura e interpretação do processo; elaboração de termos de diligências para arrecadação de provas e comunicações às partes, terceiros e peritos assistentes; pesquisa documental e exame de livros contábeis, fiscais e societários; elaboração de planilhas de cálculo, quadros, gráficos, simulações e análises de resultados.

O perito do juízo deve ressaltar, em sua proposta de honorários, que esta não contempla os honorários relativos a quesitos suplementares e se estes forem formulados pelo juiz e/ou pelas partes, pode haver incidência de honorários complementares a serem requeridos, observando os mesmos critérios adotados para elaboração da proposta inicial. Pode requerer a liberação parcial dos honorários quando julgar necessário para o custeio de despesas durante a realização dos trabalhos.

7.5 Cronograma dos trabalhos

No cronograma de trabalho, devem ficar evidenciados, quando aplicáveis, todos os itens necessários à execução da perícia judicial, como: diligências a serem realizadas, deslocamentos, necessidade de trabalho de terceiros, pesquisas que serão feitas, elaboração de cálculos e planilhas, respostas aos quesitos, prazo para apresentação do laudo pericial contábil e/ou oferecimento do parecer pericial contábil, de forma a assegurar que todas as etapas necessárias à realização da perícia judicial sejam cumpridas.

> Cronograma – NBC TP 01 (R1)
> O perito nomeado deve considerar que o planejamento tem início antes da elaboração da proposta de honorários, para apresentá-la à autoridade competente ou ao contratante, há necessidade de se especificarem as etapas do trabalho a serem realizadas salvo as que possam surgir quando da execução do trabalho pericial.
> O plano de trabalho deve evidenciar todas as etapas necessárias à execução da perícia, como: diligências, deslocamentos, trabalho de terceiros, pesquisas, cálculos, planilhas, respostas aos quesitos, reuniões com os assistentes técnicos, prazo para apresentação do laudo pericial contábil ou oferecimento do parecer pericial contábil.

De acordo com a NBC TP 01 (R1) – Perícia Contábil, o termo de diligência é o instrumento por meio do qual o perito solicita documentos, coisas, dados e informações necessárias à elaboração do laudo pericial contábil e do parecer pericial contábil. Por ocasião das diligências a serem executadas no trabalho pericial, o perito do juízo e o perito assistente técnico devem relacionar os livros, os documentos e os dados de que necessitem, solicitando-os, por escrito, em termo de diligência.

O perito do juízo deve levar em consideração que o planejamento da perícia, quando for o caso, inicia-se antes da elaboração da proposta de honorários, considerando-se que, para apresentá-la ao juízo ou aos contratantes, há necessidade de se especificarem as etapas do trabalho a serem realizadas. Isso implica que o perito deve ter conhecimento prévio de todas as etapas, salvo aquelas que somente serão identificadas na execução da perícia judicial.

Quando a perícia judicial exigir a necessidade de utilização de trabalho de terceiros (equipe de apoio, trabalho de especialistas ou profissionais de outras áreas de conhecimento), o planejamento deve prever a orientação e a supervisão do perito do juízo, que responderá pelos trabalhos executados, exclusivamente, por sua equipe de apoio. Na utilização de perícias interdisciplinares ou de trabalho de especialistas, estes devem estar devidamente registrados em seus conselhos profissionais, quando aplicáveis, devendo o planejamento contemplar tal necessidade.

Entretanto, mesmo que a perícia judicial seja executada somente por uma pessoa, esta deve fazer o planejamento, visando otimizar seu tempo e buscar adequadamente as formas de trabalho mais indicadas para que a perícia seja executada no prazo determinado pelo juiz ou pelo cliente/contratante.

Exemplo: em perícia judicial, o juiz determina o levantamento de balanço patrimonial de uma das partes envolvidas (pessoa jurídica), em data de 31 de dezembro de 2016. O perito indicado deverá organizar, no mínimo, o planejamento a seguir.

- Solicitar à parte envolvida os livros Diário e Razão de 2015, bem como a documentação contábil relacionada.
- Estimar, com base no porte da pessoa jurídica e suas atividades, o número de horas necessárias aos procedimentos de levantamento do balanço, para que o cumprimento do prazo fixado pelo juiz seja executado a contento.
- Verificar, nos autos, a causa que deu origem ao pedido do juiz, para conhecer os detalhes.
- Apurar se as atividades da pessoa jurídica envolvem alguma especialidade técnica no ramo contábil (por exemplo, se a parte for uma cooperativa). Nesse caso, o perito deve ter os conhecimentos pertinentes à legislação específica da matéria.

- Verificar no próprio local da perícia (contabilidade da empresa) se esta possui estrutura adequada para atendimento e execução dos procedimentos, disponibilidade de acesso aos arquivos etc.

Os documentos dos autos servem como suporte para obtenção das informações necessárias à elaboração do planejamento da perícia. Em caso de ser identificada a necessidade de realização de diligências, na etapa de elaboração do planejamento, devem ser considerados, se não declarada a preclusão de prova documental, a legislação aplicável, documentos, registros, livros contábeis, fiscais e societários, laudos e pareceres já realizados e outras informações que forem identificadas como pertinentes para determinar a natureza do trabalho a ser executado.

Quando necessário, o planejamento da perícia deve ser realizado pelo perito do juízo ainda que o trabalho venha a ser executado de forma conjunta. Deve ser mantido por qualquer meio de registro que facilite o entendimento dos procedimentos a serem aplicados e sirva de orientação adequada à execução do trabalho.

Para cumprir o prazo determinado ou contratado para realização dos trabalhos de perícia, o perito do juízo e o perito assistente devem considerar em seus planejamentos, quando aplicáveis, entre outros:

- o conteúdo da proposta de honorários apresentada e aceita pelo juízo, pelo árbitro ou pelas partes no caso de perícia extrajudicial ou pelo perito assistente;
- o prazo suficiente para solicitar e receber os documentos, bem como para a execução e a entrega do trabalho;
- a programação de viagens, quando necessárias.

A conclusão do planejamento da perícia judicial ocorrerá quando o perito do juízo completar as análises preliminares, dando origem, quando for o caso, à proposta de honorários (nos casos em que o juízo ou o árbitro não tenha fixado, previamente, honorários definitivos), aos termos de diligências que serão efetuadas e aos programas de trabalho.

O planejamento deve ser revisado e atualizado sempre que fatos novos surgirem no decorrer da perícia.

Figura 7.2 – Metodologia de trabalho

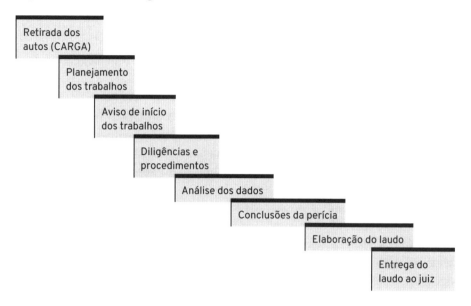

Fonte: ALMEIDA, 2016.

De acordo com a NBC TP 01 (R1) – Perícia Contábil, o planejamento deve ser elaborado com base nos quesitos e/ou no objeto da perícia.

- Conhecer o objeto da perícia, a fim de permitir a adoção de procedimentos que conduzam à revelação da verdade, a qual subsidiará o juízo, o árbitro ou o interessado a tomar a decisão a respeito da lide.
- Definir a natureza, a oportunidade e a extensão dos exames a serem realizados, em consonância com o objeto da perícia, os termos constantes da nomeação, dos quesitos ou da proposta de honorários oferecida pelo perito do juízo.
- Estabelecer condições para que o trabalho seja cumprido no prazo estabelecido.
- Identificar a legislação aplicável ao objeto da perícia.
- Identificar fatos que possam vir a ser importantes para a solução da demanda de forma que não passem despercebidos ou não recebam a atenção necessária.

7.6 Honorários periciais

Na elaboração da proposta de honorários, o perito do juízo deverá considerar os seguintes fatores: a relevância, o vulto, o risco, a complexidade, a quantidade de horas, o pessoal técnico, o prazo estabelecido, a forma de recebimento e os laudos interprofissionais, entre outros fatores.

A **relevância** é entendida como a importância da perícia no contexto social e sua essencialidade para dirimir as dúvidas de caráter técnico-contábil, suscitadas em demanda judicial ou extrajudicial.

O **vulto** está relacionado ao valor da causa no que se refere ao objeto da perícia, à dimensão determinada pelo volume de trabalho e à abrangência pelas áreas de conhecimento técnico envolvidas.

O **risco** compreende a possibilidade de os honorários periciais não serem integralmente recebidos, o tempo necessário ao recebimento, bem como a antecipação das despesas necessárias à execução do trabalho. Igualmente, devem ser levadas em consideração as implicações cíveis, penais, profissionais e outras de caráter específico a que poderá estar sujeito o perito contador.

A **complexidade** está relacionada à dificuldade técnica para a realização do trabalho pericial em decorrência do grau de especialização exigido, à dificuldade em obter os elementos necessários para a fundamentação do laudo pericial contábil e ao tempo transcorrido entre o fato a ser periciado e a realização da perícia judicial. Deve ser considerado também o ineditismo da matéria periciada.

As **horas** estimadas para cada fase do trabalho são o tempo despendido para a realização da perícia judicial, mensurado em horas trabalhadas pelo perito do juízo, quando aplicável.

O **pessoal técnico** é formado pelos auxiliares que integram a equipe de trabalho do perito do juízo, estando sob sua orientação direta e inteira responsabilidade.

O **prazo** determinado nas perícias judiciais ou contratado nas extrajudiciais deve ser levado em conta nas propostas de honorários, considerando-se eventual exiguidade do tempo que requeira dedicação exclusiva do perito do juízo e da sua equipe para a consecução do trabalho.

O **prazo médio** habitual de liquidação compreende o tempo necessário para recebimento dos honorários.

A **forma de reajuste** deve considerar o parcelamento dos honorários, se houver.

Os **laudos interprofissionais** e outros inerentes ao trabalho são peças técnicas executadas por perito qualificado e habilitado na forma definida no Código de Processo Civil e de acordo com o Conselho Profissional ao qual estiver vinculado.

Figura 7.3 – Elaboração de proposta de honorários

Fonte: CARDOZO, 2016.

7.7 Elaboração de proposta de honorários

O perito do juízo deve elaborar a proposta de honorários estimando, quando possível, o número de horas para a realização do trabalho, por etapa e por qualificação dos profissionais (auxiliares, assistentes, seniores etc.), considerando os trabalhos a seguir especificados:

- retirada e entrega dos autos;
- leitura e interpretação do processo;
- preparação de termos de diligências para arrecadação de provas e comunicação às partes, terceiros e peritos contadores assistentes;
- realização de diligências;
- pesquisa documental e exame de livros contábeis, fiscais e societários;
- realização de planilhas de cálculos, quadros, gráficos, simulações e análises de resultados;
- laudos interprofissionais;
- elaboração do laudo;
- reuniões com peritos contadores assistentes, quando for o caso;
- revisão final;
- despesas com viagens, hospedagens, transporte, alimentação etc.;
- outros trabalhos com despesas supervenientes.

O perito do juízo considerará, na proposta de honorários:

- a relevância e o valor da causa;
- os prazos para execução da perícia;
- o local da coleta de provas e realização da perícia.

O perito do juízo deve, em sua proposta de honorários, ressaltar que esta não contempla os honorários relativos a quesitos suplementares. Se estes forem formulados pelo juiz e/ou pelas partes, poderá haver incidência de honorários suplementares a serem requeridos, observando os mesmos critérios adotados para elaboração da proposta anterior.

O oferecimento de respostas aos quesitos de esclarecimentos formulados pelo juiz e/ou pelas partes não ensejará novos honorários periciais, uma vez que se referem à obtenção de detalhes do trabalho realizado e não de novo trabalho. Cabe analisar com zelo os quesitos de esclarecimentos, uma vez que as partes podem formulá-los com essa denominação, mas ser quesitos suplementares, situação em que o trabalho deve ser remunerado. Para tanto, o perito do juízo poderá requerer honorários suplementares, justificando o pleito, pela caracterização de quesito suplementar.

O perito do juízo apresentará sua proposta de honorários fundamentada ao juízo ou contratante, podendo conter o orçamento ou este constituir-se em um documento anexo. O perito assistente explicitará a sua proposta no contrato que, obrigatoriamente, celebrará com o seu cliente, observando as normas estabelecidas pelo Conselho Federal de Contabilidade. Deverá estabelecer, mediante Contrato Particular de Prestação de Serviços Profissionais de Perícia Contábil, o objeto, as obrigações das partes e os honorários profissionais, podendo, para tanto, utilizar-se dos parâmetros estabelecidos na NBC PP 01 – Perito Contábil, com relação aos honorários do perito do juízo.

Cada parte pagará a remuneração do perito assistente técnico que houver indicado; a do perito será paga pela parte que houver requerido o exame, ou pelo autor, quando requerido por ambas as partes ou determinado por ofício pelo juiz.

7.8 Elaboração do planejamento da perícia contábil

Uma das dificuldades da maioria dos peritos é calcular adequadamente seus honorários de forma justa e coerente. A prática é que possibilitará ao profissional a aproximação de tal cálculo à realidade, tendo em vista as várias atividades envolvidas numa perícia, como:

- planejamento inicial dos trabalhos;
- retirada e entrega dos autos;
- leitura e interpretação do processo;
- abertura de papéis de trabalho;
- elaboração de petições e/ou correspondências para solicitar informações e documentos;

- realização de diligências e exame de documentos;
- pesquisa e exame de livros e de documentos técnicos;
- realização de cálculos, simulações e análises de resultados;
- laudos interprofissionais;
- preparação de anexos e montagem do laudo;
- reuniões com peritos assistentes, quando for o caso;
- reuniões com as partes e/ou com terceiros, quando for o caso;
- redação do laudo;
- revisão final.

Segundo a NBC TP 01 (R1), entende-se por papéis de trabalho a documentação preparada pelo perito para a execução da perícia. Eles integram um processo organizado de registro de provas, por intermédio de termos de diligência, informações em papel, meios eletrônicos, plantas, desenhos, fotografias, correspondências, depoimentos, notificações, declarações, comunicações ou outros quaisquer meios de prova fornecidos e peças que assegurem o objetivo da execução pericial.

7.8.1 Plano de trabalho e honorários – NBC PP 01 (R1)

Na elaboração do plano de trabalho e respectiva proposta de honorários, o perito deve considerar, entre outros fatores: a relevância, o vulto, o risco, a responsabilidade, a complexidade operacional, o pessoal técnico, o prazo estabelecido e a forma de recebimento.

Elaboração de proposta

O perito deve elaborar a proposta de honorários, quando possível, descrevendo o plano de trabalho de forma a atender ao objeto da perícia, considerando as várias etapas do trabalho pericial até o término da instrução ou homologação do laudo.

O perito pode ressalvar que as despesas com viagens, hospedagens, transporte, alimentação e outras despesas não estão inclusas na proposta de honorários e devem ser objeto de ressarcimento.

O assistente técnico deve, obrigatoriamente, celebrar contrato de prestação de serviços com o seu cliente, observando as normas estabelecidas pelo Conselho Federal de Contabilidade.

Elaborando o planejamento dos trabalhos, o contador estimou as seguintes horas conforme mostra a Tabela 7.1.

Tabela 7.1 – Planejamento dos trabalhos

Atividades	Horas estimadas
Análise dos autos	6
Confecção das comunicações às partes e demais atos processuais	5
Exames, diligências e outros procedimentos não especificados	40
Reunião com outros peritos assistentes	6
Elaboração do laudo pericial contábil	10
Total estimado	**67**

Fonte: elaborada pelo autor.

O perito deve, então, dividir o seu custo profissional mensal pelas horas de atividades disponíveis no mês (deduzido de uma margem para treinamento e procedimentos administrativos estimados em torno de 25%), para calcular o custo da hora.

Se o seu custo mensal corresponder a:

- R$ 15.000,00, relativos aos seus próprios custos pessoais de manutenção (alimentação, vestuário, moradia, lazer, saúde, educação, dependentes);
- R$ 3.181,82, relativos aos custos dos materiais de trabalho (assinatura de periódicos, gastos com treinamento, internet, material de expediente, deslocamento, informática);
- o custo total mensal de sua atividade será de R$ 18.181,82.

Considerando uma estimativa de atividades de 8 horas por dia útil (de segunda a sexta-feira), e uma média de 20 dias úteis por mês, o total de horas disponíveis para atividades será de:

20 dias úteis × 8 horas = 160 horas/mês

Entretanto, parte de tais horas será consumida com procedimentos administrativos e treinamento, além de tempo de planejamento inicial da perícia, não remuneráveis.

Supondo um percentual de horas não remuneradas de 25%, o número de horas efetivamente remuneráveis será de 160 × (1 − 25%) = 120 horas/mês.

O seu custo/hora será:

R$ 18.181,82 (custo total da atividade) dividido por 120 horas/mês = R$ 151,52 por hora

Este é o custo/hora, mas não significa que o perito deva cobrar esse valor. Recomenda-se que, na fixação de preço por hora de atividade, leve em conta os seguintes acréscimos:

- Férias anuais: 12% sobre o valor/hora.
- Margem de risco para atividade (horas ociosas e excesso de horas aplicadas sobre a estimativa): 20% sobre o valor/hora.

Dessa forma, o preço/hora do perito, neste exemplo, seria fixado em R$ 151,52 + 12% + 20% = R$ 200,00/hora.

Logo, seus honorários se estabeleceriam da seguinte forma:

Total de horas estimadas a serem aplicadas: 67 horas;
Preço/hora: R$ 200,00;
Total dos honorários: 67 horas × R$ 200,00 = R$ 13.400,00.

Observe-se que, se a execução dos trabalhos de perícia envolver viagens, deverá ser estimado o custo de tais deslocamentos, incluindo alimentação, hospedagem, passagens e outros gastos relacionados.

Nos casos em que houver necessidade de desembolso para despesas supervenientes, tais como viagens e estadas para a realização de outras diligências, o perito requererá ao juízo o pagamento das despesas, apresentando o respectivo orçamento, desde que não estejam contempladas na proposta inicial de honorários.

Entretanto, alguns sindicatos de contadores mantêm tabelas com base de honorários mínimos. O perito deverá respeitar tais tabelas, de forma a preservar a ética profissional de honorários em relação ao custo/hora mínimo. Entretanto, pode cobrar honorários superiores, já que o custo/hora efetivo de sua atividade, por questões específicas (como necessidade de especialização e treinamento contínuo), pode ser maior do que o indicado em tais tabelas.

Se o perito judicial não for intimado sobre a decisão que definir o devedor da obrigação de pagar os seus honorários, o termo inicial do prazo prescricional para cobrança desses honorários será o dia em que for provida a execução do título formado a favor do profissional.

No caso concreto, esse foi o momento em que se revelou a ciência inequívoca sobre a descida que fixou o valor dos honorários e definiu o responsável pelo pagamento.

7.9 Levantamento dos honorários periciais

O levantamento de honorários é o pagamento dos honorários do perito do juízo. Depois que o juiz aceita a proposta de honorários indicada pelo perito do juízo, ele determina que a parte deposite o valor correspondente em juízo. Então, concomitantemente à entrega do laudo pericial contábil, o perito do juízo deve solicitar o pagamento dos honorários. Assim, ele pode receber o pagamento pelos seus honorários antes mesmo do término da ação, que pode prolongar-se por anos. Quando a perícia judicial implicar dispêndios de locomoção a outras localidades para sua realização, ou depender de contratação de auxiliares, pode peticionar ao juiz requerendo o levantamento parcial dos honorários previamente depositados para custear a perícia. Nesse caso, deve elaborar uma petição nesse sentido, justificando sua solicitação.

> Levantamento dos honorários – NBC PP 01 (R1)
> O perito nomeado pode requerer a liberação de até 50% dos honorários depositados, quando julgar necessário para o custeio antes do início dos trabalhos, sendo defeso o perito receber honorários diretamente dos litigantes ou de seus procuradores ou prepostos, salvo disposição em contrário determinada pela autoridade competente.

Também requererá o levantamento dos honorários periciais, previamente depositados, na mesma petição em que requerer a juntada do laudo pericial aos autos.

Os honorários periciais fixados ou arbitrados que forem aprovados por decisão judicial e não quitados podem ser executados, judicialmente, pelo perito do juízo, em conformidade com os dispositivos do Código de Processo Civil (CPC – Lei n. 13.105/2015). Também pode ocorrer de o perito do juízo receber parcela adiantada dos honorários (antes da entrega do laudo pericial). No entanto, esse adiantamento é ato discricionário do juiz e está limitado a 50% do valor total da remuneração arbitrada. Os honorários da perícia também podem ser reduzidos caso o laudo seja inconclusivo ou deficiente.

> Código de Processo Civil
> Art. 465. O juiz nomeará perito especializado no objeto da perícia e fixará de imediato o prazo para a entrega do laudo.
> [...]
> § 4º O juiz poderá autorizar o pagamento de até cinquenta por cento dos honorários arbitrados a favor do perito no início dos trabalhos, devendo o remanescente ser pago apenas ao final, depois de entregue o laudo e prestados todos os esclarecimentos necessários.

§ 5º Quando a perícia for inconclusiva ou deficiente, o juiz poderá reduzir a remuneração inicialmente arbitrada para o trabalho.

As disposições que tratam do ônus relativo ao pagamento dos honorários periciais estão previstas no art. 95. A regra geral é a de que os honorários deverão ser pagos por aquele que requereu a modalidade probatória, cabendo rateio nos casos de exigência *ex officio* ou requerida por ambas as partes. Se as partes concordarem, o juiz deverá determinar que uma parcela dos honorários seja depositada de imediato. O pagamento do restante será efetuado quando, encerrada a perícia, o perito entregar o laudo e prestar os esclarecimentos necessários (art. 465, § 4º). Frise-se que esse mesmo procedimento deve ocorrer quando as partes não se manifestarem no prazo indicado, hipótese em que ocorrerá aceitação tácita da proposta de honorários, conforme Donizetti (2017).

Caso a perícia se mostre inconclusa, deficiente ou incompleta, o juiz poderá reduzir o valor arbitrado e, consequentemente, o restante do valor que a parte deveria pagar (art. 465, § 5º). Nesse caso o que ocorre é uma reavaliação por parte do magistrado quanto ao trabalho efetivamente realizado pelo perito.[3]

Nos casos em que houver necessidade de desembolso para despesas supervenientes, tais como viagens e estadas para a realização de outras diligências, o perito requererá ao juízo ou solicitará ao contratante o pagamento das despesas, apresentando a respectiva comprovação, desde que não estejam contempladas na proposta inicial de honorários.

No entanto, quando a perícia for requerida pelo Ministério Público ou pela Fazenda Pública, o perito só receberá os honorários ao término da ação, conforme assevera o CPC:

Código de Processo Civil

Art. 91. As despesas dos atos processuais praticados a requerimento da Fazenda Pública, do Ministério Público ou da Defensoria Pública serão pagas ao final pelo vencido.

§ 1º As perícias requeridas pela Fazenda Pública, pelo Ministério Público ou pela Defensoria Pública poderão ser realizadas por entidade pública ou, havendo previsão orçamentária, ter os valores adiantados por aquele que requerer a prova.

§ 2º Não havendo previsão orçamentária no exercício financeiro para adiantamento dos honorários periciais, eles serão pagos no exercício seguinte ou ao

---

[3] DONIZETTI, 2018.

final, pelo vencido, caso o processo se encerre antes do adiantamento a ser feito pelo ente público.

De acordo com o CPC (art. 82, § 1°, c/c art. 91), as despesas de atos requeridos pelo Ministério Público somente serão adiantadas pelo autor quando aquele atuar como *custos legis*. Mas e quando a prova for requerida por esse órgão na qualidade de parte? Como o Ministério Público, na qualidade de parte, de regra, ocupa o polo ativo da relação processual, não se pode cogitar empurrar o ônus para o autor e o legislador enrubesceu – em imputá-lo ao réu, nesse caso, aplica-se o art. 91 do CPC/2015: "As despesas dos atos processuais praticados a requerimento da Fazenda Pública, do Ministério Público ou da Defensoria Público serão pagas ao final pelo vencido", consoante Donizetti (2017).

7.10 Modelo de orçamento de honorários periciais

O perito do juízo deve apresentar sua proposta de honorários, devidamente fundamentada, ao juízo ou contratante, podendo conter o orçamento ou este constituir-se em um documento anexo.

Considerando que a perícia envolverá uma viagem cujo custo é de R$ 400,00 e envolverá despesas de alimentação e hospedagem de R$ 900,00, teremos o seguinte modelo de orçamento:

Tabela 7.2 – Demonstrativo de honorários periciais

Honorários periciais			
Custo da perícia	**Horas**		**Total**
1. Especificação do trabalho	**Previstas**	**R$/Hora**	**(R$)**
Retirada e entrega dos autos	1	200,00	200,00
Leitura e interpretação do processo	2	200,00	400,00
Planejamento dos trabalhos periciais	2	200,00	400,00
Abertura de papéis de trabalho	2	200,00	400,00
Elaboração de petições e/ou de correspondências para solicitar informações e documentos	2	200,00	400,00
Realização de diligências e exame de documentos	16	200,00	3.200,00
Pesquisa e exame de livros e documentos técnicos	24	200,00	4.800,00

Realização de cálculos, simulações e análises de resultados	4	200,00	800,00
Laudos interprofissionais	0	-	-
Preparação de anexos e montagem do laudo	3	200,00	600,00
Reuniões com peritos-assistentes, quando for o caso	3	200,00	600,00
Reuniões com as partes e/ou com terceiros, quando for o caso	0	200,00	-
Redação do laudo	4	200,00	800,00
Revisão final	4	200,00	800,00
TOTAL 1	**67**		**13.400,00**
2. Outras Despesas			
Bilhetes de passagem			400,00
Alimentação e hospedagem			900,00
TOTAL 2			**1.300,00**
TOTAL DOS HONORÁRIOS (1+2)			**14.700,00**

Fonte: elaborada pelo autor.

7.10.1 Modelo de petição de honorários periciais

EXCELENTÍSSIMO SENHOR DOUTOR JUIZ DE DIREITO DA 10ª VARA CÍVEL DA COMARCA DO FORO DE UBERLÂNDIA (MG)

Ref.:   Processo nº 36.2011.8.13.0702-0291839
Partes: Guimarães Castro Engenharia Ltda.
          Luiz Sandro dos Santos

SILVIO APARECIDO CREPALDI, perito designado por esse M.M. Juízo, no processo em epígrafe, vem à presença de Vossa Excelência cumprir a determinação de apresentar a **PROPOSTA DE HONORÁRIOS PERICIAIS**, conforme despacho de fls. 115.

Examinados os autos, requeiro que meus honorários do Laudo Pericial Contábil, abaixo discriminado, sejam arbitrados por Vossa Excelência em R$ 2.337,00 (dois mil e trezentos e trinta e sete reais) conforme determina o Código de Processo Civil.

Ressalta-se que a parte requerente está sob o pálio da assistência judiciária, assim, na prolação da sentença, deverá ser destacado que o Estado de Minas Gerais arcará com o pagamento dos valores, quando deverá ser expedida a Certidão de Honorários para cobrança.

Para a oferta da estimativa da verba honorária, foram levados em consideração os procedimentos técnicos a seguir enumerados:

PROPOSTA DE HONORÁRIOS PERICIAIS

Itens	Quantidade de horas estimadas	Valor/Hora R$	Totais (R$)
Visitas e ações nas Juntas/Varas/ Cartórios/Secretarias	1	311,00	311,00
Exame da matéria, legislação e índices	1	311,00	311,00
Diligências/Vistorias	1	311,00	311,00
Levantamento de dados e elementos sobre a matéria	1	311,00	311,00
Reunião com assistente técnico	1	311,00	311,00
Investigação legal e contábil	1	311,00	311,00
Elaboração e apresentação do laudo	1	311,00	311,00
Digitação/Elaboração de planilhas	1	160,00	160,00
TOTAL..R$2.337,00			

As horas profissionais estimadas nas várias fases do trabalho pericial, como demonstrado acima, que redundaram na presente proposta de honorários periciais, levaram em consideração as recomendações da Associação de Peritos Judiciais de Minas Gerais (ASPEJUDI).

Finalmente, aguardar-se-á o depósito, em conta judicial, da verba honorária orçada, para, então, se dar início aos trabalhos periciais.

É oportuno destacar que na Proposta de Honorários da Prova Pericial **não estão inclusos valores para responder a Quesitos Suplementares,** fato que ensejará nova Proposta de Honorários para remunerar a sua resposta.

Termos em que

Pede juntada e deferimento.

Uberlândia (MG), 17 de setembro de 2013.

Silvio Aparecido Crepaldi

CRC n. 29.313 MG

Perito do Juízo

7.11 Responsabilidade de pagamento dos honorários periciais

As despesas de perícia judicial fazem parte dos custos processuais, cabendo às partes prover tais despesas, antecipando-lhe o valor, que ficará consignado em juízo. Cada parte adiantará a remuneração do perito assistente técnico que houver indicado, sendo a do perito do juízo adiantada pela parte que houver requerido a perícia ou rateada quando a perícia for determinada de ofício ou requerida por ambas as partes.

De acordo com a Súmula 341 do TST, a indicação do perito assistente é faculdade da parte, a qual deve responder pelos respectivos honorários, ainda que vencedora no objeto da perícia.

O juiz poderá determinar que a parte responsável pelo pagamento dos honorários do perito do juízo deposite em juízo o valor correspondente.

Quando o pagamento da perícia for de responsabilidade de beneficiário de gratuidade da Justiça, ela poderá ser, conforme o art. 95 do CPC:

> Código de Processo Civil
>
> Art. 95. Cada parte adiantará a remuneração do assistente técnico que houver indicado, sendo a do perito adiantada pela parte que houver requerido a perícia ou rateada quando a perícia for determinada de ofício ou requerida por ambas as partes.
>
> § 1º O juiz poderá determinar que a parte responsável pelo pagamento dos honorários do perito deposite em juízo o valor correspondente.
>
> § 2º A quantia recolhida em depósito bancário à ordem do juízo será corrigida monetariamente e paga de acordo com o art. 465, § 4º.
>
> § 3º Quando o pagamento da perícia for de responsabilidade de beneficiário de gratuidade da justiça, ela poderá ser:
>
> I – custeada com recursos alocados no orçamento do ente público e realizada por servidor do Poder Judiciário ou por órgão público conveniado;
>
> II – paga com recursos alocados no orçamento da União, do Estado ou do Distrito Federal, no caso de ser realizada por particular, hipótese em que o valor será fixado conforme tabela do tribunal respectivo ou, em caso de sua omissão, do Conselho Nacional de Justiça.
>
> § 4º Na hipótese do § 3º, o juiz, após o trânsito em julgado da decisão final, oficiará a Fazenda Pública para que promova, contra quem tiver sido condenado ao pagamento das despesas processuais, a execução dos valores gastos com a perícia particular ou com a utilização de servidor público ou da estrutura de órgão público, observando-se, caso o responsável pelo pagamento das despesas seja beneficiário de gratuidade da justiça, o disposto no art. 98, § 2º.
>
> § 5º Para fins de aplicação do § 3º, é vedada a utilização de recursos do fundo de custeio da Defensoria Pública.

Com relação aos atos a serem realizados pelos auxiliares da Justiça (oficial de justiça, perito, avaliador), a parte interessada deve promover o recolhimento prévio das respectivas despesas na ocasião de cada um desses atos, sob pena de não realização da diligência. Especialmente quanto à perícia, se esta for determinada de ofício pelo juiz ou requerida por ambas as partes, o valor a ser adiantado deverá ser rateado entre elas. Em qualquer caso, ao final do processo, o vencido responderá integralmente pelo pagamento da perícia, ressarcindo, se for o caso, a parte vencedora que tiver adiantado a despesa.[4]

A regra é a de que apenas após o pagamento integral dos honorários o laudo pericial será confeccionado. Excepcionalmente o juiz poderá autorizar o pagamento de até cinquenta por cento dos honorários arbitrados a favor do perito já no início dos trabalhos, devendo o remanescente ser pago apenas ao final, depois de entregue o laudo e prestados todos os esclarecimentos necessários (art. 465, § 4º).[5]

Os §§ 3º a 5º regulamentam o pagamento de honorários periciais na hipótese de demanda envolvendo beneficiário de gratuidade judiciária. Em síntese, os honorários periciais não devem ser adiantados pelo beneficiário da assistência judiciária, nem tampouco suportados pela parte que não requereu a prova pericial. Esse já era, inclusive, o entendimento na súmula 97 do Supremo Tribunal de Justiça. A novidade trazida pelo CPC/2015 é a possibilidade de a perícia requerida por beneficiário da Justiça gratuita ser realizada por órgão público conveniado ou servidor do Poder Judiciário (contador e psicólogo, por exemplo) ou custeada com recursos alocados no orçamento da União, do Estado ou do distrito federal.[6]

A percepção de honorários periciais prescreve em um ano, conforme o § 1º do art. 206 do Código Civil.

> **Código Civil**
> **Art. 206.** Prescreve:
> § 1º Em um ano:
> I – a pretensão dos hospedeiros ou fornecedores de víveres destinados a consumo no próprio estabelecimento, para o pagamento da hospedagem ou dos alimentos;
> II – a pretensão do segurado contra o segurador, ou a deste contra aquele, contado o prazo:
> a) para o segurado, no caso de seguro de responsabilidade civil, da data em que é citado para responder à ação de indenização proposta pelo terceiro prejudicado, ou da data que a este indeniza, com a anuência do segurador;
> b) quanto aos demais seguros, da ciência do fato gerador da pretensão;
> III – a pretensão dos tabeliães, auxiliares da justiça, serventuários judiciais, árbitros e peritos, pela percepção de emolumentos, custas e honorários.

---

[4] DONIZETTI, 2018.
[5] DONIZETTI, 2018.
[6] DONIZETTI, 2018.

Sob hipótese nenhuma o perito nomeado pelo juiz deve aceitar receber os honorários periciais diretamente da parte, mas sempre através de depósito judicial comprovado nos autos. O recebimento dos honorários direto da parte pode abalar a credibilidade do perito do juízo. Obviamente, essa situação não se aplica ao perito assistente, pois este normalmente recebe os seus honorários diretamente da parte que o indicou.

Dessa forma, o perito do juízo pode e deve requerer que os honorários finais sejam creditados diretamente em sua conta bancária pela parte, mas com comprovação nos autos. Essa comprovação é feita pela parte mediante petição dirigida ao juiz, atestando a satisfação dos honorários periciais.

7.12 Honorários periciais pagos no final do processo

Ocorrem situações em que o perito nomeado pelo juiz é solicitado a realizar a perícia às suas expensas e receber os honorários no final – ou seja, quando o processo for concluído. Essa prática é adotada pela Justiça do Trabalho, na qual não existe a possibilidade de requerer honorários prévios a não ser em situações especiais.

Os honorários no final são comuns nos processos em que o autor não tem condições de arcar com o ônus da perícia. Nesse caso, se o autor for vencedor da demanda, o réu arca com o custo dos honorários, que são incluídos na conta final em nome do perito do juízo.

Em caso de insucesso do autor, o perito do juízo não receberá seus honorários. É interessante observar que não existe obrigatoriedade de o perito do juízo realizar a perícia sem depósito prévio, mas isso pode fazer com que o juiz deixe de nomeá-lo para outros trabalhos.

7.13 Parcelamento de honorários periciais

Em uma situação em que a parte que deve arcar com o ônus da perícia judicial não tiver condições de efetuar o depósito prévio integralmente, o juiz pode conceder, ouvido o perito do juízo, o parcelamento dos honorários.

Tal parcelamento é comumente feito em duas ou três parcelas, sendo a primeira como honorários prévios; a segunda, na entrega do laudo pericial contábil e a terceira, após 30 dias da entrega do laudo.

7.14 Honorários periciais provisórios

Quando o perito do juízo constatar que o trabalho é complexo e for difícil a estimativa dos honorários anteriormente, pode pedir honorários prévios provisórios e, ao concluir seus trabalhos, peticionar ao juiz o arbitramento dos honorários definitivos, requerendo, na oportunidade, a intimação das partes para efetivação do depósito complementar.

Os honorários do perito judicial são arbitrados pelo juiz, podendo ser estimados pelo perito judicial. A proposta de honorários do perito deverá ser apresentada por meio de petição. A remuneração do assistente técnico é paga pela parte que o contratou para atuar no processo. O assistente técnico deve estabelecer as condições de seu trabalho e a remuneração profissional mediante assinatura de contrato de prestação de serviços.

7.15 A tributação dos honorários periciais do perito

Os honorários recebidos são tributáveis pelo Imposto de Renda, devendo ser retido o IRRF respectivo, por ocasião do depósito judicial.

O perito, pessoa física, poderá deduzir, em livro Caixa, as despesas pertinentes à perícia realizada (por exemplo, as despesas de viagem), desde que comprovadas por documentação hábil e idônea.

Nesse sentido, aplica-se a Solução de Divergência da Secretaria da Receita Federal (SRF), adiante transcrita:

> SOLUÇÃO DE DIVERGÊNCIA N. 04, DE 12 DE MARÇO DE 2007 (*DOU DE 16/3/2007*)
>
> ASSUNTO: Imposto sobre a Renda Retido na Fonte – IRRF
>
> EMENTA: PROFISSIONAL AUTÔNOMO. HONORÁRIOS DE PERITO JUDICIAL. LIVRO CAIXA. Será retido na fonte, pela pessoa física ou jurídica contratante, o imposto de renda sobre a importância total posta à disposição do perito, quando do depósito judicial efetuado para tal fim. As despesas necessárias à percepção da receita e à manutenção da fonte produtora, inclusive com a contratação de outros profissionais sem vínculo empregatício, desde que sejam comprovadas com documentação hábil e idônea, bem como escrituradas e relacionadas pelo perito em livro Caixa, poderão ser deduzidas, para fins de apuração da base de cálculo do imposto de renda, no recolhimento mensal obrigatório (carnê-leão), caso receba rendimentos sujeitos a essa forma de recolhimento, e na Declaração de Ajuste Anual.
>
> DISPOSITIVOS LEGAIS: Lei n. 8.134, de 27 de dezembro de 1990, art. 6º; Lei n. 8.541, de 23 de dezembro de 1992, art. 46; Lei n. 9.250, de 26 de dezembro de 1995, arts. 4º e 8º; Decreto n. 3.000, de 26 de março de 1999, arts.

75 e 718; Parecer Normativo CST n. 392, de 29 de abril de 1970; e Ato Declaratório Normativo CST n. 16, de 27 de julho de 1979.

REGINA MARIA FERNANDES BARROSO
Coordenadora-Geral INSS

Como a prática de perícia é sujeita à inscrição obrigatória no INSS, a pessoa jurídica pagadora de honorários periciais deverá reter o INSS respectivo, no ato do depósito judicial dos honorários ao perito pessoa física, até o limite da tabela de retenção do INSS.

7.16 Execução da perícia judicial contábil

Ao ser intimado para dar início aos trabalhos periciais, o perito do juízo deve comunicar às partes e aos assistentes técnicos a data e o local de início da produção da prova pericial contábil, exceto se designados pelo juízo.

Caso não haja, nos autos, dados suficientes para a localização dos peritos-assistentes técnicos, a comunicação deve ser feita aos advogados das partes. Caso estes também não tenham informado endereço nas suas petições, a comunicação deve ser feita diretamente às partes e/ou ao juízo.

Execução – NBC TP 01 (R1)

Ao ser intimado para dar início aos trabalhos periciais, o perito nomeado deve comunicar às partes e aos assistentes técnicos: a data e o local de início da produção da prova pericial contábil, exceto se fixados pelo juízo, juízo arbitral ou autoridade administrativa:

• caso não haja, nos autos, dados suficientes para a localização dos assistentes técnicos, a comunicação deve ser feita aos advogados das partes e, caso estes também não tenham informado endereço nas suas petições, a comunicação deve ser feita diretamente às partes e/ou ao Juízo, juízo arbitral ou autoridade administrativa;

• assim que formalizada sua contratação, pode o assistente técnico manter contato com o perito, colocando-se à disposição para cooperar do desenvolvimento do trabalho pericial;

• o perito nomeado deve assegurar aos assistentes técnicos o acesso aos autos e aos elementos de prova arrecadados durante a perícia, indicando local, data e hora para exame deles;

• os assistentes técnicos têm o dever inalienável de colaborar para a revelação da verdade e comportar-se de acordo com a boa-fé e com a equidade, além de cooperar entre si e com o perito nomeado, para que se obtenha um resultado da perícia em tempo razoável;

• os assistentes técnicos podem entregar ao perito nomeado cópia do seu parecer prévio, planilhas ou memórias de cálculo, informações e demonstrações que possam esclarecer ou auxiliar o trabalho a ser desenvolvido pelo perito nomeado, assegurado o acesso ao outro assistente.

O assistente técnico pode, logo após a sua contratação, manter contato com o advogado da parte que o contratou, requerendo dossiê completo do processo para conhecimento dos fatos e melhor acompanhamento dos atos processuais no que for pertinente à perícia.

O perito, enquanto estiver de posse do processo ou de documentos, deve zelar por sua guarda e segurança e ser diligente.

Para a execução da perícia contábil, o perito deve ater-se ao objeto e ao lapso temporal da perícia a ser realizada.

Mediante termo de diligência, o perito deve solicitar, por escrito, todos os documentos e informações relacionados ao objeto da perícia, fixando o prazo para entrega.

A eventual recusa no atendimento aos elementos solicitados nas diligências ou qualquer dificuldade na execução do trabalho pericial devem ser comunicadas ao juízo, com a devida comprovação ou justificativa, em se tratando de perícia judicial; ao juiz arbitral ou à parte contratante, no caso de perícia extrajudicial.

O perito pode utilizar os meios que lhe são facultados pela legislação e as normas concernentes ao exercício de sua função, com vistas a instruir o laudo pericial contábil ou o parecer pericial contábil com as peças que julgar necessárias.

O perito deve manter registro dos locais e datas das diligências, nome das pessoas que o atender, livros e documentos ou coisas vistoriadas, examinadas ou arrecadadas, dados e particularidades de interesse da perícia, rubricando a documentação examinada, quando julgar necessário e possível, juntando o elemento de prova original, cópia ou certidão.

A execução da perícia, quando incluir a utilização de equipe técnica, deve ser realizada sob a orientação e supervisão do perito, que assume a responsabilidade pelos trabalhos.

O perito deve especificar os elementos relevantes que serviram de suporte à conclusão formalizada no laudo pericial contábil e no parecer pericial contábil.

O perito assistente técnico pode, tão logo tenha conhecimento da perícia judicial, manter contato com o perito do juízo, colocando-se à disposição para a execução da perícia em conjunto.

Na impossibilidade da execução da referida perícia, o perito do juízo deve permitir aos peritos assistentes técnicos o acesso aos autos e aos elementos de prova arrecadados durante a perícia judicial, indicando local e hora para exame pelo perito assistente técnico.

O perito assistente técnico pode entregar ao perito do juízo cópia do seu parecer pericial contábil, previamente elaborado, bem como planilhas ou memórias de cálculo, informações e demonstrações que possam esclarecer ou auxiliar o trabalho a ser desenvolvido pelo perito do juízo.

O perito assistente técnico pode, logo após sua contratação, manter contato com o advogado da parte que o contratou, requerendo dossiê completo do processo para conhecimento dos fatos e melhor acompanhamento dos atos processuais no que for pertinente à perícia.

O perito do juízo, enquanto estiver de posse do processo ou de documentos, deve zelar por sua guarda e segurança e ser diligente. Para a execução da perícia contábil, esse profissional deve ater-se ao objeto e ao lapso temporal da perícia a ser realizada.

Mediante termo de diligência, o perito deve solicitar por escrito todos os documentos e as informações relacionadas ao objeto da perícia, fixando o prazo para entrega. A eventual recusa no atendimento a diligências solicitadas ou qualquer dificuldade na execução do trabalho pericial deve ser comunicada, com a devida comprovação ou justificativa, ao juízo, tratando-se de perícia judicial; ou à parte contratante, no caso de perícia extrajudicial.

O perito do juízo deve utilizar os meios que lhe são facultados pela legislação e normas concernentes ao exercício de sua função, com vistas a instruir o laudo pericial contábil ou parecer pericial contábil com as peças que julgar necessárias. Deve manter registro dos locais e das datas das diligências, nome das pessoas que o atenderem, livros e documentos ou coisas vistoriadas, examinadas ou arrecadadas, dados e particularidades de interesse da perícia, rubricando a documentação examinada, quando julgar necessário e possível, juntando o elemento de prova original, cópia ou certidão. Utilizará, em seus exames, os registros e as demonstrações contábeis (livros Diário e Razão), podendo, também, servir-se de outros elementos para produção de provas, tais como:

- registros de escrituração fiscal (livro de entrada e saída de mercadorias, livro de apuração do ISS, Livro de Apuração do Lucro Real – LALUR etc.);
- documentação que dá suporte à contabilidade (notas fiscais, recibos, contratos etc.);
- livros exigidos por legislação (livro de registro de empregados, atas de reunião de sócios etc.);
- outros livros e controles mantidos pela entidade na qual esteja sendo procedido à perícia, como tabelas de preços, controles de estoques, estatísticas de vendas.

Um cuidado especial na utilização de livros e documentos que não tenham autenticação ou que sejam produzidos por uma das partes em litígio é o reconhecimento de sua autenticidade, mediante rubrica do responsável pelo referido documento ou livro (contabilista responsável ou representante legal da entidade).

Outro detalhe é a devida autenticação dos livros obrigatórios (como Diário e Livro de Inventário) pelo órgão competente. Já os livros cujo registro não é obrigatório (como o Razão) devem ter as formalidades para sua aceitação (como termos de abertura e encerramento devidamente assinados por contabilista responsável).

A execução da perícia judicial, quando incluir a utilização de equipe técnica, deve ser realizada sob a orientação e a supervisão do perito do juízo, que assume a responsabilidade pelos trabalhos, devendo assegurar-se de que as pessoas contratadas sejam profissionais e legalmente capacitadas à execução.

O perito do juízo deve documentar os elementos relevantes que serviram de suporte à conclusão formalizada no laudo pericial contábil e no parecer pericial contábil, quando não juntados aos autos, visando fundamentar o laudo ou parecer e comprovar que a perícia foi executada de acordo com os despachos e decisões judiciais e as Normas Brasileiras de Contabilidade. Enquanto estiver de posse do processo ou de documentos, deve zelar por sua guarda e segurança e ser diligente.

Para a execução da perícia contábil, o perito do juízo deve ater-se ao objeto e ao lapso temporal da perícia a ser realizada. Dessa forma, não deve "inovar", buscar o que não foi solicitado ou intrometer-se em assuntos que não estejam relacionadas à perícia contratada.

A norma remete ao CPC, que define como título executivo judicial os honorários periciais determinados em juízo (art. 149, combinado com o art. 515):

Código de Processo Civil
Art. 149. São auxiliares da Justiça, além de outros cujas atribuições sejam determinadas pelas normas de organização judiciária, o escrivão, o chefe de secretaria, o oficial de justiça, o perito, o depositário, o administrador, o intérprete, o tradutor, o mediador, o conciliador judicial, o partidor, o distribuidor, o contabilista e o regulador de avarias.
[...]
Art. 515. São títulos executivos judiciais, cujo cumprimento dar-se-á de acordo com os artigos previstos neste Título:
I – as decisões proferidas no processo civil que reconheçam a exigibilidade de obrigação de pagar quantia, de fazer, de não fazer ou de entregar coisa;
[...]
V – o crédito de auxiliar da justiça, quando as custas, emolumentos ou honorários tiverem sido aprovados por decisão judicial;
[...]

A Justiça não poderia funcionar se, ao lado do juiz, auxiliando-o, não houvesse grande número de serventuários, anotando, preparando, dando ciência às partes ou de qualquer modo ajudando na realização dos atos processuais. São auxiliares do juízo (art. 149), além de outros cujas atribuições são determinadas pelas normas de organização judiciária, o escrivão ou chefe de secretaria (arts. 152, 153 e 155); o oficial de justiça (arts. 154 e 155); o perito (arts. 156-158); o depositário e o administrador (arts. 159-161); o intérprete e o tradutor (arts. 162-164); os conciliadores e os mediadores judiciais (arts. 165-175). O Código também menciona como auxiliares do juízo o partidor (art. 651), o distribuidor (arts. 284-290), o contador (art. 524, § 2º, por exemplo) e o regulador de avarias (arts. 707-711).[7]

A redação do inciso I trocou o termo "sentença" por "decisão judicial", e inseriu como requisito para o cumprimento a necessidade de reconhecer a obrigação, em vez de apenas constatar a sua existência. A alteração pode parecer apenas gramatical, mas não o é. Com a utilização do termo genérico "decisão judicial", a determinação proferida por juiz ou tribunal competente, mesmo em se tratando de decisão interlocutória, poderá constituir título executivo judicial. Para tanto, a decisão interlocutória deverá reconhecer, ainda que provisoriamente, a existência de um dever de prestar.[8]

7.16.1 Prazos para a execução da perícia contábil

Os prazos, em geral, são determinados pelo juiz, com exceção daqueles previstos no CPC – Lei n. 13.105/2015.

O art. 465 do CPC dispõe:

> Código de Processo Civil
> **Art. 465.** O juiz nomeará perito especializado no objeto da perícia e fixará de imediato o prazo para a entrega do laudo.
> **§ 1º** Incumbe às partes, dentro de 15 (quinze) dias contados da intimação do despacho de nomeação do perito:
> I – arguir o impedimento ou a suspeição do perito, se for o caso;
> II – indicar assistente técnico;
> III – apresentar quesitos.
> **§ 2º** Ciente da nomeação, o perito apresentará em 5 (cinco) dias:
> I – proposta de honorários;
> II – currículo, com comprovação de especialização;

---

[7] DONIZETTI, 2018.
[8] DONIZETTI, 2018.

III – contatos profissionais, em especial o endereço eletrônico, para onde serão dirigidas as intimações pessoais.

§ 3º As partes serão intimadas da proposta de honorários para, querendo, manifestar-se no prazo comum de 5 (cinco) dias, após o que o juiz arbitrará o valor, intimando-se as partes para os fins do art. 95.

§ 4º O juiz poderá autorizar o pagamento de até cinquenta por cento dos honorários arbitrados a favor do perito no início dos trabalhos, devendo o remanescente ser pago apenas ao final, depois de entregue o laudo e prestados todos os esclarecimentos necessários.

§ 5º Quando a perícia for inconclusiva ou deficiente, o juiz poderá reduzir a remuneração inicialmente arbitrada para o trabalho.

§ 6º Quando tiver de realizar-se por carta, poder-se-á proceder à nomeação de perito e à indicação de assistentes técnicos no juízo ao qual se requisitar a perícia.

As partes serão intimadas do despacho de nomeação do perito e, no prazo de 15 (quinze) dias contados desse despacho, indicarão seus assistentes técnicos, seus quesitos e, se for o caso, arguirão a suspeição ou o impedimento do especialista. O referido prazo não é preclusivo. Sendo assim, as partes poderão indicar seus assistentes e formular os quesitos até o momento do início da realização da perícia.[9]

Nos termos do § 2º do art. 465, o perito deverá ser regularmente cientificado de sua nomeação e, uma vez intimado, terá o prazo de 5 (cinco) dias para apresentar proposta de honorários, contatos profissionais para fins de intimação e currículo. As partes poderão manifestar-se a respeito da proposta apresentada pelo perito no prazo comum de 5 (cinco) dias (art. 465, § 3º). As disposições que tratam do ônus relativo ao pagamento dos honorários periciais estão previstas no art. 95. A regra geral é a de que os honorários deverão ser pagos por aquele que requereu a modalidade probatória, cabendo rateio nos casos de exigência *ex officio* ou requerida por ambas as partes. Se as partes concordarem, o juiz deverá determinar que uma parcela dos honorários seja depositada de imediato. O pagamento do restante será efetuado quando, encerrada a perícia, o perito entregar o laudo e prestar os esclarecimentos necessários (art. 465, § 4º). Frise-se que esse mesmo procedimento deve ocorrer quando as partes não se manifestarem no prazo indicado, hipótese em que ocorrerá aceitação tácita da proposta de honorários.[10]

Caso a perícia se mostre inconclusa, deficiente ou incompleta, o juiz poderá reduzir o valor arbitrado e, consequentemente, o restante do valor que a parte

---

[9]   DONIZETTI, 2018.
[10]   DONIZETTI, 2018.

deveria pagar (art. 465, § 5º). Nesse caso o que ocorre é uma reavaliação por parte do magistrado quanto ao trabalho efetivamente realizado pelo perito. Nos termos do § 6º do art. 465, se a perícia precisar ser feita em outra comarca, o procedimento será realizado por meio de carta precatória (art. 237, III). Caso a perícia deva ser feita em jurisdição de estado estrangeiro, a carta rogatória (art. 237, II) será utilizada. Nas duas hipóteses a nomeação do perito e a indicação dos assistentes poderão ser feitas no mesmo juízo em que a perícia for requisitada.[11]

Se o perito do juízo, por motivo justificado, não puder apresentar o laudo pericial contábil dentro do prazo, o juiz poderá conceder-lhe, por uma vez, prorrogação pela metade do prazo originalmente fixado, segundo o art. 476 do CPC.

O perito protocolará o laudo pericial contábil em juízo, no prazo fixado pelo juiz, pelo menos 20 (vinte) dias antes da audiência de instrução e julgamento, consoante o art. 477 do CPC.

As partes serão intimadas para, caso queiram, manifestar-se sobre o laudo do perito do juízo no prazo comum de 15 (quinze) dias, podendo o assistente técnico de cada uma delas, em igual prazo, apresentar seu respectivo parecer, conforme o § 1º do art. 477 do CPC.

O perito do juízo tem o dever de, no prazo de 15 (quinze) dias, esclarecer ponto:

- sobre o qual exista divergência ou dúvida de qualquer das partes, do juiz ou do órgão do Ministério Público;
- divergente apresentado no parecer pericial contábil do assistente da parte, segundo o § 2º do art. 477 do CPC.

Se ainda houver necessidade de esclarecimentos, a parte requererá ao juiz que mande intimar o perito do juízo ou o perito assistente técnico a comparecer à audiência de instrução e julgamento, formulando, desde logo, as perguntas, sob forma de quesitos, conforme o § 3º do art. 477 do CPC.

O perito do juízo ou o perito assistente técnico será intimado por meio eletrônico, com pelo menos 10 (dez) dias de antecedência da audiência, consoante o § 4º do art. 477 do CPC.

---

[11] DONIZETTI, 2018.

7.16.2 Execução conjunta da perícia contábil

O perito assistente técnico pode, tão logo tenha conhecimento da perícia judicial, manter contato com o perito do juízo, colocando-se à disposição para a execução da perícia em conjunto.

Na impossibilidade da execução da referida perícia, o perito do juízo deve permitir aos peritos assistentes técnicos o acesso aos autos e aos elementos de prova arrecadados durante a perícia judicial, indicando local e hora para exame pelo perito assistente técnico.

O perito assistente técnico pode entregar ao perito do juízo cópia do seu parecer pericial contábil, previamente elaborado, bem como planilhas ou memórias de cálculo, informações e demonstrações que possam esclarecer ou auxiliar o trabalho a ser desenvolvido pelo perito do juízo.

O perito assistente técnico pode, logo após sua contratação, manter contato com o advogado da parte que o contratou, requerendo dossiê completo do processo para conhecimento dos fatos e melhor acompanhamento dos atos processuais no que for pertinente à perícia.

7.17 Termo de diligência e recusa de documentos

O termo de diligência é o instrumento por meio do qual o perito do juízo solicita documentos, coisas, dados e informações necessárias à elaboração do laudo pericial contábil e do parecer pericial contábil. Mediante termo de diligência, o perito deve solicitar por escrito todos os documentos e informações relacionadas ao objeto da perícia, fixando o prazo para entrega. Serve também para determinar o local, a data e a hora do início da perícia e, ainda, para a execução de outros trabalhos que tenham sido a ele determinados ou solicitados por quem de direito, desde que tenham a finalidade de orientar ou colaborar nas decisões judiciais ou extrajudiciais consoante a NBC TP 01 (R1).

> Termos e atas – NBC TP 01 (R1)
>
> Termo de diligência é o instrumento por meio do qual o perito cumpre a determinação legal ou administrativa e solicita que sejam colocados à disposição livros, documentos, coisas, dados e informações necessárias à elaboração do laudo pericial contábil ou parecer pericial contábil.
>
> O termo de diligência serve para formalizar e comprovar o trabalho de campo; deve ser redigido pelo perito nomeado; e ser encaminhado ao diligenciado.
>
> O perito deve observar os prazos a que está obrigado por força de determinação legal e, dessa forma, definir o prazo para o cumprimento da solicitação pelo diligenciado.

Caso ocorra a negativa da entrega dos elementos de prova formalmente requeridos, o perito deve se reportar diretamente a quem o nomeou, contratou ou indicou, narrando os fatos e solicitando as providências cabíveis.

Atas

Tudo quanto é debatido e deliberado nas reuniões realizadas pelo perito pode ser lavrado em ata, a qual será assinada pelos presentes, que receberão uma via da mesma, e uma das vias deve ser juntada com o laudo.

O termo de diligência deve ser redigido pelo perito do juízo, ser apresentado diretamente ao perito assistente, à parte, ao seu procurador ou terceiro, por escrito e juntado ao laudo. O perito deve observar os prazos a que está obrigado por força de determinação legal e, dessa forma, definir o limite para o cumprimento da solicitação pelo diligenciado. A eventual recusa no atendimento a diligências solicitadas ou qualquer dificuldade na execução do trabalho pericial deve ser comunicada, com a devida comprovação ou justificativa, ao juízo, tratando-se de perícia judicial; ou à parte contratante, no caso de perícia extrajudicial.

O perito do juízo deve identificar os dados necessários para a realização de seu trabalho e encaminhar o termo de diligência ao diligenciado. Tal documento deve ser feito por escrito e entregue diretamente a quem tem a posse dos documentos solicitados.

O termo de diligência deve conter os seguintes itens:

a) identificação do diligenciado;
b) identificação das partes ou dos interessados e, em se tratando de perícia judicial ou arbitral, o número do processo ou procedimento, o tipo e o juízo em que tramita;
c) reconhecimento do perito com indicação do número do registro profissional no Conselho Regional de Contabilidade;
d) comunicação da elaboração nos termos da NBC TP 01 (R1);
e) designação detalhada dos documentos, coisas, dados e informações, consignando as datas e/ou períodos abrangidos, podendo identificar o quesito a que se refere;
f) informação do prazo e do local para a exibição dos documentos, coisas, dados e informações necessários à elaboração do laudo pericial contábil ou parecer pericial contábil, devendo o prazo ser compatível com aquele concedido pelo juízo, contratante ou convencionado pelas partes, considerada a quantidade de documentos, as informações necessárias, a estrutura organizacional do diligenciado e o local de guarda dos documentos;

g) indicação da data e da hora para sua efetivação, após atendidos os requisitos do item (e), quando o exame dos livros, documentos, coisas e elementos tiver de ser realizado perante a parte ou o terceiro que detém em seu poder tais provas;

h) local, data e assinatura.

Quando uma parte se recusar a atender ao que foi solicitado em termo de diligência ou surgir dificuldade impeditiva para a execução do trabalho pericial, em conformidade com a NBC TP 01 (R1) – Perícia Contábil, o perito do juízo deve comunicar o fato ao juízo, com a devida comprovação ou justificativa.

7.18 Fluxograma da perícia contábil

Tendo em vista a diversidade de procedimentos e questões judiciais, nem sempre o fluxo apresentado adiante irá corresponder, exatamente, a todos os processos que envolvam perícia contábil. Mas, de forma genérica, podemos considerar que o fluxo pericial tende a seguir o formato abaixo.

- **Pedido de perícia:** solicitado a pedido de uma das partes ou do juiz;
- **Nomeação do perito judicial:** o juiz, após o deferimento da perícia, nomeia o perito, intimando-o para apresentação da proposta de honorários;
- **Apresentação dos quesitos pelas partes e indicação de assistente pericial:** as partes: 1. relacionam os quesitos (perguntas) ao perito e 2. indicam o assistente pericial;
- **Aceitação da nomeação e da proposição de honorários:** o perito elabora uma petição, aceitando a sua nomeação e propondo seus honorários, ou declinando do cargo;
- **Intimação das partes para pronunciamento da proposta de honorários do perito:** as partes devem se pronunciar sobre os honorários do perito, concordando ou não;
- **Intimação do perito judicial:** manifestação das partes – se houver alteração nos valores de honorários aprovados por estas, o perito deverá manifestar sua concordância ou não com os valores alterados;
- **Fixação do prazo para depósito dos honorários:** o juiz intima a parte que arcará com o ônus da perícia para que efetue o depósito judicial do valor correspondente;
- **Concessão de prazo para início da perícia:** o juiz fixa o prazo do início e do final da perícia (entrega do laudo), intimando tanto o perito quanto os assistentes;
- **Perícia propriamente dita:** na data e hora convencionadas, os peritos iniciam os exames;

- **Elaboração e entrega do laudo:** findos os exames, o perito elabora o laudo, respondendo aos quesitos. Faz sua entrega mediante protocolo;
- **Solicitação do levantamento de honorários:** no mesmo momento em que entrega o laudo, o perito requisita o levantamento de honorários depositados em juízo;
- **Intimação das partes:** manifestação sobre o conteúdo do laudo – as partes se manifestam sobre o conteúdo do laudo, apresentando parecer de seus assistentes técnicos;
- **Intimação do perito:** manifestação sobre questionamento das partes em relação a pontos do laudo – o perito se manifesta, por meio de petição, sobre os pontos solicitados pelas partes.
- **Fim do trabalho pericial.**

Ao ser intimado para dar início aos trabalhos periciais, o perito do juízo deve comunicar às partes e aos peritos assistentes técnicos a data e o local de início da produção da prova pericial contábil, exceto se designados pelo juízo, segundo a NBC TP 01 (R1).

Caso não haja, nos autos, dados suficientes para a localização dos assistentes técnicos, a comunicação deve ser feita aos advogados das partes e, caso estes também não tenham informado endereço nas suas petições, a comunicação deve ser feita diretamente às partes e/ou ao Juízo.

O perito assistente técnico pode, tão logo tenha conhecimento da perícia, manter contato com o perito do juízo, colocando-se à disposição para a execução da perícia em conjunto. Na impossibilidade da execução da perícia em conjunto, o perito do juízo deve permitir aos peritos assistentes o acesso aos autos e aos elementos de prova arrecadados durante a perícia, indicando local e hora para exame pelo perito assistente. Pode entregar ao perito do juízo cópia do seu parecer pericial contábil, previamente elaborado, planilhas ou memórias de cálculo, informações e demonstrações que possam esclarecer ou auxiliar o trabalho a ser desenvolvido pelo perito do juízo.[12]

7.19 Conclusão dos trabalhos periciais

Concluídos os trabalhos periciais, o perito do juízo apresentará laudo pericial contábil e o perito assistente técnico oferecerá, caso queira, seu parecer pericial contábil, obedecendo aos respectivos prazos.

O perito do juízo, depois de concluído seu trabalho, deve fornecer, quando solicitada, uma cópia do laudo pericial contábil ao perito assistente contábil,

---

[12] DONIZETTI, 2018.

informando-o com antecedência a data em que o laudo pericial contábil será protocolado em cartório.

O perito assistente técnico, ao apor a assinatura, em conjunto com o perito do juízo, em laudo pericial contábil, não pode emitir parecer pericial contábil contrário a esse laudo. Pode entregar cópia do seu parecer, planilhas e documentos ao perito do juízo antes do término da perícia, expondo as suas convicções, fundamentações legais, doutrinárias, técnicas e científicas sem que isso implique indução do perito do juízo a erro, por se tratar da livre e necessária manifestação científica sobre os pontos controvertidos.

7.20 Quesitos da perícia contábil

Quesitos são questionamentos a respeito do fato ou do objeto dúbio, sobre o qual versa a perícia contábil, e podem estar presentes no início da perícia contábil, no seu desenvolvimento e após o término da perícia, quando estes se denominam quesitos de esclarecimentos. São extremamente importantes no procedimento pericial. São perguntas formuladas pelas partes ou pelo julgador, devidamente registradas nos autos, cujo objetivo é o esclarecimento dos fatos e das operações em discussão. São perguntas de natureza técnica ou científica a serem respondidas pelo perito do juízo com objetividade, justificativa, rigor tecnológico, precisão e clareza. Devem ter como objeto questões técnicas de natureza contábil, não podendo extrapolar as questões em discussão, observadas a urbanidade e a boa técnica jurídica. Não cabe ao perito do juízo a emissão de juízo sobre temas em discussão ou a opinião jurídica que requeira interpretação da aplicabilidade de norma legal, ou reconhecimento da veracidade de alegações apresentadas. Caso não sejam apresentados quesitos, o perito judicial nomeado poderá realizar o trabalho, observando os aspectos contábeis sobre as questões em discussão na lide, ofertando informações técnicas sobre o tema em discussão.

São transcritos e respondidos, primeiramente, os oficiais e, na sequência, os das partes, na ordem em que forem juntados aos autos. As respostas aos quesitos serão circunstanciadas, não sendo aceitas aquelas como "sim" ou "não", ressalvando-se os que contemplam especificamente esse tipo de resposta. Não devem ser sumárias, mas sempre bem fundamentadas e alicerçadas em documentos e/ou registros contábeis, evitando, dessa forma, dúvidas na leitura.

Muitas vezes, os quesitos não são suficientes para esclarecer, tecnicamente, a demanda, devendo então o perito do juízo, em suas conclusões, prestar os esclarecimentos adicionais necessários, sem, contudo, extrapolar sua pesquisa além do que está sendo questionado nos autos, ou seja, deve manter seu trabalho circunscrito ao objeto da perícia.

Deve observar as perguntas efetuadas pelo juízo e/ou pelas partes, no momento próprio dos esclarecimentos, pois tal ato se limita às respostas a quesitos integrantes do laudo ou do parecer e às explicações sobre o conteúdo da lide ou sobre a conclusão.

A elaboração de quesitos pode ser parte do trabalho de perito assistente técnico contratado pelas partes, pelos respectivos advogados, pelo juízo ou, ainda, por uma consultoria técnica com o objetivo de assessorar advogados e partes.

Exemplo de quesito: Com base na contabilidade da Empresa Machado Ltda., pode-se apurar o resultado contábil, para fins de tributação pelo imposto de renda?

Exemplo de resposta do perito: Sim. A Empresa Machado Ltda. mantém regularmente os livros obrigatórios exigidos pela legislação comercial, demonstrando o resultado do exercício no final do livro Diário e apresentando a demonstração do lucro tributável no livro de apuração do lucro real (e-LALUR), conforme anexos 4 a 10 do presente laudo pericial contábil.

Nota: Como prova, o perito do juízo anexa cópias dos termos de abertura e de encerramento dos aludidos livros.

Dispõe o inciso III do § 1º do art. 465 do CPC, no tocante ao prazo de apresentação de quesitos, que incumbe às partes, dentro de 15 (quinze) dias contados da intimação do despacho de nomeação do perito:

- arguir o impedimento ou a suspeição do perito, se for o caso;
- indicar assistente técnico;
- apresentar quesitos.

Não havendo quesitos, a perícia será orientada pelo objeto da ação.

7.20.1 Quesitos impertinentes

São questionamentos efetuados pelas partes e que abordam, geralmente, aspectos não relacionados à demanda judicial, ou perguntas que buscam do perito do juízo opinião fora de sua competência profissional e/ou o induzem a adentrar no mérito, para o qual o perito do juízo não tem competência legal.

Um tipo muito comum de quesito em demandas de juros bancários é: "O Sr. Perito considera legal a cobrança de juros bancários superiores a 12% ao ano?".

Esse quesito é impertinente, pois implica uma exposição de opinião do perito do juízo, em que este se expõe a julgar, fugindo de sua competência.

Outra pergunta impertinente é: "O Sr. Perito poderia definir se a parte A tem razão em relação aos argumentos apresentados na peça inicial?"

Diante de perguntas impertinentes, cabe ao perito do juízo denunciá-las, da seguinte forma: "O quesito em questão não pode ser respondido mediante perícia contábil, já que os exames efetuados não se prestam a tal. Em se tratando de matéria cujo mérito deva ser julgado, este perito recusa-se a responder a tal quesito, por não se tratar de sua alçada fazê-lo".

Os procedimentos processuais estão previstos no Código de Processo Civil. E o Código é bem claro ao informar que compete ao juiz indeferir os quesitos impertinentes nos processos que envolvam provas periciais:

> Código de Processo Civil
> **Art. 470.** Incumbe ao juiz:
> I – indeferir quesitos impertinentes;
> II – formular os quesitos que entender necessários ao esclarecimento da causa.

Os quesitos apresentados em uma perícia representam as dúvidas levantadas sobre o objeto da perícia, em forma de perguntas. Estão definidas algumas atribuições do juiz quanto aos quesitos da perícia, conforme art. 470 do Código de Processo Civil – Lei n. 13.105, de 16 de março de 2015. Incumbe ao juiz indeferir quesitos impertinentes; formular os quesitos que entender necessários ao esclarecimento da causa.

Sendo o juiz o destinatário da prova, a ele compete ponderar sobre a necessidade ou não da sua realização, determinando aquelas provas que achar convenientes e indeferindo as inúteis ou protelatórias (art. 139, III; art. 370, parágrafo único), bem como sobre a pertinência dos quesitos apresentados pelas partes. Assim, poderão ser indeferidos os quesitos que não tenham o condão de auxiliar a formar o convencimento do juiz ou que não apresentem qualquer relevância para a composição do conflito. Também cabe ao juiz formular os quesitos que entender necessários ao esclarecimento da causa. A atuação do julgador deve ser subsidiária, de modo a não comprometer a sua imparcialidade e a não indicar prévio julgamento, segundo Donizetti (2017).

Assim, de acordo com o Código de Processo Civil (CPC), compete ao juiz indeferir quesitos impertinentes e formular os que entender necessários ao esclarecimento da causa.

> Termos ofensivos NBC PP 01 (R1)
> Palavras e termos ofensivos: o perito que se sentir ofendido por expressões injuriosas, de forma escrita ou verbal, pode tomar as seguintes providências:
> • sendo a ofensa escrita ou verbal, por qualquer das partes, peritos ou advogados, o perito ofendido pode requerer da autoridade competente que mande riscar os termos ofensivos dos autos ou cassada a palavra;
> • as providências adotadas, na forma prevista na alínea (a), não impedem outras medidas de ordem administrativa, civil ou criminal;

• quando a perícia ocorrer no âmbito extrajudicial e houver ofensas entre peritos contábeis, o fato pode ser comunicado pelo ofendido ao Conselho Regional de Contabilidade para as providências cabíveis, independente de outras medidas de ordem administrativa, civil ou criminal.

7.20.2 Quesitos suplementares

O Código de Processo Civil aponta que as partes poderão apresentar quesitos suplementares na fase de diligência, os quais serão respondidos pelo perito do juízo.

> Código de Processo Civil
> **Art. 469.** As partes poderão apresentar quesitos suplementares durante a diligência, que poderão ser respondidos pelo perito previamente ou na audiência de instrução e julgamento.
> **Parágrafo único.** O escrivão dará à parte contrária ciência da juntada dos quesitos aos autos.

Os quesitos suplementares acarretam trabalho adicional, pois não estão previstos no pedido inicial. Devido a esse aumento de trabalho, o perito pode requerer acréscimo no valor do honorário. O perito pode tomar ciência destes quesitos antes da audiência, respondê-los no próprio laudo ou em laudo complementar na própria audiência.

O perito deve ressaltar, em sua proposta de honorários, que esta não contempla os honorários relativos a quesitos suplementares e, se estes forem formulados pelo juiz e/ou pelas partes, pode haver incidência de honorários complementares a serem requeridos, observando os mesmos critérios adotados para elaboração da proposta inicial, conforme item 35 da NBC PP 01 (R1).

> Quesitos suplementares/complementares – NBC PP 01 (R1)
> O perito deve ressaltar, em sua proposta de honorários, que esta não contempla os honorários relativos a quesitos suplementares/complementares. Quando haja necessidade de complementação de honorários, deve-se observar os mesmos critérios adotados para a elaboração da proposta inicial.

Geralmente, são provocados pelo perito assistente técnico de uma das partes, já que este, acompanhando o trabalho pericial, pode constatar que os quesitos formulados pelo seu cliente não esclarecem adequadamente determinada questão, quando, então, sugere as perguntas complementares.

Código de Processo Civil

Art. 469. As partes poderão apresentar quesitos suplementares durante a diligência, que poderão ser respondidos pelo perito previamente ou na audiência de instrução e julgamento.

Parágrafo único. O escrivão dará à parte contrária ciência da juntada dos quesitos aos autos.

Após a conclusão da perícia, não podem mais ser feitos quesitos suplementares, mas apenas pedido de esclarecimentos.

7.20.3 Quesitos para esclarecimento

Após a protocolização do laudo pericial contábil o juízo abrirá prazo para manifestação das partes. Havendo pedidos de esclarecimento o perito do juízo será notificado para prestar esclarecimentos, por escrito, ou intimado para comparecer em audiência, na qual prestará os seus esclarecimentos.

O perito deve prestar esclarecimentos sobre o conteúdo do laudo pericial contábil ou do parecer pericial contábil, em atendimento à determinação do juiz ou árbitro que preside o feito, os quais podem não ensejar novos honorários periciais, se forem apresentados para obtenção de detalhes do trabalho realizado, uma vez que as partes podem formulá-los com essa denominação, mas serem quesitos suplementares, consoante a NBC TP 01 (R1).

Código de Processo Civil

Art. 477. O perito protocolará o laudo em juízo, no prazo fixado pelo juiz, pelo menos 20 (vinte) dias antes da audiência de instrução e julgamento.

§ 1º As partes serão intimadas para, querendo, manifestar-se sobre o laudo do perito do juízo no prazo comum de 15 (quinze) dias, podendo o assistente técnico de cada uma das partes, em igual prazo, apresentar seu respectivo parecer.

§ 2º O perito do juízo tem o dever de, no prazo de 15 (quinze) dias, esclarecer ponto:

I – sobre o qual exista divergência ou dúvida de qualquer das partes, do juiz ou do órgão do Ministério Público;

II – divergente apresentado no parecer do assistente técnico da parte.

§ 3º Se ainda houver necessidade de esclarecimentos, a parte requererá ao juiz que mande intimar o perito ou o assistente técnico a comparecer à audiência de instrução e julgamento, formulando, desde logo, as perguntas, sob forma de quesitos.

Após entrega do laudo, as partes serão intimadas para, querendo, se manifestar sobre o laudo pericial no prazo comum de 15 (quinze) dias (art. 477, § 1º). Nesse mesmo prazo os assistentes técnicos poderão oferecer os seus pareceres. A obrigatoriedade de intimação das partes e, consequentemente, dos assistentes é medida que visa resguardar o contraditório. A ausência de intimação deve, pois, ser considerada como hipótese de nulidade relativa, sendo necessária a concessão de novo prazo para manifestação das partes, inclusive com o adiamento da audiência. Sobre as dúvidas e divergências apresentadas pelas partes, pelo juiz, pelo membro do Ministério Público ou pelos assistentes, o perito judicial terá prazo de 15 (quinze) dias para esclarecê-las (art. 477, § 2º).

Para esses esclarecimentos, o assistente ou o perito devem ser intimados com 10 (dez) dias de antecedência da data marcada para a audiência (art. 477, § 4º).[13]

7.21 Considerações finais

Os documentos dos autos servem como suporte para obtenção das informações necessárias à elaboração do planejamento da perícia. Acerca dos papéis de trabalhos utilizados na execução da perícia, especificados na NBC TP 01 (R1) – Perícia Contábil, integram um processo organizado de registro de provas, dentre outros, plantas, desenhos e fotografias.

Caso seja identificada a necessidade de realização de diligências, na etapa de elaboração do planejamento, devem ser considerados, se não declarada a preclusão de prova documental, a legislação aplicável, os documentos, os registros, os livros contábeis, fiscais e societários, os laudos e os pareceres já realizados e outras informações que forem pertinentes para determinar a natureza do trabalho a ser executado.

Quando necessário, o planejamento deve ser realizado pelo perito do juízo, ainda que o trabalho venha a ser cumprido de forma conjunta. O planejamento da perícia deve ser mantido por qualquer meio de registro que facilite o entendimento dos procedimentos a serem aplicados e sirva de orientação adequada à execução do trabalho. Deve ser revisado e atualizado sempre que fatos novos surgirem no decorrer da perícia.

A perícia é cada vez mais essencial como meio de prova para a solução de litígios na Justiça, pois pode elucidar fatos complexos de natureza técnica e científica. O Poder Judiciário recorre ao perito quando o juiz necessita de um laudo profissional especializado ou para atender ao pedido de uma das partes envolvidas no processo. Muitas perícias na área da contabilidade são hoje requeridas principalmente na parte de levantamento de perdas e de danos, na avaliação de haveres na dissolução ou saída de sociedade, na revisão de encargos financeiros contra bancos e em outras questões como *leasing* e prestação de contas. A Lei de Falências e Recuperação Judicial fortaleceu ainda

---

[13] DONIZETTI, 2018.

mais, no mercado, a importância da perícia, sendo solicitada quando não há condições de se resolver com as provas existentes o que está sendo pleiteado por uma das partes.

O perito é indicado pelo juiz e goza da confiança dele, devendo realizar o trabalho com qualidade técnica, mostrando ao julgador a verdade dos fatos de forma cristalina, com o objetivo maior de fazer justiça.

Figura 7.4 – O planejamento da perícia

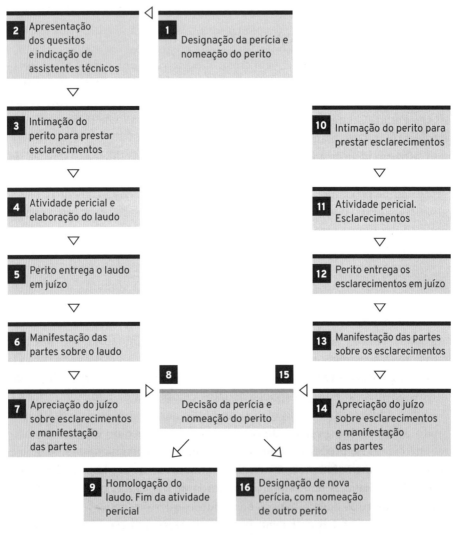

Fonte: ALMEIDA, 2016.

O planejamento da perícia é a etapa do trabalho pericial que antecede as diligências, as pesquisas, os cálculos e as respostas aos quesitos. Nessa etapa, o perito do juízo estabelece a metodologia dos procedimentos periciais a serem aplicados, elaborando-a a partir do conhecimento do objeto da perícia. Entre os objetivos do planejamento da perícia, estão inclusos:

- conhecer o objeto e a finalidade da perícia, a fim de permitir a adoção de procedimentos que conduzam à revelação da verdade;
- definir a natureza, a oportunidade e a extensão dos procedimentos a serem aplicados, em consonância com o objeto da perícia;
- identificar fatos importantes para a solução da demanda, de forma que não passem despercebidos ou não recebam a atenção necessária.

No processo judicial, o contador pode funcionar como perito do juízo ou como perito assistente técnico das partes. Em relação ao perito do juízo, os honorários periciais são de responsabilidade da parte que houver requerido o exame, ou pelo autor, quando requerido por ambas as partes ou determinado por ofício pelo juiz.

7.22 Questões de múltipla escolha

1) (EQT Perito) Em uma ação revisional para apuração de valor de aposentadoria suplementar, foi apresentado nas argumentações uma diferença mensal a ser atualizada no valor de R$ 108,50. Entre os documentos acostados aos autos, a Ré apresenta demonstrativo dos cálculos da diferença evidenciando um valor mensal de R$ 126,16 que não foi combatido pelo Autor. O valor de R$ 108,50 correspondia ao subtotal no demonstrativo da Ré. Para a liquidação de sentença o Juiz determinou que a diferença a ser paga ao Autor é no valor mensal de R$ 108,50 e que o perito prestasse outras informações julgadas necessárias.

De acordo com o Código de Processo Civil e a NBC TP 01 (R1) – Perícia Contábil, sobre os procedimentos periciais, assinale a opção INCORRETA:

A. É vedado ao perito ultrapassar os limites de sua designação, bem como emitir opiniões pessoais que excedam o exame técnico ou científico do objeto da perícia.

B. O laudo pericial deve conter resposta conclusiva a todos os quesitos apresentados pelo juiz. Nos esclarecimentos o perito deve subsidiar o magistrado na formação de seu convencimento para a tomada de decisão.

C. O perito nomeado não pode omitir nenhum fato relevante encontrado no decorrer de suas pesquisas ou diligências, mesmo que não tenha sido objeto de quesitação e desde que esteja relacionado ao objeto da perícia.

D. Em resposta ao comando judicial, o perito levantou questões não existentes no processo, bem como emitiu opiniões pessoais que excederam o exame técnico e científico do objeto da perícia.

2) (EQT Perito) Nos autos de um processo que tramita perante a Vara Cível da Bahia, foi proferido o seguinte despacho:

"Para conferir maior celeridade ao processo, depositado o valor dos honorários provisórios, intime-se a perita para dar início ao seu mister, observando, estritamente o disposto nos arts. 157, 466, caput e § 2º e 473 do Código de Processo Civil – Lei n. 13.105/2015. Laudo em 30 dias."

Com base nestes dados, analise os itens abaixo e, em seguida, assinale a opção CORRETA:

I. O perito tem o dever de cumprir o ofício no prazo que lhe designar o juiz, empregando toda sua diligência e podendo escusar-se do encargo alegando motivo legítimo.

II. O perito cumprirá escrupulosamente o encargo que lhe foi cometido, independentemente de termo de compromisso.

III. O perito deve assegurar aos assistentes das partes o acesso e o acompanhamento das diligências e dos exames que realizar, com prévia comunicação, comprovada nos autos, com antecedência mínima de 5 (cinco) dias.

IV. O laudo pericial deverá conter: (i) – a exposição do objeto da perícia; (ii) – a análise técnica ou científica realizada pelo perito; (iii) – a indicação do método utilizado, esclarecendo-o e demonstrando ser predominantemente aceito pelos especialistas da área do conhecimento da qual se originou; (iv) – resposta conclusiva a todos os quesitos apresentados pelo juiz, pelas partes e pelo Ministério Público.

Estão CORRETOS os itens:

A. I, II e III, apenas.

B. I e II, apenas.

C. II e III, apenas.

D. I, II, III e IV.

3) De acordo com o Código de Processo Civil (CPC), julgue os itens a seguir e, em seguida, assinale a opção CORRETA.

A. Compete aos assistentes técnicos das partes indeferir quesitos impertinentes e formular os que entender necessários ao esclarecimento da causa.

B. Compete aos advogados das partes indeferir quesitos impertinentes e formular os que entender necessários ao esclarecimento da causa.

C. Compete ao perito contador indeferir quesitos impertinentes e formular os que entender necessários ao esclarecimento da causa.

D. Compete ao juiz indeferir quesitos impertinentes e formular os que entender necessários ao esclarecimento da causa.

4) Com relação aos quesitos constantes nos laudos periciais contábeis, é INCORRETO afirmar que:

A. Devem ser transcritos e respondidos, primeiro, os oficiais e, na sequência, os das partes, na ordem em que forem juntados aos autos.

B. Devem ser transcritos de maneira informal, devendo o perito revisar e corrigir possíveis erros linguísticos eventualmente cometidos.

C. Devem ser respondidos de forma circunstanciada, não sendo aceitas aquelas como "sim" ou "não", ressalvando-se os que contemplam especificamente este tipo de resposta.

D. Não havendo quesitos, a perícia será orientada pelo objeto da matéria, se assim decidir quem a determinou.

5) Não havendo quesitos, a perícia será orientada:

A. Pelo perito.

B. Pelo réu da ação.

C. Pelo objeto da ação.

D. Pelo autor da ação.

6) A execução da perícia, quando incluir a utilização de equipe técnica, de acordo com a NBC TP 01 (R1) – Perícia Contábil, deve considerar que:

I. A orientação e a supervisão da equipe técnica são de exclusiva responsabilidade do perito responsável pelo trabalho;

II. Cada membro da equipe técnica é responsável pelas conclusões de sua responsabilidade que foram incluídas no laudo pericial contábil;

III. De acordo com a NBC TP 01 (R1), todos os membros da equipe técnica são solidários quanto às conclusões contidas na perícia.

Está(ão) CORRETO(S):

A. Os itens I, II e III.

B. Somente o item I.

C. Somente os itens I e II.

D. Somente o item II.

E. Somente os itens II e III.

7) De acordo com a NBC TP 01 – Perícia Contábil (R1), o planejamento deve ser elaborado com base nos quesitos e/ou no objeto da perícia. Em relação aos objetivos do planejamento da perícia, julgue os itens a seguir como Verdadeiros (V) ou Falsos (F) e, em seguida, assinale a opção CORRETA.

( ) Conhecer o objeto da perícia, a fim de permitir a adoção de procedimentos que conduzam à revelação da verdade, a qual subsidiará o juízo, o árbitro ou o interessado a tomar a decisão a respeito da lide.

( ) Definir a natureza, a oportunidade e a extensão dos exames a serem realizados, em consonância com o objeto da perícia, os termos constantes da nomeação, dos quesitos ou da proposta de honorários oferecida pelo perito do juízo.

( ) Estabelecer condições para que o trabalho seja cumprido no prazo estabelecido.

( ) Identificar a legislação aplicável ao objeto da perícia.

( ) Identificar fatos que possam vir a ser importantes para a solução da demanda de forma que não passem despercebidos ou não recebam a atenção necessária.

A sequência CORRETA é:

A. V, V, V, V, V.

B. F, F, F, F, V.

C. F, V, V, F, F.

D. V, F, F, F, F.

8) O planejamento da perícia é a etapa do trabalho pericial que antecede as diligências, as pesquisas, os cálculos e as respostas aos quesitos. Nessa etapa, o perito do juízo estabelece a metodologia dos procedimentos periciais a serem aplicados, elaborando-a a partir do conhecimento do objeto da perícia. Entre os objetivos do planejamento da perícia, inclui-se:

I. Conhecer o objeto e a finalidade da perícia, a fim de permitir a adoção de procedimentos que conduzam à revelação da verdade.

II. Definir a natureza, a oportunidade e a extensão dos procedimentos a serem aplicados, em consonância com o objeto da perícia.

III. Identificar fatos importantes para a solução da demanda, de forma que não passem despercebidos ou não recebam a atenção necessária.

É CORRETO o que se afirma em:

A. I, apenas.

B. II, apenas.

C. I e III, apenas.

D. II e III, apenas.

E. I, II e III.

9) As afirmativas a seguir estão corretas, EXCETO:

A. O perito do juízo deve inteirar-se sobre o objeto do trabalho a ser realizado.

B. O perito do juízo, ao planejar a perícia, deve considerar o cumprimento do prazo de entrega do laudo.

C. O perito do juízo deve estabelecer seus honorários, antes de planejar e organizar o trabalho pericial.

D. A preparação e a redação do laudo são de exclusiva responsabilidade do perito do juízo.

10) Em uma questão judicial envolvendo a cobrança de uma dívida, o perito do juízo foi chamado a calcular o saldo devedor de um empréstimo com os seguintes dados:

Valor do empréstimo concedido	R$ 200.000,00
Data da liberação do empréstimo	31/5/2012
Encargos contratuais	Juros compostos de 1% a.m.
Vencimento do empréstimo	31/5/2013
Pagamento	Parcela única, no vencimento do empréstimo, junto aos juros

O devedor realizou duas amortizações parciais, sendo a primeira de R$ 50.000,00 em 31/5/2013 e a segunda de R$ 60.000,00 em 31/5/2016.

Para fins de análise da questão, um dos quesitos formulados pelo juiz indagava qual o saldo final em 31/5/2016, com aplicação dos encargos contratuais até o vencimento, e juros simples de 1% ao mês, calculados sobre o saldo da dívida em 31/5/2013, para o período seguinte.

Com base nos dados apresentados, o valor a ser informado em resposta ao quesito formulado é de aproximadamente:

A. R$ 196.496,41.
B. R$ 178.496,41.
C. R$ 169.872,31.
D. R$ 156.896,41.

11) Em uma decisão de cumprimento de sentença no valor de R$ 85.000,00, o juiz determinou que o perito do juízo calculasse o valor devido com incidência de juros moratórios, calculados com juros simples, nos seguintes períodos e parâmetros:

Período	Juros
1º/2/2016 a 31/3/2017	0,5% ao mês
1º/4/2017 a 31/12/2017	1,0% ao mês

Considerando o mês comercial de 30 dias, na situação apresentada, o valor total devido, acrescido dos juros moratórios, será de:

A. R$ 86.275,00.
B. R$ 98.600,00.
C. R$ 99.135,50.
D. R$ 99.662,50.

12) Referente à execução da perícia contábil, assinale o item VERDADEIRO.

A. Ao ser intimado para dar início aos trabalhos periciais, o perito do juízo deve comunicar às partes e aos assistentes técnicos: a data e o local de início da produção da prova pericial contábil, mesmo quando esses dados forem designados pelo juízo.

B. É proibido ao perito assistente técnico entregar ao perito do juízo cópia do seu parecer pericial contábil, previamente elaborado.

C. A perícia em conjunto é de aceitação obrigatória pelo perito do juízo sempre que esta for requerida pela parte mediante citação extrajudicial.

D. O perito assistente técnico pode entregar ao perito do juízo planilhas ou memórias de cálculo, informações e demonstrações que possam esclarecer ou auxiliar o trabalho a ser desenvolvido pelo perito do juízo.

13) De acordo com a NBC TP 01 (R1) – Perícia Contábil, a respeito do planejamento da perícia, julgue os itens a seguir e, em seguida, assinale a opção INCORRETA.

A. Quando necessário, o planejamento da perícia deve ser mantido por qualquer meio de registro que facilite o entendimento dos procedimentos a serem adotados e sirva de orientação adequada à execução do trabalho.

B. O planejamento da perícia solicitada pelo juízo deve ser revisado e atualizado pelo perito assistente sempre que fatos novos surjam no decorrer da perícia.

C. O planejamento deve ser realizado pelo perito do juízo, ainda que o trabalho venha a ser realizado de forma conjunta com o perito assistente contábil.

D. Em caso de ser identificada a necessidade de realização de diligências, na etapa de elaboração do planejamento, devem ser considerados, se não declarada a preclusão de prova documental, a legislação aplicável, os documentos, os registros, os livros contábeis, fiscais e societários, os laudos e os pareceres já realizados e outras informações que forem identificadas como pertinentes para determinar a natureza do trabalho a ser executado.

14) Relacione os elementos de uma perícia contábil de acordo com a NBC TP 01 (R1)– Perícia Contábil, com os respectivos procedimentos e, em seguida, assinale a opção correta:

(1) Planejamento

( ) Relato ou transcrição sucinta, de forma que se converta numa leitura compreensiva dos fatos relatados sobre as questões básicas que resultaram na nomeação ou na contratação do perito.

(2) Termo de diligência

( ) Redação pormenorizada, minuciosa, efetuada com cautela e detalhamento em relação aos procedimentos e aos resultados do laudo e do parecer.

(3) Laudo e parecer pericial contábil

( ) Etapa do trabalho pericial que antecede diligências, pesquisas, cálculos e respostas aos quesitos, na qual o perito do juízo estabelece a metodologia dos procedimentos periciais a serem aplicados, elaborando-os a partir do conhecimento do objeto da perícia.

(4) Forma circunstanciada	( ) Documentos escritos, nos quais os peritos devem registrar, de forma abrangente, o conteúdo da perícia e particularizar os aspectos e as minudências que envolvam o seu objeto e as buscas de elementos de prova necessários para a conclusão do seu trabalho.
(5) Síntese do objeto da perícia e resumo dos autos	( ) Instrumento por meio do qual o perito solicita documentos, coisas, dados e informações necessárias à elaboração do laudo pericial contábil e do parecer pericial contábil.

A sequência CORRETA é:

A. 5, 3, 4, 1, 2.

B. 5, 4, 1, 3, 2.

C. 3, 4, 1, 2, 5.

D. 3, 1, 2, 4, 5.

15) De acordo com a NBC TP 01 (R1) – Perícia Contábil, no que tange ao trabalho pericial, julgue os itens a seguir como verdadeiros ou falsos e, em seguida, assinale a opção CORRETA.

I. ( ) O planejamento da perícia é a etapa do trabalho pericial que antecede diligências, pesquisas, cálculos e respostas aos quesitos, na qual o perito do juízo estabelece a metodologia dos procedimentos periciais a serem aplicados, elaborando-os a partir do conhecimento do objeto da perícia.

II. ( ) O laudo pericial contábil e o parecer pericial contábil são documentos escritos, nos quais os peritos devem registrar, de forma abrangente, o conteúdo da perícia e particularizar os aspectos e as minudências que envolvam o seu objeto e as buscas de elementos de prova necessários para a conclusão do seu trabalho.

III. ( ) Indagação é o instrumento por meio do qual o perito solicita documentos, coisas, dados e informações necessárias à elaboração do laudo pericial contábil e do parecer pericial contábil.

A sequência CORRETA é:

A. V, V, F.

B. V, F, V.

C. F, V, F.

D. F, F, V.

16) Com base nas condições definidas pelo art. 465 do Código de Processo Civil – Lei n. 13.105, de 16 de março de 2015 –, após a apresentação de proposta de honorários pelo perito judicial nomeado no processo, as partes podem:

A. Solicitar o depósito judicial do valor de honorários periciais em parcelas ou o pagamento ao final do processo judicial, em manifestação fundamentada no prazo de 15 (quinze) dias.

B. Manifestar-se no prazo comum de 5 (cinco) dias sobre o valor proposto de honorários pelo perito.

C. Manifestar-se no prazo comum de 10 (dez) dias somente se existir a pretensão de pagamento parcelado dos honorários periciais.

D. Solicitar a substituição do perito judicial, se considerarem elevado o valor proposto de honorários.

17) Após examinar os autos de um processo para o qual foi nomeado, um perito do juízo apresentou sua proposta de honorários no valor de R$ 22.380,00 (vinte e dois mil e trezentos e oitenta reais), levando em consideração, além de outros fatores, o tempo a ser gasto com as respostas aos quesitos formulados, relacionados, exclusivamente, aos temas financeiros objeto da lide.

A proposta foi aceita e, dias após, o perito protocolou seu laudo pericial contábil. Posteriormente, recebeu seus honorários e, passados 30 dias, uma das partes apresentou novos quesitos relacionados a temas contábeis.

De acordo com a NBC PP 01 (R1) – Perito Contábil, julgue as seguintes possibilidades e, em seguida, assinale a opção CORRETA.

A. O perito deverá, simplesmente, responder aos novos quesitos sem pleitear complementação de honorários, já que os novos quesitos são complementares.

B. O perito poderá pedir a complementação de honorários porque os novos quesitos são suplementares.

C. O perito não poderá pedir a complementação de honorários porque os novos quesitos tratam de temas contábeis, que são a sua especialização.

D. O perito não poderá pedir a suplementação de honorários, já que os quesitos estão vinculados ao objeto da prova pericial deferida.

18) Com base no que consta na NBC TP 01 (R1) – Perícia Contábil, julgue os itens abaixo e, em seguida, assinale a alternativa CORRETA.

1. No parecer pericial contábil, serão transcritos e respondidos apenas os quesitos para os quais haja divergência em relação às respostas do perito do juízo.

2. Não havendo quesitos, o perito do juízo os elaborará e responderá, justificando tecnicamente suas respostas.

3. Não havendo quesitos, o perito do juízo ficará impossibilitado de realizar seu trabalho.

4. Não havendo quesitos, a perícia deverá ser elaborada em conjunto pelo perito do juízo e pelo perito assistente técnico.

5. A transcrição dos quesitos faz parte da estrutura do laudo pericial contábil.

Estão CERTOS os itens:

A. 1 e 3, apenas.
B. 1 e 2, apenas.
C. 1 e 5, apenas.
D. 4 e 5, apenas.

19) A empresa X elaborou um projeto para a construção de sua sede em valor estimado de R$ 1 milhão. Para não sacrificar seu caixa, contraiu empréstimo junto ao Banco Y, no valor de R$ 2 milhões, sendo R$ 1 milhão para a construção da sede e R$ 1 milhão para capital de giro. O custo total do empréstimo foi de R$ 250.000,00.

De acordo com o critério de alocação de custo dessa natureza, recomendado pela NBC TG 20 (R1), assinale a opção que apresenta o custo a ser capitalizado como ativo qualificável.

A. O custo total do empréstimo de R$ 250.000,00 deve ser levado ao resultado porque é uma despesa financeira.
B. O custo total do empréstimo de R$ 250.000,00 deve ser capitalizado porque a empresa se comprometeu com o banco, assegurando que o valor total do empréstimo era todo para a construção da sede.
C. Somente o custo da parte do empréstimo que foi utilizada para a construção da sede deve ser capitalizado.
D. A capitalização do custo independe de quanto do empréstimo foi utilizado para a construção da sede.

20) Assinale a opção CORRETA.

A. O termo "zelo" refere-se à obrigação do perito em respeitar os princípios da moral, da ética e do direito, atuando com lealdade, idoneidade e honestidade no desempenho de suas atividades, sob pena de responder civil, criminal, ética e profissionalmente por seus atos.
B. O perito contador não está obrigado a aceitar o encargo confiado, na condição de perito contador do juízo, não precisando se escusar nem apresentar razões.
C. O termo "suspeição" para o perito refere-se ao cuidado que ele deve ter na execução de suas tarefas e em relação à sua conduta com documentos, prazos, tratamento dispensado às autoridades, aos integrantes da lide e aos demais profissionais, de forma que sua pessoa seja respeitada, seu trabalho levado a bom termo e, consequentemente, o laudo pericial contábil e o parecer pericial contábil dignos de fé pública.
D. Quesitos são questionamentos a respeito do fato ou do objeto dúbio, sobre o qual versa a perícia contábil, e podem estar presentes no início da perícia contábil, no seu desenvolvimento e após o término da perícia, quando estes se denominam quesitos de esclarecimentos.

E. O perito contador deve apresentar sua proposta de honorários, independentemente de qualquer indagação do *quantum* pelas partes ou por seus procuradores, pois só ao perito importam a quantidade de horas trabalhadas e o modo como determinar o valor.

21) De acordo com a NBC TP 01 (R1) – Perícia Contábil, o planejamento da perícia é a etapa do trabalho pericial que antecede diligências, pesquisas, cálculos e respostas aos quesitos, na qual o perito do juízo estabelece a metodologia dos procedimentos periciais a serem aplicados, elaborando-os a partir do conhecimento do objeto da perícia. Em relação aos objetivos do planejamento da perícia, assinale a alternativa INCORRETA.

A. Definir a natureza, a oportunidade e a extensão dos procedimentos a serem aplicados, em consonância com o objeto da perícia.

B. Estabelecer como ocorrerá a divisão das tarefas entre os membros da equipe de trabalho, sempre que o perito necessitar de auxiliares.

C. Conhecer o objeto e a finalidade da perícia, a fim de permitir a adoção de procedimentos que conduzam à revelação da verdade, a qual subsidiará o juízo, o árbitro ou o interessado a tomar a decisão a respeito da lide.

D. Identificar e avaliar riscos de distorções relevantes que possam comprometer o andamento normal dos trabalhos de forma a não comprometer a emissão de opinião sobre as demonstrações contábeis e/ou laudo pericial contábil.

22) A equipe técnica incumbida de realizar trabalho de perícia contábil:

A. não pode empregar o trabalho de terceiros, declaração que deve constar expressamente do parecer pericial contábil.

B. não deve empregar o trabalho de terceiros.

C. pode empregar o trabalho de terceiros, desde que conste expressamente do termo de diligência, com responsabilização dos terceiros pela parcela do trabalho que produzirem.

D. pode empregar o trabalho de terceiros, que devem ser supervisionados e orientados pelo perito, que se responsabiliza pela parcela do trabalho que produzirem.

E. pode empregar o trabalho de terceiros, desde que conste expressamente do laudo pericial contábil, com responsabilização dos terceiros pela parcela do trabalho que produzirem.

23) (EQT Perito 2017) Os quesitos apresentados em uma perícia representam as dúvidas levantadas sobre o objeto da perícia, em forma de perguntas. Estão definidas algumas atribuições do juiz quanto aos quesitos da perícia, conforme art. 470 do Código de Processo Civil – Lei n. 13.105, de 16 de março de 2015.

Assinale a opção CORRETA.

A. incumbe ao juiz indeferir quesitos impertinentes; formular os quesitos que entender necessários ao esclarecimento da causa.

B. incumbe ao juiz deferir os quesitos formulados pelas partes, pelos assistentes técnicos e pelo perito; e formular os quesitos que entender necessários ao esclarecimento da causa.

C. incumbe ao juiz deferir quesitos impertinentes.

D. incumbe ao juiz deferir os quesitos que tenham sido apresentados pelas partes, e somente formular quesitos na ausência de apresentação dos mesmos pelas partes.

24) (EQT Perito 2017) O contador X, na função de perito do juízo, constatou a necessidade de proceder diligência para obter dados ausentes dos autos para cumprimento do seu encargo.

Neste caso, de acordo com a NBC PP 01 (R1) – Perito Contábil, assinale o procedimento adequado.

A. Solicitar diretamente à parte detentora da prova documental, imediatamente e por qualquer meio, dispensada comunicação prévia às partes.

B. Dirigir termo de diligência diretamente à parte envolvida, mediante prévia autorização judicial.

C. Dirigir o termo de diligência ao juiz, solicitando a intimação da parte envolvida.

D. Dirigir termo de diligência diretamente à parte envolvida, comunicando previamente às partes para ciência de seus assistentes.

25) (EQT Perito 2017) Em conformidade com a NBC TP 01 (R1) – perícia Contábil, os elementos de prova obtidos por meio de diligências feitas pelo Perito do juízo são indispensáveis para a elaboração do laudo pericial contábil.

Acerca desse tema, julgue as opções abaixo e, em seguida, assinale a opção CORRETA.

1. O perito do juízo deve manter registro dos locais e datas das diligências.

2. O perito do juízo deve manter registro dos nomes das pessoas que o atender durante as diligências.

3. O perito do juízo deve consultar o Juiz se deve juntar as provas obtidas em diligências aos autos.

4. O perito do juízo só deve considerar como elementos de prova os documentos existentes no processo quando do início da perícia.

Estão CERTOS os itens:

A. 1, 2 e 4, apenas.

B. 2 e 3, apenas.

C. 1 e 2, apenas.

D. 2, 3 e 4, apenas.

26) (EQT Perito 2017) Quando uma parte se recusar a atender ao que foi solicitado em termo de diligência ou surgir dificuldade impeditiva para a execução do trabalho pericial, em conformidade com a NBC TP 01 (R1) – Perícia Contábil, o perito do juízo DEVE:

A. comunicar o fato ao juízo, com a devida comprovação ou justificativa.

B. elaborar novo termo de diligência, concedendo um prazo maior.

C. comunicar o fato ao Ministério Público para providências.

D. elaborar o parecer contábil, baseado apenas nos documentos disponíveis.

27) (IBFC – Perito Oficial (PCie PR)/Perito Criminal/Área 7/2017) Conforme estabelece a Norma Brasileira de Contabilidade (NBC TP 01 (R1)) o planejamento da perícia contábil tem como objetivos:

I. Conhecer o objeto e a finalidade da perícia, a fim de permitir a adoção de procedimentos que conduzam à revelação da verdade, a qual subsidiará o juízo, o árbitro ou o interessado a tomar a decisão a respeito da lide.

II. Identificar potenciais problemas e riscos que possam vir a ocorrer no andamento da perícia.

III. Identificar fatos importantes para a solução da demanda, de forma que passem despercebidos ou não recebam a atenção necessária.

IV. Identificar a legislação aplicável ao objeto da perícia.

V. Estabelecer como ocorrerá a divisão das tarefas entre os membros da equipe de trabalho, sempre que o perito necessitar de auxiliares.

VI. Definir a natureza, a oportunidade e a extensão dos procedimentos a serem aplicados, em consonância com o objeto da perícia.

VII. Facilitar a execução e a revisão dos trabalhos.

Estão corretas as afirmativas:

A. Todas as afirmativas.

B. As afirmativas I, II, III, V e VI, apenas.

C. As afirmativas I, II, IV, V, VI e VII, apenas.

D. As afirmativas II, IV, V, VI e VII, apenas.

28) (IBFC – Perito Criminal (PC RJ)/Contabilidade/2013) Em relação ao planejamento da perícia contábil, pode-se afirmar de acordo com NBC TP 01 (R1) – Perícia Contábil:

A. O planejamento do trabalho deve ser realizado em conjunto pelo perito contador e perito contador assistente, quando ambos participarem da perícia de forma conjunta.

B. O planejamento do trabalho somente pode ser feito pelo perito contador, ainda que a perícia possa ser realizada de forma conjunta como o perito assistente técnico.

C. O planejamento da perícia deve ser construído à medida em que a perícia for sendo executada.

D. O planejamento da perícia deve ser feito pelo perito contador, somente se solicitado pelo juiz.

29) (FCC – Analista em Gestão (DPE AM)/Especializado de Defensoria/Ciências Contábeis/2018) De acordo com a NBC TP 01 (R1) – Perícia Contábil, o Termo de Diligência é o instrumento por meio do qual o Perito:

A. solicita quaisquer informações necessárias à elaboração do laudo pericial contábil.
B. apresenta o resultado final de seu trabalho pericial.
C. apresenta sua proposta de trabalho, juntamente com o orçamento estimativo.
D. exime-se da responsabilidade de atestar fatos diversos dos analisados, que são dados como incontroversos.

30) Sobre a NBC TP 01 (R1) – Perícia Contábil assinale a alternativa CORRETA.

A. A perícia contábil é de competência de Contador e do Técnico em Contabilidade em situação regular perante o Conselho Regional de Contabilidade de sua jurisdição.
B. Mediante termo de diligência, o perito deve solicitar por escrito ou verbalmente todos os documentos e informações relacionadas ao objeto da perícia, fixando o prazo para entrega.
C. O planejamento da perícia é a etapa do trabalho pericial que ocorre concomitante as diligências, pesquisas, cálculos e respostas aos quesitos, na qual o perito do juízo estabelece a metodologia dos procedimentos periciais a serem aplicados, elaborando-o a partir do conhecimento do objeto da perícia.
D. Quando a perícia exigir a necessidade de utilização de trabalho de terceiros (equipe de apoio, trabalho de especialistas ou profissionais de outras áreas de conhecimento), o planejamento deve prever a orientação e a supervisão do perito, que responderá pelos trabalhos executados, exclusivamente, por sua equipe de apoio.

31) A perícia contábil constitui o conjunto de procedimentos técnicos e científicos destinados a levar à instância decisória elementos de prova necessários a subsidiar a justa solução do litígio, mediante laudo pericial contábil e/ou parecer pericial contábil, em conformidade com as normas jurídicas e profissionais e com a legislação específica, no que for pertinente.

Em relação a normas de perícia contábil, assinale a alternativa correta.

A. Pedido de ofício é o instrumento por meio do qual o perito solicita documentos, coisas, dados, bem como quaisquer informações necessárias à elaboração do laudo pericial contábil ou parecer pericial contábil.
B. Parecer pericial contábil é um documento escrito no qual o perito deve registrar, de forma sintética, os resultados de seus trabalhos para subsidiar decisões.
C. A proposta de honorários precede ao desenvolvimento do planejamento da perícia por parte do perito contador.
D. O perito, na fase de elaboração do planejamento, com vistas a elaborar a proposta de honorários, deve avaliar, por exemplo, riscos decorrentes de responsabilidade civil.
E. Fazem parte da fase pré-operacional do planejamento para perícia judicial, por exemplo, pesquisas documentais e desenvolvimento do programa de trabalho.

32) Identifique quais dos itens abaixo correspondem a objetivos do planejamento da perícia e assinale a alternativa correta.

I. Facilitar a execução e a revisão dos trabalhos.

II. Definir a natureza, a oportunidade e a extensão dos procedimentos a serem aplicados, em consonância com o objeto da perícia.

III. Identificar potenciais problemas e riscos dos controles internos que possam vir a comprometer as informações das demonstrações contábeis.

IV. Conhecer o objeto e a finalidade da perícia, a fim de permitir a adoção de procedimentos que conduzam à revelação da verdade, a qual subsidiará o juízo, o árbitro ou o interessado a tomar a decisão a respeito da lide.

V. Estabelecer como ocorrerá a divisão das tarefas entre os membros da equipe de trabalho, sempre que o perito necessitar de auxiliares.

A. Somente os itens I, III, IV e V estão corretos.

B. Somente os itens II, IV e V estão corretos.

C. Somente os itens I, II, IV e V estão corretos.

D. Somente os itens II, III e IV estão corretos.

E. Todos os itens estão corretos.

33) (FCC/PREFEITURA DE MANAUS-AM/AUDITOR-FISCAL/2019) A equipe técnica incumbida de realizar trabalho de perícia contábil:

A. não deve empregar o trabalho de terceiros.

B. pode empregar o trabalho de terceiros, desde que conste expressamente do termo de diligência, com responsabilização dos terceiros pela parcela do trabalho que produzirem.

C. pode empregar o trabalho de terceiros, que devem ser supervisionados e orientados pelo perito, que se responsabiliza pela parcela do trabalho que produzirem.

D. pode empregar o trabalho de terceiros, desde que conste expressamente do laudo pericial contábil, com responsabilização dos terceiros pela parcela do trabalho que produzirem.

E. não pode empregar o trabalho de terceiros, declaração que deve constar expressamente do parecer pericial contábil.

34) (FDC/CFC/BACHAREL EM CIÊNCIAS CONTÁBEIS/2017) Considerando-se o que estabelece a NBC TP 01 (R1) – PERÍCIA CONTÁBIL, é CORRETO afirmar que:

A. Em relação à execução da perícia contábil, o perito assistente não pode, em nenhuma hipótese, manter contato com o advogado da parte que o contratou.

B. Os peritos não são obrigados a consignar as suas conclusões no final do laudo pericial contábil ou do parecer pericial contábil, visto que em várias situações o laudo pode ser inconclusivo.

C. Quando se tratar de laudo pericial contábil, assinado em conjunto pelos peritos, a responsabilidade caberá apenas ao perito assistente.

D. Termo de diligência é o instrumento por meio do qual o perito solicita documentos, coisas, dados e informações necessárias à elaboração do laudo pericial contábil e do parecer pericial contábil.

35) (Exame de Suficiência CFC 2020.1) No Laudo Pericial encontra-se discriminado pelo perito contábil o seguinte quesito e resposta:

"Queira o senhor perito informar se o autor goza de boa saúde física e mental para suportar o resultado do processo?

Resposta: Quesito estranho à matéria contábil".

Considerando o disposto, pode-se afirmar que o tipo de quesito apresentado pode ser identificado como:

A. Impertinente.
B. Suplementar.
C. Esclarecimento.
D. Pertinente.

36) (EQT Perito 2019) Um Contador Y nomeado numa Ação Ordinária foi intimado para apresentar sua proposta de estimativa de honorários. À luz do parágrafo 2º do art. 465 do Código de Processo Civil – Lei n. 13.105/2015 e do item 34 da NBC PP 01 (R1) – Perito Contábil, julgue as etapas que deverão ser atendidas pelo perito do juízo para cumprir a intimação em comento e, em seguida, assinale a opção CORRETA.

I. O perito deve apresentar a proposta de honorários instruída com o currículo que comprove a especialização do Expert e contatos profissionais, em especial o endereço eletrônico, para onde serão dirigidas as intimações pessoais.

II. O perito deve elaborar a proposta de honorários estimando, quando possível, o número de horas para a realização do trabalho, por etapa e por qualificação dos profissionais.

III. O perito do juízo deverá efetuar o planejamento prévio, observando e prevendo várias etapas, como, por exemplo: leitura e interpretação do processo; elaboração de termos de diligências para arrecadação de provas e comunicações às partes, terceiros e peritos assistentes técnicos; pesquisa documental e exame de livros contábeis, fiscais e societários; elaboração de planilhas de cálculo, quadros, gráficos, simulações e análises de resultados.

Estão CORRETOS os itens:

A. I, II, III.
B. I e II, apenas.
C. I e III, apenas.
D. II e III, apenas.

37) (EQT Perito 2019) O perito contábil nomeado para a realização de uma perícia trabalhista observou, no decorrer dos trabalhos, a ausência de cartões de pontos necessários para apuração das verbas trabalhistas determinada em juízo. Contudo, a parte se recusou a atender à diligência realizada pelo perito.

Considerando que o perito é auxiliar da Justiça e os deveres do perito contábil estabelecidos na Norma Brasileira de Contabilidade TP 01 (R1) – Perícia Contábil, assinale a opção CORRETA.

A. O perito contábil deverá comunicar, com a devida comprovação ou justificativa, ao Juízo.

B. O perito contábil deverá adentrar o local da empresa e apropriar-se da documentação solicitada a força, pois tem poder de polícia.

C. O perito contábil deverá arbitrar uma jornada de trabalho, pois o importante é concluir seus trabalhos.

D. O perito contábil deverá comunicar, com a devida comprovação ou justificativa, ao advogado da parte autora.

38) A NBC TP 01 (R1) – Perícia Contábil apresenta os objetivos do planejamento da perícia. NÃO representa um objetivo elucidado pela referida norma:

A. Conhecer o objeto e a finalidade da perícia para permitir a escolha de diretrizes e procedimentos a serem adotados para a elaboração do trabalho pericial.

B. Identificar potenciais problemas e riscos que possam vir a ocorrer no andamento da perícia.

C. Estabelecer como ocorrerá a divisão das tarefas entre os membros da equipe de trabalho, sempre que o perito necessitar de auxiliares.

D. Auxiliar o auditor a identificar e resolver tempestivamente problemas potenciais.

39) O perito Silveira teve seus honorários fixados pelo magistrado, cujo ônus recaiu à parte autora. Na proposta de honorários periciais antes apresentada, o perito incluiu todas as despesas possíveis de serem previstas, a partir do estudo criterioso que fez nos documentos existentes nos Autos.

Ao realizar o trabalho, o perito Silveira constatou a necessidade de uma diligência com a finalidade de obter dados existentes em outra cidade. Para tanto, o perito necessitaria deslocar-se até dito local, ação que resultaria em despesas imprevistas inicialmente.

Acerca da adequada atitude do profissional, segundo a NBC PP 01 (R1) – Perito Contábil, assinale a opção CORRETA.

A. O perito deve requerer ao juízo o pagamento das despesas não contempladas na proposta inicial.

B. O perito deve solicitar o ressarcimento diretamente ao advogado da parte responsável pelo pagamento dos honorários, visando à celeridade processual, sem trânsito pelos Autos.

C. O perito deve requerer ao juízo a desconsideração do plano de trabalho e da estimativa de valor dos honorários anteriormente deferidos e apresentar nova proposta e novo plano de trabalho.

D. O perito deve, obrigatoriamente, realizar o trabalho, custeando, por sua conta, as despesas necessárias à realização da Diligência, eis que não as incluiu em sua proposta de honorários deferida.

40) (Exame de Suficiência do CFC) O contador X, na função de Perito do juízo, constatou a necessidade de proceder a uma diligência a fim de obter dados ausentes dos autos para cumprimento do seu encargo.

Neste caso, de acordo com a NBC PP 01 (R1) – Perito Contábil, assinale o procedimento adequado.

A. Solicitar diretamente à parte detentora da prova documental, imediatamente e por qualquer meio, dispensada comunicação prévia às partes.

B. Dirigir termo de diligência diretamente à parte envolvida, mediante prévia autorização judicial.

C. Dirigir o termo de diligência ao juiz, solicitando a intimação da parte envolvida.

D. Dirigir termo de diligência diretamente à parte envolvida, comunicando previamente às partes para ciência de seus assistentes.

41) (EQT Perito 2018) O contador A participa de uma mesa de discussão sobre a melhor evidência do valor justo líquido de despesas de venda de um ativo. Entre os participantes encontram-se alunos, professores e profissionais de mercado. Cada um dos participantes descreve o conceito apresentado pelo item 25 da NBC TG 01.

Entre os conceitos a seguir apresentados, assinale a opção que corresponde ao conceito citado no item 25 da NBC TG 01.

A. A melhor evidência do valor justo líquido de despesas de venda de um ativo são as projeções de saídas de caixa necessariamente incorridas para gerar as entradas de caixa advindas do uso contínuo em bases comutativas.

B. A melhor evidência do valor justo líquido de despesas de venda de um ativo é o preço de contrato de venda firme em transação em bases comutativas, entre partes conhecedoras e interessadas, ajustado por despesas adicionais que seriam diretamente atribuíveis à venda do ativo.

C. A melhor evidência do valor justo líquido de despesas de venda de um ativo é a estimativa dos fluxos de caixa futuros que a entidade espera obter com esse ativo.

D. A melhor evidência do valor justo líquido de despesas de venda de um ativo é o cálculo mais recente do valor recuperável, quando a probabilidade de que a determinação do valor recuperável corrente seja menor do que o valor contábil do ativo.

42) (Exame de Suficiência Contábil – CFC) Os quesitos apresentados em uma perícia representam as dúvidas levantadas sobre o objeto da perícia, em forma de perguntas. Estão definidas algumas atribuições do Juiz quanto aos quesitos da perícia, conforme o art. 470 do Código de Processo Civil – Lei n. 13.105, de 16 de março de 2015.

Considerando essas informações, assinale a opção CORRETA.

A. Incumbe ao Juiz indeferir quesitos impertinentes e formular os quesitos que entender necessários ao esclarecimento da causa.

B. Incumbe ao Juiz deferir os quesitos formulados pelas partes, pelos Assistentes Técnicos e pelo Perito e formular os quesitos que entender necessários ao esclarecimento da causa.

C. Incumbe ao Juiz deferir quesitos impertinentes.

D. Incumbe ao Juiz deferir os quesitos que tenham sido apresentados pelas partes e somente formular quesitos na ausência de apresentação dos mesmos pelas partes.

43) (EQT Perito – 2018)   O contador A nomeado para o encargo de perito do juízo, em uma ação de indenização pelo atraso no pagamento das faturas de uma obra pública, fez a leitura dos autos com a finalidade de identificar o objeto e os objetivos da prova pericial e assim manifestar-se sobre a aceitação do encargo.

Neste caso, em conformidade com o Código Ética Profissional do Contador, no seu art. 5º e NBC TP 01 (R1) – Perícia Contábil, julgue os itens abaixo e, em seguida, assinale a opção CORRETA.

I.   O contador A não deve recusar sua indicação quando reconheça não se achar capacitado em face da especialização requerida, uma vez que pode subcontratar especialista para executar o trabalho em seu nome.

II. O contador A deverá abster-se de interpretações tendenciosas sobre a matéria que constitui objeto de perícia, mantendo absoluta independência moral e técnica na elaboração do respectivo laudo.

III. O contador A deverá abster-se de expender argumentos ou dar a conhecer sua convicção pessoal sobre critérios técnicos de valoração previstos em lei para aferição dos direitos de quaisquer das partes interessadas.

IV. O contador A deverá analisar com parcialidade o pensamento exposto nos pareceres dos assistentes das partes e aqueles emitidos por órgão de controle externo, uma vez que são peças fundamentais para formação da sua convicção do perito.

V.   Quando a perícia exigir a necessidade de utilização de trabalho de terceiros (equipe de apoio, trabalho de especialistas ou profissionais de outras áreas de conhecimento), o planejamento deve prever a orientação e a supervisão do perito, que responderá pelos trabalhos executados, exclusivamente, por sua equipe de apoio.

Estão CORRETOS apenas os itens:

A. II e V.

B. I, III e V.

C. I, III e IV.

D. II, III, IV e V.

44) (EQT Perito – 2018) De acordo com a NBC TP 01 (R1) – Perícia Contábil, quando a perícia incluir a utilização de equipe técnica, o perito do juízo:

A. não assumirá a responsabilidade do trabalho de sua equipe técnica, sendo ela assumida individualmente por cada um de seus membros.

B. assumirá a responsabilidade da equipe de trabalho dos peritos assistentes.

C. assumirá a responsabilidade por todo o trabalho de sua equipe técnica.

D. assumirá a responsabilidade pelo trabalho da equipe técnica dos peritos assistentes, desde que seja formada por profissionais capacitados.

45) (EQT Perito – 2018) À luz do item 13 da NBC PP 01 (R1), e do inciso I do art. 144 do Código de Processo Civil – Lei n. 13.105/2015, analise a seguinte situação:

O contador A atua no mercado de perícia realizando cálculos de liquidação de sentença trabalhista para reclamante, reclamado e como perito do juízo. Nos trabalhos que realiza como assistente técnico, ele não assina os seus pareceres, nem insere nas planilhas nada que possa identificar o seu registro profissional ou de sua organização contábil. Em uma reclamação trabalhista, houve uma divergência significativa de valores apresentados pelas partes – reclamante C: R$ 1.250.000,00, calculado pelo contador A e reclamado D: R$ 850.000,00, calculado pelo contador B. O magistrado nomeou como perito de sua confiança o contador A para apuração do cálculo definido na sentença, fixando o prazo de 30 dias para a entrega do laudo pericial.

Assinale a opção que apresenta a atitude a ser tomada pelo perito do juízo quando da ciência da sua nomeação na reclamação trabalhista.

A. Aceitar o encargo tendo em vista que o trabalho realizado para uma das partes foi realizado dentro das técnicas contábeis e conformidade com os comandos sentenciais.
B. Recusar o encargo alegando seu impedimento.
C. Aceitar o encargo porque o parecer de cálculos de liquidação foi apócrifo.
D. Recusar o encargo alegando sua suspeição.

46) (EQT Perito – 2018) A transparência e o respeito recíprocos entre o perito do juízo e os peritos assistentes técnicos pressupõem tratamento impessoal, restringindo os trabalhos, exclusivamente, ao conteúdo técnico-científico. O contador A nomeado como perito do juízo, em uma ação de revisional financeira, deve atuar à luz dos critérios estabelecidos na NBC PP 01 (R1) – Perito Contábil.

Com relação a esse assunto, julgue os itens abaixo como Verdadeiros (V) ou Falsos (F) e, em seguida, assinale a opção CORRETA.

I. O perito é responsável pelo trabalho de sua equipe técnica, a qual compreende os auxiliares para execução do trabalho complementar do laudo pericial contábil e/ou parecer pericial contábil.

II. O perito deve conhecer as responsabilidades sociais, éticas, profissionais e legais às quais está sujeito no momento em que aceita o encargo para a execução de perícias contábeis judiciais e extrajudiciais, inclusive arbitral.

III. O perito do juízo não precisará se declarar impedido para exercer suas atividades em um processo judicial em que já houver atuado como parecerista de uma das partes.

Estão CORRETOS os itens:

A. II e III, apenas.

B. I e III, apenas.

C. I e II, apenas.

D. I, II e III.

47) (Exame de Suficiência – CFC) Considere as seguintes sentenças:

I. O juiz poderá determinar que a parte responsável pelo pagamento dos honorários do perito deposite em juízo o valor correspondente a essa remuneração. O numerário, recolhido em depósito bancário à ordem do juízo e com correção monetária, será entregue ao perito após a apresentação do laudo pericial contábil, facultada a sua liberação parcial, quando necessária.

II. Incumbe às partes indicar o assistente técnico em até 10 (dez) dias contados da intimação do despacho de nomeação do perito.

III. Para o desempenho de sua função, o perito do juízo e os peritos assistentes técnicos devem limitar-se em solicitar documentos que estejam em poder de parte ou em repartições públicas para instruir o laudo pericial contábil.

Das afirmações acima, são corretas:

A. I.

B. II.

C. II e III.

D. I e II.

48) (EQT – CFC) O Contador A foi intimado pelo Cartório da Vara para início dos trabalhos, em decorrência de sua nomeação pelo Meritíssimo Juiz para atuar na função de perito contábil em uma Ação de Exigir Contas. Na análise dos autos, o Perito Contábil constatou a inexistência de livros contábeis e documentos imprescindíveis para a elaboração da prova pericial.

Diante dessa situação e sendo obrigação do profissional pautar seus trabalhos, obedecendo aos preceitos estabelecidos no Código de Ética Profissional do Contador e na norma brasileira de Perícia Contábil, julgue os itens abaixo e, em seguida, assinale a opção CORRETA:

I. O Perito Contábil deve despender os esforços necessários e se munir de documentos e informações para inteirar-se de todas as circunstâncias, antes de emitir opinião sobre qualquer caso.

II. O Perito Contábil elabora o laudo apenas com a documentação coligida aos autos.

III. O Perito Contábil pode utilizar os meios que lhe são facultados pela legislação e as normas concernentes ao exercício de sua função, com vistas a instruir o laudo pericial contábil com as peças que julgar em necessárias.

IV. Mediante Termo de Diligência, o Perito Contábil deve solicitar, por escrito, todos os documentos e informações relacionados ao objeto da perícia, fixando o prazo para entrega.

Estão CORRETOS os itens:

A. I, III e IV, apenas.
B. I e III, apenas.
C. II e III, apenas.
D. I, II, III e IV.

49) (EQT – CFC) Uma concessionária de abastecimento de água adquiriu um lote de hidrômetros dos quais 60% apresentaram defeitos, sendo assim, a referida concessionária ingressou com Ação de Indenização, para a qual o Douto Juízo julgou procedente o pedido de indenização, condenando a requerida no pagamento:

I. dos valores despendidos pela autora para aquisição dos citados hidrômetros que apresentaram defeitos;
II. de valores suportados para tentar regulá-los; e
III. dos lucros que a autora deixou de auferir em decorrência dos defeitos apresentados pelos equipamentos.

Os valores apurados em sede de liquidação de sentença deverão ser acrescidos de correção monetária a partir do ajuizamento da ação, pelo IGPM-FGV e juros de 1% ao mês a partir da citação, conforme disposto no Art. 406 do CC.

Diante da necessidade de conhecimento técnico e científico o juiz nomeou o perito contador C para a realização da perícia. Entre os quesitos apresentados, constou o seguinte "O que é lucro e lucro cessante?".

Para resposta ao quesito, com base na norma brasileira de contabilidade sobre ESTRUTURA CONCEITUAL e no Código Civil, assinale a opção CORRETA.

A. Lucro é o valor residual que permanece após as despesas (incluindo ajustes para manutenção de capital, quando apropriado) terem sido deduzidas da receita; e Lucros Cessantes são as perdas e danos devidos ao credor, abrangendo além do que ele efetivamente perdeu, o que razoavelmente deixou de lucrar.
B. Lucro é o valor residual quando as despesas excederem a receita, ou seja, o valor residual é uma perda; e Lucros Cessantes são as perdas e danos devidos ao credor, abrangendo além do que ele efetivamente perdeu, o que razoavelmente deixou de lucrar.
C. Lucro é o valor residual que permanece após as despesas (incluindo ajustes para manutenção de capital, quando apropriado) terem sido deduzidas da receita; e Lucros Cessantes são os ganhos e danos devidos ao credor, abrangendo além do que ele efetivamente ganhou, o que razoavelmente deixou de lucrar.
D. Lucro é o valor residual que permanece após as despesas terem sido acrescidas a receita; e Lucros Cessantes são as perdas e danos devidos ao credor, abrangendo, além do que ele efetivamente perdeu, o que razoavelmente deixou de lucrar.

50) (EQT – CFC) O perito contábil nomeado para atuar no processo YY, depois de cumprido com sua obrigação, protocola o Laudo Pericial Contábil. As partes, insatisfeitas com as respostas apresentadas nos quesitos de esclarecimentos, requerem ao Juízo, que o Perito seja ouvido em audiência, nos termos do Código do Processo Civil – Lei n. 13.105/2015.

Com base na situação exposta, assinale a opção CORRETA:

A. Enquanto depuserem o perito, os assistentes técnicos, as partes e as testemunhas, não poderão os advogados e o Ministério Público intervir ou apartear, sem licença do juiz.

B. Enquanto depuserem o perito, os assistentes técnicos, as partes e astestemunhas, poderão os advogados e o Ministério Público intervir ou apartear, sem licença do juiz.

C. Enquanto depuserem o perito, os assistentes técnicos, as partes e as testemunhas, poderão os advogados e o Ministério Público intervir ou apartear, apresentando outros quesitos de esclarecimentos, sem licença do juiz.

D. Enquanto depuserem o perito, os assistentes técnicos, as partes e as testemunhas, não poderão os advogados e o Ministério Público intervir ou apartear, apresentando outros quesitos de esclarecimentos sem licença do juiz.

51) (EQT – CFC) Um contador foi consultado para atuar na função de Assistente Técnico em uma Ação Indenizatória, para tanto solicitou a cópia integral dos autos do processo, para conhecer a extensão e o alcance dos trabalhos que deverão ser realizados objetivando a defesa dos pontos técnicos alegados pela parte Autora que pretende lhe contratar. Após a conclusão deste estudo preliminar, o contador apresentará sua "Proposta de Serviços Profissionais" e/ou "Orçamento Proposta".

Com a aprovação da referida proposta e formalização da contratação de seus serviços, mediante a emissão do correspondente contrato, passou a verificar as fontes de prova em contabilidade que a sua Assistida poderá apresentar ao Perito do Juízo para a elaboração da prova pericial.

Com relação a este assunto e com base no quanto definido na norma brasileira de contabilidade sobre Escrituração Contábil e no Código de Processo Civil, julgue os itens abaixo e, em seguida, assinale a resposta CORRETA:

I. Os livros empresariais que preencham os requisitos exigidos por lei provam a favor de seu autor no litígio entre empresários.

II. Documentação contábil é aquela que comprova os fatos que originam lançamentos na escrituração da entidade e compreende todos os documentos, livros, papéis, registros e outras peças, de origem interna ou externa, que apoiam ou componham a escrituração.

III. Os livros contábeis obrigatórios, entre eles o Livro Diário e o Livro Razão, em forma digital, devem se revestir de formalidades extrínsecas.

IV. A escrituração contábil é indivisível e, se dos fatos que resultam dos lançamentos, uns são favoráveis ao interesse de seu autor e outros lhe são contrários, ambos serão considerados em conjunto, como unidade.

Estão CORRETOS os itens:

A. I, II, III e IV.

B. I e III, apenas.

C. II e III, apenas.

D. I, II e III, apenas.

52) (EQT – CFC) Em linhas gerais, sem prejuízo, são garantidos ao assistente técnico – pessoa física ou pessoa jurídica – o acesso e o acompanhamento das diligências e dos exames que o perito nomeado realizar para, ao final, emitir seu parecer com remessa ao seu contratante. A realização dos exames propriamente ditos, as discussões e as opiniões técnicas sobre a questão restarão limitadas a sua natureza, e a exigência estará vinculada às prerrogativas de uma profissão, a exemplo de: investigação de DNA, anomalias na estrutura de uma edificação, apuração de haveres em uma dissolução societária, capacidade laboral, regularidade de lançamento contábil, análise econômica, avaliação de capacidade para atos da vida civil.

É assegurado pela nossa Carta Magna o livre exercício de qualquer trabalho, ofício e profissão, atendidas as qualificações profissionais que alei estabelecer. As qualificações profissionais aos contadores, enquanto profissão, suas prerrogativas para os trabalhos de perícia contábil e forma de atuação – individual ou organizados em sociedade, encontram-se regulamentadas pelo Decreto-Lei n. 9.295/1946 e normativos editados e publicados pelo Conselho Federal de Contabilidade.

Com relação às prerrogativas e no registro profissional dos contadores e das organizações contábeis, julgue os itens a seguir como Verdadeiros (V) ou Falsos (F) e, em seguida, marque a opção CORRETA:

I. Toda e qualquer sociedade que explorar os serviços técnico-contábeis, em qualquer das suas especialidades – a exemplo de assistência técnica, judicial ou administrativa, em matéria contábil – deverão estar registradas no Conselho Profissional da sua jurisdição como Organização Contábil.

II. É permitido ao contador, no desempenho da sua função, facilitar, por qualquer meio, o exercício da profissão aos habilitados e desimpedidos e assinar laudos ou pareceres elaborados por outrem alheio a sua orientação, supervisão ou revisão.

III. Os profissionais da contabilidade e as organizações contábeis que prestam serviços-técnicos de contabilidade, em qualquer das suas especialidades – a exemplo da perícia contábil, estão sujeitos à fiscalização dos Conselhos de Contabilidade.

IV. No trabalho pericial, é necessário aplicar os procedimentos técnicos científicos, respeitando a área de formação (especialidade), as regras da sua ciência, da sua área de conhecimento e da profissão, para, ao final, se chegar e certificar a verdade dos fatos revelados pelas provas disponíveis, com segurança.

A sequência CORRETA é:

A. V, F, V, V.
B. V, V, F, V.
C. F, V, V, V.
D. V, V, V, V.

53) (EQT – CFC) Uma disputa arbitral firmada entre duas empresas (A e B) culminou na determinação de perícia contábil. Após a apresentação do laudo pericial contábil, as partes impugnaram alguns pontos apresentados pelo perito, pois entenderam que estava em desacordo com a norma brasileira de contabilidade sobre Negócios em Conjunto.

Desta forma, analise as alternativas e assinale a INCORRETA.

A. A empresa possuía um acordo com B e C: A tem 50% dos direitos de voto no negócio, B tem 30% e C tem 20%. O acordo contratual entre A, B e C especifica que, no mínimo, 75% dos direitos de voto são necessários para a tomada de decisões sobre as atividades relevantes do negócio. Embora A possa bloquear qualquer decisão, ela não controla o negócio, pois precisa da concordância de B. Os termos de seu acordo contratual que exigem no mínimo 75% dos direitos de voto para a tomada de decisão sobre as atividades relevantes sugerem que A e B têm controle conjunto do negócio, já que as decisões sobre as atividades relevantes do negócio podem ser tomadas sem a concordância tanto de A quanto de B.

B. A empresa possuía um acordo com B, segundo o qual A e B têm, cada qual, 35% dos direitos de voto no acordo, sendo que os 30% restantes estão amplamente dispersos. Decisões sobre as atividades relevantes exigem a aprovação da maioria dos direitos de voto. A e B não têm o controle conjunto do negócio, pois o acordo contratual não especifica que decisões sobre as atividades relevantes do negócio exigem a concordância tanto de A quanto de B.

C. A empresa possuía um acordo com B e D: A tem 50% dos direitos de voto no acordo e B e D têm, cada qual, 25%. O acordo contratual entre A, B e D especifica que no mínimo 75% dos direitos de voto são necessários para a tomada de decisão sobre as atividades relevantes do negócio. Embora A possa bloquear qualquer decisão, ela não controla o negócio, pois precisa da concordância de B ou de D. Nesse exemplo, A, B e D controlam coletivamente o negócio. Contudo, há mais de uma combinação das partes que podem concordar para atingir 75% dos direitos de voto (ou seja, A e B ou A e D). Nessa situação, para ser um negócio em conjunto, o acordo contratual entre as partes precisaria especificar qual combinação das partes deve concordar de forma unânime para a tomada de decisão sobre as atividades relevantes do negócio.

D. A empresa possuía um acordo com B, segundo o qual A e B têm, cada qual, 35% dos direitos de voto no acordo, sendo que os 30% restantes estão amplamente dispersos. Decisões sobre as atividades relevantes exigem a aprovação da maioria dos direitos de voto. A e B têm o controle conjunto do negócio somente se o acordo contratual especificar que decisões sobre as atividades relevantes do negócio exigirem a concordância tanto de A quanto de B.

54) (EQT – CFC) No curso de um exame pericial contábil, o contador A realizou diligências periciais com o intuito de aprofundar as análises sobre a situação patrimonial e financeira da empresa BETA. Por se tratar de uma análise realizada em um processo de recuperação judicial, o contador A solicitou a Demonstração de Fluxo de Caixa

(DFC) do período, pois objetivou extrair informações relevantes sobre a situação financeira da empresa.

Sobre tal demonstração, julgue os itens abaixo e, em seguida, assinale a alternativa CORRETA:

I. A demonstração dos fluxos de caixa deve apresentar os fluxos de caixa do período classificados por atividades operacionais, de investimento e de financiamento.

II. A entidade deve apresentar seus fluxos de caixa advindos das atividades operacionais, de investimento e de financiamento da forma que seja menos apropriada aos seus negócios.

III. A classificação por atividade proporciona informações que permitem aos usuários avaliar o impacto de tais atividades sobre a posição financeira da entidade e o montante de seu caixa e equivalentes de caixa. Essas informações podem ser usadas também para avaliar a relação entre essas atividades.

IV. Uma única transação pode incluir fluxos de caixa classificados em mais de uma atividade. Por exemplo, quando o desembolso de caixa para pagamento de empréstimo inclui tanto os juros como o principal, aparte dos juros pode ser classificada como atividade operacional, mas aparte do principal deve ser classificada como atividade de financiamento.

Estão CORRETOS os itens:

A. I, III e IV, apenas.
B. I, II e III, apenas.
C. III e IV, apenas.
D. II e IV, apenas.

55) (Exame de Suficiência Contábil – CFC) Considerando os termos da NBC TP 01 (R1), marque a afirmação INCORRETA:

A. O perito deve observar as perguntas efetuadas pelo juízo e/ou pelas partes, no momento próprio dos esclarecimentos, pois tal ato se limita às respostas a quesitos integrantes do laudo pericial contábil ou do parecer pericial contábil e às explicações sobre o conteúdo da lide ou sobre a conclusão.

B. O perito deve ressaltar, em sua proposta de honorários, que esta não contempla os honorários relativos a quesitos suplementares e, se estes forem formulados pelo juiz e/ou pelas partes, pode haver incidência de honorários complementares a serem requeridos, observando os mesmos critérios adotados para elaboração da proposta inicial.

C. Quando se tratar de laudo pericial contábil, assinado em conjunto pelos peritos, a responsabilidade pelo referido documento é do perito principal.

D. O laudo pericial contábil e o parecer pericial contábil são documentos escritos, nos quais os peritos devem registrar, de forma abrangente, o conteúdo da perícia e particularizar os aspectos e as minudências que envolvam o seu objeto e as buscas de elementos de prova necessários para a conclusão do seu trabalho.

56) (Exame de Suficiência Contábil – CFC) O perito do juízo e o perito assistente técnico só estarão obrigados a prestar esclarecimentos ao juiz quando intimados a compare- cer à audiência, formulando as perguntas, sob a forma de quesitos, quando intimados:

A. 5 dias antes da audiência.

B. 30 dias antes da audiência.

C. 15 dias antes da audiência.

D. 10 dias antes da audiência.

57) (Exame de Suficiência Contábil – CFC) De acordo com o que consta no § 2º do art. 477 do Código de Processo Civil – Lei n. 13.105, de 16 de março de 2015 –, após as manifestações apresentadas sobre o laudo pericial contábil, por determinação do Juiz, é dever do Perito do Juízo:

a. esclarecer ponto sobre o qual exista divergência ou dúvida de qualquer das par- tes, no prazo que o Perito considerar necessário para tanto.

B. no prazo de 15 (quinze) dias, impugnar a divergência apresentada no Parecer do Assistente Técnico da parte.

C. esclarecer questões levantadas pelos Assistentes Técnicos, em forma de quesi- tos, no prazo fixado pelo Perito.

D. no prazo de 15 (quinze) dias, esclarecer ponto: I – sobre o qual exista divergência ou dúvida de qualquer das partes, do Juiz ou do órgão do Ministério Público; II – divergente apresentado no Parecer do Assistente Técnico da parte.

58) (EQT Perito 2018 – CFC) O perito do juízo teve seus honorários fixados pelo magis- trado, cujo ônus recaiu à parte autora. Na proposta de honorários periciais antes apresentada, o perito incluiu todas as despesas possíveis de serem previstas, a par- tir do estudo criterioso que fez nos documentos existentes nos Autos. Ao realizar o trabalho pericial, ficou constatada a necessidade de uma diligência com a finalidade de obter dados existentes em outra cidade. Para tanto, o perito necessitaria deslo- car-se até dito local, ação que resultaria em despesas imprevistas inicialmente.

Acerca da adequada atitude do profissional, segundo a NBC PP 01 (R1) – Perito Con- tábil, assinale a opção CORRETA.

A. O perito deve requerer ao juízo o pagamento das despesas não contempladas na proposta inicial.

B. O perito deve solicitar o ressarcimento diretamente ao advogado da parte res- ponsável pelo pagamento dos honorários, visando à celeridade processual, sem trânsito pelos Autos.

C. O perito deve requerer ao juízo a desconsideração do plano de trabalho e da es- timativa de valor dos honorários anteriormente deferidos e apresentar nova pro- posta e novo plano de trabalho.

D. O perito deve, obrigatoriamente, realizar o trabalho, custeando, por sua conta, as despesas necessárias à realização da Diligência, eis que não as incluiu em sua proposta de honorários deferida.

59) (EQT Perito 2018 – CFC) O contador M foi nomeado para atuar na função de perito do juízo em uma Ação de Dissolução de Sociedades e, posteriormente, foi intimado para apresentar sua proposta de estimativa de honorários. De acordo com o item 34 da NBC PP 01 (R1) – Perito Contábil, várias são as etapas de trabalho que devem ser consideradas pelo profissional para a elaboração da sua proposta de honorários.

Com base nas informações, assinale a opção INCORRETA relativa às etapas:

A. pesquisa documental e exame de livros contábeis, fiscais e societários.

B. elaboração de planilhas de cálculo, quadros, gráficos, simulações e análises de resultados.

C. elaboração de termos de diligências para arrecadação de provas e comunicações às partes, terceiros e peritos assistentes.

D. elaboração de esclarecimentos sobre o conteúdo do laudo pericial contábil, em atendimento à determinação do juiz.

60) (Exame de Suficiência 2018-2 – CFC) De acordo com a NBC PP 01 (R1) – Perito Contábil, o perito deve elaborar a proposta de honorários estimando, quando possível, o número de horas para a realização do trabalho, por etapa e por qualificação dos profissionais, considerando alguns dos seguintes trabalhos especificados, EXCETO:

A. Retirada e entrega do processo ou procedimento arbitral.

B. Pesquisa documental e exame de livros contábeis, fiscais e societários.

C. Elaboração de planilhas de cálculo, quadros, gráficos, simulações e análises de resultados.

D. Elaboração de termos de diligências para arrecadação de provas e comunicações exclusivas aos advogados.

61) (Exame de Suficiência 2020.2 – Consulplan) No Laudo Pericial Contábil encontra-se discriminado pelo perito contábil o seguinte quesito e resposta:

"Queira o senhor perito informar se o autor goza de boa saúde física e mental para suportar o resultado do processo?

Resposta: Quesito estranho à matéria contábil".

Considerando o disposto, pode-se afirmar que o tipo de quesito apresentado pode ser identificado como:

A. Pertinente.

B. Suplementar.

C. Esclarecimento.

D. Impertinente.

62) (CESGRANRIO/BANCO DA AMAZÔNIA/TÉCNICO CIENTÍFICO – MEDICINA DO TRABALHO/2014) De acordo com o Código de Processo Civil em vigor, a prova pericial consiste em exame, vistoria ou avaliação.

Se as partes litigantes apresentarem pareceres técnicos ou documentos elucidativos sobre as questões de fato, anexando-os na petição inicial e/ou na contestação, poderá o juiz, segundo o seu convencimento,

A. dispensar a prova pericial.
B. indeferir quesitos impertinentes.
C. nomear perito e assistentes técnicos.
D. fixar prazo para a apresentação de provas.
E. nomear perito e fixar prazo para a entrega do laudo.

63) (Consulplan/Exame CFC/2021.2) "O Juiz, em perícia judicial, nomeou Roberto (contador), como perito contábil para realizar o levantamento do balanço patrimonial de empresas envolvidas em um processo litigioso."

Ao elaborar a proposta de honorários, Roberto NÃO deverá considerar:

A. Laudos interprofissionais.
B. Prazos para execução da perícia.
C. Honorários relativos a quesitos suplementares.
D. Local da coleta de provas e realização da perícia.

64) Romeu e Rômulo, empresários reconhecidamente muito ricos e ostentadores de seus patrimônios em redes sociais, estão sendo investigados por desvios de dinheiro público por meio de processo licitatório – em tese fraudulento – cuja empresa, da qual são proprietários, se sagrou vencedora.

Os advogados da empresa e, também, dos empresários, verificaram que, apesar de oferecida a denúncia, não foram solicitados exames periciais e, portanto, não se encontra apensado laudo de perícia contábil. Considerando ser de suma importância a realização de exames técnicos-científicos, os advogados requereram, em juízo, a realização de perícia.

Sobre os honorários a serem pagos ao perito, na situação hipotética descrita, conforme disposições do Código de Processo Civil, assinale a afirmativa correta.

A. Os honorários do perito nomeado serão rateados entre o ente público que realizou a licitação e a empresa envolvida.
B. Considerando que a perícia não foi determinada de ofício, a empresa investigada adiantará a remuneração do perito.
C. Os honorários do perito serão pagos, integralmente, com recursos alocados no orçamento do ente público responsável pela licitação.
D. Por se tratar de empresários muito ricos e influentes, o Juiz deverá oficiar a Fazenda Pública para que ela efetue o pagamento dos valores gastos com os honorários da perícia.

65) (Unicesumar) Durante a realização de uma perícia judicial de revisional de alimentos (pensão alimentícia), os documentos disponíveis no processo judicial eletrônico não foram suficientes para alcançar o objeto da perícia. Sendo assim, a perita contadora nomeada realizou a solicitação dos documentos.

Sobre esse procedimento, com base na NBC TP 01 (R1), analise as afirmativas:

I. Os documentos solicitados pela perita deverão ser disponibilizados no prazo máximo de 30 dias.
II. Com a devida comprovação, a recusa da apresentação dos documentos deverá ser comunicada ao juízo.
III. O requerimento de documentos necessários para a perícia não precisa ser realizado mediante termo de diligências.

Está correto o que se afirma em:

A. I apenas.
B. II apenas.
C. I e II apenas.
D. II e III apenas.
E. I, II e III.

66) (Unicesumar) Em uma ação judicial trabalhista, o juiz requereu ao perito nomeado que apresentasse o cálculo para liquidação de verbas extraordinárias que deveriam ser atualizadas pela inflação do período.

Ao analisar o processo judicial eletrônico, o perito constatou a falta de documentos relacionados ao objeto da perícia, que afetaram a conclusão do laudo pericial contábil.

Em relação ao posicionamento do perito diante da situação hipotética descrita, e com base nas disposições da NBC TP 01 (R1), analise as afirmativas:

I. Deverá solicitar os documentos necessários por meio do termo de diligências.
II. Deverá informar ao juiz a dificuldade encontrada, com a devida comprovação ou justificativa.
III. O perito contador deverá emitir o laudo pericial contábil contando apenas com os documentos disponíveis no processo judicial eletrônico.

Está correto o que se afirma em:

A. I, apenas.
B. II, apenas.
C. I e II, apenas.
D. II e III, apenas.
E. I, II e III.

67) (EQT Perito 2017) Por ocasião das diligências a serem executadas no trabalho pericial, segundo a NBC TP 01 (R1) – Perícia Contábil, o perito do juízo e o perito assistente técnico devem:

A. relacionar os documentos e dados de que necessitem, solicitando-os no termo de diligência.

B. analisar os livros contábeis e fichas financeiras dos empregados, exclusivamente existentes nos autos do processo judicial.

C. comunicar aos advogados das partes qualquer dificuldade na execução dos trabalhos.

D. estabelecer honorários, mediante avaliação dos serviços, incluindo as diligências a serem realizadas.

68) (EQT Perito 2018 – CFC) O contador A foi nomeado como perito do juízo em um processo de avaliação de empresa. O Balanço Patrimonial da Empresa Avalianda B revela a existência de ativo imobilizado consubstanciado em instalações industriais e hidráulicas, sendo necessário que o contador A utilize-se de especialista em outra área, que, no caso, se refere a um engenheiro civil.

Acerca do que corresponde ao item 38 da NBC TP 01 (R1) a respeito da responsabilidade técnica pelo laudo pericial, assinale a opção CORRETA.

A. Quando a perícia exigir a necessidade de utilização de trabalho de terceiros (equipe de apoio, trabalho de especialistas ou profissionais de outras áreas de conhecimento), o planejamento deve prever a orientação e a supervisão do perito, que responderá pelos trabalhos executados, exclusivamente, por sua equipe de apoio, somente no que diz respeito à parte contábil.

B. Quando a perícia exigir a necessidade de utilização de trabalho de terceiros (equipe de apoio, trabalho de especialistas ou profissionais de outras áreas de conhecimento), o planejamento deve prever a orientação e a supervisão de ambos os peritos, que responderão pelos trabalhos executados, exclusivamente, por sua equipe de apoio.

C. Quando a perícia exigir a necessidade de utilização de trabalho de terceiros (equipe de apoio, trabalho de especialistas ou profissionais de outras áreas de conhecimento), o planejamento deve prever a orientação e a supervisão do perito, que responderá pelos trabalhos executados, exclusivamente, por sua equipe de apoio.

D. Quando a perícia exigir a necessidade de utilização de trabalho de terceiros (equipe de apoio, trabalho de especialistas ou profissionais de outras áreas de conhecimento), o planejamento deve prever a orientação e a supervisão do perito, que responderá pelos trabalhos executados, exclusivamente, por sua equipe de apoio, somente no que diz respeito à parte contábil, ficando a responsabilidade dividida em 80% para o contador e 20% para o engenheiro.

69) (EQT Perito 2023) O perito nomeado para uma perícia judicial, sentindo-se ofendido por termos considerados injuriosos, escritos pelos advogados das partes, requereu ao Meritíssimo Juiz da lide que tais termos fossem riscados dos autos, uma vez que eles lhe eram ofensivos.

Nos restritos termos da NBC PP 01 (R1), esse requerimento do perito judicial, pleiteando que os termos injuriosos sejam retirados do processo, indica que

A. nenhuma outra medida, envolvendo esses termos, pode ser adotada pelo perito.

B. com essa reparação o perito concorda em ficar silente sobre essas injúrias.

C. ainda cabe ao perito fazer representação no Conselho Regional de Contabilidade.

D. outras medidas podem ser pleiteadas pelo perito, limitadas, entretanto, à ordem civil.

E. o requerimento do perito não impede outras medidas na área administrativa, civil ou criminal.

7.23 Estudo de caso

A Sociedade Bodoquena do Sul Ltda., constituída em 15 de janeiro de 2007, tendo em sua formação societária o sr. Mário Eugênio com 90% das quotas e a dona Jurema Aparecida Eugênio, sua esposa, com o restante das quotas, no dia 15/7/2007 contraiu junto ao Banco Espírito Santo S/A uma linha de crédito no valor de R$ 150.000,00 com vencimento previsto para 15/1/2008. Em função do bom relacionamento que existia entre o Banco e a empresa, o Banco concedeu, também em dez./2007, um empréstimo no valor de R$ 300.000,00, a custo zero, com aval da dona Jurema. Em 31/7/2008, no vencimento da operação, a empresa, apresentando algumas dificuldades financeiras, não honrou o pagamento do limite de crédito, o qual já tinha absorvido a linha de crédito inicial.

No final de julho/2014, o sr. Mário e a dona Jurema – acumulando vários déficits junto a fornecedores e instituições financeiras e débitos fiscais, inclusive resultando em restrições cadastrais no CNPJ da empresa, atingindo o CPF dos sócios – decidiram adotar a seguinte estratégia, com o objetivo de dar continuidade ao negócio que sustenta a família:

- Transformar a Empresa Bodoquena do Sul Ltda. em uma empresa UNIPESSOAL, com a saída do sr. Mário Eugênio, deixando que a sócia remanescente assumisse a responsabilidade pelo passivo da empresa.

- Na sua estratégia, o casal entendia que com a saída do Sr. Mário e com a Dona Jurema assumindo todo o passivo da empresa (legalmente), ele estaria livre para possivelmente abrir outro negócio e dar continuidade aos negócios da família, pois se tratava de uma operação legal, a qual não caracterizava nenhuma ilicitude.

- Parta do pressuposto de que a sociedade está com seus ativos todos comprometidos e são insuficientes para saldar as obrigações da empresa.

- Parta do pressuposto de que o casal encontrou um novo sócio, que entrou na sociedade, isentando-se de todos os passivos contraídos até 31/1/2009.

Sendo assim, o Sr. Mário, em fevereiro/2015, constituiu a empresa individual Mário Eugênio (ME), a qual, superando os erros da empresa anterior, conseguiu prosperar e quitar todas as obrigações da empresa anterior, exceto as do Banco, que, por uma questão pessoal, resolveu que não iria pagar, pois o Banco tinha lhe recusado uma operação em um momento difícil da sua vida. Como a empresa anterior não tinha ativo e o sócio também não tinha patrimônio nenhum, ele imaginou que poderia deixar de pagar a instituição financeira.

Em 31/8/2016, por meio do laudo do perito Lorenzo Crepaldi, o juiz da 10ª Vara Cível do Fórum da Capital está condenando o Sr. Mário Eugênio a pagar o limite concedido e não pago.

Pergunta-se:

1. Quais foram os argumentos utilizados pelo perito?
2. Qual foi a metodologia utilizada pelo perito?
3. Qual foi o valor da condenação (a dívida foi atualizada: multa de 5% e atualização monetária de 1,75% a.m.)?

Solução:
1. Quais foram os argumentos utilizados pelo perito?

Inicialmente o sócio proprietário Mário Eugenio teria 90% das cotas da empresa Bodoquena do Sul Ltda, e sua esposa com 10% das cotas restantes. O mesmo estava ciente sobre a aquisição do empréstimo e saúde financeira da empresa, agiu de forma planejada saindo da sociedade com o cônjuge e restringindo o pagamento de forma intencional ao banco.

Diante do exposto com base no art. 1.052 do Código Civil: Na sociedade limitada, a responsabilidade de cada sócio é restrita ao valor de suas quotas, mas todos respondem solidariamente pela integralização do capital social.

Conclui-se que como o Sr. Mário Eugênio e Dona Jurema Aparecida Eugênio, são cônjuges, portadores de 100% das cotas da empresa e em observação ao art. 1.052, mesmo tendo saído da sociedade conforme constatado deve responder solidariamente pelas obrigações contraídas.

2. Qual foi a metodologia utilizada pelo perito?

MENSURAÇÃO: é o ato de qualificação e quantificação física de coisas, bens, direitos e obrigações. Utilizada para calcular a dívida total.

INVESTIGAÇÃO: é a pesquisa que busca trazer ao laudo pericial contábil ou parecer pericial contábil o que está oculto por quaisquer circunstâncias. Utilizada para mapear toda estratégia fiscal entre os cônjuges visando obtenção de vantagem sobre o cenário da empresa.

3. Qual foi o valor da condenação (a dívida foi atualizada: multa de 5% e atualização monetária de 1,75% a.m.)?
   Valor do empréstimo: R$ 300.000,00
   Vencimento: 31/07/08
   Condenação: 31/08/16
   Multa 5%
   Juro 1,75% a.m.
   Capital = Empréstimo + multa (300.000,00 + 15.000,00) = 315.000,00
   $M = C (1+I)^N$
   $M = 315.000,00 * (1+ 1,75)^{97}$
   M = R$ 1.694.919,55 (VALOR DA DÍVIDA ATUALIZADA)

   CONDENAÇÃO = Conforme pacto nupcial o valor a pagar refere-se a 50%. R$ 1.694.919,55 * 50% = R$ 847.459,78.

Índice remissivo

A

Acidente do trabalho, 53
Ações trabalhistas, 53
Adaptabilidade, 5
Adulteração, 112
Aparência pessoal, 5
Apreciação das provas, 216
Arbitramento, 84
Arguição
   de impedimento, 46
   de suspeição, 46
Assistência Judiciária Gratuita (AJG), 23
Atas de reunião de sócios, 282
Ativo imobilizado, avaliação do, 53
Auditoria
   características da, 106
   definição, 106
Autoconfiança, 5
Avaliação, 85, 204

B

Bacharel em Ciências Contábeis, 3, 159
Bom humor, 5

C

Cadastro Nacional de Peritos Contábeis (CNPC),
   39, 159, 160
Capacidade de decisão, 5
Capacidade ética, 19
Capacidade moral, 19
Caráter íntegro, 5
Cargo público, 23

Certidão de Regularidade Profissional, 3, 22, 39
Certificação, 84
Clareza, 83
CNJ, 23
Código Civil Brasileiro (CCB), 26, 82, 115, 206,
   277
Código de Ética Profissional do Contador, 6, 45,
   54, 174, 211
Código de Processo Civil (CPC), 3, 14, 39, 84, 115,
   159, 172, 203, 206, 295
Código de Processo Penal (CPP), 203
Competência profissional, 5
Concisão, 83
Conclusão dos trabalhos periciais, 291
Confiabilidade, 83
Conhecimento da área, 5
Conhecimento técnico-científico, 39, 203, 209
Conhecimento, 5, 19
Conselho Federal de Contabilidade (CFC), 39, 58,
   161
Conselho Nacional de Justiça (CNJ), 23
Conselho Regional de Contabilidade (CRC), 3,
   159, 206, 211, 288
Controles de estoques, como elemento de prova,
   282
Controvérsia judicial, 217
Convencimento, 216
CRC, 3, 22
Criatividade, 5
Critério técnico, 206, 213
Culpa, 45

D

Defensoria Pública, 160
Despacho de nomeação do perito, 285
Deveres do contador, 20
Diferenciação dos peritos, 161
Diligência(s), 43, 53, 203, 208, 213, 281
  recusa no atendimento a, 281
  termo de, 213, 281
Diligenciado, 43, 206
Discernimento, 39
Distinção entre perito e assistente técnico, 165
Dolo, 45

E

e-LALUR, 293
Elaboração e entrega do laudo, 291
Equidade, 5
  observância da, 5
Erros
  de escrituração, 112
  técnicos, 112
Escrituração contábil em forma digital, 26
Especialista em obra de arte, 53
Estatísticas de vendas, como elemento de prova, 282
Ética, 43
Exame, 84, 203
Exame de Qualificação Técnica para Perito Contábil (EQT), 39, 57
Execução conjunta da perícia contábil, 288
Execução da perícia judicial contábil, 281
Expectativa de rentabilidade futura, 58
Experiência, 5, 19

F

Fatos
  da causa, 76
  de percepção técnica, 75
Fidelidade, 83
Fluxograma da perícia contábil, 290
Forma circunstanciada, 212
Formação de provas, 203
Fraudes, 112
  desfalque, 112
  estelionato, 112
  falsificação, 112
  furto, 112
  lesão, 112
  roubo, 112

G

Gemologia, 53
Goodwill, 58

H

Honestidade, 17, 18
  Idoneidade, 43

I

Impairment, 115
Imparcialidade, 5, 43
Impedimento, 167, 285
  legal, 170
  técnico, 170
Imperfeições técnicas, 109
Importância da perícia, 14
Inabilitação, 43
Indagação, 84
Indenização, 43, 45
Independência, 39, 209
Informações inverídicas, 45
Infrações, 112
Infraestrutura de Chaves Públicas – Brasileira (ICP-Brasil), 39
Interpretação Técnica Geral (ITG) 2000 (R1), 25, 115
Intimação
  das partes, 291
  do perito, 291
Investigação, 84
Irregularidades contábeis, 109
Isenção, 4

J

Julgamento
  de mérito, 203
  prova legal, sistema da, 216
  secundum conscientizam, sistema do, 216
Justiça do Trabalho, 10
Justiça Estadual, 10
Justiça Federal, 10

L

LALUR, 282
Laudo(s), 6, 43, 107, 165, 203, 260
  interprofissionais, 165, 266, 268, 274
  particulares, 114
Laudo de instrução, 203
Laudo pericial contábil (LPC), 10, 17, 24, 53, 201, 205, 285
  apêndices, 214
  apresentação do, 208
  conclusão do, 213
    com apresentação de alternativas condicionadas às teses apresentadas pelas partes, 213
    com quantificação de valores, 213
    reportada às respostas apresentadas nos quesitos, 214
    simplesmente elucidativa, 213

consensual, 208
deficiente, 273
divergências do, 208
dupla interpretação do, 214
esclarecimentos do, 214
estrutura do, 215
inconclusivo, 273
objeto de discordância do, quesito, 208
terminologias no, 212
vedação e denúncia de profissional leigo para
elaborar, 211
Lealdade, 43
Legislação penal, 43
Lei de Arbitragem, 114
Lei de Falências e Recuperação Judicial, 296
Lei dos Juizados Especiais, 114
Liberdade científica, 39
Litígio, 75
Livro de apuração do ISS, como elemento de
prova, 282
Livro de Apuração do Lucro Real, como elemento
de prova, 282, 293
Livro de entrada e saída de mercadorias, como
elemento de prova, 282
Livro de Inventário, 282
Livro de registro de empregados, como elemento
de prova, 282
Livro Diário, 25, 282
Livro Razão, 26, 203, 282

M

Má-fé, 45
Mensuração, 85
Metodologia, 5, 213
Ministério Público, 160, 296
Multa pecuniária, 45
Multa, 43

N

NBC PG 100, 6
NBC PG 200, 6
NBC PP 01, 1, 39, 54, 115, 159, 171
NBC PP 02, 39, 57
NBC TG 01, 57, 115
NBC TP, 25
NBC TP 01, 39, 219, 253, 262, 288
Negligência profissional, 109
Nomeação múltipla, 167
Normas Brasileiras de Contabilidade, 4, 39, 205,
208, 282
aplicáveis à perícia contábil, 39
Normas de Auditoria e Perícia, 21
Normas Técnicas da Perícia Contábil, 39

O

Objetividade, 83
Objeto da perícia, 14, 16, 53, 81, 164, 201, 205,
257, 259, 266, 273, 277, 281
complexo, 57
conclusão quanto ao, 213
esclarecimento do, 208
exame técnico ou científico do, 207
exposição do, 207, 214
legislação específica do, 80
síntese do, 212, 215
Omissão de fatos, 213
Ordem dos Advogados do Brasil, 160

P

Parecer pericial contábil, 43, 54, 75
Parecer técnico-contábil, 3, 53, 82, 162, 201, 207,
215, 282, 288
como instrumento em defesa, 216
Partes interessadas, 206
Penalidades, 43
Percepção, 5
Perícia
características da, 106
deficiente, 285
definição, 106
espécies de, 107
incompleta, 285
inconclusa, 285
necessidades de se fazer, 109
planejamento da, 257
Perícia contábil, 6,
e auditoria contábil, diferença entre, 104
extrajudicial, 101
arbitral, 101
oficial ou estatal, 101
voluntária, 101
fluxograma da, 290
judicial, 101
normas aplicáveis à, 4
objetivos da, 81
planejamento da, 253
quesitos da, 292
Perícia extrajudicial, 54
Perícia(s) interdisciplinar(es), 57, 263
Peritia, 75
Perito criminal, 53
Perito do juízo, 4, 10, 159
definição, 161
Perito judicial,
atuação nos tribunais, 7
direitos e deveres, 24
habilitação na justiça estadual, 15
honorários, orçamento inicial, 257
mercado de atuação, 17
modelo de nomeação, 17

perfil profissional, 24
planejamento inicial dos trabalhos do, 257
responsabilidades do, 43
Perito oficial, 10, 159
definição, 161
Perito assistente técnico, 4, 10, 159, 164, 207, 288, 291
características, 164
definição, 161, 164
Perito contador, 54, 160
Planejamento da perícia contábil, 253
conhecimento da empresa no, 257
cronograma dos trabalhos, 262
elaboração do, 268
honorários, 266
modelo de orçamento de, 274
modelo de petição de, 276
parcelamento dos, 279
proposta de, 260
provisórios, 279
responsabilidade de pagamento, 276
tributação dos, 280
metodologia de trabalho, 266
objetivos do, 259
Plena satisfação da finalidade, 83
Poder Judiciário, 43, 54, 297
Prazos para a execução da perícia contábil, 285
Precisão, 83
Princípio da persuasão racional, 216
Procedimentos técnico-científicos, 84
Programa de Educação Profissional Continuada, 39
Programas de capacitação, 4
Proposta de honorários periciais, 54, 81, 164, 260, 266, 272, 280
aceitação tácita da, 285
apresentação da, 165
elaboração da, 257, 260, 267
Prova pericial, 14, 203
dispensa, da, 15
Prova técnica simplificada, 57, 104, 113, 205
Prova testemunhal, 211
Punição, 45

Q

Quebra de confiança, 47

R

Redução ao Valor Recuperável do Ativo, 115

Renúncia aos serviços periciais, 212
Responsabilidade
civil, 48
penal, 47
por equipe técnica, 53
profissional, 48
Responsabilidade, 5
solidária, 209

S

Sanção, 45
Simulações, 112
Síntese do objeto da perícia e resumo dos autos, 212
Sistema da prova legal, julgamento, 216
Sistema do julgamento *secundum conscientizam*, 216
Sistema do livre convencimento, julgamento, 217
Sistema Financeiro de Habitação, 53
Substituição do perito, 45
Supremo Tribunal de Justiça, 277
Suspeição, 167, 171, 285

T

Tabelas de preços, como elemento de prova, 282
Termo de diligência, 206, 288
Testemunho, 75
Trabalho pericial, 201
Transgressão, 47
Transparência, 56
Tribunais
extrajudiciais, 208
judiciais, 208

U

Unidade geradora de caixa, 57
Usuários da perícia, 14

V

Valor justo líquido de despesa de venda, 57
Valor recuperável, 57
Vícios formais, 81
Vistoria, 84, 203

Z

Zelo profissional, 55

Referências

ALBERTO, V. L. P. *Perícia contábil*. 5. ed. São Paulo: Atlas, 2012.

ALMEIDA, E. *Perícia contábil para exame de suficiência*. Cuiabá: Estratégia Cursos, 2017.

_____. *Apostila de perícia contábil para o exame de suficiência do CFC*. São Paulo: Apostila Estratégia Concursos, 2016.

ARRUDA ALVIM, T. *Modulação*: na alteração de jurisprudência firme ou de precedentes vinculantes. 3. ed. São Paulo: Thomson Reuters Brasil, 2024.

BRASIL. *Código Civil*. 10 jan. 2002. Disponível em: <http://www.planalto.gov.br/ccivil_03/leis/2002/L10406.htm>. Acesso em: 23 jan. 2017.

_____. *Código de Processo Civil*. 16 mar. 2015. Disponível em: <http://www.planalto.gov.br/ccivil_03/_ato2015-2018/2015/lei/l13105.htm>. Acesso em: 1º fev. 2017.

CARDOZO, J. *Apostila de perícia contábil*. São Paulo: Estratégia Concursos, 2016.

CONSELHO FEDERAL DE CONTABILIDADE. *NBC TP 01 – Perícia Contábil*. [S.d.]. Disponível em: <http://cfc.org.br/wp-content/uploads/2016/02/NBC_TP_01.pdf>. Acesso em: 23 jan. 2017.

_____. *NBC PP 01 – Perito Contábil*. Disponível em: <www.cfc.org.br/sisweb/sre/docs/RES_1244.doc>. Acesso em: 23 jan. 2017.

_____. *Princípios fundamentais e normas brasileiras de contabilidade de auditoria e perícia*. Brasília, 2009.

CONSELHO REGIONAL DE CONTABILIDADE DO RIO GRANDE DO SUL. *Perícia contábil*: a prova a serviço do Judiciário. Porto Alegre, 2015.

COSTA, J. C. D. *Perícia contábil*: aplicação prática. São Paulo: Atlas, 2017.

CREPALDI, S. A.; CREPALDI, G. S. *Auditoria contábil*: teoria e prática. 10. ed. São Paulo: Atlas, 2016.

D'ÁUREA, F. et al. *Revisão e perícia contábil*. 2. ed. Rio de Janeiro: Nacional, 1953.

DONIZETTI, E. *Novo código de processo civil comentado*. 3. ed. São Paulo: Atlas, 2018.

DONIZETTI, E. *Curso de Direito Processual Civil*. 23 ed. São Paulo: Altas, 2020.

FERRARI, E. L. *Contabilidade geral*: teoria e mais de 1.000 questões. Niterói: Impetus, 2011.

FIGUEIREDO, S. D. C. *Novo CPC anotado e comparado para concursos*. De Acordo com a Lei n. 13.256/ 2016. São Paulo: Saraiva, 2016.

HOOG, W. A. Z. *Prova pericial contábil*. Curitiba: Juruá, 2011.

LOPES, M. M. *Curso de Direito Civil: Introdução, Parte Geral e Teoria dos Negócios Jurídicos*, v. 1. Freitas Bastos, [s/d].

MAGALHÃES, A. D. et al. *Perícia contábil*: uma abordagem teórica, ética, legal, processual e operacional. 6. ed. São Paulo: Atlas, 2008.

_____. *Perícia contábil*. 7. ed. São Paulo: Atlas, 2009.

MELLO, P. C. *Perícia contábil*. São Paulo: Senac, 2013.

ORNELAS, M. M. G. *Perícia contábil*. 5. ed. São Paulo: Atlas, 2011.

PASOLD, C. L. (Org.) *O Pensamento de Henrique Stodieck*. Joaçaba: UNOESC, 2016.

PASOLD, C. L. *Função Social do Estado Contemporâneo*. 4 ed. Itajaí: Univali, 2013.

SANTOS, R. P. *Perícia contábil*. Maringá: Cesumar, 2012.

SILVA, A. C. R.; MARTINS, W. T. S. *História do pensamento contábil*. Curitiba: Juruá, 2011.

SOARES, L. A. A. *Dissolução parcial de sociedades médicas: o problema da valoração das quotas* [*online*]. Disponível em: https://www.migalhas.com.br/arquivos/2023/3/F41144A4D2ADBB_ARTIGO-DISSOLUCAOPARCIALDESOCI.pdf. Acesso em: 22 jun 2024.

SOUZA, P. C. F. *Perícia contábil judicial*: uma análise crítica. Disponível em: <https://www.escavador.com/sobre/9124536/paulo-cezar-ferreira-de-souza>. Acesso em: 19 set. 2017.

WAKIM, V. R.; WAKIM, E. A. M. *Perícia contábil e ambiental*: fundamentação e prática. São Paulo: Atlas, 2012.

ZANLUCA, J. C. *Manual de perícia contábil*. Curitiba: Portal Tributário, 2016.

ZANNA, R. D. *Prática de perícia contábil*. 5. ed. Porto Alegre: IOB Sage, 2016.